财政部"十三五"规划教材

Accounting

（第5版）

# 会计学

毛志宏 著

中国财经出版传媒集团

经济科学出版社
Economic Science Press

图书在版编目（CIP）数据

会计学／毛志宏著. —5 版. —北京：经济科学出版社，2019.3
财政部"十三五"规划教材
ISBN 978 – 7 – 5218 – 0389 – 1

Ⅰ.①会… Ⅱ.①毛… Ⅲ.①会计学 – 高等学校 – 教材 Ⅳ.①F230

中国版本图书馆 CIP 数据核字（2019）第 051743 号

责任编辑：杜　鹏　张　燕
责任校对：靳玉环
责任印制：邱　天

## 会 计 学
（第 5 版）
毛志宏　著
经济科学出版社出版、发行　新华书店经销
社址：北京市海淀区阜成路甲 28 号　邮编：100142
编辑部电话：010 – 88191441　发行部电话：010 – 88191522
网址：www.esp.com.cn
电子邮件：esp_bj@163.com
天猫网店：经济科学出版社旗舰店
网址：http://jjkxcbs.tmall.com
固安华明印业有限公司印装
787×1092　16 开　21 印张　450000 字
2019 年 4 月第 1 版　2019 年 4 月第 1 次印刷
ISBN 978 – 7 – 5218 – 0389 – 1　定价：45.00 元
（图书出现印装问题，本社负责调换。电话：010 – 88191510）
（版权所有　侵权必究　打击盗版　举报热线：010 – 88191661
QQ：2242791300　营销中心电话：010 – 88191537
电子邮箱：dbts@esp.com.cn）

# 前 言
## INTRODUCTION

  本教材被列为吉林大学本科"十三五"规划教材，也是吉林大学商学院精品课"会计学"的主教材。本教材曾荣获吉林省普通高等学校优秀教材二等奖、第四届长春市社会科学优秀成果著作类三等奖、吉林大学第四届优秀教材二等奖。

  本教材在 2016 年 9 月第 4 版的基础之上，依据国际财务报告准则、我国财政部于 2017 年以来修订和新颁布的企业会计准则及解释的最新动态，对全书作了较全面的梳理、补充和完善，使内容更加先进、完整与准确。

  本教材试图让读者深入了解会计信息的产生过程，及其产生过程中所采用的各种确认、计量、报告的方法；了解各种会计方法的性质、特点及适用性；了解会计的技术和方法是如何与生产经营过程相结合的。通过本书的学习，读者不仅可以了解会计的基本理论、基本方法和基本技能，而且也为培养自己更好地认识会计信息、运用会计信息分析解决问题的能力打下扎实的基础。

  本教材由十五章构成。第一章以俯瞰视角对会计的产生与发展及会计的含义作了简述，并对会计核算的基本前提、会计信息质量要求、会计要素以及会计规范等问题作了较全面的阐述。第二章以通俗易懂的方式介绍了会计基本原理，使读者对会计循环有一个完整的认识。第三章至第十四章系统地、全面地介绍了会计要素的确认、计量、记录和报告，使读者了解会计如何反映经济业务对企业财务状况、经营成果和现金流量的影响。第十五章以长春高新技术产业（集团）股份有限公司（000661）2017 年年报为例介绍了财务报表分析方法。

  本教材将读者定位于综合性大学（包括高等财经院校）非会计学专业的学生和那些希望参与企业管理规划、控制和决策过程的 MBA 学员。吉林大学商学院将本教材指定为全院公共基础课"会计学"课程的教材、MBA 专业基础课"会计学"课程的教材。

由于界定了本教材的读者，因此，本教材所要实现的目标非常明确，即努力做好三件事情：第一，简明扼要地介绍会计的核算技术；第二，在对会计准则加以诠释的同时，着重向读者提供理解和分析企业财务报表的基本思路；第三，按照财务会计的概念框架来阐述问题，从而使本书结构紧凑、首尾相连。

由于作者学识水平有限，本教材难免会有不足和错误之处，恳请读者批评指正。

作者

2019 年 3 月

# 目 录
## CONTENTS

第一章　总　论 ·········································································· 1
　　第一节　会计的产生与发展 ················································ 1
　　第二节　会计的定义及会计目标 ········································· 3
　　第三节　会计基本假设和会计确认、计量的基础 ············· 7
　　第四节　会计信息质量要求 ················································ 9
　　第五节　财务报表要素及其确认与计量 ·························· 12
　　第六节　会计规范 ······························································ 20
　　练习题 ·················································································· 28

第二章　会计循环 ···································································· 33
　　第一节　会计等式 ······························································ 33
　　第二节　会计循环的基本程序 ·········································· 38
　　第三节　会计科目与账户 ·················································· 38
　　第四节　复式记账 ······························································ 46
　　第五节　会计凭证与会计账簿 ·········································· 54
　　第六节　试算平衡与账项调整 ·········································· 57
　　第七节　结账与编制会计报表 ·········································· 60
　　练习题 ·················································································· 61

第三章　货币资金 ···································································· 64
　　第一节　现金 ······································································ 64
　　第二节　银行存款 ······························································ 68
　　第三节　其他货币资金 ······················································ 73
　　第四节　货币资金的内部控制 ·········································· 74
　　练习题 ·················································································· 76

## 第四章 应收款项 …… 81

### 第一节 应收款项的确认和计量 …… 81
### 第二节 应收款项的主要账务处理 …… 83
### 第三节 应收款项减值损失的计量及主要账务处理 …… 86
### 练习题 …… 88

## 第五章 存 货 …… 91

### 第一节 存货的性质及其分类 …… 91
### 第二节 存货的确认和初始计量 …… 92
### 第三节 原材料的核算 …… 95
### 第四节 存货的期末计量 …… 102
### 第五节 存货清查 …… 108
### 练习题 …… 110

## 第六章 长期股权投资 …… 114

### 第一节 长期股权投资的初始计量 …… 114
### 第二节 长期股权投资的后续计量 …… 121
### 练习题 …… 126

## 第七章 固定资产 …… 132

### 第一节 固定资产概述 …… 132
### 第二节 固定资产的初始计量 …… 135
### 第三节 固定资产的后续计量 …… 142
### 第四节 固定资产的处置 …… 150
### 练习题 …… 154

## 第八章 无形资产 …… 158

### 第一节 无形资产概述 …… 158
### 第二节 无形资产的初始计量 …… 161
### 第三节 企业内部研究开发费用的确认和计量 …… 162
### 第四节 无形资产的后续计量 …… 165
### 第五节 无形资产的处置 …… 168
### 练习题 …… 170

## 第九章 资产减值 ... 173

- 第一节 资产减值概述 ... 173
- 第二节 资产可收回金额的计量 ... 174
- 第三节 资产减值损失的确认与计量 ... 178
- 第四节 资产组的认定及减值处理 ... 179
- 练习题 ... 182

## 第十章 负债 ... 186

- 第一节 负债概述 ... 186
- 第二节 流动负债 ... 187
- 第三节 非流动负债 ... 198
- 练习题 ... 203

## 第十一章 所有者权益 ... 205

- 第一节 所有者权益概述 ... 205
- 第二节 实收资本 ... 206
- 第三节 资本公积 ... 207
- 第四节 其他综合收益 ... 209
- 第五节 留存收益 ... 210
- 练习题 ... 210

## 第十二章 费用和成本 ... 213

- 第一节 费用的确认与期间费用 ... 213
- 第二节 产品成本核算的一般程序 ... 215
- 第三节 产品成本的归集与分配 ... 218
- 第四节 产品成本的结转 ... 221
- 练习题 ... 226

## 第十三章 收入和利润 ... 228

- 第一节 收入 ... 228
- 第二节 利润 ... 237
- 第三节 所得税会计 ... 239
- 第四节 利润分配 ... 247
- 练习题 ... 248

## 第十四章　财务报告 ·············································· 251

- 第一节　财务报表列报的基本要求 ·································· 251
- 第二节　资产负债表 ················································ 255
- 第三节　利润表 ···················································· 267
- 第四节　现金流量表 ················································ 275
- 第五节　所有者权益变动表 ·········································· 289
- 第六节　附注 ······················································ 293
- 练习题 ···························································· 300

## 第十五章　财务报表分析 ·············································· 303

- 第一节　财务报表分析概述 ·········································· 303
- 第二节　资产负债表分析 ············································ 307
- 第三节　利润表分析 ················································ 310
- 第四节　现金流量表分析 ············································ 313
- 第五节　偿债能力分析 ·············································· 316
- 第六节　营运能力分析 ·············································· 320
- 第七节　盈利能力分析 ·············································· 321
- 思考题 ···························································· 322

**参考文献** ·························································· 323

# 第一章 总 论

**【本章关键知识点】**
1. 会计的产生与发展。
2. 会计的定义及会计目标。
3. 会计基本假设和会计确认、计量的基础。
4. 会计信息质量要求。
5. 财务报表要素及其确认与计量。
6. 会计规范。

## 第一节 会计的产生与发展

会计（accounting）是一门古老的学科。如果将原始的绘图记事作为会计的雏形的话，会计的产生可以追溯到旧石器时代，距今约二三十万年。那时，人们已可以通过在洞壁上绘出简单的动物图像，在骨片上或鹿角上雕刻条纹来记载劳动成果和反映劳动耗费。不过，那时人们所采用的会计记录方法还不是真正意义上的、独立的会计，而是一种综合性的经济行为，它集原始的会计、数学、统计以及其他学科为一身。随着社会生产的不断发展，当人们发现并应用了"数"的概念之后，会计有了自己的语言，作为严格的独立意义上的会计特征才真正出现。

一般认为，会计的产生，应该从"结绳记事"算起。结绳记事大约产生于原始社会末期，它是原始人通过在绳子上打结的方式来对经济事项进行计量、记录的一种方法。

我国的"结绳记事"之法，产生于传说中的伏羲时代。伏羲氏为我国父系氏族时代初期活动在淮河流域一带的一个部落的首领，被认为是中国人的祖先。那时，在伏羲氏所领导的部落里，已经有了农业、圈养畜牧业以及制陶手工业。同时，由于地处淮河之滨，水域辽阔，故而渔业也相当发达。人们在长年累月的结网捕鱼生涯中，领悟出结绳可以记数的道理，从而创造了结绳记事法。《周易·正义》中曾对此有过记载："事大，大结其绳；事小，小结其绳。结之多少，随物众寡。"南宋《路史》一书中也有类似记载："古无文字，其有誓约之事，事大，大其绳；事小，小其绳，结之多少，随物众寡，执以相考。"

原始社会末期至奴隶社会初期,是会计的"书契"记录时代。

"书契"记录法又称刻契记数法,是在人们创造了文字之后所采用的一种更为先进的反映经济事项的方法。这种方法的特点是集数码及文字于一体。通常的做法是以刻记为手段,以木、竹、陶器或土块为记录载体。

我国最早的"书契"源于传说中的黄帝时代,经尧、舜,直到夏代初期。《周易·系辞》中称:"上古结绳而治,后世圣人,易之以书契。"此"后世圣人"之后世,一般认为始于黄帝时代。东晋王嘉撰《王子年拾遗记》中讲:"尧在位七十年……国人或刻木,或铸金。"所谓刻木便是制作"书契",而铸金则表明此时进入金属时代。从年代上考察,此时正是中国原始社会末期、奴隶社会萌芽时代。

"书契"记录法与结绳记事法相比较,在会计特征上已有明显不同:第一,它有了原始意义上的账簿,人们利用竹片、土块、陶器等,集各种经济事项于一身,这些竹片、陶器等,实为账簿之前身。第二,记录方法发生了变化。由于文字的创造与使用,人们已可以通过文字符号来分类反映经济事项,而不必以绳子的颜色来区分,这就为会计记录的明细反映提供了可能。第三,记账符号。即反映经济事项增加或减少的方法。从考古发现的大量书契及泥土板"账单"来看,对经济事项的增加或减少的记录,当时尚无明确的记账符号,只是采用收支两条线,即有关收入及支出的业务分别在两种账单上反映。例如,在中东地区考古发现的泥土板"账单",均为收、支单列。而且,这两种账单分别存放,并无混合堆码之情形。这说明当时的收与支两类账目是分别记录的,人们靠辨别账单的标记来识别收与支,还未考虑到用"记账符号"来进行两类账目的区分。第四,结账方法。由于收、支两条线,且多以"神"的名义来管理财产,所有的收入都是"神"的财产,一切支出以"神"允许之内的支出为原则,故收入与支出记录均自然滚存,通常不考虑在一定时间之内的账目结算问题。这种会计思想的局限性,与当时的经济发展及政治的历史局限性是分不开的。尽管如此,"书契"已显现出单式簿记的初步特征。可以说,"书契"的出现是人类由原始计量、记录时代向单式簿记时代演进的一个关键性转折,它是人类进入文明时代前夜在原始计量、记录方法变革中产生的重要成果,体现了会计发展史上首次变革的历史成就。

单式簿记始于奴隶社会中期,其发展存续有 2 000 余年。单式簿记与"书契"的最大区别,在于人们已开始考虑用特有的记账符号来表示经济事项的增加与减少,并且在账簿设置、核算项目、结算方法以及会计报告等方面已逐步形成自身较为完整的一套方法体系。

1494 年 11 月 10 日,意大利数学家、会计学家卢卡·帕乔利(Luca Pacioli)在威尼斯出版了他的著作《算术、几何比及比例概要》。该书的出版,使借贷复式记账法从理论上有了自己的体系,从不完善走向完善,也使整个会计学界从会计实务的研究中摆脱出来,从而向着会计理论研究的方向发展。至此,会计才开始成为一门科学。因此,会计学界认为,该书的出版是会计发展史上的第一个里程碑，标志着近代会计的开始。帕乔利也被认为是近代会计的奠基人。正是这位意大利的数学家用他不朽的杰作铸成黄金的链环，才把意大利和德国、荷兰、法国、英国、美国、日本、中国乃至整个世界紧紧地联系在一起，从而才有了近代意大利复式簿记的传播和发展，进而才有了西方现代会计学。

1854 年，世界上第一个会计师协会——爱丁堡会计师协会在英国的苏格兰成立。世界会计史学家认为，这是会计发展史上的第二个里程碑。它的成立，说明会计的内容、职能、服务对象开始扩大。从某种意义上说，它的成立，对后来的"财务会计"这门新学科的产生起了很大的促进作用。

在经历了几百年的历史演变之后，尤其是进入 20 世纪 50 年代，会计在内容和结构上产生了飞跃性的变化。突出表现在：第一，会计的工艺同现代电子技术相结合，会计由手写簿记系统逐步发展成为电子数据处理系统；第二，会计的理论和方法随着企业内部与外部对会计信息的不同要求而分化为两个新的领域——财务会计和管理会计。这种会计工艺的电算化和两个会计新领域的形成，被认为是会计发展史上的第三个里程碑，它标志着现代会计的开始。

进入 20 世纪 70 年代以后，会计活动的范围进一步扩大，出现了从宏观上对整个国民经济进行干预和调控的社会会计；出现了从事跨国经营的业务而进行的会计工作，对不同国家会计工作所进行的比较和协调以及为实现各国会计的标准化进行的研究和探讨的国际会计；出现了运用比较的方法，分析世界范围内不同国家的会计，不同时期的会计，本国不同部门、不同行业会计之间的区别与联系，寻找本国会计与外国会计之异同和优劣的比较会计；出现了对特定历史成本信息进行调整，以消除因通货膨胀而引起的会计反映偏差的通货膨胀会计；出现了旨在核算人力投资价值及其成果，对企业或社会内的个别人员或群体进行财务性评估，从而更有效地挖掘人力资源潜能的人力资源会计，等等。总之，会计学正向纵深发展，出现了许多崭新的领域，同时，正朝着国际化的方向发展。

## 第二节　会计的定义及会计目标

### 一、会计的定义

从会计产生与发展的过程我们可以清楚地看到，随着社会经济环境的日益变化，会计在内容、结构以及活动范围方面也随之发生了深刻的变化。正因为如此，世界上目前尚未存在统一的会计定义。

美国会计师协会（American Institute of Certified Public Accountants，AICPA）的会计原则委员会（Accounting Principles Board，APB）在其第四号公报中，对会计所下的定义为："会计是一种服务性的活动，其功能在于提供有关经济个体的数量化信息，尤其是财务信息，以便于使用者凭借此信息在各种行动方案中，做出明智的抉择。"这一定义强调会计的动态性活动及会计信息的决策功能。会计活动本身仅仅是一种手段而非目的,会计的目的则是帮助会计信息的使用者作出经济决策,亦即解决其所面对的经济问题。

美国会计学家 A. C. 利特尔顿指出:"会计是一种特殊门类的信息服务。会计的显著目的在于对一个企业的经济活动提供某种有意义的信息。"这一定义也强调会计的动态性活动及会计信息的决策功能。

美国会计学会(The American Accounting Association,AAA)在 1996 年对会计所下的定义为:"会计是对经济信息的认定、计量与沟通的程序,以协助信息使用者做出审慎的判断与决策。"这一定义将会计视为一种信息系统(information system),会计本身是一种动态的沟通过程,其所传递的是特定经济个体(企业)的经济信息,其目的则是帮助决策者做出审慎的决策。

我国著名会计学家葛家澍教授也曾提出会计是一个信息系统的观点。

综合国内外对会计定义的各种解释,会计的定义可理解为:会计是以货币为主要计量单位,对营利组织或非营利组织的经济活动进行连续、系统、全面地反映和监督的一项经济管理活动,同时也是一项经济管理工作。在企业,会计主要通过财务报告来反映企业某一特定日期的财务状况、某一时期的经营成果和现金流量,并对企业经营活动和财务收支进行监督。

## 二、会计目标

会计目标是会计理论体系的逻辑起点。会计目标决定了会计工作在企业经营活动中的地位和应有的作用。

企业作为一个独立的经济实体,要通过自身的生产经营活动谋生存、求发展。因此,通过会计工作进行加工、处理而提供的信息,应当作为企业管理者进行经营决策的依据,帮助决策者制定长期计划,指导和控制当期的经营活动,管好、用好企业的各项资金,合理配置和有效利用各种物质资源和人力资源,确保资本保值增值,以不断提高获利能力和偿债能力,不断提高资源使用效率。

会计目标最终是通过企业定期编制的财务报告传递给会计信息使用者的。因此,会计目标也称财务报告目标,它是财务会计概念框架(Conceptual Framework of Financial Accounting,CF)的最高层次,对财务会计的规范发展起着导向性作用。财务报告目标至少应解决三个问题:第一,谁是财务报告信息的使用者?第二,信息使用者需要什么样的财务信息?第三,财务报告能提供什么样的信息?财务报告目标从信息使用者角度,也即从客观环境的主观角度上提出了财务报告应提供什么样的信息。财务报告是所有财务会计信息的综合反映,所有财务会计信息使用者主要通过财务报告获取相关信息;所有会计准则规范必然集中地体现在财务报告的内容中,财务报告目标将直接决定着财务报表列报的内容和形式。

受托责任观和决策有用观历来是国内外会计学术界关于财务报告目标的两种

主要观点。受托责任观认为，资源的所有权和经营权分离后，资源的受托方应承担合理有效地利用资源，并使其尽可能保值增值的责任，因而确立的会计目标应有助于检查和评价受托者对受托责任的履行情况。决策有用观认为，资源的所有权与经营权分离，在资本市场介入的情况下，会使资源所有者对受托资源的管理淡化，转而更关注资本市场的平均风险与报酬水平以及投资方在资本市场上的风险与报酬。而受托方的管理中心也从有效管理受托资源转向在资本市场上使报酬与风险的比例最优。因而会计目标应为信息使用者提供有助于其做出合理决策的信息。其实两者并不矛盾，只是在不同情况下侧重不同。决策有用观适用于高度发达的资本市场，受托责任观适用于所有权与经营权相分离、资本市场欠发达的经济环境。公司股权结构上的差异也将导致财务报告目标不同。公司股权结构属于集中型模式，即公司经营的资本主要来自少数几个股东或银行。在这种股权结构下，由于资本来源比较集中，所有者可以随时通过对经营者业绩的了解采取有效的措施，这时财务报告目标应侧重于受托责任观。当公司股权结构属于分散型，即公司经营所需资本来自人数众多的股东和社会其他机构人士，经营者很容易成为企业的绝对控制者，而所有者更多的是通过股票市场来实现他们的决策，此时应侧重决策有用观。从我国当前的实际情况来看，证券市场的投资者已经构成了财务报告的主要使用者，他们需要根据企业的财务报告所提供的信息进行决策。除此之外，我国现阶段的财务报告目标既要为中小投资者决策提供相关信息，也要为评价国有资产受托责任提供相关信息。但为了遵循市场经济的"公平、公开、公正"的原则，中小投资者的利益应当得到必要的保证，正因如此，为中小股东及债权人提供经济决策相关信息应为我国现阶段财务报告的主要目标，并同时兼顾受托责任评价所需的相关信息。基于此，我国的《企业会计准则——基本准则》中对财务报告的目标采用了受托责任观和决策有用观的双重目标。将其确定为：向财务报告使用者提供与企业财务状况、经营成果和现金流量等有关的会计信息，反映企业管理层受托责任履行情况，有助于财务报告使用者做出经济决策。

对于财务报告使用者来说，主要包括投资者、债权人、政府及其有关部门和社会公众等。

企业对外披露财务报告的首要目的是满足投资者的信息需要。投资者需要能够衡量企业经营业绩从而能够对持有股份的风险和报酬进行评价的会计信息。依据财务报告对投资者决策有用的目标，财务报告所提供的信息应当如实反映企业所拥有或者控制的经济资源、对经济资源的要求权以及经济资源及其要求权的变化情况；如实反映企业的各项收入、费用、利润和损失的金额及其变动情况；如实反映企业各项经营活动、投资活动和筹资活动等所形成的现金流入和现金流出情况等，从而有助于现在的或者潜在的投资者正确、合理地评价企业的资产质量、偿债能力、盈利能力和营运效率等，有助于投资者根据相关会计信息作出理性的投资决策，以及评估与投资有关的未来现金流量的金额、时间和不确定性等。

而对于银行和供应商等债权人来说，他们更多关心的是企业的偿债能力和财务风险，他们需要通过会计信息来评估企业能否如期支付贷款本金和利息，以及能否如期支付所欠购货款等。

作为经济管理和经济监督部门的政府及其他有关部门，他们需要通过真实可靠的会计信息来监督企业的有关活动（尤其是经营活动）、制定税收政策、进行税收征管和国民经济统计等，以实现经济资源分配的公平、合理，市场经济秩序的公正、有序等目标。

财务报告使用者除了上述投资者、债权人、政府及其有关部门和社会公众等企业外部利益相关者外，企业内部的管理者，包括企业的决策层、各生产经营单位的负责人等，他们也是财务报告的使用者。他们需要会计信息的目的是一致的，即旨在帮助企业实现其总体的战略和任务。

按照会计信息使用者的不同，会计学也相应地分为两大分支：财务会计（financial accounting）和管理会计（management accounting）。我国著名会计学家葛家澍教授将财务会计定义为："在市场经济体制下，建立在企业或其他主体范围内的，旨在向企业或主体外部提供以财务信息为主的一个经济信息系统。这个系统把已发生或已完成的交易与事项中的财务（能用货币表现的）数据作为输入，按照《企业会计准则》和有关法规、制度的规范要求，运用若干普遍接受的会计惯例，通过确认、计量、记录和报告等程序进行加工，把数据转换为有助于决策和合乎其他目标的有用信息。报告这一程序代表系统的输出，有用信息主要借助于财务报表传递给企业外部的使用者。"总之，财务会计是这样一个过程：通过确认、计量和报告来传递会计主体的相关经济信息，以益会计信息使用者进行决策和作出有根据的判断。

会计的一个重要职能是为企业管理提供决策和有效经营所需的信息。除了正常的财务报告、纳税报告以及为外界有关方面提供的特别报告以外，还有诸如确定产品单位成本的依据、一个特定销售活动的盈利估计、可供选择的不同行动方案的成本比较和全面预算等。因为这些信息中有些具有战略性，它们只能为企业的高级管理人员所利用，所以，产生和分析这一类信息的程序，通常称之为管理会计。

财务会计与管理会计在实际会计工作中并不存在明显的界线，它们互为基础，如费用、成本的归集分配过程和资产的计价过程及利润的确定过程间就存在紧密的联系。但财务会计和管理会计也有差异之处。一般而言，财务报告主要面向企业外部使用者，因此，通常也将财务会计称为对外报告会计；而管理会计报告则基本上是面向企业内部管理人员需要的，因此，通常将管理会计称为对内报告会计。财务会计要受权威性机构颁布的会计准则的制约，财务会计提供的信息主要产生于账簿的记录；而管理会计除了成本会计这一分支外，一般不受会计准则的制约，各项信息的提供视内部管理的需要而定。

## 第三节　会计基本假设和会计确认、计量的基础

### 一、会计基本假设

会计基本假设是会计确认、计量和报告的前提，是对会计核算所处的时间、空间环境所作的合理设定。会计核算对象的确定、会计政策的选择、会计数据的搜集都要以这一系列的基本假设为依据。会计基本假设包括会计主体、持续经营、会计分期和货币计量。

#### （一）会计主体

会计主体（accounting entity），又称为会计实体、会计个体，是指企业会计服务的特定对象。在会计主体假设下，企业应当对其本身发生的交易或事项进行会计确认、计量和报告，反映企业本身所从事的各项生产经营活动。明确界定会计主体是开展会计确认、计量和报告工作的重要前提。

首先，明确会计主体，才能划定会计所要处理的各项交易或事项的范围。在会计工作中，只有那些影响企业本身经济利益的各项交易或事项才能加以确认、计量和报告，那些不影响企业本身经济利益的各项交易或事项不能加以确认、计量和报告。会计核算中涉及的资产、负债的确认、收入的实现、费用的发生等，都是针对特定会计主体而言的。

其次，明确会计主体，才能将会计主体的交易或者事项与会计主体所有者的交易或者事项以及其他会计主体的交易或者事项区分开来。

需要指出的是，会计主体与法律主体并不是同一概念。一般来说，法律主体必然是一个会计主体，但是，会计主体并不一定是法律主体。任何企业，无论是独资、合资还是合伙，都是一个会计主体。也就是说，会计主体，可以是独立法人，也可以是非法人（如合伙经营活动）；可以是一个企业，也可以是企业内部的某一单位或企业中的一个特定的部分（如企业的分公司、企业设立的事业部）；可以是单一企业，也可以是由几个企业组成的企业集团。

#### （二）持续经营

持续经营（going concern），是指在可以预见的将来，企业将会按当前的规模和状态继续经营下去，不会停业，也不会大规模削减业务。在持续经营假设下，企业进行会计确认、计量和报告应当以持续经营为前提。

会计核算中所使用的一系列会计处理方法都是建立在持续经营前提的基础上。例如，企业对于它所使用的机器设备、厂房等固定资产，只有在持续经营的基本前提下，才可以在机器设备的使用年限内，按照其价值和使用情况，确定采用某一折旧方法计提折旧。企业对于其所负担的债务，如应付款项，也只有在持

续经营的基本前提下,才可以按照规定的条件偿还。因此,在持续经营的基本前提下,企业在会计信息的收集和处理上所使用的会计处理方法才能保持稳定,企业的会计记录和会计报表才能真实可靠。

### (三) 会计分期

会计分期(accounting period),是指将一个企业持续经营的生产经营活动期间划分为若干连续的、长短相同的期间。会计分期的目的,在于通过会计期间的划分,将持续经营的生产经营活动期间划分成连续、相等的期间,据以结算盈亏,按期编制财务报告,从而及时向财务报告使用者提供有关企业财务状况、经营成果和现金流量的信息。在会计分期假设下,企业应当划分会计期间,分期结算账目和编制财务报告。

会计期间通常分为年度和中期。中期是指短于一个完整的会计年度的报告期间。半年度、季度和月度均称为会计中期,按中期编制的财务报告称为中期财务报告(interim reports or reports for interim)。最常见的会计期间是一年,以一年确定的会计期间称为会计年度,按年度编制的财务报告也称为年报(annual report)。在我国,会计年度自公历每年的1月1日起至12月31日止。

会计期间的划分对会计核算有着重要的影响。由于有了会计期间,才产生了本期与非本期的区别;由于有了本期与非本期的区别,才产生了权责发生制和收付实现制,才使不同类型的会计主体有了记账的基准。

### (四) 货币计量

货币计量(monetary measurement),是指会计主体在会计确认、计量和报告时以货币为计量单位,记录、反映会计主体的生产经营活动。在会计的确认、计量和报告过程中选择货币作为基础进行计量,是由货币本身的属性决定的。货币是商品一般等价物,是衡量一般商品价值的共同尺度,具有价值尺度、流通手段、贮藏手段和支付手段的特点。其他计量单位,如重量、长度、容积、台、件等,都只能从一个侧面反映企业的生产经营情况,无法在量上进行汇总和比较,不便于会计计量和经营管理。因此,为全面反映企业的生产经营活动和有关交易、事项,会计确认、计量和报告选择货币作为计量单位。但是,统一采用货币计量也存在缺陷,它严重限制了财务报告的范围,并且忽视了物价变动的客观事实。

## 二、会计确认、计量的基础

会计确认、计量的基础为权责发生制。

会计确认,是指将符合财务报表要素定义和确认标准的项目,以文字和金额列入资产负债表或利润表的过程。换言之,任何一个项目,必须同时符合要素定义和确认标准,才能加以确认。由于财务报表各要素间互有关联,因此确认某一项目时，必须同时确认其他项目，例如确认资产时，将同时确认负债或收入；确认负债时，亦将同时确认资产或费用等。

会计计量，是指决定财务报表要素在资产负债表及利润表确认金额的过程，包括特定计量基础的选择。

权责发生制，也称应计制会计（accrual accounting），其核心内容是有关收入和费用的确认。权责发生制把当期收益作为本期确认的收入与跟这些收入相配比的费用之差来进行计量。也就是说，凡是当期已经实现的收入和已经发生或应当负担的费用，不论款项是否收付，都应作为当期的收入和费用处理；凡是不属于当期的收入和费用，即使款项已经在当期收付，都不应作为当期的收入和费用。权责发生制主要是从时间上规定会计确认的基础，它的基本思想就是定义一些能够真实地利用货币资金来衡量经营业绩的条件，但是却与货币资金实际流入和流出会计主体的时点无关。在权责发生制下，收入和费用的确认并不完全与相关的现金流量时点完全吻合。根据权责发生制进行收入与成本费用的核算，能够更加准确地反映特定会计期间真实的财务状况及经营成果。采用权责发生制会计后，对于一些收入和费用也要按照权责关系在本期和以后会计期间进行分配，确定其归属的会计期间，为此需要在会计处理上运用预收、预付、应收、应付等一些特殊的会计方法。根据我国《企业会计准则——基本准则》的规定，企业的会计核算应当以权责发生制为基础进行会计确认、计量和报告。

与权责发生制相对应的是收付实现制。所谓收付实现制也称现金制会计（cash-basis accounting）。按照这种方法，当收到现金时才确认销售收入。同样地，当支付现金时才把成本从销售收入中减去。因此，现金制会计既没有实现概念，也没有配比概念。

## 第四节 会计信息质量要求

会计信息质量要求是对企业财务报告中所提供会计信息质量的基本要求，是使财务报告中所提供会计信息对投资者等使用者决策有用应具备的基本特征。会计信息质量要求一般包括可靠性、相关性、可理解性、可比性、实质重于形式、重要性、谨慎性和及时性等。其中，可靠性、相关性、可理解性和可比性是会计信息的首要质量要求，是企业财务报告中所提供会计信息应具备的基本质量特征；实质重于形式、重要性、谨慎性和及时性是会计信息的次级质量要求，是对可靠性、相关性、可理解性和可比性等首要质量要求的补充和完善，尤其是对某些特殊交易或者事项进行处理时，需要根据这些质量要求来把握其会计处理原则，另外，及时性还是会计信息相关性和可靠性的制约因素，企业需要在相关性和可靠性之间寻求一种平衡，以确定信息及时披露的时间。

## 一、可靠性

可靠性（reliability）要求企业应当以实际发生的交易或者事项为依据进行确认、计量和报告，如实反映符合确认和计量要求的各项财务报表要素及其他相关信息，保证会计信息真实可靠、内容完整。

可靠性是对会计信息质量的基本要求。会计首先作为一个信息系统，其提供的信息是国家宏观经济管理部门、企业内部经营管理部门及有关方面进行决策的依据。如果会计数据不能如实反映企业经济活动的实际情况，势必无法满足各有关方面了解企业情况、进行决策的需要，甚至可能导致错误的决策。如实反映要求会计确认必须以实际经济活动为依据；会计计量、记录的对象必须是真实的经济业务；财务报告必须真实可靠、内容完整；等等。

## 二、相关性

相关性（relevance）要求企业提供的会计信息应当与财务报告使用者的经济决策需要相关，有助于财务报告使用者对企业过去、现在或者未来的情况作出评价或者预测。

会计的目标就是要为有关方面提供会计信息，最终必须为会计信息的使用者所使用。要充分发挥会计信息的作用，提高会计信息的使用价值，必须使会计核算提供的会计信息与财务报表的使用者对会计信息质量的要求相关联。

会计信息质量的相关性要求会计人员在收集、加工、处理、传递会计信息的过程中，要考虑财务报表的使用者对会计信息质量的需要的不同特点，确保满足企业内外有关方面对会计信息的相关需要。相关性并不是要求企业提供的财务报表完全满足所有使用者的要求。由于不同的财务报表使用者有着不同的需要，事实上，即使再全面的财务报表也不可能满足所有方面的需要。因此，会计核算的资料，特别是企业向外报送的财务报表，只能是提供通用的会计信息，财务报表的使用者通过对通用财务报表中的信息进行加工整理，能够得到其所需要的会计信息，这样的会计信息就可以说是符合相关性的要求。

## 三、可理解性

可理解性（understandability）要求企业提供的会计信息应当清晰明了，便于财务报告使用者理解和使用。

会计信息的目的在于信息的使用，要使用会计信息首先就必须了解会计信息的内涵，弄懂会计信息的内容。否则，就谈不上信息的使用。明晰性要求会计核算所提供的信息简明、易懂，能简单明了地反映企业的财务状况和经营成果，并容易为人们所了解。会计信息的明晰性，有利于会计信息的使用者准确、完整地把握会计信息所要说明的内容，从而更好地加以利用。

## 四、可比性

可比性（comparability）要求企业提供的会计信息应当相互可比。

我国实行的是社会主义市场经济，国家负有组织国民经济的综合平衡及进行宏观经济管理和调控的职责，政府部门需要利用会计核算提供的信息作为宏观经济决策的依据。为此，要求会计核算按照国家统一规定的会计处理方法进行核算，所有企业的会计核算都必须建立在相互可比的基础上，使其提供的会计核算资料和数据便于比较、分析、汇总，以满足国民经济宏观管理和调控的需要。

可比性要求同一企业不同时期发生的相同或者相似的交易或者事项，应当采用一致的会计政策，不得随意变更。确需变更的，应当在附注中说明。不同企业发生的相同或者相似的交易或者事项，应当采用规定的会计政策，确保会计信息口径一致、相互可比。

## 五、实质重于形式

实质重于形式（substance over form）要求企业应当按照交易或者事项的经济实质进行会计确认、计量和报告，不仅仅以交易或者事项的法律形式为依据。如果企业仅仅以交易或者事项的法律形式为依据进行会计确认、计量和报告，那么就容易导致会计信息失真，无法如实反映经济现实。

有些时候，经济业务或其他事项的经济事实不一定与其法律形式一致。如果财务报告要恰当地反映意在反映的业务与其他事项，必须根据它们的实质或经济事实，而非仅凭它们的法律形式或表象来确认和报告，这便是实质重于形式。例如，企业通过融资租赁承租的机器设备，在租赁期间该企业虽然不拥有该项资产的所有权，但依租约，它拥有不可任意变更的使用权，而且所租入的资产与其他拥有所有权的资产一样，能为企业带来未来的经济利益，因此，要求会计人员在进行会计处理时，往往将其视同正常固定资产一样在报表中予以披露。

## 六、重要性

重要性（materiality）要求企业提供的会计信息应当反映与企业财务状况、经营成果和现金流量等有关的所有重要交易或者事项。

企业在会计核算过程中对交易或事项应当区别其重要程度采用不同的核算方式。对资产、负债、损益等有较大影响，并进而影响财务报告使用者据以作出合理判断的重要会计事项，必须按照规定的会计方法和程序进行处理，并在财务报告中予以充分、准确地披露；对于次要的会计事项，在不影响会计信息真实性和不至于误导财务报告使用者作出正确判断的前提下，可适当简化处理。

在会计核算中坚持重要性原则，能够使会计核算在全面反映企业财务状况和经营成果的基础上，保证重点，有助于加强对经济活动和经营决策有重大影响及有重要意义的关键性问题的核算，达到事半功倍的效果，并有助于简化核算，节约人财物力，提高会计工作效率。

## 七、谨慎性

谨慎性又称稳健性（conservatism），或称保守主义，它要求企业对交易或者事项进行会计确认、计量和报告时应当保持应有的谨慎，不应高估资产或者收益、低估负债或者费用。

谨慎性的目的是使财务报表使用者、决策者提高警惕，以应付纷繁复杂的外部经济环境的变化，把风险损失缩小到或限制在极小的范围内。从谨慎性的运用来看，会计在一定程度上核算经营风险，提供反映经营风险的信息，有利于企业作出准确的经营决策，有利于保护债权人利益，有利于提高企业在市场上的竞争能力。谨慎性要求体现于会计核算的全过程。谨慎性包括会计确认、计量、报告等方面谨慎稳健的内容。

## 八、及时性

及时性（timeliness）要求企业对于已经发生的交易或者事项，应当及时进行会计确认、计量和报告，不得提前或延后。

任何信息的使用价值不仅要求其真实可靠，而且还在于必须保证时效，及时将信息提供给使用者使用。特别是在市场经济条件下，市场瞬息万变，企业竞争日趋激烈，各方面对会计信息的及时性要求越来越高，这一要求越发显得重要。在会计核算中遵守及时性要求，一是要求及时收集会计信息。所谓及时收集会计信息，就是要求在经济业务发生后，会计人员要及时收集整理各种原始单据。二是要求及时对会计信息进行加工处理，也就是要求会计人员在收集各种原始单据之后，及时编制记账凭证、登记账簿等，并编制出财务会计报表。三是要求及时传递会计信息，将编制出的财务会计报表传递给财务会计报表的使用者。

## 第五节　财务报表要素及其确认与计量

### 一、财务报表的组成

财务报表是对企业财务状况、经营成果和现金流量的结构性表述。财务报表通常应当包括资产负债表、利润表、现金流量表和所有者权益变动表。

1. 资产负债表（balance sheet），是反映企业在某一特定日期的财务状况的会计报表。企业编制资产负债表的目的是通过如实反映企业的资产、负债和所有者权益的金额及其结构情况，从而有助于使用者评价企业资产的质量以及短期偿债能力、长期偿债能力、利润分配能力等。

2. 利润表（income statement），是反映企业在一定会计期间的经营成果的会计报表。企业编制利润表的目的是通过如实反映企业实现的收入、发生的费用以及应当计入当期利润的利得和损失金额及结构等情况，从而有助于使用者分析评价企业的盈利能力及其构成与质量等。

3. 现金流量表（cash flow statement），是反映企业在一定会计期间的现金和现金等价物流入和流出的财务报表。企业编制现金流量表的目的是通过如实反映企业各项活动的现金流入、流出情况，从而有助于使用者评价企业的现金流和资金周转情况。

4. 所有者权益变动表（the statement of owners' equity），是反映企业在某一特定日期所有者权益增减变动情况的报表。所有者权益变动表全面反映了企业的所有者权益在年度内的变化情况，便于会计信息使用者深入分析企业所有者权益的增减变化情况，并进而对企业的资本保值增值情况作出正确判断，从而提供对决策有用的信息。

## 二、财务报表要素

财务报表要素，是指按照交易或者事项的经济特征所确定的财务会计对象的基本分类，分为反映企业财务状况的财务报表（资产负债表）要素和反映企业经营成果的财务报表（利润表）要素。财务报表要素既是会计确认和计量的依据，也是确定财务报表结构和内容的基础。

财务报表要素按照其性质分为资产、负债、所有者权益、收入、费用和利润。其中，资产、负债、所有者权益为反映企业财务状况的财务报表（资产负债表）要素；收入、费用和利润为反映企业经营成果的财务报表（利润表）要素。

## 三、反映企业财务状况的财务报表（资产负债表）要素及其确认

### （一）资产

资产（asset），是指企业过去的交易或者事项形成的、由企业拥有或者控制的、预期会给企业带来经济利益的资源。其中，企业过去的交易或者事项包括购买、生产、建造行为或其他交易或者事项。预期在未来发生的交易或者事项不形成资产；由企业拥有或者控制，是指企业享有某项资源的所有权，或者虽然不享有某项资源的所有权，但该资源能被企业所控制；预期会给企业带来经济利益，是指直接或者间接导致现金和现金等价物流入企业的潜力。

企业确认为资产的资源必须同时满足以下条件时,确认为资产:
(1) 与该资源有关的经济利益很可能流入企业;
(2) 该资源的成本或者价值能够可靠地计量。

符合资产定义和资产确认条件的项目,应当列入资产负债表;符合资产定义,但不符合资产确认条件的项目,不应当列入资产负债表。资产负债表中的资产项目分为流动资产和非流动资产。

【例1-1】2×18年3月,天诚公司发生下列经济事项。判断每项经济事项是否应确认为天诚公司的资产。

(1) 4日,购买30 000元的原材料用于产品生产。
(2) 7日,购买50 000元的制造设备,同意在2年内付款,在付清最后一笔款项时,设备的所有权归天诚公司。
(3) 9日,销售商品一批,收到购货单位签发并承兑在6个月内付款3 500元的商业汇票一张。
(4) 28日,盘点库存原材料,发现短缺甲材料32吨,金额为46 000元。
(5) 30日,设备管理部门报来一项计划,打算在年内购买一批新设备替换那些即将报废的设备。

根据上述资料,分析判断如下:

(1) 由于该笔经济事项的发生,使天诚公司的原材料增加30 000元,未来将产生经济利益流入天诚公司,应确认为天诚公司的资产。
(2) 即使在2年内天诚公司不拥有该项设备的所有权,该项设备仍然是天诚公司的资产,因为天诚公司在付款期内有权支配该设备并从中受益。
(3) 该张应收票据属于天诚公司的资产,因为它能够使天诚公司在未来获得确定金额的现金流入。
(4) 短缺的甲材料不再是天诚公司的资产,因为它不会有未来的经济利益流入企业。
(5) 对天诚公司而言,这些新设备目前还不能确认为资产,因为天诚公司没有与设备供应商进行交易,因此不具备在未来使用这些设备的权利。

(二) 负债

负债(liability),是指企业过去的交易或事项形成的,预期会导致经济利益流出企业的现时义务。其中,现时义务是指企业在现行条件下已承担的义务。未发生的交易或者事项形成的义务,不属于现时义务,不应当确认为负债。

符合负债定义的义务,在同时满足以下条件时,确认为负债:
(1) 与该义务有关的经济利益很可能流出企业;
(2) 未来流出经济利益的金额能够可靠地计量。

符合负债定义和负债确认条件的项目,应当列入资产负债表;符合负债定义,但不符合负债确认条件的项目,不应当列入资产负债表。资产负债表中的负债项目分为流动负债和非流动负债。

【例1-2】2×18年5月,天诚公司发生下列经济事项。判断每项经济事项是否应确认为天诚公司的负债。

(1) 6日,购买30 000元的原材料用于产品生产,同意在20天内向供应商支付货款。

(2) 8日,收到大华公司42 000元的产品预付款,天诚公司将在下一年度生产这些产品。

根据上述资料,分析判断如下:

(1) 该项义务属于负债,因为履行该义务预期会导致经济利益流出天诚公司。

(2) 该笔预付款形成了负债,因为天诚公司在下一年度必须制造并交付42 000元的产品给大华公司。在此期间,天诚公司应当将所收到的大华公司的产品预付款作为预收账款处理。

### (三) 所有者权益

所有者权益(owners' equity),是指企业资产扣除负债后,由所有者享有的剩余权益。

所有者向公司投入资金,相应地作为回报,获得证明其所有权的凭证。当企业是股份有限公司时,普通股的股份是所有权的证明,此时,所有者被称为股东,所有者权益被称为股东权益。当企业以合伙企业的形式开展经营时,它的所有者就是合伙人,所有者权益被称为合伙人权益。当公司以独立业主身份开展经营时,它的所有者就是独立业主,所有者权益被称为业主权益。除非发生减资、清算,企业不须在某个确定的日期向所有者还本。企业清算时,只有在清偿所有的负债后,所有者权益才返还给所有者。所有者凭借所有者权益能够参与利润的分配。企业会在一定的时期向所有者分配一定的利润,称为红利。但只有公司决定分配红利时,所有者才能得到。

所有者权益的来源包括所有者投入的资本、直接计入所有者权益的利得和损失、留存收益等,通常由实收资本(或股本)、资本公积(含资本溢价或股本溢价、其他资本公积)、其他综合收益、盈余公积和未分配利润构成。

直接计入所有者权益的利得和损失,是指不应计入当期损益、会导致所有者权益发生增减变动的、与所有者投入资本或者向所有者分配利润无关的利得或者损失。其中,利得,是指由企业非日常活动所形成的、会导致所有者权益增加的、与所有者投入资本无关的经济利益的流入,利得包括直接计入所有者权益的利得和直接计入当期利润的利得。损失,是指由企业非日常活动所发生的、会导致所有者权益减少的、与向所有者分配利润无关的经济利益的流出,损失包括直接计入所有者权益的损失和直接计入当期利润的损失。直接计入所有者权益的利得和损失主要包括可供出售金融资产的公允价值变动额、现金流量套期中套期工具公允价值变动额(有效套期部分)等。

留存收益,是企业历年实现的净利润留存于企业的部分,主要包括计提的盈余公积和未分配利润。

所有者权益金额取决于资产和负债的计量。

所有者权益项目应当列入资产负债表。

### 四、反映企业经营成果的财务报表（利润表）要素及其确认

#### （一）收入

收入（revenue），是指企业在日常活动中形成的、会导致所有者权益增加的、与所有者投入资本无关的经济利益的总流入。

收入具有以下特征：

1. 收入是企业在日常经营活动中形成的。日常活动是指企业为完成其经营目标所从事的经常性活动以及与之相关的活动。例如，制造业制造并销售产品、商业企业销售商品、保险公司签发保单、咨询公司提供咨询服务、软件企业为客户开发软件、安装公司提供安装服务、商业银行对外贷款等，均属于企业的日常活动。明确界定日常活动是为了将收入与利得相区分，因为企业非日常活动所形成的经济利益的流入不能确认为收入，而应当计入利得。

2. 收入会导致企业所有者权益的增加。与收入相关的经济利益的流入应当会导致所有者权益的增加，不会导致所有者权益增加的经济利益的流入不符合收入的定义，不应该确认为收入。例如，企业向银行借入款项，尽管也导致了企业经济利益的流入，但该流入并不导致所有者权益的增加，反而使企业承担了一项现时义务。企业对于因借入款项所导致的经济利益的增加，不应将其确认为收入，应当确认为一项负债。

3. 收入是与所有者投入资本无关的经济利益的总流入。收入应当会导致经济利益的流入，从而导致资产的增加。例如，企业销售商品，应当收到现金或者在未来有权收到现金，才表明该交易符合收入的定义。但在实务中，经济利益的流入有时是所有者投入资本的增加所导致的，所有者投入资本的增加不应当确认为收入，应当将其直接确认为所有者权益。

企业收入的来源渠道多种多样，不同收入来源的特征有所不同，其收入确认条件也往往存在差别，如销售商品、提供劳务、让渡资产使用权等。一般而言，收入只有在经济利益很可能流入从而导致企业资产增加或者负债减少，且经济利益的流入额能够可靠计量时才能予以确认。即收入的确认至少应当符合以下条件：一是与收入相关的经济利益应当很可能流入企业；二是经济利益流入企业的结果会导致资产的增加或者负债的减少；三是经济利益的流入额能够可靠计量。

符合收入定义和收入确认条件的项目，应当列入利润表。

#### （二）费用

费用（expenses），是指企业在日常活动中发生的、会导致所有者权益减少

的、与向所有者分配利润无关的经济利益的总流出。

费用具有以下特征：

1. 费用是企业在日常活动中形成的。费用必须是企业在其日常活动中所形成的，这些日常活动的界定与收入定义中所涉及的日常活动的界定相一致。日常活动所产生的费用通常包括营业成本（销售成本）、折旧费、无形资产摊销、职工薪酬等。将费用界定为日常活动所形成的，目的是将其与损失相区分，企业非日常活动所形成的经济利益的流出不能确认为费用，而应当计入损失。

2. 费用会导致所有者权益的减少。与费用相关的经济利益的流出应当会导致所有者权益的减少，不会导致所有者权益减少的经济利益的流出不符合费用的定义，不应确认为费用。

3. 费用是与向所有者分配利润无关的经济利益的总流出。费用的发生应当会导致经济利益的流出，从而导致资产的减少或者负债的增加（最终也会导致资产的减少）。其表现形式包括现金或者现金等价物的流出，存货、固定资产和无形资产等的流出或者消耗等。鉴于企业向所有者分配利润也会导致经济利益的流出，而该经济利益的流出显然属于所有者权益的抵减项目，不应确认为费用，应当将其排除在费用的定义之外。

按照费用与收入的关系，费用可以分为营业成本和期间费用。其中，营业成本是指所销售商品或提供劳务的成本。营业成本按照其所销售商品或提供劳务在企业日常活动中所处的地位可以分为主营业务成本和其他业务成本。期间费用包括管理费用、销售费用和财务费用。管理费用是企业行政管理部门为组织和管理生产经营活动而发生的各种费用；销售费用是企业在销售商品和材料、提供劳务的过程中发生的各种费用，以及专设销售机构的各项经费；财务费用是企业筹集生产经营所需资金而发生的费用。

费用与成本、支出、开支的概念是不同的。成本（cost），是指对用于某种目的的资源数量的货币计量。如制造业为生产某种产品而消耗的直接材料、直接人工和制造费用。支出（expenditure），是指与所发生的成本有关的资产（通常是现金）减少额或负债（通常是应付账款）增加额。某一会计期间的支出等于该期全部商品与劳务的购置成本。当一项支出完成时，相关的成本或者是一项资产，或者是一项费用。如果成本能为未来各项带来收益，它就表现为资产的增加，如企业为购置机器、设备等固定资产而发生的支出（即属于资本性支出）；如果只为当期带来收益，它就是当期的一项费用，如企业为销售商品而发生的商品广告支出（即属于收益性支出）。开支（disbursement），是指现金的支付。现金支出是一种开支，所以支付应付账款、偿还银行借款或者向股东发放现金股利，这些现金支出都属于开支。

费用只有在经济利益很可能流出从而导致企业资产减少或者负债增加，且经济利益的流出额能够可靠计量时才能予以确认。

企业为生产产品、提供劳务等发生的可归属于产品成本、劳务成本等的费用，应当在确认产品销售收入、劳务收入等时，将已销售产品、已提供劳务的成本等计入当期损益。

企业发生的支出不产生经济利益的,或者即使能够产生经济利益但不符合或者不再符合资产确认条件的,应当在发生时确认为费用,计入当期损益。

企业发生的交易或者事项导致其承担了一项负债而又不确认为一项资产的,应当在发生时确认为费用,计入当期损益。

符合费用定义和费用确认条件的项目,应当列入利润表。

### (三) 利润

利润 (profit),是指企业在一定会计期间的经营成果。通常情况下,如果企业实现了利润,表明企业的所有者权益将增加,经营业绩得到了提升;反之,如果企业发生了亏损(即利润为负数),则表明企业的所有者权益将减少,经营业绩出现了下滑。因此,利润往往是评价企业管理层工作业绩的一项重要的财务指标,也是投资者等财务报告使用者进行决策的重要参考。

利润包括收入减去费用后的净额、直接计入当期利润的利得和损失等。其中,收入减去费用后的净额反映的是企业日常活动的业绩,直接计入当期利润的利得和损失反映的是企业非日常活动的业绩。直接计入当期利润的利得和损失,是指应当计入当期损益、会导致所有者权益发生增减变动的、与所有者投入资本或者向所有者分配利润无关的利得或者损失。

利润金额取决于收入和费用、直接计入当期利润的利得和损失金额的计量。

利润项目应当列入利润表。

## 五、会计计量

会计计量是为了将符合确认条件的会计要素登记入账并列报于财务报表而确定其金额的过程。企业应当按照规定的会计计量属性(所予计量的某一要素的特性方面)进行计量,确定相关金额。会计计量属性主要包括以下五种。

### (一) 历史成本

历史成本 (historical cost),又称实际成本,就是取得或制造某项财产物资时所实际支付的现金或其他等价物。在历史成本计量下,资产按照其购置时支付的现金或者现金等价物的金额,或者按照购置资产时所付出的对价的公允价值计量。负债按照其因承担现时义务而实际收到的款项或者资产的金额,或者承担现时义务的合同金额,或者按照日常活动中为偿还负债预期需要支付的现金或者现金等价物的金额计量。

### (二) 重置成本

重置成本 (replacement cost),又称现行成本,是指按照当前市场条件,重新取得同样一项资产所需支付的现金或现金等价物金额。在重置成本计量下，资产按照现在购买相同或者相似资产所需支付的现金或者现金等价物的金额计量。负债按照现在偿付该项债务所需支付的现金或者现金等价物的金额计量。

## （三）可变现净值

可变现净值（realizable or settlement value），是指在正常生产经营过程中，以预计售价减去进一步加工成本和预计销售费用以及相关税费后的净值。在可变现净值计量下，资产按照其正常对外销售所能收到的现金或者现金等价物的金额扣减该资产至完工时估计将要发生的成本、估计的销售费用以及相关税费后的金额计量。

## （四）现值

在现值（present value）计量下，资产按照预计从其持续使用和最终处置中所产生的未来净现金流入量的折现金额计量。负债按照预计期限内需要偿还的未来净现金流出量的折现金额计量。

## （五）公允价值

公允价值（fair value），是指市场参与者在计量日发生的有序交易中，出售一项资产所能收到或者转移一项负债所需支付的价格。

会计计量属性尽管包括历史成本、重置成本、可变现净值、现值和公允价值等，但是企业在对财务报表要素进行计量时，应当严格按照规定选择相应的计量属性。一般情况下，对财务报表要素的计量，应当采用历史成本计量属性，例如，企业购入存货、建造厂房、生产产品等，应当以所购入资产发生的实际成本作为资产计量的金额。但是在某些情况下，如果仅仅以历史成本作为计量属性，可能难以达到会计信息的质量要求，不利于实现财务报告的目标，有时甚至会损害会计信息质量，影响会计信息的有用性。例如，企业持有的衍生金融工具往往没有实际成本，实际成本也与其价值相差甚远。因此，如果按照历史成本对衍生金融工具进行计量的话，大量的衍生金融工具交易将成为表外事项，与衍生金融工具有关的价值及其风险信息将无法得到充分披露。在这种情况下，为了提高会计信息的有用性，向使用者提供更为决策相关的信息，就有必要采用其他计量属性（如公允价值）进行会计计量，以弥补历史成本计量属性的缺陷。

鉴于应用重置成本、可变现净值、现值、公允价值等其他计量属性，往往需要依赖于估计，为了使所估计的金额在提高会计信息相关性的同时，又不影响其可靠性，企业会计准则要求企业应当保证根据重置成本、可变现净值、现值、公允价值所确定的财务报表要素金额能够取得并可靠计量；如果这些金额无法取得或者可靠地计量，则不允许采用其他计量属性。

## 第六节 会 计 规 范

会计信息是一种公共物品,在证券市场日益发达的社会里,它起着资源配置的重要作用,对社会公众的利益有重大的影响。因此,会计成为一个备受公众关注和受高度管制的领域。会计规范是指所有能对会计实务起约束作用的原则、准则、法规、条例和道德守则等的总和,是为适应会计实践活动的需要而发展起来且又用于指导和约束会计行为的准绳。一般而言,会计规范可以分为三种不同的类型,即会计的法律规范、会计的职业道德规范和会计准则规范。

### 一、会计的法律规范

法律关系是经法律规范调整的当事人之间的权利和义务的关系,相应地,会计法律关系是指会计主体在按照会计法规进行会计核算和财务管理时所形成的权利和义务的关系。我国的会计法规体系是以《中华人民共和国会计法》(以下简称《会计法》)为核心的。

《会计法》于 1985 年 1 月 21 日由第六届全国人民代表大会常务委员会第九次会议颁布并施行,1993 年 12 月 29 日第八届全国人民代表大会常务委员会第五次会议修正,1999 年 10 月 31 日第九届全国人民代表大会常务委员会第十二次会议修订,2017 年 11 月 4 日第十二届全国人民代表大会常务委员会第三十次会议第二次修正,自 2017 年 11 月 5 日起施行。

《会计法》是会计法规体系中最高层次的法规,是一切会计工作最重要的根本大法。国家机关、社会团体、企事业单位、个体工商户和其他组织都必须遵守并依据《会计法》办理会计事务。拟定其他会计法规、制定会计准则和会计制度,均应以《会计法》为依据。因此,从一定程度上讲,其他所有相关的会计法规都是对《会计法》的具体化和必要补充。

2017 年 11 月颁布的《会计法》全文共七章、五十二条,除了指出立法目的、规定适用范围、划分会计工作的管理权限,以及国家统一会计制度的制定外,还分会计核算、会计监督、会计机构和会计人员、法律责任等方面,规定了会计工作应当达到的要求。具体来说,有以下四个特点。

1. 强调了会计信息的真实、完整,严格禁止虚假信息。《会计法》多次要求各单位所提供的财务会计信息(资料、报告等)必须真实、完整,强调不得提供虚假的财务报告,或以虚假的经济业务或资料进行会计核算。此外,对伪造与变造会计凭证、会计账簿或者编制虚假财务报告,构成犯罪的,依法追究刑事责任。还对直接责任人增加了经济处罚办法。

2. 突出了单位负责人对会计信息真实性的责任。《会计法》第四条明确规定,"单位负责人对本单位的会计工作和会计资料的真实性、完整性负责。"

3. 特别关注公司、企业的会计核算。《会计法》第三章"公司、企业会计核算的特别规定",强调在资产、负债、所有者权益、收入、费用、成本、利润的确认、计量、记录和报告方面的真实性,利润分配的真实性。

4. 要求各单位强化会计监督。《会计法》要求各单位建立健全本单位内部会计监督制度,并提出了内部会计监督制度的具体要求。对各单位而言,加强会计监督,建立健全内部控制制度,有利于保护企事业单位财产的安全。

我国的会计法律法规具有较强的约束力,但如何处理存在的"有法不依、执法不严"现象,使会计法规发挥其应有的作用,是我们面临的紧迫任务。

## 二、会计的职业道德规范

### (一) 会计职业的特征

会计职业是一个基础广泛的职业,该项职业一般分为两个领域:其一是在营利组织和非营利组织中从事会计管理活动的会计职业,我们可以将这一领域的会计职业称为内部会计职业;其二是在会计师事务所从事审计及鉴证服务的会计职业,这一领域的会计职业称为社会公众会计职业。

对于内部会计职业来说,主要目标是把会计主体已发生或已完成的交易与事项中的财务(能用货币表现的)数据,按照会计法律制度的要求,通过确认、计量、记录和报告等程序进行加工,提供会计主体内外所有利益相关者进行决策所需要的相关、可靠的会计信息。从这个意义上来说,内部会计职业特征主要体现在如何协调好以下三方面的关系。

1. 协调好企业经营者与员工之间的利益关系。会计活动是企业实施内部控制的有效手段,因而内部会计职业要对企业资本的保值增值负责。实践中,企业所发生的各项经济活动都会涉及经营者与员工之间的利益关系。作为内部会计职业,要努力协调好两者之间的利益关系。

2. 协调好企业与外部利益相关者之间的利益关系。企业外部利益相关者涉及企业的投资者、债权人、客户以及政府有关部门等。这些利益相关者是通过财务报告来获取他们所需要的决策信息的。正因为如此,会计人员必须坚持公正原则,客观公允地反映企业真实的会计信息,要使财务报告做到不偏不倚。

3. 协调好内部会计职业技术性与社会性之间的关系。内部会计职业具有较强的技术性特点,它的工作性质决定了会计人员在处理企业发生的经济业务时,必须严格遵守会计法律制度。但由于内部会计职业涉及社会方方面面的利益,因此,协调好内部会计职业技术性与社会性之间的关系也就成为内部会计职业的一项特征。

对于社会公众会计职业来说,是指注册会计师依法接受委托、独立执业、有偿为社会提供专业服务的活动。社会公众会计职业特征表现在以下三个方面。

1. 社会公众会计职业的主体是注册会计师。注册会计师（Certified Public Accountants，CPAs）是指获得政府有关部门资格认定，取得从事审计、会计咨询、会计服务业务执业证书的专业人员。

2. 社会公众会计职业的主要任务是维护市场经济秩序，保护社会公共利益和投资者的合法权益。

3. 独立性、有偿性和服务对象的社会性是社会公众会计职业的基本特征。注册会计师应独立于政府部门、委托单位和个人，根据与委托方签订的业务约定书，提供有关法律、法规规定的各项专业服务，并按国家规定的收费标准和行业惯例收取服务费用。委托方具有广泛的社会性，包括企业、事业单位、社会团体或个人。但在执业过程中，注册会计师不受任何机关、单位、团体或个人的干涉，依法独立承办委托业务，并对其出具报告的真实性、合法性负责。

（二）会计职业道德的含义及特征

1. 会计职业道德的含义。会计职业道德，是指在会计职业活动中应当遵循的、体现会计职业特征的、调整会计职业关系的职业行为准则和规范。换言之，会计职业道德，就是企业会计人员在处理会计事务、注册会计师在执业时正确处理人与人之间经济关系的行为规范总和，即是这两类人员工作中应遵循的道德标准。它体现了会计职业的特征与责任的要求，规定了企业会计人员和注册会计师在工作中"该做什么""不该做什么"。

2. 会计职业道德的特征。会计职业作为社会经济活动中的一种特殊职业，其职业道德有着不同于其他职业道德的特征，会计职业道德的特征主要表现在以下三个方面。

第一，会计职业道德与经济制度相适应。会计职业道德依赖并服务于特定社会经济制度，随着社会经济制度的变革，会计职业道德的内容也发生相应的变化。在我国社会主义市场经济体制建立之前，国有企业的会计人员、集体企业的会计人员和全民所有制企业的会计人员构成了会计职业界的主体。他们扮演着双重角色，即在处理自身与国家、企业的关系时，他们既代表企业又代表国家。当企业利益与国家利益发生冲突（主要是企业领导人授意、指使、强令会计人员违犯财经法纪）时，他们要坚决地"维护国家利益"。这就是当时的会计职业道德。伴随着我国社会主义市场经济体制的建立，尤其是资本市场的发展，会计职业界的队伍也得到了发展壮大，既有国有企业的会计人员、政府和非营利组织的会计人员，还有注册会计师等，他们的利益群体也发生了变化。在这种情况下，单凭原有的"双重角色""维护国家利益"作为会计职业人员处理各种关系的准则是远远不够的，因此，要求制定新的职业道德准则。

第二，会计职业道德不仅依靠会计人员的自觉性，而且要有相应的道德守则去约束。一般的职业道德侧重于人们的行为动机和内心信念的调整，通常只对那些最低限度的要求赋予强制性。会计职业道德具有广泛的社会性，诚信与失信对社会经济秩序影响重大。正因为如此，会计职业道德不仅要依靠会计人员按照业已形成和掌握的道德观自觉履行自己应尽的职责和义务，而且要通过制定相应的道德守则去约束。从国外的情况看，会计职业道德的内容是十分丰富的。例如，美国注册会计师协会（AICPA）的"职业品行规范（1992）"（Code of Professional Conduct），适用于会计公司、政府与工商企业的注册会计师以及协会成员，主要原则有为公众利益、诚实（integrity）、客观、独立和谨慎等；美国管理会计师协会（IMA）的"管理会计道德品行标准（1983）"（Standards of Ethical Conduct for Management Accountants），适用于工商企业中会计师以及协会成员，主要原则包括胜任、保守秘密、正直和客观等；美国内部审计协会（IIA）的"道德规范（1992）"（Code of Ethics），适用于注册内部审计师以及协会成员，主要原则为正直、诚实、客观、认真、忠诚和慎重等。此外，美国大学会计教师也列作会计职业界成员，本来他们大多是注册会计师、注册管理会计师和注册内部审计师，已经受一个或几个职业道德规范的约束。但从 1981 年美国会计学会（AAA）学术独立委员会在年度报告中提出制订大学会计教师的职业道德规范以来，已经引起越来越多的关注。1993 年 AICPA 成立专题组研究制订学术界 CPA 的职业道德规范。1994 年以研究会计职业道德著称的马里兰大学教授洛伊博（Loeb），一反过去的立场，著文论述制定会计学术界道德规范的迫切性，并呼吁 AAA 尽快承担起这项义不容辞的职责。当然，就各类职业道德规范而言，CPA 的职业道德规范是最重要的。

  目前，我国会计职业道德建设也已取得了很大的成绩。财政部早在 1996 年 6 月颁布的《会计基础工作规范》中就对会计人员职业道德提出了八项具体要求；2017 年 11 月颁布的《会计法》第三十九条规定："会计人员应当遵守职业道德，提高业务素质。"这是我国以立法的形式提出会计职业道德。为加强会计诚信建设，建立健全会计人员守信联合激励和失信联合惩戒机制，推动会计行业进一步提高诚信水平，根据《会计法》规定和《国务院关于印发社会信用体系建设规划纲要（2014~2020 年）的通知》《国务院办公厅关于加强个人诚信体系建设的指导意见》《国务院关于建立完善守信联合激励和失信联合惩戒制度 加快推进社会诚信建设的指导意见》等精神，财政部于 2018 年 4 月 19 日颁布了《关于加强会计人员诚信建设的指导意见》（以下简称《指导意见》）。《指导意见》的指导思想是：全面贯彻党的十九大精神，以习近平新时代中国特色社会主义思想为指导，认真落实党中央、国务院决策部署，以培育和践行社会主义核心价值观为根本，完善会计职业道德规范，加强会计诚信教育，建立严重失信会计人员"黑名单"，健全会计人员守信联合激励和失信联合惩戒机制，积极营造"守信光荣、失信可耻"的良好社会氛围。《指导意见》中对增强会计人员诚信意识提出了两点具体要求：一是强化会计职业道德约束。针对会计工作特点，进一步完善会计职业道德规范，引导会计人员自觉遵纪守法、勤勉尽责、参与管理、强化服务，不断提高专业胜任能力；督促会计人员坚持客观公正、诚实守信、廉洁自律、不做假账，不断提高职业操守。二是加强会计诚信教育。财政部门、中央主管单位和会计行业组织要采取多种形式，广泛开展会计诚信教育，将会计职业道德作为会计人员继续教育的必修内容，大力弘扬会计诚信理念，不断提升会计人员诚信素养。要充分发挥新闻媒体对会计诚信建设的宣传教育、舆论监督等作用，大力发掘、宣传会计诚信模范等会计诚信典型，深入剖析违反会计诚信的典型案例。引导财会类专业教育开设会计职业道德课程，努力提高会计后备人员的诚信意识。鼓励用人单位建立会计人员信用管理制度，将会计人员遵守会计职业道德情况作为考核评价、岗位聘用的重要依据，强化会计人员诚信责任。

为加强会计人员管理，明确会计人员范围和专业能力要求，根据《中华人民共和国会计法》及相关法律法规的规定，财政部于2018年12月6日印发了《会计人员管理办法》（以下简称《管理办法》），并于2019年1月1日起施行。《管理办法》共十一条，主要内容包括：一是明确会计人员的范围及相关工作岗位；《管理办法》将会计人员界定为在单位中从事会计核算、实行会计监督等会计工作的人员，其中包括担任会计机构负责人（会计主管人员）、总会计师的人员。同时，明确了会计工作的具体岗位。二是明确会计人员从事会计工作应当符合的基本要求；《管理办法》强调会计人员从事会计工作应当遵守《会计法》和国家统一的会计制度等法律法规、具备良好的职业道德、按照国家有关规定参加继续教育、具备从事会计工作所需要的专业能力，同时规定了认定专业能力应当考虑的因素。三是明确单位对会计人员管理的主体责任。《管理办法》规定了单位在会计人员专业能力认定、会计人员任用（聘用）、会计岗位设置等方面的具体责任和有关要求。四是明确会计人员的监管方式。《管理办法》强调对会计人员的监管方式应当采用"随机抽取检查对象、随机选派执法检查人员"的方式，并将监督检查情况及结果及时向社会公开。

作为中国注册会计师职业规范体系的一部分，中国注册会计师协会于2009年10月18日发布了《中国注册会计师职业道德守则》明确提出了对我国注册会计师职业道德的基本要求。为了指导注册会计师更好地运用中国注册会计师职业道德守则，促进提高注册会计师诚信水平和职业道德水平，2014年11月13日中国注册会计师协会发布了《中国注册会计师职业道德守则问题解答》，自2015年1月1日起施行。该问题解答根据《中国注册会计师职业道德守则》制定，为注册会计师正确理解职业道德守则、解决实务问题提供细化指导和提示。注册会计师应当将职业道德守则与问题解答一并掌握和执行。

第三，会计职业道德着重解决会计人员与其利益群体之间的矛盾冲突。会计人员在进行会计核算时，由于现行的会计准则和会计制度存在着选择性和模糊性，因此，需要会计人员具备一定的职业判断能力，从而客观、合理地选择会计核算方法。会计核算方法的选择是会引起经济后果的，进而会造成社会财富的重新分配和经济资源的重新配置。会计职业的一个显著特征是会计管理、审计及鉴证服务都会涉及企业内部与外部利益相关者的利益。会计人员在遵循会计职业道德的过程中,往往会受到利益因素的驱动。由于企业会计人员的利益直接受制于企业主体的利益,而注册会计师的利益则受制于整个行业竞争的影响,因此,当他们屈从于来自企业主体或市场竞争的压力时,会计职业道德就会产生危机。但如果无视企业主体的利益或会计师事务所的利益,会计人员自身也会陷入困境。会计人员的这种两难困境,只有通过职业道德准则的指导才能够摆脱。

### (三) 我国企业会计人员职业道德规范的内容

我国企业会计人员职业道德规范的内容是:爱岗敬业、诚实守信、廉洁自律、客观公正、坚持准则、提高技能、参与管理、强化服务。

爱岗敬业就是要求会计人员热爱会计工作,安心本职岗位,忠于职守,尽心尽力,尽职尽责。

诚实守信就是要求会计人员做老实人,说老实话,办老实事,执业谨慎,信誉至上,不为利益所诱惑,不弄虚作假,不泄露秘密。

廉洁自律就是要求会计人员公私分明、不贪不占,遵纪守法,尽职尽责。

客观公正就是要求会计人员端正态度,依法办事,实事求是,不偏不倚,保持应有的独立性。

坚持准则就是要求会计人员熟悉国家法律、法规和国家统一的会计制度,始终坚持按法律、法规和国家统一的会计制度的要求进行会计核算,实施会计监督。

提高技能就是要求会计人员增强提高专业技能的自觉性和紧迫感,勤学苦练,刻苦钻研,不断进取,提高业务水平。

参与管理就是要求会计人员在做好本职工作的同时,努力钻研相关业务,全面熟悉本单位经营活动和业务流程,主动提出合理化建议,协助领导决策,积极参与管理。

强化服务就是要求会计人员树立服务意识,提高服务质量,努力维护和提升会计职业的良好社会形象。

### (四) 我国注册会计师职业道德规范的内容

我国注册会计师职业道德规范的内容是独立、客观、公正。

独立性是指注册会计师在执行审计业务时,应当在实质上和形式上独立于外部组织和服务的对象。实质上的独立性,又称为精神独立性,即认为独立性是一种精神状态、一种自信心以及在判断时不依赖和屈从于外界的压力和影响。它要求注册会计师在执业过程中严格保持超然性,不能主观袒护任何一方当事人,尤其不应使自己的结论依附或屈从于持反对意见的利益集团或人士的影响和压力。形式上的独立性,是指注册会计师必须与被审查企业或个人没有任何特殊的利益关系,如不得拥有被审查企业股权或担任其高级职务,不能是企业的主要贷款人、资产受托人或与管理当局有亲属关系,等等。否则,就会影响注册会计师公正地执行业务。形式上的独立性又可进一步分为组织上的独立性、经济上的独立性与人员上的独立性三种。

由上可知,实质上的独立性是无形的,通常是难以观察和度量的,而形式上的独立性则是有形的和可以观察的。社会公众通常是透过注册会计师形式上的独立性来推测其实质上的独立性。因此,从这个意义上来说,形式上的独立性是实质上的独立性的载体和重要前提。美国注册会计师协会(AICPA)在其《职业道德规范》中规定:"从事公共业务的会员在提供审计和其他鉴证服务时,必须保持实质上和形式上的独立性。"国际会计师联合会(IFAC)也在其《职业道德准则》中规定:"职业会计师在执业中承担报告任务时,应当在实质上和形式上独立"。《中国注册会计师职业道德基本准则》第五条也规定:"注册会计师执行审计或其他鉴证业务,应当保持形式上和实质上的独立。"

客观是指注册会计师对有关事项的调查、判断和意见的表述应当基于客观的立场,以事实为依据,不掺杂个人的主观意愿,也不为他人的意愿所左右;在分析问题、处理问题时,不以个人的好恶或成见、偏见行事。

公正是指注册会计师在执行业务时,应当正直、诚实、不偏不倚地对待有关利益各方,不得以牺牲一方利益为条件而使另一方受益。

注册会计师在执行业务的过程中要能够做到客观与公正,其重要的前提就是职业的独立性。

### 三、会计准则规范

会计准则规范是从技术性的角度对会计实务的处理提出的要求。之所以称其为技术性的,是因为此类规范都是针对每一具体项目或业务的确认、计量和报告作出的,它要求会计人员按照所制定的规则对某一特定项目进行确认、计量和报告,是一种最基本的规范,它对企业间会计信息的可比性发挥着不可估量的影响。

会计准则规范按照制定主体划分可分为两类:一是由民间具有权威性的会计职业组织制定并颁布的会计准则,例如,美国财务会计准则委员会(Financial Accounting Standards Board,FASB)颁布的会计准则;二是由全国性的行政机构制定并颁布的会计准则,例如,我国财政部颁布的企业会计准则。为了增强全球范围内企业财务会计信息的可比性,国际会计准则委员会(International Accounting Standards Board,IASB)制定了国际财务报告准则(International Financial Reporting Standards,IFRS)。

我国的会计准则体系包含四个层次:基本准则、具体准则、会计准则应用指南和解释公告。其中,基本准则处于最高层次,是制定具体准则的依据;具体准则是在基本准则的指导下,对企业各项资产、负债、所有者权益、收入、费用、利润及相关交易事项的确认、计量和报告进行规范的会计准则;会计准则应用指南是对具体准则相关条款的细化和有关重点难点问题提供的操作性指南，以利于会计准则的贯彻落实和指导实务操作；解释公告是对具体准则实施过程中出现的问题、具体准则条款规定不清楚或者尚未规定的问题作出的补充说明。

为了适应发展市场经济的需要，1992年11月29日，财政部颁布了《企业会计准则——基本准则》（2006年2月15日第1次修订并以财政部令第33号公布。2014年7月23日第2次修订并以财政部令第76号公布）并于1993年7月1日起在所有企业实施。基本准则全文共十一章五十条，就财务会计的目标、概念、财务报表的要素、确认、计量和报告的原则等作了明确的规定，规范了我国会计工作最基本的各个方面。基本准则的颁布，体现了我国会计改革的重大成果，标志着我国有了成文的、与国际会计惯例相衔接的会计准则，在我国会计史上具有里程碑的意义。

为了适应证券市场发展的需要，财政部于1997年6月4日发布了第一个具体会计准则《企业会计准则——关联方关系及其交易的披露》，旨在规范关联交易的信息披露，增加关联交易的透明度。

2006年2月15日，财政部隆重发布了以国际财务报告准则为范本，按照国际会计理念全新修订的会计准则体系。新准则体系包含38项具体会计准则和1项基本准则，从会计理念、准则体系、准则内容等方面全面修订，构建起与中国国情相适应同时又充分与国际财务报告准则趋同的、涵盖各类企业各项经济业务、独立实施的会计准则体系，从而基本实现了与国际财务报告准则的趋同。

2014年初，为了适应社会主义市场经济发展需要，提高企业财务报表质量和会计信息透明度，保持我国企业会计准则与国际财务报告准则的持续趋同，根据《企业会计准则——基本准则》，财政部陆续对《企业会计准则第2号——长期股权投资》《企业会计准则第9号——职工薪酬》《企业会计准则第30号——财务报表列报》《企业会计准则第33号——合并财务报表》和《企业会计准则第37号——金融工具列报》进行了修订。并发布了《企业会计准则第39号——公允价值计量》《企业会计准则第40号——合营安排》和《企业会计准则第41号——在其他主体中权益的披露》。

2017年4月和5月，又分别修订了《企业会计准则第22号——金融工具确认和计量》《企业会计准则第23号——金融资产转移》《企业会计准则第24号——套期会计》《企业会计准则第37号——金融工具列报》《企业会计准则第16号——政府补助》，发布了《企业会计准则第42号——持有待售的非流动资产、处置组和终止经营》。2017年7月修订了《企业会计准则第14号——收入》。

2018年12月修订了《企业会计准则第22号——租赁》。

我国现行的具体会计准则的组成内容，如表1-1所示。

表 1-1　　　　　　　　具体会计准则一览表

| 1. 存货 | 15. 建造合同 | 29. 资产负债表日后事项 |
|---|---|---|
| 2. 长期股权投资 | 16. 政府补助 | 30. 财务报表列报 |
| 3. 投资性房地产 | 17. 借款费用 | 31. 现金流量表 |
| 4. 固定资产 | 18. 所得税 | 32. 中期财务报告 |
| 5. 生物资产 | 19. 外币折算 | 33. 合并财务报表 |
| 6. 无形资产 | 20. 企业合并 | 34. 每股收益 |
| 7. 非货币性资产交换 | 21. 租赁 | 35. 分部报告 |
| 8. 资产减值 | 22. 金融工具确认和计量 | 36. 关联方披露 |
| 9. 职工薪酬 | 23. 金融资产转移 | 37. 金融工具列报 |
| 10. 企业年金基金 | 24. 套期保值 | 38. 首次执行企业会计准则 |
| 11. 股份支付 | 25. 原保险合同 | 39. 公允价值计量 |
| 12. 债务重组 | 26. 再保险合同 | 40. 合营安排 |
| 13. 或有事项 | 27. 石油、天然气开采 | 41. 在其他主体中的权益 |
| 14. 收入 | 28. 会计政策、会计估计变更和差错更正 | 42. 持有待售的非流动资产、处置组和终止经营 |

## 练 习 题

### 一、问答题

1. 说明会计目标。
2. 财务报告的主要使用者有哪些？他们的决策类型和信息需求是什么？会计目标主要满足他们的哪些信息需求？
3. 说明会计基本假设的内容。并阐述它们各自在会计核算中所处的地位及其作用。
4. 什么是权责发生制？它的基本思想是什么？
5. 会计信息质量要求有哪些？如何正确理解它们在会计核算中的作用？
6. 财务报表要素的确认必须符合哪些条件？
7. 企业财务状况是通过哪几项会计要素来反映的？它们之间有何关联性？
8. 企业经营成果是通过哪几项会计要素来反映的？它们之间有何关联性？
9. 请给出"资产"的定义。举出五项资产，并解释为什么它们是资产。
10. 请给出"负债"的定义。举出五项负债，并解释为什么它们是负债。
11. 说明会计计量的各种属性的内容。
12. 说明财务报告的组成及其披露的信息。
13. 说明我国会计规范体系的内容，以及它们之间的相互关系。
14. 说明我国企业会计准则体系的层次。

二、选择题

1. 将一个企业持续经营的生产经营活动划分为若干连续的、长短相同的期间指的是（  ）。
   A. 会计主体　　　B. 持续经营　　　C. 会计分期　　　D. 货币计量

2. 在可以预见的将来，企业将会按当前的规模和状态继续经营下去，不会停业，也不会大规模削减业务指的是（  ）。
   A. 会计主体　　　B. 持续经营　　　C. 会计分期　　　D. 货币计量

3. 下列各项中，属于会计确认、计量基础的是（  ）。
   A. 权责发生制　　B. 收付实现制　　C. 现金制　　　　D. 实际成本原则

4. 下列各项中，属于会计信息基本质量特征的有（  ）。
   A. 可靠性　　　　B. 相关性　　　　C. 可理解性　　　D. 重要性

5. 下列各项中，属于会计信息次级质量要求的有（  ）。
   A. 实质重于形式　B. 重要性　　　　C. 谨慎性　　　　D. 及时性

6. 下列各项中，属于反映企业财务状况的财务报表要素有（  ）。
   A. 资产　　　　　B. 负债　　　　　C. 费用　　　　　D. 所有者权益

7. 下列各项中，属于反映企业经营成果的财务报表要素有（  ）。
   A. 收入　　　　　B. 费用　　　　　C. 利润　　　　　D. 所有者权益

8. 下列各项中，属于留存收益的是（  ）。
   A. 实收资本　　　B. 资本公积　　　C. 资本溢价　　　D. 未分配利润

9. 下列各项中，属于会计计量属性的有（  ）。
   A. 历史成本　　　B. 重置成本　　　C. 公允价值　　　D. 净值

10. 下列各项中，属于会计规范类型的有（  ）。
    A. 会计的法律规范　　　　　　　B. 会计的职业道德规范
    C. 会计准则规范　　　　　　　　D. 会计行为规范

11. 下列各项中，处于我国会计准则体系中最高层次的是（  ）。
    A. 基本准则　　　　　　　　　　B. 具体准则
    C. 会计准则应用指南　　　　　　D. 解释公告

三、判断题

1. 会计目标最终是通过企业定期编制的财务报告传递给会计信息使用者的。（  ）
2. 财务会计与管理会计在实际会计工作中存在着明显的界线。（  ）
3. 会计主体与法律主体是同一概念。（  ）
4. 会计确认、计量的基础为权责发生制。（  ）
5. 资产是指企业过去的交易或者事项形成的、由企业拥有或者控制的资源。（  ）
6. 负债是指企业过去的交易或事项形成的现时义务。（  ）
7. 所有者权益是指企业资产扣除负债后，由所有者享有的剩余权益。（  ）

8. 收入是指企业在日常活动中形成的、会导致所有者权益增加的、与所有者投入资本无关的经济利益的总流入。（    ）

9. 期间费用包括管理费用、研发费用、销售费用和财务费用。（    ）

10. 企业在对财务报表要素进行计量时，应当严格按照规定选择相应的计量属性。（    ）

### 四、案例分析题

1. 某集团公司财务部拟组织本系统会计职业道德培训。为了使培训工作更具针对性，公司财务部就会计职业道德概念、会计职业道德与会计法律制度的关系、会计职业道德规范的内容、会计职业道德教育以及组织实施等问题，分别与会计人员甲、乙、丙、丁、戊5人进行了座谈。现就5人回答的主要观点摘录如下：

（1）关于会计职业道德概念问题，甲认为，会计职业道德是会计人员在社会交往和公共生活中应当遵循的行为准则，涵盖了人与人、人与社会、人与自然之间的关系。

（2）关于会计职业道德与会计法律制度的关系问题，乙认为，会计职业道德与会计法律制度两者在性质、实现形式上都一样。

（3）关于会计职业道德规范的内容，丙认为，会计职业道德规范的全部内容归纳起来就是两条：一是廉洁自律。会计职业是一项极为特殊的职业，整天与钱、财、物打交道，如果爱贪爱占，很容易走上犯罪的道路，会计职业的特殊性决定了会计人员必须做到"常在河边走，就是不湿鞋"。二是强化服务。会计人员的根本任务就是为单位负责人提供服务，应当无条件服从领导，不折不扣地贯彻领导意图。

（4）关于会计职业道德教育问题。丁认为，开展会计职业道德教育的唯一途径就是依靠学历教育，只有这样，才能培养会计职业道德观念，强化会计道德情操。

（5）关于会计职业道德组织实施问题。戊认为会计职业道德组织实施，只能依靠财政部门的力量。因为会计的行业自律组织缺乏约束力，本单位又与会计人员存在利益上的密切关系，而财政部门承担着管理会计工作的职责，离开财政部门的组织推动，会计职业道德建设绝不可能得到有效实施。

要求：从会计职业道德角度，分别分析判断甲、乙、丙、丁、戊5人的观点是否正确。如不正确，请阐述正确的观点。

2. 某大型企业集团总会计师李军参加了财政部门组织的会计职业道德培训班后，认识到会计诚信教育事关重大，随即组织了本集团会计人员职业道德培训。培训结束时进行了考试，试题中有一个案例，要求学员进行分析，案例如下：

华荣电子公司会计王某因工作努力，钻研业务，积极提出合理化建议，多次被公司评为先进会计工作者。王某的朋友在一家民营电子企业任总经理，在其朋友的多次请求下，王某将在工作中接触到的公司新产品研发计划及相关会计资料复印件提供给其朋友，给公司带来一定的损失。公司认为王某不宜继续担任会计工作。

分析回答下列问题：

(1) 王某违反了哪些会计职业道德要求？

(2) 哪些单位可以对王某违反会计职业道德行为进行处理？并说明理由。

对问题（1）[王某违反了哪些会计职业道德要求？] 主要有以下三种答案：

答案一，王某违反了"爱岗敬业""参与管理""坚持准则"会计职业道德要求。

答案二，王某违反了"诚实守信""廉洁自律"会计职业道德要求。

答案三，王某违反了"客观公正""提高技能""强化服务"会计职业道德要求。

对问题（2）[哪些单位可以对王某违反会计职业道德行为进行处理？并说明理由。] 主要有以下四种答案：

答案一，任何单位均不能对王某违反会计职业道德行为进行处理。主要理由：会计职业道德不属于会计法律规范，而是一种软约束，需要依靠会计人员自律、自愿遵守，如果不遵守只能受到道义上的谴责。

答案二，只能由会计职业组织对王某违反会计职业道德的行为进行处理。主要理由：会计职业道德是一种职业规范，应由会计职业组织对不遵守会计职业道德的会计人员（会员）进行惩戒，其他部门和单位均不宜处理。

答案三，只能由财政部门对王某违反会计职业道德行为进行处理。主要理由：国务院财政部门主管全国的会计工作。县级以上地方各级人民政府财政部门管理本行政区域内的会计工作。会计人员违反会计职业道德行为，应由财政部门进行处理。

答案四，财政部门、会计职业组织、本单位均可以对王某违反会计职业道德行为进行处理。主要理由：财政部门、会计职业组织、所在单位根据法律、规章的规定，可以在各自的职权范围内对违反会计职业道德行为进行处理。

要求：从会计职业道德角度，分析判断每个问题中的答案，哪个答案是正确的？并分别说明理由。

3. A公司是一家上市公司。2017年12月，公司总经理针对公司效益下滑、面临亏损的情况，电话请示正在外地出差的董事长。董事长批示把财务会计报告做得漂亮一些，总经理于是将这项工作交给公司财务总监，要求按董事长的意见办。财务总监按公司领导意图，对当年度的财务会计报告进行了技术处理，虚拟了若干笔无交易的销售收入，从而使公司报表由亏变盈。经诚信会计师事务所审计后，公司财务会计报告对外报出。

2018年4月，监管部门在检查中发现该公司存在重大会计造假行为，依据《会计法》及相关法律、法规、会计准则，拟对该公司董事长、总经理、财务总监等相关人员进行行政处罚，并分别下达了行政处罚告知书。A公司相关人员接到行政处罚告知书后，均要求举行听证会。

在听证会上，有关当事人作了如下陈述：

公司董事长称："我前一段时间出差在外，对公司情况不太了解，虽然在财务会计报告上签字并盖章，但只是履行会计手续，我不能负任何责任。具体情况可由公司总经理予以说明。"

公司总经理称："我是搞技术出身的，主要抓公司的生产经营，对会计我是门外汉，我虽在财务会计报告上签名并盖章，那也只是履行程序而已。以前也是这样做的，我不应承担责任。有关财务会计报告情况应由公司财务总监解释。"

公司财务总监称："公司对外报出的财务会计报告是经过诚信会计师事务所审计的，他们出具了无保留意见的审计报告。诚信会计师事务所应对本公司财务报告的真实性、完整性负责，承担由此带来的一切责任。"

要求：根据我国会计法律、法规、会计准则规定，分析公司董事长、总经理、财务总监在听证会上的陈述是否正确，并分别说明理由。

# 第二章 会计循环

【本章关键知识点】
1. 会计等式。
2. 会计循环的基本程序。
3. 会计科目与账户。
4. 复式记账。
5. 会计凭证与会计账簿。
6. 试算平衡与账项调整。
7. 结账与编制会计报表。

## 第一节 会计等式

会计等式是指表明各财务报表要素之间基本关系的恒等式,也称为会计平衡公式。

### 一、资产 = 负债 + 所有者权益

企业要进行生产经营活动,必须拥有一定数量的资产。这些资产分布在经营活动的各个方面,表现为不同的占用形态,如货币资金、原材料、房屋建筑物等。这些资产均有其来源,要么来源于所有者,形成企业的所有者权益;要么来源于债权人,形成企业的债权人权益。因此,资产与负债和所有者权益实际上是同一价值运动的两个方面,资产是财产物资的占用形态,负债和所有者权益是财产物资的资金来源,两者必然相等。从数量上看,有一定数额的资产,就有一定数额的权益(包括所有者权益和债权人权益);有一定数额的权益,就有一定数额的资产。资产和权益的这种相互依存的关系,决定了资产总额必然等于权益总额。这一基本平衡关系用公式表示,即为会计基本等式,又称第一会计等式:

$$资产 = 权益$$

或:
$$资产 = 负债 + 所有者权益$$

这一等式反映了企业资产的归属关系，它是设置账户、复式记账和设计资产负债表的理论依据。

## 二、收入－费用＝利润

企业的目标就是从生产经营活动中获取收入，实现盈利。企业在取得收入的同时，也必然要发生相应的费用。企业通过收入与费用的比较，才能计算确定一定期间的盈利水平，确定当期实现的利润总额。利润与收入和费用的关系用公式表示出来，即：

$$收入－费用＝利润$$

这一等式可称为第二会计等式，它表明了经营成果与相应会计期间的收入和费用的关系。

## 三、资产＝负债＋所有者权益＋（收入－费用）

企业利润的取得，表明企业资产总额和净资产的增加。由于利润只归属于所有者，利润的实现意味着企业所有者权益的增加；反之，若企业发生亏损就意味着企业所有者权益的减少，用等式表示如下：

$$资产＝负债＋（所有者权益＋利润）$$

也即：
$$资产＝负债＋所有者权益＋（收入－费用）$$

这一等式，即第三会计等式，它动态地反映了企业财务状况和经营成果之间的关系。财务状况反映了企业某一特定日期资产的存量情况，而经营成果则反映了企业一定会计期间资产的增量或减量。企业的经营成果最终会影响到企业的财务状况，企业实现利润将使企业资产存量增加或负债减少，企业发生亏损将使企业资产存量减少或负债增加。待期末结账后，利润归入所有者权益项目，会计等式又恢复成基本形式，即"资产＝负债＋所有者权益"。因此，第三会计等式又称为动态等式，而第一会计等式则称为静态等式。

## 四、经济业务对会计等式的影响

经济业务，是指发生于企业生产经营过程中、引起财务报表要素增减变化的事项，又称会计事项。这些经济业务可以分为两大类：一类为外部经济业务；另一类为内部经济业务。某一会计主体由于发生对外经济往来所产生的经济业务，称为外部经济业务，如向外单位购买原材料、向银行借款、对外销售商品等。发生于某一会计主体内部的经济业务，称为内部经济业务，如支付采购人员的差旅费、生产领用原材料等。

虽然企业在生产经营过程中,会发生各种各样的经济业务,但无论怎样,都不会破坏资产与权益的恒等关系。从经济业务所引起的资产和权益的增减变动来看,企业所发生的经济业务不外乎以下几种类型,如表2-1所示。

表2-1　　　　　　　各种经济业务类型对会计等式的影响

| 经济业务类型 | 资产 | = | 负债 | + | 所有者权益 |
|---|---|---|---|---|---|
| (1) | 增加 | | 增加 | | |
| (2) | 增加 | | | | 增加 |
| (3) | 减少 | | 减少 | | |
| (4) | 减少 | | | | 减少 |
| (5) | 增加、减少 | | | | |
| (6) | | | 增加、减少 | | |
| (7) | | | 减少 | | 增加 |
| (8) | | | 增加 | | 减少 |
| (9) | | | | | 增加、减少 |

【例2-1】2×18年3月,A公司发生如下经济业务,判断每笔经济业务是否会破坏会计等式。

(1) 2日,购入原材料,价款共计7 000元,款项尚未支付。

该笔经济业务的发生使原材料和应付账款同时增加7 000元。它对会计等式的影响如下:

| 资产 | = | 负债 | + | 所有者权益 |
|---|---|---|---|---|
| (1) 原材料 +7 000 | | (1) 应付账款 +7 000 | | |
| 余额 7 000 | = | 7 000 | | |

(2) 6日,投资者甲投入现金60 000元,存入本公司开户银行。

该笔经济业务的发生使银行存款和实收资本同时增加60 000元。它对会计等式的影响如下:

| 资产 | = | 负债 | + | 所有者权益 |
|---|---|---|---|---|
| 原材料 +7 000 | | 应付账款 +7 000 | | |
| (2) 银行存款 +60 000 | | | | (2) 实收资本 +60 000 |
| 余额 67 000 | = | 67 000 | | |

(3) 10日,以银行存款偿还应付账款3 000元。

该笔经济业务的发生使银行存款和应付账款同时减少3 000元。它对会计等式的影响如下:

| 资产 | = | 负债 | + | 所有者权益 |
|---|---|---|---|---|
| 原材料 +7 000 | | 应付账款 +7 000 | | |
| 银行存款 +60 000 | | | | 实收资本 +60 000 |
| （3）-3 000 | | | | （3）-3 000 |
| 余额 64 000 | = | 64 000 | | |

（4）13日，投资者抽回投资13 000元。

该笔经济业务的发生使银行存款和实收资本同时减少13 000元。它对会计等式的影响如下：

| 资产 | = | 负债 | + | 所有者权益 |
|---|---|---|---|---|
| 原材料 +7 000 | | 应付账款 +4 000 | | |
| 银行存款 +57 000 | | | | 实收资本 +60 000 |
| （4）-13 000 | | | | （4）-13 000 |
| 余额 51 000 | = | 51 000 | | |

（5）14日，向银行借入短期借款4 000元，直接用于偿还应付账款。

该笔经济业务的发生使负债项目中的应付账款减少，短期借款项目增加。它对会计等式的影响如下：

| 资产 | = | 负债 | + | 所有者权益 |
|---|---|---|---|---|
| 原材料 +7 000 | | 应付账款 +4 000 | | |
| 银行存款 +44 000 | | （5）-4 000 | | 实收资本 +47 000 |
| | | （5）短期借款 +4 000 | | |
| 余额 51 000 | = | 51 000 | | |

（6）20日，购买一台设备，支付价款共计12 000元。

该笔经济业务的发生使固定资产增加，银行存款减少。它对会计等式的影响如下：

| 资产 | | = | 负债 | + | 所有者权益 |
|---|---|---|---|---|---|
| 原材料 | +7 000 | | | | |
| 银行存款 | +44 000 | | | | 实收资本 +47 000 |
| （6） | -12 000 | | 短期借款 +4 000 | | |
| （6）固定资产+12 000 | | | | | |
| 余额 | 51 000 | = | 51 000 | | |

（7）25日，某投资者代为偿还短期借款4 000元，作为对该公司投资的增加。

该笔经济业务的发生使实收资本增加，短期借款减少。它对会计等式的影响如下：

| 资产 | = | 负债 | + | 所有者权益 |
|---|---|---|---|---|
| 原材料　+ 7 000 | | | | |
| 银行存款 +32 000 | | | | 实收资本 +47 000 |
| （6）固定资产 +12 000 | | 短期借款 +4 000 | | |
| | | （7）- 4 000 | | （7）+4 000 |
| 余额 51 000 | = | 51 000 | | |

（8）26日，宣告发放现金股利5 000元。该项经济业务的发生导致了负债中的应付股利的增加，而所有者权益中的未分配利润的减少。它对会计等式的影响如下：

| 资产 | = | 负债 | + | 所有者权益 |
|---|---|---|---|---|
| 原材料　+ 7 000 | | | | |
| 银行存款 +32 000 | | | | 实收资本 +51 000 |
| 固定资产 +12 000 | | （8）应付股利 +5 000 | | （8）未分配利润 - 5 000 |
| 余额 51 000 | = | 51 000 | | |

（9）28日，甲投资者将其对华荣公司的投资20 000元转让给乙公司。此项经济业务的发生使一项所有者权益（实收资本——甲）减少，而另一项所有者权益（实收资本——乙）增加，它对会计等式的影响如下：

| 资产 | = | 负债 | + | 所有者权益 |
|---|---|---|---|---|
| 原材料　+7 000 | | | | |
| 银行存款 +32 000 | | | | 实收资本 +51 000 |
| 固定资产 +12 000 | | 应付股利 +5 000 | | （9）+ 20 000 - 20 000 |
| | | | | 未分配利润 - 5 000 |
| 余额 51 000 | = | 51 000 | | |

通过上述分析可以看到，任何一笔经济业务的发生都会引起资产、负债和所有者权益项目发生增减变动，但无论怎样，都不会破坏会计等式的平衡关系。

## 第二节 会计循环的基本程序

任何一个会计主体，无论其性质、业别、规模大小等，进行会计工作，必须记账、编制会计报表。而记账必须有合规凭证作为依据。所以说，会计工作就是根据记录已发生经济业务的凭证登记账簿，然后编制会计报表。概括起来，可把会计循环的基本程序表述为：

凭证→账簿（账户）→会计报表

以上程序表明了两点：第一点，程序由凭证、账簿、会计报表三个因素构成；第二点，会计工作要有一定的顺序，必须依次按顺序进行，即先取得合规的凭证，然后分析经济业务对财务报表要素产生的影响，增加或减少，作成会计分录，记入账簿（账户）。待期末，汇集账簿（账户）中的资料，编制会计报表。

会计分期这一前提，把延续不断的时间，划分为会计期间（月、季、年度）。会计期间规定了会计工作的时间范围。在每一个会计期间内，会计工作都依据上述顺序进行，循环往复，周而复始，称之为会计循环。会计循环的基本程序如图2-1所示。

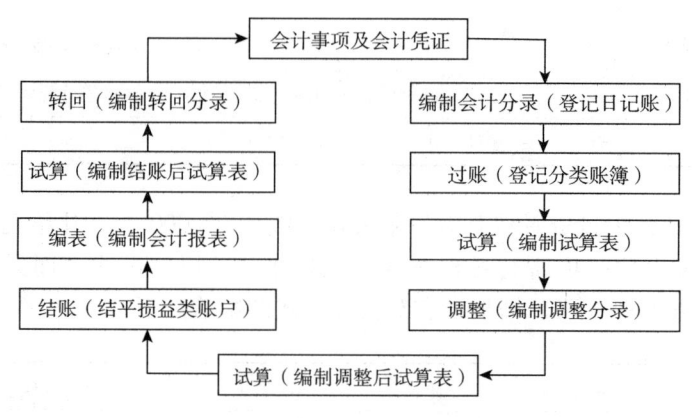

图2-1 会计循环的基本程序

## 第三节 会计科目与账户

### 一、会计科目

会计科目，是对财务报表要素进行分类的项目。设置会计科目是会计核算的一种专门方法，第一章提到，会计上为了记录经济业务，提供会计信息，将会计对象划分为六项财务报表要素。通过这六项财务报表要素，会计信息使用者可以获得有关资产、负债、所有者权益、收入、费用和利润等方面的概括性资料。然而，对于会计信息使用者在决策过程中，除了需要这些概括性的资料外，往往还需要详细的资料。因此，会计科目就是在会计对象划分为财务报表要素的基础上，按照财务报表要素的具体内容进一步分类，并以此为依据设置账户，分类地、连续地记录经济业务的增减变动情况，再通过整理和汇总等方法，反映财务报表要素的增减变动及其结果，从而提供各种有用的会计信息。

会计科目按其提供会计信息的详细程度分为总分类科目和明细分类科目。总分类科目亦称一级科目或总账科目。它是对财务报表要素的具体内容进行总括分类的会计科目，是进行总分类核算的依据，所提供的是总括信息；明细分类科目，是对总分类科目所含内容再作详细分类的会计科目。它所提供的是更加详细具体的信息。

表2-2列示的是财政部于2006年10月30日发布的《企业会计准则——应用指南》中所规定的会计科目，并适时补充了2014年以来财政部在发布的有关具体会计准则及其解读中新增设的会计科目。需要说明的是，企业应当按照企业会计准则及其应用指南规定，设置会计科目进行账务处理，在不违反统一规定的前提下，可以根据本企业的实际情况自行增设、分拆、合并会计科目。不存在的交易或者事项，可以不设置相关的会计科目。表2-2中的会计科目编号，供企业填制会计凭证、登记会计账簿、查阅会计账目、采用会计软件系统参考，企业也可以根据本规定，结合本企业的实际情况自行确定会计科目编号。

表2-2　　　　　　　　　　会计科目

| 顺序号 | 编号 | 会计科目名称 | 会计科目适用范围 |
| --- | --- | --- | --- |
| 一、资产类 | | | |
| 1 | 1001 | 库存现金 | |
| 2 | 1002 | 银行存款 | |
| 3 | 1003 | 存放中央银行款项 | 银行专用 |
| 4 | 1011 | 存放同业 | 银行专用 |
| 5 | 1012 | 其他货币资金 | |
| 6 | 1021 | 结算备付金 | 证券专用 |
| 7 | 1031 | 存出保证金 | 金融共用 |
| 8 | 1101 | 交易性金融资产 | |
| 9 | 1111 | 买入返售金融资产 | 金融共用 |
| 10 | 1121 | 应收票据 | |
| 11 | 1122 | 应收账款 | |
| 12 | 1123 | 预付账款 | |

续表

| 顺序号 | 编号 | 会计科目名称 | 会计科目适用范围 |
|---|---|---|---|
| 13 | 1131 | 应收股利 | |
| 14 | 1132 | 应收利息 | |
| 15 | 1201 | 应收代位追偿款 | 保险专用 |
| 16 | 1211 | 应收分保账款 | 保险专用 |
| 17 | 1212 | 应收分保合同准备金 | |
| 18 | 1221 | 其他应收款 | |
| 19 | 1231 | 坏账准备 | |
| 20 | 1301 | 贴现资产 | 银行专用 |
| 21 | 1302 | 拆出资金 | 银行专用 |
| 22 | 1303 | 贷款 | 银行和保险共用 |
| 23 | 1304 | 贷款损失准备 | 银行和保险共用 |
| 24 | 1311 | 代理兑付证券 | 银行和保险共用 |
| 25 | 1321 | 代理业务资产 | |
| 26 | 1401 | 材料采购 | |
| 27 | 1402 | 在途物资 | |
| 28 | 1403 | 原材料 | |
| 29 | 1404 | 材料成本差异 | |
| 30 | 1405 | 库存商品 | |
| 31 | 1406 | 发出商品 | |
| 32 | 1407 | 商品进销差价 | |
| 33 | 1408 | 委托加工物资 | |
| 34 | 1411 | 周转材料 | 建造承包商专用 |
| 35 | 1421 | 消耗性生物资产 | 农业专用 |
| 36 | 1431 | 贵金属 | 银行专用 |
| 37 | 1441 | 抵债资产 | 金融共用 |
| 38 | 1451 | 损余物资 | 保险专用 |
| 39 | 1461 | 融资租赁资产 | 租赁专用 |
| 40 | 1471 | 存货跌价准备 | |
| 41 | 1481 | 持有待售资产 | |
| 42 | 1482 | 持有待售资产减值准备 | |
| 43 | 1501 | 持有至到期投资 | |
| 44 | 1502 | 持有至到期投资减值准备 | |
| 45 | 1503 | 可供出售金融资产 | |
| 46 | 1511 | 长期股权投资 | |

续表

| 顺序号 | 编号 | 会计科目名称 | 会计科目适用范围 |
|---|---|---|---|
| 47 | 1512 | 长期股权投资减值准备 | |
| 48 | 1521 | 投资性房地产 | |
| 49 | 1531 | 长期应收款 | |
| 50 | 1532 | 未实现融资收益 | |
| 51 | 1541 | 存出资本保证金 | 保险专用 |
| 52 | 1601 | 固定资产 | |
| 53 | 1602 | 累计折旧 | |
| 54 | 1603 | 固定资产减值准备 | |
| 55 | 1604 | 在建工程 | |
| 56 | 1605 | 工程物资 | |
| 57 | 1606 | 固定资产清理 | |
| 58 | 1611 | 未担保余值 | 租赁专用 |
| 59 | 1621 | 生产性生物资产 | 农业专用 |
| 60 | 1622 | 生产性生物资产累计折旧 | 农业专用 |
| 61 | 1623 | 公益性生物资产 | 农业专用 |
| 62 | 1631 | 油气资产 | 石油天然气开采专用 |
| 63 | 1632 | 累计折耗 | 石油天然气开采专用 |
| 64 | 1701 | 无形资产 | |
| 65 | 1702 | 累计摊销 | |
| 66 | 1703 | 无形资产减值准备 | |
| 67 | 1711 | 商誉 | |
| 68 | 1801 | 长期待摊费用 | |
| 69 | 1811 | 递延所得资产 | |
| 70 | 1821 | 独立账户资产 | |
| 71 | 1901 | 待处理财产损益 | |
| 二、负债类 | | | |
| 72 | 2001 | 短期借款 | |
| 73 | 2002 | 存入保证金 | 金融共用 |
| 74 | 2003 | 拆入资金 | 金融共用 |
| 75 | 2004 | 向中央银行借款 | 银行专用 |
| 76 | 2011 | 吸收存款 | 银行专用 |
| 77 | 2012 | 同业存放 | 银行专用 |
| 78 | 2021 | 贴现负债 | 银行专用 |
| 79 | 2101 | 交易性金融负债 | |

续表

| 顺序号 | 编号 | 会计科目名称 | 会计科目适用范围 |
|---|---|---|---|
| 80 | 2111 | 卖出回购金融资产款 | 金融共用 |
| 81 | 2201 | 应付票据 | |
| 82 | 2202 | 应付账款 | |
| 83 | 2205 | 预收账款 | |
| 84 | 2211 | 应付职工薪酬 | |
| 85 | 2221 | 应交税费 | |
| 86 | 2231 | 应付股利 | |
| 87 | 2232 | 应付利息 | |
| 88 | 2241 | 其他应付款 | |
| 89 | 2245 | 持有待售负债 | |
| 90 | 2251 | 应付保单红利 | 保险专用 |
| 91 | 2261 | 应付分保账款 | 保险专用 |
| 92 | 2311 | 代理买卖证券款 | 证券专用 |
| 93 | 2312 | 代理承销证券款 | 证券和银行共用 |
| 94 | 2313 | 代理兑付证券款 | 证券和银行共用 |
| 95 | 2314 | 代理业务负债 | |
| 96 | 2401 | 递延收益 | |
| 97 | 2501 | 长期借款 | |
| 98 | 2502 | 应付债券 | |
| 99 | 2601 | 未到期责任准备金 | 保险专用 |
| 100 | 2602 | 保险责任准备金 | 保险专用 |
| 101 | 2611 | 保户储金 | 保险专用 |
| 102 | 2621 | 独立账户负债 | 保险专用 |
| 103 | 2701 | 长期应付款 | |
| 104 | 2702 | 未确认融资费用 | |
| 105 | 2711 | 专项应付款 | |
| 106 | 2801 | 预计负债 | |
| 107 | 2901 | 递延所得税负债 | |

三、共同类

| 顺序号 | 编号 | 会计科目名称 | 会计科目适用范围 |
|---|---|---|---|
| 108 | 3001 | 清算资金往来 | 银行专用 |
| 109 | 3002 | 外汇买卖 | 金融共用 |
| 110 | 3101 | 衍生工具 | |
| 111 | 3201 | 套期工具 | |
| 112 | 3202 | 被套期项目 | |

续表

| 顺序号 | 编号 | 会计科目名称 | 会计科目适用范围 |
|---|---|---|---|
| 四、所有者权益类 | | | |
| 113 | 4001 | 实收资本 | |
| 114 | 4002 | 资本公积 | |
| 115 | 4003 | 其他综合收益 | |
| 116 | 4101 | 盈余公积 | |
| 117 | 4102 | 一般风险准备 | 金融共用 |
| 118 | 4103 | 本年利润 | |
| 119 | 4104 | 利润分配 | |
| 120 | 4201 | 库存股 | |
| 五、成本类 | | | |
| 121 | 5001 | 生产成本 | |
| 122 | 5101 | 制造费用 | |
| 123 | 5201 | 劳务成本 | |
| 124 | 5301 | 研发支出 | |
| 125 | 5401 | 工程施工 | 建造承包商专用 |
| 126 | 5402 | 工程结算 | 建造承包商专用 |
| 127 | 5403 | 机械作业 | 建造承包商专用 |
| 六、损益类 | | | |
| 128 | 6001 | 主营业务收入 | |
| 129 | 6011 | 利息收入 | 金融共用 |
| 130 | 6021 | 手续费及佣金收入 | 金融共用 |
| 131 | 6031 | 保费收入 | 保险专用 |
| 132 | 6041 | 租赁收入 | 租赁专用 |
| 133 | 6051 | 其他业务收入 | |
| 134 | 6061 | 汇兑损益 | 金融专用 |
| 135 | 6101 | 公允价值变动损益 | |
| 136 | 6111 | 投资收益 | |
| 137 | 6115 | 资产处置损益 | |
| 138 | 6117 | 其他收益 | |
| 139 | 6201 | 摊回保险责任准备金 | 保险专用 |
| 140 | 6202 | 摊回赔付支出 | 保险专用 |
| 141 | 6203 | 摊回分保费用 | 保险专用 |
| 142 | 6301 | 营业外收入 | |
| 143 | 6401 | 主营业务成本 | |

续表

| 顺序号 | 编号 | 会计科目名称 | 会计科目适用范围 |
| --- | --- | --- | --- |
| 144 | 6402 | 其他业务成本 | |
| 145 | 6403 | 税金及附加 | |
| 146 | 6411 | 利息支出 | 金融共用 |
| 147 | 6421 | 手续费及佣金支出 | 金融共用 |
| 148 | 6501 | 提取未到期责任准备金 | 保险专用 |
| 149 | 6502 | 提取保险责任准备金 | 保险专用 |
| 150 | 6511 | 赔付支出 | 保险专用 |
| 151 | 6521 | 保户红利支出 | 保险专用 |
| 152 | 6531 | 退保金 | 保险专用 |
| 153 | 6541 | 分出保费 | 保险专用 |
| 154 | 6542 | 分保费用 | |
| 155 | 6601 | 销售费用 | |
| 156 | 6602 | 管理费用 | |
| 157 | 6603 | 财务费用 | |
| 158 | 6604 | 勘探费用 | |
| 159 | 6701 | 资产减值损失 | |
| 160 | 6711 | 营业外支出 | |
| 161 | 6801 | 所得税费用 | |
| 162 | 6901 | 以前年度损益调整 | |

## 二、账户

### (一) 账户的设置

所谓账户，是指具有一定格式，用来分类、连续地记录经济业务，反映财务报表要素增减变动及其结果的一种工具。它是在充分考虑会计核算阶段最终应当提供的信息基础上，对财务报表要素的各个组成部分预先进行科学分类，并给每类一个恰当的名称，以便作为连续、系统地记录、整理和集合会计数据的重要手段。制定这种分类是作为会计记录的基础或前提。

账户是依据会计科目开设的，账户的名称又叫会计科目。账户与会计科目在会计学中是两个不同的概念，它们之间既有联系，又有区别。它们的联系表现在，都是分门别类地反映某项经济内容，即两者所反映的经济内容是相同的。它们的区别是，会计科目只是个名称，它只表明某项经济内容，而账户既有名称，又有可以实际操作的结构，即有一定的格式，可以连续、系统地记录和反映某项经济内容的增减变化及其结果。但在实际工作中,会计科目和账户的两种名称往往互相通用,不加区别。

## (二) 账户的基本结构

会计是从数量上反映经济活动的。各项财务报表要素,由于会计事项的发生所引起的变动,从数量上来看,不外乎是增加和减少两种情况。因而用来分类记录经济业务的账户,在结构上也应相应地分为两个部分,左方和右方,一方登记增加额,另一方登记减少额。至于用哪一方登记增加,用哪一方登记减少,则取决于账户的性质、所采用的记账方法以及所记录的经济业务内容,这就是账户的基本结构。具体来说,账户的基本结构主要包括以下内容:

(1) 账户名称即会计科目;
(2) 记录经济业务的日期和经济业务的内容摘要;
(3) 所依据的记账凭证的编号;
(4) 增减金额以及余额。

在会计实际工作中,手工记账通常采用的账户格式如表2-3所示。

表2-3　　　　　　　　　账户格式

账户名称:

| 2×18年 | | 凭证号数 | 摘要 | 借方 | 贷方 | 借/贷 | 余额 |
|---|---|---|---|---|---|---|---|
| 月 | 日 | | | | | | |
| | | | | | | | |
| | | | | | | | |

在会计教学中,为了说明问题的方便,账户的基本结构通常用简化的形式来表示,如图2-2所示。由于其形状像英文的大写字母"T"而被称为"T"型账户(T-accounting)。

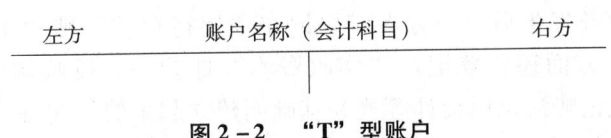

图2-2　"T"型账户

上列账户左右两方,分别用来记录其增加数额和减少数额。增减数额相抵后的差额,称为账户余额。余额按其表现的不同时间,分为期初余额和期末余额。因此,通过账户记录的数额,可以提供期初余额、本期增加发生额、本期减少发生额和期末余额四个核算指标。本期增加发生额,就是在一定时期(月、季、年)内账户所登记的增加额的合计数;本期减少发生额,就是在一定时期内账户所登记的减少额的合计数。本期发生额是一个动态指标,它说明资金的增减变动情况。本期增加发生额与本期减少发生额相抵后的差额,再加上期初余额,则为期末余额。余额是一个静态指标，它表明资金在某一时日增减变化的结果。本期的期末余额转入下期就成为下期的期初余额。例如，某企业在某一期间"库存现金"账户的记录如图2-3所示。

| 左方 | | 库存现金 | 右方 |
|---|---|---|---|
| 期初余额 | 20 000 | 本期减少发生额 | 2 000 |
| 本期增加发生额 | 5 000 | | |
| 本期发生额 | 5 000 | 本期发生额 | 2 000 |
| 期末余额 | 23 000 | | |

图2-3 "库存现金"账户

## 第四节 复式记账

### 一、复式记账的基本原理

前文述及，每一笔经济业务的发生都会引起资产、负债和所有者权益项目发生增减变动。有些经济业务会同时引起会计等式两边资产、负债和所有者权益发生同增或同减；而有些经济业务只会引起会计等式两边资产、负债和所有者权益一边发生有增有减。在会计核算中，为了将这些经济业务记录在有关的账户中，以全面系统地反映各财务报表要素有关项目的增减变动情况及其结果，就必须采用复式记账法。所谓复式记账法，就是指对于任何一笔经济业务都要用相等的金额，在两个或两个以上的有关账户进行相互联系的记录的一种方法。

在复式记账法下，对于每一项经济业务都要在相互联系的两个或两个以上的账户中进行登记，这样就可以通过账户的对应关系，全面、清晰地反映经济业务的来龙去脉，从而了解经济业务的具体内容。例如，企业收到投资者投入的货币资金这笔经济业务发生后，一方面应登记在"银行存款"账户中，反映银行存款的增加；另一方面还要登记在"实收资本"账户中，反映实收资本的增加。此外，由于复式记账法是以会计等式为基础而建立起来的，在每一项经济业务发生后，都以相等的金额在有关账户中进行登记，因而便于用试算平衡的原理来检查账户记录的正确性。

### 二、借贷记账法

借贷记账法是以"借（debit）"和"贷（credit）"作为记账符号的一种复式记账法。

借贷记账法产生于12世纪的意大利。最初，人们习惯于将债权记入"借方",而将债务记入"贷方"。随着社会的发展,经济业务的内容日趋复杂,"借""贷"也就逐渐失去其原有的含义,成为纯粹的记账符号,其意义视账户的性质而异。

借贷记账法,是目前世界各国通用的一种复式记账法,我国《企业会计准则——基本准则》规定,企业应当采用借贷记账法记账。

### (一)借贷记账法下的账户结构

借贷记账法以借、贷为记账符号来反映资金的增减变化。在借贷记账法下,任何账户都分为借方和贷方两个基本部分。通常是左方为借方,右方为贷方,其中一方用以记录数额的增加,另一方用以记录数额的减少。至于哪一方用来登记增加的金额,哪一方用来登记减少的金额,则需要根据各个账户所反映的经济内容,也即性质来确定。

1. 资产类账户、负债类账户和所有者权益类账户的结构。反映各项资产的账户称为资产类账户,反映负债和所有者权益的账户则分别称为负债类账户和所有者权益类账户。按照会计惯例,在资产类账户中,其借方登记期初余额和本期增加额,贷方登记本期减少额。一般而言,期初余额和本期增加额之和总会大于本期减少额,所以,在正常情况下,资产类账户期末余额总是在借方。这四项金额的关系可用以下等式表示:

期初借方余额 + 本期借方发生额 − 本期贷方发生额 = 期末借方余额

与资产类账户的结构相对应,在负债类账户和所有者权益类账户中,其贷方登记期初余额和本期增加额,借方登记本期减少额。一般情况下,负债类账户和所有者权益类账户的期末余额在贷方。这四项金额的关系可用以下等式表示:

期初贷方余额 + 本期贷方发生额 − 本期借方发生额 = 期末贷方余额

各项经济业务在登入各账户之前,如果有期初余额应先将期初余额登入账内。由于会计是连续、系统、综合地反映资金的增减变化,因此,本期末从账户内结算出来的余额,必须转入下期。期初余额即是该账户上期的期末余额。借方合计即为借方本期发生额,贷方合计即为贷方本期发生额,期末余额反映某账户在本期增减变动的结果。资产类、负债类和所有者权益类账户的结构如图2−4所示。

2. 成本类账户和损益类账户的结构。成本类账户与资产类账户的性质相似,结构基本相同。这是因为,企业在生产经营过程中发生的成本,是用来抵消收入的,实质上是一种资产形态。因此,成本类账户借方记增加额,贷方记减少或转销数,一般没有期末余额。如果有期末余额,必定为借方余额,表示为资产额。

| 借方 | 资产类账户 | 贷方 |
|---|---|---|
| 期初余额 | 本期减少额 | |
| 本期增加额 | | |
| 本期借方发生额 | 本期贷方发生额 | |
| 期末余额 | | |

| 借方 | 负债类、所有者权益类账户 | 贷方 |
|---|---|---|
| | 期初余额 | |
| 本期减少额 | 本期增加额 | |
| 本期借方发生额 | 本期贷方发生额 | |
| | 期末余额 | |

图 2-4

成本类账户的结构如图 2-5 所示。

| 借方 | 成本类账户 | 贷方 |
|---|---|---|
| 期初余额 | | |
| 本期增加额 | 本期减少额 | |
| 本期借方发生额 | 本期贷方发生额 | |

图 2-5

损益类账户，又可以分为收入类账户和主营业务成本、费用、支出类账户。收入类账户与所有者权益类账户性质相似，结构基本相同。这是因为企业在生产经营中取得的各种收入，必将使企业所有者权益增加，并作为企业各种资金耗费的补偿来源。因此，收入类账户的贷方记增加数，借方记减少或转销数。期末时，应将增加数减去减少数的差额结转到"本年利润"账户的贷方，所以收入类账户期末没有余额。

收入类账户的结构如图 2-6 所示。

| 借方 | 收入类账户 | 贷方 |
|---|---|---|
| | 期初余额 | |
| 本期减少额 | 本期增加额 | |
| 本期借方发生额 | 本期贷方发生额 | |

图 2-6

主营业务成本、费用、支出类账户与资产类账户性质相似，结构基本相同，这同样是因为，主营业务成本、费用与支出都属于收入的抵减项目，因此，它们的账户结构与资产类账户结构是相同的。即，借方记增加额，贷方记减少或转销数，期末时，应将增加数减去减少数的差额结转到"本年利润"账户的借方，所以主营业务成本、费用、支出类账户期末也没有余额。

主营业务成本、费用、支出类账户的结构如图 2-7 所示。

| 借方 | 主营业务成本、费用、支出类账户 | 贷方 |
|---|---|---|
| 期初余额 | | |
| 本期增加额 | | 本期减少额 |
| 本期借方发生额 | | 本期贷方发生额 |

**图 2-7**

会计期末,"本年利润"账户的贷方发生额与借方发生额相抵后的差额,即为企业本年实现的净利润(或净亏损)。

为了便于掌握和使用不同的账户,现将上述各类账户的结构用表 2-4 概括如下:

**表 2-4    各类账户结构一览表**

| 账户类别 | 借方 | 贷方 | 余额 |
|---|---|---|---|
| 资产类账户 | 增加 | 减少 | 借方 |
| 负债、所有者权益类账户 | 减少 | 增加 | 贷方 |
| 成本类账户 | 增加 | 减少 | 一般无余额 |
| 收入类账户 | 减少 | 增加 | 一般无余额 |
| 主营业务成本、费用、支出类账户 | 增加 | 减少 | 一般无余额 |

## (二)借贷记账法的记账规则

在借贷记账法下,根据复式记账的原理,对于任何一笔经济业务,都应按照其内容,一方面记入一个或几个有关账户的借方,另一方面记入一个或几个账户的贷方。记入借方的金额同记入贷方的金额相等。这就是借贷记账法的记账规则,即:"有借必有贷,借贷必相等"。

【例 2-2】现仍以〖例 2-1〗中的资料为例,说明运用借贷记账法将经济业务在账户中进行记录的方法。

(1) 2 日,购入原材料,价款共计 7 000 元,尚未支付。

该笔经济业务一方面使企业的资产(原材料)增加,应记入"原材料"账户的借方;另一方面使企业的负债(应付账款)同时增加,应记入"应付账款"账户的贷方。其登账结果如下:

| 资产类账户 | | | | 负债类账户 | | |
|---|---|---|---|---|---|---|
| 借 | 原材料 | | 贷 | 借 | 应付账款 | 贷 |
| 期初余额 | 8 000 | | | | 期初余额 | 2 000 |
| (1) | 7 000 | | | | (1) | 7 000 |

(2) 6日，投资者甲投入现金60 000元，存入本公司开户银行。

该笔经济业务一方面使企业的资产（银行存款）增加，应记入"银行存款"账户的借方；另一方面使企业的所有者权益（实收资本）同时增加，应记入"实收资本"账户的贷方。其登账结果如下：

| 资产类账户 | | | 所有者权益类账户 | | |
|---|---|---|---|---|---|
| 借 | 银行存款 | 贷 | 借 | 实收资本 | 贷 |
| 期初余额 | 5 000 | | | 期初余额 | 25 000 |
| (2) | 60 000 | | | (2) | 60 000 |

(3) 10日，以银行存款偿还应付账款3 000元。

该笔经济业务一方面使企业的负债（应付账款）减少，应记入"应付账款"账户的借方；另一方面使企业的资产（银行存款）同时减少，应记入"银行存款"账户的贷方。其登账结果如下：

| 资产类账户 | | | 负债类账户 | | |
|---|---|---|---|---|---|
| 借 | 银行存款 | 贷 | 借 | 应付账款 | 贷 |
| 期初余额 | 5 000 | (3) 3 000 | | 期初余额 | 2 000 |
| (2) | 60 000 | | (3) 3 000 | (1) | 7 000 |

(4) 13日，投资者抽回投资13 000元，用银行存款支付。

该笔经济业务一方面使企业的所有者权益（实收资本）减少，应记入"实收资本"账户的借方；另一方面使企业的资产（银行存款）同时减少，应记入"银行存款"账户的贷方。其登账结果如下：

| 资产类账户 | | | 所有者权益类账户 | | |
|---|---|---|---|---|---|
| 借 | 银行存款 | 贷 | 借 | 实收资本 | 贷 |
| 期初余额 | 5 000 | (3) 3 000 | (4) 13 000 | 期初余额 | 25 000 |
| (2) | 60 000 | (4) 13 000 | | (2) | 60 000 |

(5) 14日，向银行借入短期借款4 000元，直接用于偿还应付账款。

该笔经济业务一方面使企业的负债（应付账款）减少，应记入"应付账款"账户的借方；另一方面使企业的负债（短期借款）增加，应记入"短期借款"账户的贷方。其登账结果如下：

| 负债类账户 | | | 负债类账户 | | |
|---|---|---|---|---|---|
| 借 | 短期借款 | 贷 | 借 | 应付账款 | 贷 |
| | 期初余额 | 1 000 | (3) 3 000 | 期初余额 | 2 000 |
| | (5) | 4 000 | (5) 4 000 | (1) | 7 000 |

(6) 20日，用银行存款购买一台设备，价款共计12 000元。

该笔经济业务一方面使企业的资产（固定资产）增加，应记入"固定资产"

账户的借方；另一方面使企业的资产（银行存款）减少，应记入"银行存款"账户的贷方。其登账结果如下：

| 资产类账户 | | | | 资产类账户 | | |
|---|---|---|---|---|---|---|
| 借 | 银行存款 | | 贷 | 借 | 固定资产 | 贷 |
| 期初余额 | 5 000 | （3） | 3 000 | 期初余额 | 20 000 | |
| （2） | 60 000 | （4） | 13 000 | （6） | 12 000 | |
| | | （6） | 12 000 | | | |

（7）25日，某投资者代为偿还短期借款4 000元，作为对该公司投资的增加。

该笔经济业务一方面使企业的负债（短期借款）减少，应记入"短期借款"账户的借方；另一方面使企业的所有者权益（实收资本）增加，应记入"实收资本"账户的贷方。其登账结果如下：

| 负债类账户 | | | | 所有者权益类账户 | | |
|---|---|---|---|---|---|---|
| 借 | 短期借款 | | 贷 | 借 | 实收资本 | 贷 |
| （7） | 4 000 | 期初余额 | 1 000 | （4） | 13 000 | 期初余额 | 25 000 |
| | | （5） | 4 000 | | | （2） | 60 000 |
| | | | | | | （7） | 4 000 |

（8）26日，宣告发放现金股利5 000元。

该笔经济业务一方面使企业的所有者权益（利润分配——应付股利）减少，应记入"利润分配——应付股利"账户的借方；另一方面使企业的负债（应付股利）增加，应记入"应付股利"账户的贷方。其登账结果如下：

| 负债类账户 | | | | 所有者权益类账户 | | |
|---|---|---|---|---|---|---|
| 借 | 应付股利 | | 贷 | 借 | 利润分配——应付现金股利 | 贷 |
| | | 期初余额 | 0 | | | 期初余额 | 5 000 |
| | | （8） | 5 000 | （8） | 5 000 | | |

（9）28日，甲投资者将其对华荣公司的投资20 000元转让给乙公司。

该笔经济业务一方面使企业的所有者权益（实收资本——甲）减少，应记入"实收资本——甲"账户的借方；另一方面使企业的所有者权益（实收资本——乙）增加，应记入"实收资本——乙"账户的贷方。其登账结果如下：

| 所有者权益类账户 | | | | 所有者权益类账户 | | |
|---|---|---|---|---|---|---|
| 借 | 实收资本——乙 | | 贷 | 借 | 实收资本——甲 | 贷 |
| | | （9） | 20 000 | （4） | 13 000 | 期初余额 | 25 000 |
| | | | | （9） | 20 000 | （2） | 60 000 |
| | | | | | | （7） | 4 000 |

7月31日，当A公司将所有的经济业务登记入账以后，计算出的各账户本期发生额和期末余额如下：

| 借 | 实收资本——乙 | 贷 | | 借 | 实收资本——甲 | 贷 |
|---|---|---|---|---|---|---|
| | | | | (4) 13 000 | 期初余额 | 25 000 |
| | (9) | 20 000 | | (9) 20 000 | (2) | 60 000 |
| | | | | | (7) | 4 000 |
| | 本期发生额 | 20 000 | | 本期发生额 33 000 | 本期发生额 | 64 000 |
| | 期末余额 | 20 000 | | | 期末余额 | 56 000 |

| 借 | 应付股利 | 贷 | | 借 | 利润分配——应付现金股利 | 贷 |
|---|---|---|---|---|---|---|
| | 期初余额 | 0 | | | 期初余额 | 5 000 |
| | (8) | 5 000 | | (8) 5 000 | | |
| | 本期发生额 | 5 000 | | 本期发生额 5 000 | | |
| | 期末余额 | 5 000 | | | 期末余额 | 0 |

| 借 | 银行存款 | 贷 | | 借 | 固定资产 | 贷 |
|---|---|---|---|---|---|---|
| 期初余额 5 000 | (3) | 3 000 | | 期初余额 20 000 | | |
| (2) 60 000 | (4) | 13 000 | | (6) 12 000 | | |
| | (6) | 12 000 | | | | |
| 本期发生额 60 000 | 本期发生额 | 28 000 | | 本期发生额 12 000 | | |
| 期末余额 37 000 | | | | 期末余额 32 000 | | |

| 借 | 短期借款 | 贷 | | 借 | 应付账款 | 贷 |
|---|---|---|---|---|---|---|
| (7) 4 000 | 期初余额 | 1 000 | | (3) 3 000 | 期初余额 | 2 000 |
| | (5) | 4 000 | | (5) 4 000 | (1) | 7 000 |
| 本期发生额 4 000 | 本期发生额 | 4 000 | | 本期发生额 7 000 | 本期发生额 | 7 000 |
| | 期末余额 | 1 000 | | | 期末余额 | 2 000 |

| 借 | 原材料 | 贷 |
|---|---|---|
| 期初余额 8 000 | | |
| (1) 7 000 | | |
| 本期发生额 7 000 | | |
| 期末余额 15 000 | | |

综上所述，运用借贷记账法记账时，将所发生的经济业务登账的步骤可归纳为：第一步，确定经济业务发生后所影响的账户名称和性质；第二步，对于每一个经济业务影响的账户，确定经济业务对其影响是增加还是减少；第三步，根据账户的性质，确定每一项增加或减少的金额是应借记还是贷记。

### (三) 账户对应关系和会计分录

从上述经济业务的分析可知，运用借贷记账法处理经济业务，一笔经济业务所涉及几个账户之间必然存在着某种相互依存的对应关系，账户之间的这种关系称为账户对应关系。存在着对应关系的账户称为对应账户。会计上利用账户对应关系可以清晰地反映企业所发生经济业务的内容。为了保证账户记录的正确性，在把经济业务记入账户之前，应先根据原始凭证编制会计分录。所谓会计分录 (accounting entry) 是对每笔经济业务列示其应借记和应贷记的账户名称及其金额的一种记录。编制会计分录，必须根据经济业务的内容确定应借、应贷的账户及其金额。会计分录是账户记录的依据，会计分录的正确与否，直接影响到账户的记录，乃至影响到会计信息的质量。

【例2-3】现仍以〖例2-1〗的资料为例，说明借贷记账法下会计分录的编制方法。

① 2日，购入原材料，价款共计7 000元，尚未支付。应编制的会计分录为：

借：原材料　　　　　　　　　　　　　　　　　　7 000
　　贷：应付账款　　　　　　　　　　　　　　　　　　7 000

② 6日，投资者甲投入现金60 000元，存入本公司开户银行。应编制的会计分录为：

借：银行存款　　　　　　　　　　　　　　　　　60 000
　　贷：实收资本　　　　　　　　　　　　　　　　　60 000

③ 10日，以银行存款偿还应付账款3 000元。应编制的会计分录为：

借：应付账款　　　　　　　　　　　　　　　　　　3 000
　　贷：银行存款　　　　　　　　　　　　　　　　　　3 000

④ 13日，投资者抽回投资13 000元。应编制的会计分录为：

借：实收资本　　　　　　　　　　　　　　　　　13 000
　　贷：银行存款　　　　　　　　　　　　　　　　　13 000

⑤ 14日，向银行借入短期借款4 000元，直接用于偿还应付账款。应编制的会计分录为：

借：应付账款　　　　　　　　　　　　　　　　　　4 000
　　贷：短期借款　　　　　　　　　　　　　　　　　　4 000

⑥ 20日，用银行存款购买一台设备，价款共计12 000元。应编制的会计分录为：

借：固定资产　　　　　　　　　　　　　　　　　12 000
　　贷：银行存款　　　　　　　　　　　　　　　　　12 000

⑦ 25日，某投资者代为偿还短期借款4 000元，作为对该公司投资的增加。应编制的会计分录为：

借：短期借款　　　　　　　　　　　　　　　　　　4 000
　　贷：实收资本　　　　　　　　　　　　　　　　　　4 000

⑧26日，宣告发放现金股利 5 000 元。应编制的会计分录为：

借：利润分配——应付现金股利　　　　　　　　　　5 000
　　贷：应付股利　　　　　　　　　　　　　　　　　　5 000

⑨28日，甲投资者将其对华荣公司的投资 20 000 元转让给乙公司。应编制的会计分录为：

借：实收资本——甲　　　　　　　　　　　　　　　20 000
　　贷：实收资本——乙　　　　　　　　　　　　　　　20 000

## 第五节　会计凭证与会计账簿

### 一、会计凭证

会计凭证是记录经济业务、明确经济责任的书面证明，是记账的根据。会计要求真实、准确、及时、完整地反映企业的经济活动，就必须按一定的格式填制、按严格的程序审核处理会计凭证。填制和审核会计凭证是会计核算的基础。它对于保障会计资料的真实发挥着重要的作用。

会计凭证按其填制的程序及用途，可以分为原始凭证和记账凭证。

#### （一）原始凭证

原始凭证又称单据，它是表示经济业务已经发生的书面证明。原始凭证按其来源，可分为外来原始凭证和自制原始凭证两种。前者是经济业务发生时从外单位取得的，如购货时取得的发票等；后者是由本单位经办人员填制的，如商品入库时的收货单、销售商品时开出的发票等。

记录经济业务的原始凭证因经济业务的性质不同，其具体内容和格式也不尽相同，但是，一般来说，原始凭证应具备下列基本内容：

（1）凭证的名称。如领料单、发货单、发票、收据等。

（2）接受凭证的单位名称。即凭证上要写明抬头，如领料单位、购货单位、付款单位等。单位名称应写全称，便于记账查账。

（3）填制凭证的日期。例如发票上的日期，是开发票的日期，也是购买货物行为发生的日期。

（4）经济业务的内容。例如，领料单要说明领用材料的单位、材料种类、名称规格和用途。根据经济业务的内容，可以反映它是否符合有关政策、法规。

（5）经济业务主体的数量、单价和金额。例如，领料单上要标明所领用的材料的数量、单价和金额总数。它便于从实物量和价值量两方面加强对经济业务的检查。

（6）填制凭证的单位名称（盖章）和填制人姓名（签字）。例如，供货发票上有供货单位名称、开票人姓名等资料，以明确责任。

（7）经办人员的签名或盖章。例如，借款单上还应有借款人签名，发票背面一般有经办人员签名等。

（8）凭证的附件及凭证的编号。有些凭证另附有一些有关的附件。如发货单附有运单和货物明细单。原始凭证必须连续编号，以备查考。有的凭证是事后编号的，有的是预先印好的编号，预先印好编号的凭证，不得撕毁，如有写坏作废的，应加盖"作废"章，全部保存，以保持其完整性。

原始凭证在填制时应当做到内容完整、填写规范、连续编号和填制及时。

（二）记账凭证

记账凭证是根据原始凭证或原始凭证汇总表所记载的经济内容，运用复式记账法通过会计科目确定会计分录，并作为记账依据的一种会计凭证，也称作分录凭证。

记账凭证是由会计部门根据经审核无误的原始凭证或原始凭证汇总表编制的。由于原始凭证来自各个不同的部门，反映各种不同的具体经济业务，必须根据其性质和内容进行必要的归类整理，以方便记账。记账凭证的作用就在于为记账提供必要的依据和准备。

记账凭证一般应具备下列基本内容：

（1）记账凭证的名称（收款凭证、付款凭证、转账凭证、汇总记账凭证）和编号。

（2）填制记账凭证的日期。

（3）经济业务的内容摘要。

（4）应记的科目、方向及金额（即会计分录）。

（5）所附的原始凭证张数。

（6）凭证填制人员、审核人员、记账人员和会计人员的签名盖章。

填制记账凭证一般应达到以下一些基本要求：

（1）各种记账凭证都必须采用规定的格式，不要随意更换，以利于凭证的传递、编号、装订和保管。

（2）会计科目（包括一级科目和明细科目）的名称必须严格按会计制度的规定填列，不能乱写、简写。

（3）记账凭证必须附有原始凭证或原始凭证汇总表，并在记账凭证上注明所附原始凭证的张数。

（4）记账凭证必须按顺序编号。

（5）记账凭证一般应由主管会计或专人审核盖章后，方可作为记账凭证，以防止错误，加强监督。

## 二、会计账簿

会计账簿简称为账簿，它是由一定格式、互有联系的账页组成，以会计凭证为依据，序时地、分类地记录各项经济业务的会计簿籍。设置账簿是会计工作中的一个重要环节。任何会计主体，不论其规模大小、业务繁简，都应根据企业特点和经济管理上的需要设置和登记账簿。因为账簿的内容离不开账户这一特定的记录方法，设置账簿像设置账户一样可以将会计凭证反映的经济业务在账簿中予以分类、登记；可以将分散的资料整理成系统的有用的信息；可以为编制报表提供依据。设置账簿和登记账簿的正确性，也决定了会计报表的正确性。账簿在会计凭证和会计报表间起着承前启后的作用。另外，账簿又是会计部门的重要经济档案，是经济活动的历史资料，设置和登记账簿有利于保存会计资料，以备日后查考。

账簿按其不同的用途可分为日记账簿和分类账簿。

### （一）日记账簿

日记账簿（journal），又称序时账簿，它是按经济业务发生或完成时间的先后顺序逐日逐笔登记的账簿。设置和登记日记账簿，可以反映和监督企业全部经济业务或某一类经济业务的发生及完成情况，可以检查各项经济业务在账簿中记录的正确性和完整性。

日记账一般可分为普通日记账、专栏日记账和特种日记账三种。

普通日记账是序时地记录和反映全部经济业务的发生和完成情况的账簿。它设有借方和贷方两个金额栏，并根据会计凭证逐日逐笔按照会计分录形式登账。为此它又被称为分录簿或两栏式日记账。

专栏日记账亦称分栏式日记账，它也是一种序时地记录和反映全部经济业务发生完成情况的账簿。它与普通日记账不同的是，它对经常、重复发生的经济业务，如购货、销货、银行存款和现金的收支等业务，在增设的专栏中登记，而对不常发生的经济业务在其他栏内登记。

特种日记账，是序时地记录和反映大量重复发生的某类经济业务及其完成情况的账簿。它是普通日记账和专栏日记账的发展。常见的特种日记账有现金日记账、银行存款日记账、转账日记账、购货日记账、销货日记账等。

值得说明的是，普通日记账已被前面提到的记账凭证所取代，而特种日记账已衍变为一种特殊的明细（分类）账。换言之，现行实务上是以审核无误的原始凭证填制记账凭证，再根据记账凭证直接登记分类账（包括总分类账和明细分类账）。

### （二）分类账簿

分类账簿（ledger）是按照账户进行分类登记各项经济业务的账簿。设置和登记分类账簿可以分别反映和监督管理上需要的各项指标的增减情况。分类账簿是编制各种会计报表的主要依据。

按照管理的要求，分类账分为两类：一类是总分类账；另一类是明细分类账。总分类账也称总账，它是按照总分类账户开设账页，对经济事项进行分类登记的。总分类账能够提供各类经济业务总的情况，是进行总分类核算的账簿。每个企业都应设置总分类账簿。

明细分类账是按总账所属的明细分类账户开设账页，进行明细分类登记的账簿。它与总账相辅相成，互为补充。

## 第六节 试算平衡与账项调整

### 一、试算平衡

在会计期间终了时，为了检查过账是否正确，往往需要编制试算表。试算表是指列示分类账中各有关账户的名称及其余额是否平衡的表式。其格式如表2-5所示。

借贷复式记账法的基本规则是"有借必有贷，借贷必相等"。试算表正是利用这一平衡原理来验证账务处理的正确性。

试算表是以总分类账的余额来编制的，总分类账中的数据是来自于记账凭证中各笔分录，而记账凭证中每笔分录的借贷金额既然相符，则所有分录借贷总额也必然相等。根据数学上"等量加等量其和必等，等量减等量其差必等"的原理，先结出各个总分类账的借方合计数和贷方合计数，而后根据账户性质计算出每个账户借方余额或贷方余额，然后根据借贷方向，汇总所有账户的借方余额和贷方余额，借贷两余额必相等。若试算结果发现借贷两方失去平衡，则分录、记账过程中必定有错，必须及时更正。试算表可定期或不定期地编制，它是企业经常性的会计工作之一。

当试算表借贷总和相符时，即可确定以下两点：一是全部经济业务均记入相等的借方和贷方金额；二是试算表所列账户余额的加总，正确无误。然而试算表借贷平衡并不一定表示账务处理完全正确，有些错误的发生并不会使借贷失衡，比如，借贷同时遗漏、借贷同时重复记账、借方或贷方发生同数的错误等。

【例2-4】现仍以〖例2-1〗的资料为例，说明试算平衡表的编制方法，如表2-5所示。

表2-5　　　　　　　　　　　试算表

2×18年3月31日　　　　　　　　　　　　　单位：元

| 会计科目 | 借方余额 | 贷方余额 |
|---|---|---|
| 银行存款 | 37 000 | |
| 原材料 | 15 000 | |
| 固定资产 | 32 000 | |

续表

| 会计科目 | 借方余额 | 贷方余额 |
|---|---|---|
| 短期借款 | | 1 000 |
| 应付账款 | | 2 000 |
| 应付股利 | | 5 000 |
| 实收资本——甲 | | 56 000 |
| ——乙 | | 20 000 |
| 合计 | 84 000 | 84 000 |

## 二、账项调整

按照配比原则,在应计制的条件下,有些收入款项虽在本期内已收到和入账,但并不应归属本期;而有些收入虽在本期内尚未收到,却应归属本期。有些费用虽在本期内已经支付和入账,但并不应归属本期;而有些费用虽在本期内尚未支付,却应归属于本期。所以,在期末结账以前,必须对账簿里已记的账项进行必要的调整。调整就是按照应予归属这一标准,合理地反映相互连接的各会计期间应取得的收入和应负担的费用,使各期的收入和费用能在相互适应的基础上进行配比,从而比较正确地计算出各期的盈亏。

同时还必须指出,期末进行账项调整,虽然主要是为了在利润表中正确地反映本期的经营成果,但是收入和费用的调整,必然会影响到有关资产、负债、所有者权益项目发生相应的增减变动。因此,期末账项调整也与比较正确地反映企业期末财务状况密切相关。一般企业年末结账时应予调整的项目有:已入账成本的摊配,如预付费用的分摊等;计提折旧费用和坏账损失等;调整已实现的收入和款项;应计未入账的费用;应计未入账的收入。

### (一) 需要在将来受益期内摊配的预付费用

支出现金不一定立即导致费用的发生,它有时表现为用现金去交换另一种资产;只有当该项资产被耗用时,才发生费用。如保险、租金及办公用品等项目,通常须预先支付,然后才有享用的权利。此项交易一般在现金付出时记作资产或预付费用,随着劳务的提供而逐渐耗用,而转化为一项费用。

【例2-5】甲公司于2×18年初支付银行存款3 600元购买了3年的财产保险。企业在购买保险时,编制的会计分录如下:

借:长期待摊费用　　　　　　　　　　　　　　3 600
　　贷:银行存款　　　　　　　　　　　　　　　　　3 600

至当年年末,应分摊其中的1/3,并将其计入管理费用。编制的调整分录如下:

借：管理费用　　　　　　　　　　　　　　　　　　　1 200
　　贷：长期待摊费用　　　　　　　　　　　　　　　　　　1 200

### （二）估计项目

坏账准备、固定资产折旧，由于调整的金额具有不确定性，通常被称为估计项目。

1. 坏账准备。企业因赊销产品或提供劳务而应向客户索取的款项，称为应收账款。该项资产可能因债务人无力偿还欠款，从而使债权人因全部或部分收不回账款而发生坏账，称为坏账损失。应收账款通常由赊销引起，赊销业务必然伴有坏账发生的可能，如果某项应收账款最后无法收回，那么如不考虑坏账因素必然高估应收账款这类资产，也虚增赊销期的净利润。因为赊销发生时无法确知哪笔账不能收回，所以必须在期末估计可能的坏账损失，并在销货期中以费用列报，抵销销售收入，以正确配比，并正确反映应收账款的可变现价值。

坏账准备调整应借记"资产减值损失"科目，贷记"坏账准备"科目。资产减值损失期末列入利润表中，结账时转入"本年利润"账户以计算盈亏；而坏账准备期末作为应收账款的减项，在资产负债表中"应收账款"项目以净值列示。

2. 固定资产折旧。企业固定资产会随着日常使用或时间流逝而逐渐磨损、自然损坏、不适用而最终退出使用，所以房屋、机器、设备都有一个耐用年限，为了使成本与收入相互配比，固定资产应于使用期间内将取得成本，以合理的系统的方法分摊于各使用期内，这种成本的摊销即为折旧。

为了在固定资产账上完整、清晰地反映资产的原始成本、每期折旧、累计折旧以及资产账面价值，调整时应借记"制造费用""管理费用"等科目，贷记"累计折旧"科目。

### （三）调整已实现的收入或款项

企业收到属于以后会计期间的收入或款项，如预收款和各种预收收入等，在收到款项时是作为一项负债的，这类负债表示企业在未来提供商品或劳务的责任。随着应尽义务的履行，企业应在每期期末对那些已经实现的收入或款项进行调整，将其作为当期的营业收入，以正确计算本期损益。

### （四）应计未入账的负债或费用

已经发生但在报表日未登记入账的费用被称为应计费用或应计负债，例如，应付职工薪酬、应付水电费、应付租金、应付利息等。应计费用的调整应一方面确认费用，另一方面增加负债。费用账户于结账时转入"本年利润"账户，以正确确认当期费用，负债账户则于下期支付时再予冲销。

### (五) 应计未入账的资产或收入

应计未入账的资产或收入是指在报表日已实现（赚取）而尚未收现的各项收入，如应收利息、应收租金、应收佣金等。应计收入的调整一方面增加收入，另一方面又增加资产。收入账户于结账时转入"本年利润"账户，以正确确认当期收入，资产账户则留转到下期，待现金收取时再予冲销。

## 第七节 结账与编制会计报表

### 一、结账

结账是指会计期末将各账户余额结清或转至下期，使各账户记录暂告一段落的过程。每到会计期末，为了解当期的经营成果和期末财务状况，必须将所有账户的数据汇总编表。收入和费用账户是用于累积一定期间会计期内有关经营绩效数据的临时性账户，或称虚账户，其功能在于为利润表的编制提供方便。在编制完利润表之后，这些账户的当期发生额必须结转于所有者权益类账户。会计循环的这一步骤称为结账。结平损益类账户可避免将不同期间的收入和费用相混淆。

与此相反，资产、负债和所有者权益类账户属于永久性账户，亦称实账户。在期末，这三大类账户的余额不必结清，但为了区分不同会计期间的记录，需要将其余额结转至下期，作为下一个会计期间的期初余额。与临时性账户不同，永久性账户的结转无须编制结转分录，而仅仅需要在账户的期末余额上划线结转。

具体地说，期末结账的程序如下：

（1）将所有收入类账户的本期发生额结转至"本年利润"账户，即借记收入类账户，贷记"本年利润"账户。

（2）将所有费用类账户的本期发生额结转至"本年利润"账户，即借记"本年利润"账户，贷记费用类账户。

（3）将"本年利润"这一临时性账户借贷方之间的差额结转至"利润分配——未分配利润"账户。若为利润，则借记"本年利润"账户，贷记"利润分配——未分配利润"账户；若为亏损，则借记"利润分配——未分配利润"账户，贷记"本年利润"账户。

### 二、编制会计报表

会计处理过程的最终产品是一套所谓的会计报表，也称财务报表。企业编制的基本的会计报表有资产负债表、利润表、现金流量表和所有者权益变动表。有关这四张会计报表的编制方法及分析问题，本教材将在第十四章和第十五章作详细的阐述。

## 练 习 题

### 一、问答题

1. 什么是会计的基本等式？它为何会永远保持平衡？
2. 按照对会计等式的影响，经济业务可分为哪几类？
3. 说明账户的基本结构。
4. 会计科目与账户之间存在着怎样的联系与区别？
5. 说明复式记账法的基本原理。
6. 说明借贷记账法下账户的结构特征。
7. 什么是原始凭证？原始凭证的种类有哪些？
8. 原始凭证的填制应当遵循哪些要求？
9. 说明记账凭证与原始凭证的联系。
10. 设置和登记账簿有哪些作用？
11. 简述会计账簿的种类。

### 二、选择题

1. 下列会计等式中，又称第一会计等式的是（　　）。
   A. 资产 = 负债 + 所有者权益
   B. 收入 – 费用 = 利润
   C. 资产 + 费用 = 负债 + 所有者权益 + 收入
   D. 资产 = 负债 + 所有者权益 +（收入 – 费用）

2. 下列发生的经济业务中，属于资产和负债同时增加的是（　　）。
   A. 用银行存款购买原材料　　B. 用银行存款支付职工薪酬
   C. 从银行取得借款　　　　　D. 从税后利润中提取盈余公积

3. 下列发生的经济业务中，属于资产和负债同时减少的是（　　）。
   A. 购买原材料货款未付
   B. 收回购货方所欠货款
   C. 用银行存款偿还所欠货款
   D. 无法收回的应收账款转作坏账

4. 下列各项中，属于账户的基本结构主要包括的内容有（　　）。
   A. 账户名称即会计科目　　　B. 记录经济业务的日期
   C. 经济业务的内容摘要　　　D. 所依据的记账凭证的编号

5. 下列各类账户中，借方登记增加数的有（　　）。
   A. 资产类账户　　　　　　　B. 负债类账户
   C. 成本类账户　　　　　　　D. 收入类账户

6. 下列各类账户中，期末一般无余额的有（　　）。
   A. 资产类账户　　　　　　　B. 负债类账户
   C. 成本类账户　　　　　　　D. 费用类账户

7. 下列各项中，属于原始凭证应具备的基本内容有（　　）。
A. 凭证的名称　　　　　　　　B. 接受凭证的单位名称
C. 填制凭证的日期　　　　　　D. 经济业务的内容
8. 下列各项中，属于记账凭证应具备的基本内容有（　　）。
A. 记账凭证的名称　　　　　　B. 会计分录
C. 填制记账凭证的日期　　　　D. 经济业务的内容摘要

### 三、判断题

1. 会计等式是指表明各财务报表要素之间基本关系的恒等式，也称为会计平衡公式。（　）
2. 会计工作就是根据记录已发生经济业务的凭证登记账簿。（　）
3. 会计科目，是对财务报表要素进行分类的项目。（　）
4. 在不违反统一规定的前提下，企业可以根据实际情况自行增设、分拆、合并会计科目。（　）
5. 账户与会计科目在会计学中是两个相同的概念。（　）
6. 复式记账法，就是指对于任何一笔经济业务都要用相等的金额，在两个或两个以上的有关账户进行相互联系的记录的一种方法。（　）
7.《企业会计准则——基本准则》规定，企业应当采用借贷记账法记账。（　）
8. 借贷记账法以借、贷为记账符号来反映资金的增减变化。（　）
9. 会计上利用账户对应关系可以清晰地反映企业所发生经济业务的内容。（　）
10. 试算表是指列示分类账中各有关账户的名称及其余额是否平衡的表式。（　）

### 四、账务处理题

1. A公司2×18年2月发生下列经济业务：
(1) 投资者以货币资金方式出资1 000 000元，存入银行。
(2) 用银行存款偿还前欠的原材料货款30 000元。
(3) 从银行借入一年内需要偿还的借款50 000元。
(4) 用库存现金支付购买办公用品860元。
(5) 销售商品实现销售收入4 500元，存入银行。
(6) 收回应收账款5 200元，存入银行。
(7) 用银行存款支付职工工资680 000元。
(8) 用银行存款2 700元购入一台生产用的机器设备。
(9) 用银行存款3 000元支付电视台商品广告费。
(10) 购入原材料一批，货款为2 800元，尚未支付。

要求：分析上述每笔经济业务所影响的财务报表要素项目，检验会计等式是否平衡。采用借贷记账法为每笔经济业务编制会计分录。

2. B公司2×15年至2×18年的资产负债表简表如下表所示（单位：元）。

| 项　　目 | 2×15年 | 2×16年 | 2×17年 | 2×18年 |
|---|---|---|---|---|
| 流动资产 | 113 624 | | 85 124 | |
| 非流动资产 | | 198 014 | 162 011 | 151 021 |
| 资产总计 | 524 600 | | | 220 111 |
| 流动负债 | 56 142 | 40 220 | | |
| 非流动负债 | | | 60 100 | 30 222 |
| 实收资本 | 214 155 | 173 295 | 170 000 | 170 000 |
| 留存收益 | 13 785 | (3 644) | 1 452 | 2 350 |
| 负债与所有者权益总计 | 524 600 | 288 456 | | 220 111 |

要求：请补全资产负债表中的空缺数据。

3. C公司2×18年有关资料如下表所示（单位：元）。

| 账户名称 | 期初余额 | 本期借方发生额 | 本期贷方发生额 | 期末余额 |
|---|---|---|---|---|
| 银行存款 | 4 000 | 2 000 | | 4 750 |
| 应收账款 | 75 000 | 50 000 | 91 000 | |
| 固定资产 | 67 000 | 5 400 | | 56 500 |
| 短期借款 | 50 000 | | 25 000 | 45 000 |
| 实收资本 | 150 000 | | 0 | 150 000 |

要求：根据各类账户的结构关系，计算并填列表格中的空缺数据。

4. D公司是一家加湿器制造商，2×18年4月1日有关账户的期初余额如下表所示（单位：元）。

| 账户 | 借方 | 贷方 |
|---|---|---|
| 银行存款 | 9 000 | |
| 应收账款 | 30 000 | |
| 原材料 | 57 000 | |
| 应付账款 | | 36 000 |
| 应付票据 | | 9 500 |

本月发生的经济业务有：
(1) 赊购原材料2 350元。
(2) 赊销商品：销售收入6 350元，售出产品成本4 150元。
(3) 支付购货欠款3 400元。
(4) 收回应收账款5 350元。
(5) 支付到期应付票据款9 500元。

要求：请根据上述经济业务，为D公司设置相应的"T"型账户并结出期末余额，可根据需要添加其他账户。（不考虑应交税费）

# 第三章 货币资金

**【本章关键知识点】**
1. 现金。
2. 银行存款。
3. 其他货币资金。
4. 货币资金的内部控制。

## 第一节 现 金

### 一、现金的性质与范围

货币资金是指企业的生产经营资金在周转过程中处于货币形态的那部分资金。企业在日常生产经营活动中,由于采购存货、购买固定资产、支付各项生产费用、交纳税款、支付职工薪酬、销售商品、吸收投资等,必然发生大量的、重复性的有关货币资金的支付和收款业务。货币资金包括库存现金、银行存款和其他货币资金。

现金,是通用的交换媒介,也是对其他资产计量的一般尺度。现金是流动性最强的一种货币性资产,可以随时用于购买企业所需的物资,支付有关的费用,偿还债务,也可随时存入银行。现金的基本特征表现为:货币性、通用性与无限制可流通性。企业通常将现金作为一项流动资产。

在会计核算中,现金的范围有广义和狭义之分。广义的现金包括库存现金,银行存款以及因结算方式、存放地点和用途不同而产生的其他货币资金。狭义的现金仅指库存现金,即企业金库中存放的现金,包括人们经常接触的纸币和硬币等。目前,国际会计惯例中的现金范围是指广义的现金。我国会计上所界定的现金范围是狭义的现金与广义的现金并存。企业在处理日常所发生的交易业务中涉及的现金为狭义的现金,即库存现金。而当企业在编制现金流量表时,则以广义的现金,即货币资金为编制基础。

## 二、现金的使用范围与库存现金限额

### (一) 现金的使用范围

根据国务院颁发的《现金管理暂行条例》规定,开户单位可在下列范围内使用现金:

(1) 职工工资、津贴;
(2) 个人劳动报酬;
(3) 根据国家规定颁发给个人的科学技术、文化艺术、体育等各种奖金;
(4) 各种劳保、福利费用以及国家规定的对个人的其他支出;
(5) 向个人收购农副产品和其他物资的价款;
(6) 出差人员必须随身携带的差旅费;
(7) 零星支出;
(8) 中国人民银行确定需要支付现金的其他支出。

除了上述范围以外,往来款项的收支都要通过银行办理转账结算。

### (二) 库存现金的限额

为了满足企业日常工作中零星开支的需要,并有效地控制现金使用,限制现金的流通范围,国家规定每个企业可保留一定数额的库存现金。企业保留库存现金的最高限度,即库存现金限额,一般为不超过本单位3~5天的正常零星开支。超过限额的现金要及时存入银行。零星开支以外的支出(如工资、出差备用金)必须开具现金支票从开户银行中提取。

## 三、现金的会计核算

### (一) 现金的总分类核算

1. 会计凭证的填制。企业发生现金的收付业务,必须取得或填制原始凭证,作为收付款的书面证明。例如,企业从开户银行提取现金时,要签发现金支票,以支票存根联作为提取现金的证明;将现金存入开户银行时,要填写进账单,以银行加盖印章后退回的进账单作为存入现金的证明;收进零星小额销售款时,应以销售部门开出的发票副本作为收款证明等。财会部门要对证明收付款业务发生的原始凭证进行认真的审核。经过审核无误后的原始凭证,即可据以填制收款凭证或付款凭证,办理现金收支业务。出纳人员在收付现金后,应在记账凭证或原始凭证上加盖"收讫",或"付讫"的戳记表示款项已经收付。经过审核签证后的收、付款凭证,即可据以登记账簿。

2. 会计科目的设置及账务处理。为了核算企业的库存现金,应设置"库存现金"科目。借方登记库存现金的增加数,贷方登记库存现金的减少数,"库存现金"科目期末借方余额,反映企业持有的库存现金。企业增加库存现金,借记"库存现金"科目,贷记"银行存款"等科目;减少库存现金做相反的会计分录。库存现金总账科目的登记,可以根据现金收、付款凭证和从银行提取现金时填制的银行存款付款凭证逐笔登记,也可以根据定期(10天或15天)填制的汇总收付款凭证登记。

【例3-1】2×18年5月4日,天诚公司从开户银行提取现金5 000元,以备零星开支。应编制的会计分录为:

　　借:库存现金　　　　　　　　　　　　　　　　　　　　　5 000
　　　　贷:银行存款　　　　　　　　　　　　　　　　　　　　5 000

【例3-2】2×18年5月12日,天诚公司用库存现金850元支付管理部门购买办公用品费。应编制的会计分录为:

　　借:管理费用　　　　　　　　　　　　　　　　　　　　　　850
　　　　贷:库存现金　　　　　　　　　　　　　　　　　　　　　850

3. 备用金的核算。备用金,也称零用现金(petty cash),是企业预付给内部某些部门或职工个人的备用款项。为了使频繁的日常小额零星支出摆脱常规的逐级审批及逐项签发支票的过繁手续,对那些供零星开支、零星采购或小额差旅费用等需用的现金,建立定额备用金制度加以控制。

定额备用金制度的主要内容包括:由会计部门根据实际情况核定、拨出一笔固定数额的现金,并规定使用范围;必须设立专人经管定额备用金;支付零用现金时,必须由指定的负责人签字同意;备用金经管人员必须妥善保存支付备用金的收据、发票以及各种报销凭证,并设置备用金登记簿,记录各项零星支出,经管人员按规定的间隔日期或在备用金不够周转时,凭有关凭证向会计部门报销,补足到备用金的规定金额。

企业有内部周转使用备用金的,可以单独设置"备用金"科目。

【例3-3】天诚公司会计部门对购销部门核定了3 500元的定额备用金,现签发一张现金支票,支付备用金。应编制的会计分录为:

　　借:备用金　　　　　　　　　　　　　　　　　　　　　　3 500
　　　　贷:银行存款　　　　　　　　　　　　　　　　　　　　3 500

【例3-4】购销部门备用金经管人员持差旅费及办公费等报销凭证合计2 800元,到会计部门报销。应编制的会计分录为:

　　借:管理费用　　　　　　　　　　　　　　　　　　　　　2 800
　　　　贷:库存现金　　　　　　　　　　　　　　　　　　　　2 800

如果企业认为该部门的备用金没有继续设置的必要而予以取消,该部门应在报销的同时交回剩余的备用金。编制会计分录时借记"库存现金""管理费用"科目,贷记"备用金"科目。

(二)现金的序时核算

为了能够逐日详细地反映现金的收入来源、支出用途和结存情况,企业应当设置"库存现金日记账",由出纳人员根据收付款凭证,按照业务发生顺序逐笔登记。每日终了时,应计算当日的现金收入合计额、现金支出合计额和结余额,并将余额与实际库存额核对,做到账款相符。

现金日记账一般采用收入、付出及结存三栏式,如表 3-1 所示。

表 3-1　　　　　　　　　现金日记账　　　　　　　　　单位:元

| 2×18年 | | 凭证种类及号数 | 摘要 | 对方科目 | 收入 | 付出 | 结存 |
| --- | --- | --- | --- | --- | --- | --- | --- |
| 月 | 日 | | | | | | |
| 7 | 31 | | 本月合计 | | | | 13 879 |
| 8 | 4 | 现收 801 | 零星销售收入 | 主营业务收入 | 850 | | 14 729 |
| | 14 | 现付 801 | 王成差旅费 | 备用金 | | 786 | 13 943 |
| | 17 | 银付 801 | 提取现金 | 银行存款 | 2 650 | | 16 593 |
| | 26 | 现付 802 | 购买办公用品 | 管理费用 | | 634 | 15 959 |
| | 31 | | 本月合计 | | 3 500 | 1 420 | 15 959 |

有外币现金的企业,应分别按人民币现金、各种外币现金设置"现金日记账"进行序时核算。

## 四、现金的清查

现金要做到日清月结。即每日终了时,将现金收入合计额减去支出合计额得到的余额,与库存现金实有额核对。每月终了时,将现金实有额与现金账面余额核对。应当注意的是,库存现金中的借条、收据不能用来抵充现金。在账实清查中发现的现金长款或短款之类的账实不符的现金称为现金溢缺。企业应根据现金溢缺的具体情况作相应的会计处理。

对于短缺的现金金额,应当首先借记"待处理财产损溢——待处理流动资产损溢"科目,贷记"库存现金"科目,待查明原因后再分情况处理:属于应由保险公司或责任人赔偿的部分,借记"其他应收款——应收现金短缺款"科目,贷记"待处理财产损溢——待处理流动资产损溢"科目;属于无法索赔的部分,借记"管理费用"科目,贷记"待处理财产损溢——待处理流动资产损溢"科目。

对于溢余的现金金额,应当首先将溢余的数额,借记"库存现金"科目,贷记"待处理财产损溢——待处理流动资产损溢"科目,待查明原因后再分情况处理:其中,应付给有关人员或单位的,借记"待处理财产损溢——待处理流动资产损溢"科目,贷记"其他应付款——应付现金溢余"科目;无法查明原因的,借记"待处理财产损溢——待处理流动资产损溢"科目,贷记"营业外收入——现金溢余"科目。

【例 3-5】2×18 年 4 月末,天诚公司盘点现金发现有 500 元的现金短缺。查明原因前,应编制的会计分录为:

借：待处理财产损溢——待处理流动资产损溢　　　　　　500
　　　贷：库存现金　　　　　　　　　　　　　　　　　　　　500

【例3-6】承〖例3-5〗，经查明，其中300元是由于出纳员张明责任所至，200元无法查明原因，经批准予以核销。应编制的会计分录为：

借：其他应收款——应收现金短缺款（张明）　　　　　300
　　管理费用　　　　　　　　　　　　　　　　　　　　　200
　　　贷：待处理财产损溢——待处理流动资产损溢　　　　　500

【例3-7】2×18年5月末，天诚公司盘点现金发现有400元的现金溢余。查明原因前，应编制的会计分录为：

借：库存现金　　　　　　　　　　　　　　　　　　　　400
　　　贷：待处理财产损溢——待处理流动资产损溢　　　　　400

【例3-8】承〖例3-7〗，经查明，其中300元是少付给张力的津贴，100元无法查明原因，经批准予以核销。应编制的会计分录为：

借：待处理财产损溢——待处理流动资产损溢　　　　　400
　　　贷：其他应付款——应付现金溢余款（张力）　　　　　300
　　　　　营业外收入——现金溢余　　　　　　　　　　　　100

## 第二节　银行存款

### 一、企业开立和使用的银行存款账户

银行存款是企业存放在银行或其他金融机构的货币资金。每个独立核算的企业都应按照规定，在当地银行申请开立存款户。企业发生的各种结算项目，除允许用现金结算方式收付的以外，其余都必须通过银行划拨转账。

根据中国人民银行制定的《银行账户管理办法》规定，一个企业可以根据需要在银行开立四种账户，分别是基本存款账户、一般存款账户、临时存款账户和专用存款账户。

基本存款账户是指存款人办理日常转账结算和现金收付的账户。存款人的工资、奖金等现金的支取，只能通过本账户办理。

一般存款账户是指存款人在基本存款账户以外的银行借款转存、与基本存款账户的存款人不在同一地点的附属非独立核算单位开立的账户。存款人可以通过本账户办理转账结算和现金缴存，但不能办理现金支取。

临时存款账户是指存款人因临时经营活动需要开立的账户。存款人可以通过该账户办理转账结算和根据国家现金管理规定办理现金收付。

专用存款账户是指存款人因特定用途需要开立的账户。

企业在银行开立账户后，可到开户银行购买各种银行往来使用的凭证（如送款簿、进账单、现金支票、转账支票等），用以办理银行存款的收付款项。企业

除了按规定留存的库存现金以外,所有货币资金都必须存入银行,企业与其他单位之间的一切收付款项,除制度规定可用现金支付的部分以外都必须通过银行办理转账结算,也就是由银行按照事先规定的结算方式,将款项从付款单位的账户划出,转入收款单位的账户。因此,企业不仅要在银行开立账户,而且账户内必须要有可供支付的存款。

企业通过银行办理支付结算时,必须认真执行国家有关银行支付结算的各项结算纪律:不准签发没有资金保证的票据和远期支票,套取银行信用;不准签发、取得和转让没有真实交易或债权债务的票据,套取银行和他人资金;不准无理拒绝付款,任意占用他人资金;不准违反规定开立和使用他人账户。

## 二、银行存款的会计核算

### (一)银行存款的总分类核算

为了核算企业存入银行或其他金融机构的各种款项,应设置"银行存款"科目。借方登记银行存款的增加数,贷方登记银行存款的减少数,"银行存款"科目期末借方余额,反映企业存在银行或其他金融机构的各种款项。企业增加银行存款,借记"银行存款"科目,贷记"库存现金""应收账款"等科目;减少银行存款做相反的会计分录。

【例3-9】2×18年5月12日,天诚公司收到因销售商品所得的价款共计6 780元,其中,销售收入6 000元,适用的增值税税率为13%(下同),增值税销项税额为780元。应编制的会计分录为:

借:银行存款 6 780
　　贷:主营业务收入 6 000
　　　　应交税费——应交增值税(销项税额) 780

【例3-10】2×18年5月15日,天诚公司支付购料款3 000元,增值税额为390元。应编制的会计分录为:

借:材料采购(或原材料) 3 000
　　应交税费——应交增值税(进项税额) 390
　　贷:银行存款 3 390

### (二)银行存款的序时核算

为了能够逐日详细地反映银行存款的收入来源、支出用途和结存情况,企业可按开户银行和其他金融机构、存款种类等设置"银行存款日记账",由出纳人员根据收付款凭证,按照业务的发生顺序逐笔登记。每日终了时,应结出余额。"银行存款日记账"应定期与"银行对账单"核对,至少每月核对一次。企业银行存款账面余额与银行对账单余额之间如有差额,应编制"银行存款余额调节表"调节相符。

银行存款日记账一般采用收入、付出及结存三栏式,如表3-2所示。

表 3-2　　　　　　　　　　　　银行存款日记账　　　　　　　单位：元　币种：人民币

| 2×18年 | | 凭证种类及号数 | 摘要 | 对方科目 | 收入 | 付出 | 结存 |
|---|---|---|---|---|---|---|---|
| 月 | 日 | | | | | | |
| 7 | 31 | | 本月合计 | | | | 1 756 213 |
| 8 | 6 | 银收801 | 销售收入 | 主营业务收入 | 134 850 | | 1 891 063 |
| | 12 | 银付801 | 支付华天公司货款 | 应付账款 | | 26 300 | 1 864 763 |
| | 13 | 银付802 | 支付工资 | 应付职工薪酬 | | 48 532 | 1 375 231 |
| | 26 | 银付803 | 支付A设备款 | 固定资产 | | 184 570 | 1 190 661 |
| | 31 | | 本月合计 | | 134 850 | 700 402 | 1 190 661 |

### 三、银行存款余额调节表的编制

银行存款不同于库存现金，不能通过实物盘点对期末余额进行账实核对。但由于企业在与银行发生款项往来的同时，银行也作了相应的记录，因此企业的"银行存款日记账"可定期（至少逐月）与银行出具的"银行对账单"逐笔核对，按月编制"银行存款余额调节表"，以便企业及时了解银行存款核算的正确性和收支动态。

通过核对发现双方账目不符的主要原因有：

1. 记账错误。
2. 存在"未达账项"。所谓"未达账项"，即企业与银行一方已经入账，而另一方由于凭证传递需要时间尚未入账的款项。其中未达账项产生的主要原因是：（1）企业已经收款入账，银行尚未收到款项；（2）企业已经付款入账，银行尚未支付款项；（3）银行已经收款入账，企业尚未收到款项；（4）银行已付款入账，企业尚未记录支付款项。以上任何一种情况的发生都会使双方账面的余额不一致。

企业与银行对账前，首先应检查本单位的"银行存款日记账"，争取准确无误。然后与银行送来的对账单逐笔进行核对，如发现错账漏账，应及时查明原因并更正。如发现未达账项，则应在查明原因后编制"银行存款余额调节表"检查双方的账目是否相符。

【例3-11】2×18年5月31日，天诚公司收到开户行转来的5月份"银行存款对账单"，上列余额为86 500元；而当天企业"银行存款日记账"账面余额为78 660元，经逐笔核对后，发现有如下未达账项：

①企业委托银行代收某企业的货款30 700元，银行已经收到并入账，而收款通知尚未到达企业。

②企业开出用于购货的转账支票一张，金额为10 000元，银行尚未兑付。

③企业送存某公司归还的转账支票29 580元，银行尚未登记入账。

④银行划付本单位电话费 1 750 元,利息 1 530 元,结算单据尚未送到企业。

根据以上资料编制天诚公司 5 月的"银行存款余额调节表",如表 3-3 所示。

表 3-3　　　　　　　　　银行存款余额调节表
2×18 年 5 月 31 日　　　　　　单位:元　币种:人民币

| 项　目 | 金　额 | 项　目 | 金　额 |
|---|---|---|---|
| 企业银行存款日记账余额 | 78 660 | 银行对账单余额 | 86 500 |
| 加: |  | 加: |  |
| 银行已收,企业未收款项 |  | 企业已收,银行未收款项 |  |
| 已收托收款 | 30 700 | 送存转账支票一张 | 29 580 |
| 减: |  | 减: |  |
| 银行已付,企业未付款项 |  | 企业已付,银行未付款项 |  |
| 划付电话费 | 1 750 | 未兑付转账支票一张 | 10 000 |
| 划付利息 | 1 530 |  |  |
| 调节后存款余额 | 106 080 | 调节后存款余额 | 106 080 |

由表 3-3 可知,在不存在记账差错的情况下,双方调节后的余额应核对相符。但是,经调整后重新求得的余额,既不等于本单位银行存款账面余额,也不等于银行账面余额,而是银行存款的真正实有数。如果存在记账差错,则双方调节后的余额就可能不等,这时企业应进一步查明原因,予以纠正。然后,再用同样的方法编制"银行存款余额调节表"。

## 四、票据及结算方式

根据中国人民银行《支付结算办法》的规定,票据,是指银行汇票、商业汇票、银行本票和支票。结算方式,是指汇兑、托收承付和委托收款。

### (一) 银行汇票

银行汇票是出票银行签发的,由其在见票时按照实际结算金额无条件支付给收款人或者持票人的票据。银行汇票的出票银行为银行汇票的付款人。单位和个人各种款项结算,均可使用银行汇票。银行汇票可以用于转账,填明"现金"字样的银行汇票也可以用于支取现金。

### (二) 商业汇票

商业汇票是出票人签发的,委托付款人在指定日期无条件支付确定的金额给收款人或者持票人的票据。商业汇票分为商业承兑汇票和银行承兑汇票。商业承兑汇票由银行以外的付款人承兑。银行承兑汇票由银行承兑。商业汇票的付款人为承兑人。在银行开立存款账户的法人以及其他组织之间，必须具有真实的交易关系或债权债务关系，才能使用商业汇票。商业汇票的付款期限最长不得超过6个月。商业汇票的提示付款期限为自汇票到期日起10日内。

（三）银行本票

银行本票是银行签发的，承诺自己在见票时无条件支付确定的金额给收款人或者持票人的票据。单位和个人在同一票据交换区域需要支付各种款项，均可以使用银行本票。银行本票可以用于转账，注明"现金"字样的银行本票可以用于支取现金。银行本票分为不定额本票和定额本票两种。

（四）支票

支票是出票人签发的，委托办理支票存款业务的银行在见票时无条件支付确定的金额给收款人或者持票人的票据。支票上印有"现金"字样的为现金支票，现金支票只能用于支取现金。支票上印有"转账"字样的为转账支票，转账支票只能用于转账。支票上未印有"现金"或"转账"字样的为普通支票，普通支票可以用于支取现金，也可以用于转账。在普通支票左上角划两条平行线的，为划线支票，划线支票只能用于转账，不得支取现金。单位和个人在同一票据交换区域的各种款项结算，均可以使用支票。支票的出票人，为在经中国人民银行当地分支行批准办理支票业务的银行机构开立可以使用支票的存款账户的单位和个人。

（五）汇兑

汇兑是汇款人委托银行将其款项支付给收款人的结算方式。单位和个人的各种款项的结算，均可使用汇兑结算方式。汇兑分为信汇、电汇两种，由汇款人选择使用。

（六）托收承付

托收承付是根据购销合同由收款人发货后委托银行向异地付款人收取款项，由付款人向银行承认付款的结算方式。使用托收承付结算方式的收款单位和付款单位，必须是国有企业、供销合作社以及经营管理较好，并经开户银行审查同意的城乡集体所有制工业企业。办理托收承付结算的款项，必须是商品交易，以及因商品交易而产生的劳务供应的款项。代销、寄销、赊销商品的款项，不得办理托收承付结算。收付双方使用托收承付结算必须签有符合《经济合同法》的购销合同，并在合同上订明使用托收承付结算方式。

（七）委托收款

委托收款是收款人委托银行向付款人收取款项的结算方式。单位和个人凭已承兑商业汇票、债券、存单等付款人债务证明办理款项的结算,均可以使用委托收款结算方式。委托收款在同城、异地均可以使用。委托收款结算款项的划回方式,分邮寄和电报两种,由收款人选用。

## 第三节 其他货币资金

### 一、其他货币资金的内容

其他货币资金是企业出于特定结算业务的需要存放在银行或其他金融机构的特定存款,以及上下级企业间在资金调拨过程中于月末结账时形成的尚未到达企业的在途款项。其他货币资金就其性质来看,同库存现金和银行存款一样,均属于货币资金,但是,存放地点和用途与库存现金和银行存款不同。其他货币资金主要包括以下六项内容。

1. 外埠存款:企业到外地临时或零星采购时,汇到外地银行开立的采购专户中的存款。
2. 银行汇票存款:为取得银行汇票而存入银行的款项。
3. 银行本票存款:为取得银行本票而存入银行的款项。
4. 信用证保证金存款:为开具信用证而存入银行的信用证保证金账户的款项。
5. 信用卡存款:为取得信用卡而存入银行的信用卡专户的款项。
6. 存出投资款:企业已存入证券公司但尚未购买股票、基金等投资对象的款项。

### 二、其他货币资金的主要账务处理

为了单独反映企业的各种其他货币资金,应设置"其他货币资金"科目,并按照其他货币资金的种类,设置"外埠存款""银行汇票存款""银行本票存款""信用证保证金""信用卡存款""存出投资款"等明细科目。

下面仅以外埠存款业务为例说明其他货币资金的账务处理方法,因其他与之类似,故从略。为满足企业临时或零星采购的需要,将款项委托当地银行汇往采购地银行开立采购专户时,借记"其他货币资金"科目,贷记"银行存款"科目;会计部门在收到采购员交来的供应单位的材料账单、货运单等报销凭证时,借记"材料采购""应交税费"等科目,贷记"其他货币资金"科目;采购员在离开采购地时,采购专户如有余额款项,应将剩余的外埠存款转回企业当地银行结算户,会计部门根据银行的收账通知,借记"银行存款"科目,贷记"其他货币资金"科目。

【例3-12】2×18年6月12日,天诚公司将款项1 000 000元委托给当地银行汇往采购地开立临时采购专户。应编制的会计分录为:

借:其他货币资金——外埠存款　　　　　　　　　1 000 000
　　贷:银行存款　　　　　　　　　　　　　　　　　　　　1 000 000

【例3-13】承〖例3-12〗,6月23日,收到采购人员交来的供货单位的发票账单,上列金额800 000元,增值税为104 000元。应编制的会计分录为:

借:材料采购(或原材料)　　　　　　　　　　　　800 000
　　应交税费——应交增值税(进项税额)　　　　　104 000
　　贷:其他货币资金——外埠存款　　　　　　　　　　　　904 000

当日,多余的外埠存款转回当地银行存款户,收到银行的收账通知,金额为96 000元。应编制的会计分录为:

借:银行存款　　　　　　　　　　　　　　　　　96 000
　　贷:其他货币资金——外埠存款　　　　　　　　　　　　96 000

## 第四节　货币资金的内部控制

### 一、货币资金内部控制的一般原则

货币资金是企业资产中流动性较强的资产,加强对其的管理和控制,对于保障企业资产安全完整、提高货币资金周转速度和使用效益,具有重要的意义。加强对货币资金的控制,应当结合企业生产经营特点制定相应的控制制度,并监督实施。一般来说,货币资金的管理和控制应当遵循如下原则:

1. 严格职责分工。即将涉及货币资金不相容的职责分别由不同的人员担任,形成严密的内部牵制制度,以减少和降低货币资金管理上舞弊的可能性。

2. 实行交易分开。即将现金支出业务和现金收入业务分开进行处理,防止将现金收入直接用于现金支出的坐支行为。

3. 实施内部稽核。即设置内部稽核单位和人员,建立内部稽核制度,以加强对货币资金管理的监督,及时发现货币资金管理中存在的问题,以及时改进对货币资金的管理和控制。

4. 实施定期轮岗制度。即对涉及货币资金管理和控制的业务人员实行定期轮换岗位。通过轮换岗位,减少货币资金管理和控制中产生舞弊的可能性,并及时发现有关人员的舞弊行为。

### 二、货币资金内部控制的相关规定

为了规范企业的内部会计控制,财政部于2001年6月22日发布了《内部会计控制规范——基本规范（试行）》和《内部会计控制规范——货币资金（试行）》。两个规范作为《会计法》的配套规章，是解决当前一些单位内部管理松弛、控制弱化的重要举措。这两个规范的发布实施，对于深入贯彻《会计法》，强化单位内部会计监督，整顿和规范社会主义市场经济秩序，发挥了重要的作用。

《内部会计控制规范——货币资金（试行）》共六章二十七条，适用于国家机关、社会团体、公司、企业、事业单位和其他经济组织。该规范规定，单位负责人对本单位货币资金内部控制的建立健全和有效实施以及货币资金的安全完整负责。

该规范规定：

1. 单位应当建立货币资金业务的岗位责任制，明确相关部门和岗位的职责权限，确保办理货币资金业务的不相容岗位相互分离、制约和监督。出纳人员不得兼任稽核、会计档案保管和收入、支出、费用、债权债务项目的登记工作。单位不得由一人办理货币资金业务的全过程。

2. 办理货币资金业务，应当配备合格的人员，并根据单位具体情况进行岗位轮换。办理货币资金业务的人员应当具备良好的职业道德，忠于职守，廉洁奉公，遵纪守法，客观公正，不断提高会计业务素质和职业道德水平。

3. 单位应当对货币资金业务建立严格的授权批准制度，明确审批人对货币资金业务的授权批准方式、权限、程序、责任和相关控制措施，规定经办人办理货币资金业务的职责范围和工作要求。审批人应当根据货币资金授权批准制度的规定，在授权范围内进行审批，不得超越审批权限。经办人应当在职责范围内，按照审批人的批准意见办理货币资金业务。对于审批人超越授权范围审批的货币资金业务，经办人员有权拒绝办理，并及时向审批人的上级授权部门报告。单位对于重要货币资金支付业务，应当实行集体决策和审批，并建立责任追究制度，防范贪污、侵占、挪用货币资金等行为。严禁未经授权的机构或人员办理货币资金业务或直接接触货币资金。

4. 单位应当加强与货币资金相关的票据的管理，明确各种票据的购买、保管、领用、背书转让、注销等环节的职责权限和程序，并专设登记簿进行记录，防止空白票据的遗失和被盗用。

5. 单位应当加强银行预留印鉴的管理。财务专用章应由专人保管，个人名章必须由本人或其授权人员保管。严禁一人保管支付款项所需的全部印章。按规定需要有关负责人签字或盖章的经济业务，必须严格履行签字或盖章手续。

6. 单位应当建立对货币资金业务的监督检查制度，明确监督检查机构或人员的职责权限，定期和不定期地进行检查。货币资金监督检查的内容主要包括：

（1）货币资金业务相关岗位及人员的设置情况。重点检查是否存在与货币资金业务不相容职务混岗的现象。

（2）货币资金授权批准制度的执行情况。重点检查货币资金支出的授权批准手续是否健全，是否存在越权审批行为。

(3) 支付款项印章的保管情况。重点检查是否存在办理付款业务所需的全部印章交由一人保管的现象。

(4) 票据的保管情况。重点检查票据的购买、领用、保管手续是否健全，票据保管是否存在漏洞。

对监督检查过程中发现的货币资金内部控制中的薄弱环节，应当及时采取措施加以纠正和完善。

## 练 习 题

### 一、问答题

1. 说明库存现金的使用范围。
2. 说明现金溢缺的会计处理方法。
3. 说明编制银行存款余额调节表的方法。
4. 说明企业加强对货币资金管理和控制的意义。
5. 说明企业对货币资金进行控制的一般原则。

### 二、选择题

1. 下列各项中，可使用现金直接支付的有（　　）。
   A. 职工工资　　　　　　　　B. 个人劳动报酬
   C. 向个人收购农副产品　　　D. 零星支出
2. 下列各项中，属于定额备用制度的主要内容包括（　　）。
   A. 由会计部门根据实际情况核定
   B. 拨出一笔固定数额的现金
   C. 必须设立专人经管定额备用金
   D. 支付时必须由指定的负责人签字同意
3. 负责登记"库存现金日记账"的人是（　　）。
   A. 总账会计　　　　　　　　B. 成本会计
   C. 会计部长　　　　　　　　D. 出纳
4. 企业对于发生的现金溢余，在未处理前，应先行计入的会计科目是（　　）。
   A. 货币资金　　　　　　　　B. 应付账款
   C. 其他应付款　　　　　　　D. 待处理财产损溢
5. 企业对于无法查明原因的现金短缺，经批准后应计入的会计科目是（　　）。
   A. 财务费用　　　　　　　　B. 管理费用
   C. 其他应收款　　　　　　　D. 营业外支出
6. 一个企业可以根据需要在银行开立的账户有（　　）。
   A. 基本存款账户　　　　　　B. 一般存款账户
   C. 临时存款账户　　　　　　D. 专用存款账户
7. 下列各项中，会产生未达账项的有（　　）。
   A. 企业已经收款入账，银行尚未收到款项

B. 企业已经付款入账，银行尚未支付款项

C. 银行已经收款入账，企业尚未收到款项

D. 银行已经付款入账，企业尚未记录支付款项

8. 下列各项中，属于票据的有（　　）。

A. 银行汇票　　　　　　　　B. 商业汇票

C. 银行本票　　　　　　　　D. 汇兑

9. 下列各项中，属于结算方式的有（　　）。

A. 汇兑　　　　　　　　　　B. 托收承付

C. 委托收款　　　　　　　　D. 支票

10. 下列各项中，属于其他货币资金的有（　　）。

A. 外埠存款　　　　　　　　B. 银行汇票存款

C. 银行本票存款　　　　　　D. 信用证保证金存款

## 三、判断题

1. 货币资金由库存现金和银行存款组成。（　　）
2. 货币资金在资产负债表上是按各组成项目单独列示的。（　　）
3. 库存现金是指企业为了备付日常零星开支而保管的现金，它包括人民币和外币。（　　）
4. "库存现金"科目用以核算企业的库存现金，包括企业内部周转使用的备用金。（　　）
5. 企业可以在其他银行的一个营业机构开立一个一般存款账户，该账户可以办理转账结算和存入现金，但不能支取现金。（　　）
6. 票据和结算凭证是办理转账结算的工具。（　　）
7. 现金支票只能用于支取现金，不得用于转账。（　　）
8. 企业不得从本单位的现金收入中直接支付现金。（　　）
9. 企业对于无法查明的现金溢余，经批准后应冲减管理费用。（　　）
10. 企业的银行汇票存款也是"银行存款"账户的核算内容。（　　）
11. 企业发生现金的收付业务，必须取得或填制原始凭证，作为收付款的书面证明。（　　）
12. 库存现金中的借条、收据可以用来抵充现金。（　　）
13. 现金是流动性最强的一种货币性资产。（　　）
14. 对于企业尚未入账的未达账项，可以根据银行存款余额调节表进行账务处理。（　　）
15. 对于短缺的现金，属于无法索赔的部分，经批准后应计入营业外支出。（　　）

## 四、账务处理题

1. A公司2×18年5月发生下列经济业务。

（1）2日，开出现金支票，从银行提取现金600元以备零星支用。

（2）4日，委托开户银行汇出20 000元至广州某银行开设临时采购专户，给

本企业驻广州采购组采购材料用。

(3) 5 日，用现金支付购买厂部办公用品费 300 元。

(4) 7 日，向本市东方工厂销售产品一批，货款为 32 000 元，增值税为 4 160 元，收到对方开出的转账支票一张，已向银行办妥进账。

(5) 8 日，厂部技术员孙忠因公出差，预借差旅费现金 900 元。

(6) 10 日，向外地振华工厂电汇 780 元，结清前欠货款，取得银行返回的汇兑结算凭证回单。

(7) 12 日，银行转来委托收款结算收账通知，收到外地南方工厂承付货款 40 950 元。

(8) 13 日，收到本企业驻广州采购组寄来的发票账单，购入材料共计价款为 15 000 元，增值税为 1 950 元，运费为 1 500 元，材料已验收入库。

(9) 14 日，向银行申请经同意由开户行签发银行汇票一份，汇款金额为 40 000 元，交采购员胡平持往外地采购材料。

(10) 15 日，用银行存款 74 000 元发放职工工资。

(11) 16 日，技术员孙忠回厂报销差旅费 960 元，差额付给现金。

(12) 18 日，收到银行通知，广州临时采购存款户余额 950 元已转回企业银行存款户。

(13) 19 日，采购员胡平交来从外地采购材料的普通发票，材料价格为 33 500 元，运费为 1 000 元，材料已到，由仓库验收。

(14) 20 日，收到银行转来多余款收账通知，将银行汇票结余额 5 500 元转回入账。

(15) 22 日，销售产品一批，货款为 45 000 元，增值税为 5 850 元，金额共计 50 850 元，款项未收。

(16) 24 日，收到开户银行转来市邮电局委托收款凭证的付款通知，转账支付本月电话费 1 300 元。

(17) 25 日，收到银行转来外地长丰工厂委托收款凭证的付款通知，金额为 18 000 元。

(18) 27 日，由于业务需要，向银行交存 10 000 元，申请办理信用卡。

(19) 28 日，用信用卡支付业务招待费 4 000 元。

(20) 29 日，收到银行转来托收承付结算凭证的承付通知及所附发票，运单列明材料价款为 29 000 元，增值税为 3 770 元，经审核予以承付，材料尚未到达。

要求：请采用借贷记账法为 A 公司编制 2×18 年 5 月的会计分录。

2. B 公司 2×18 年 7 月 31 日"银行存款日记账"的账面余额为 29 320 元，同时收到开户银行开来的"银行对账单"企业银行存款余额为 31 900 元。经查对双方均无错账，发现有如下未达账项。

(1) 7 月 26 日，公司委托银行代收的销货款 2 000 元，银行已收妥入账，公司尚未接到银行收款通知。

(2) 7月28日，公司为购买材料，开出#718支票3 500元，持票人尚未向银行兑现。

(3) 7月31日，公司存入银行的其他企业转账支票一张计2 600元，银行尚未入账。

(4) 7月31日，公司送存银行的销货现金1 750元，银行也未入账。

(5) 7月31日，银行代公司支付电费600元，水费400元，公司未接到付款通知，尚未入账。

(6) 7月31日，银行收到保险公司赔偿本公司的火灾损失款2 430元，但公司还未收到银行的收款通知。

要求：请为B公司编制2×18年7月31日的"银行存款余额调节表"。

## 五、案例分析题

2018年2月，A公司（国有企业）按照财政部门的要求，决定在公司系统全面开展《会计法》执行情况检查。4月初，A公司派出检查小组对设在外省的销售分公司B公司（以下简称B公司）进行检查，发现B公司存在多头开户、私设"小金库"等问题。正当检查组准备对有关问题进行深入检查时，A公司接到有关部门通报，A公司财会部经理许亮、B公司经理赵强和副经理张志刚携巨款潜逃国外。A公司立即向公安机关报案，同时决定对B公司几年来的经营管理和财务会计工作情况进行全面检查。经过6个多月的检查，一桩作案多年、涉案金额高达近2 000万元的资金盗用案被揭开了。

经查，许亮等人的主要作案手段和有关情形如下：

2016年，许亮被任命为B公司经理，赵强担任B公司副经理，张志刚任会计兼出纳。当时，A公司出于开拓市场、扩大经营规模等方面的考虑，授予B公司产品销售定价自主权和对外投资自主权。由于尚未建立销售网络计算机控制系统，对各销售分公司的销售情况，A公司每月手工统计汇总一次，并要求各销售分公司每月月末将当月销售款集中汇缴到A公司账户，确认销售收入。许亮等人利用A公司授予的销售定价权，采用高价销售、低价向A公司汇总报账的手法截留销货款形成"小金库"，并利用销售货款上缴的时间差，挪用销售货款由赵强负责炒股，非法所得也流入"小金库"。然后，由会计兼出纳的张志刚将"小金库"款项源源不断地汇往境外许亮等人控制的账户。

2017年，许亮调任A公司财会部经理，赵强接任B公司经理，张志刚任副经理并兼任会计和出纳。此后的几年间，许亮、赵强、张志刚三人继续采用上述手法大肆作案，直到2018年4月A公司检查组进驻。案发后，A公司对此案高度重视，针对此案暴露出的分公司权力过大及内部控制方面存在缺陷等问题，A公司董事会作出以下决定：

第一，建立健全公司的内部控制制度，由总经理组织制定与实施。今后如果内部控制方面再出现问题，由总经理承担全部责任。

第二，加强对外投资的控制。收回各分公司的对外投资权，公司所有的投资均由A公司董事长审批。

第三，加强财务管理，会计和出纳人员分设，出纳人员不得兼作账目登记工作。A 公司的银行预留印鉴等由总会计师统一保管。

第四，加强销售与收款的控制，所有的销售业务（包括制定销售价格、签订销售合同、组织货物发运、结算销售货款等）均由 A 公司销售部统一负责，各销售分公司仅负责市场宣传推广和协助催收货款。

第五，加强计算机系统建设和内部审计工作，实现销售网点计算机控制。由 A 公司财会部每年对本公司及下属分公司、子公司内部控制制度的执行情况和会计资料进行检查。

要求：1. 针对 A 公司发生的案件，分析其内部控制方面存在的缺陷，并说明理由。2. 从内部控制角度指出 A 公司董事会所作决定的不当之处，并说明理由。

# 第四章 应收款项

**【本章关键知识点】**
1. 应收款项的确认和计量。
2. 应收款项的主要账务处理。
3. 应收款项减值损失的计量和主要账务处理。

## 第一节 应收款项的确认和计量

### 一、应收款项的确认

#### (一) 应收款项的范围

应收款项主要是指一般企业销售商品或提供劳务形成的应收款项等债权。应收款项通常在活跃市场中没有报价,并且作为一项金融工具。活跃市场,是指同时具有下列特征的市场:(1) 市场内交易的对象具有同质性;(2) 可随时找到自愿交易的买方和卖方;(3) 市场价格信息是公开的。金融工具,是指形成一个企业的金融资产,并形成其他单位的金融负债或权益工具的合同。应收款项,包括应收账款、应收票据、其他应收款、预付账款等。

应收账款是指企业因销售商品、提供劳务等经营活动应收取的款项。应收账款有其特定的范围。第一,应收账款是指因销售活动形成的债权,不包括应收职工欠款、应收债务人的利息等其他应收款;第二,应收账款是指流动资产性质的债权,不包括长期的债权,如购买的长期债券等;第三,应收账款是指本企业应收客户的款项,不包括本企业付出的各类存出保证金,如投标保证金和租入包装物保证金等。

应收票据是指企业因销售商品、提供劳务等而收到的商业汇票。

其他应收款是指企业除存出保证金、买入返售金融资产、应收票据、应收账款、预付账款、应收股利、应收利息等以外的其他各种应收及暂付款项。

预付账款是企业按照购货合同或劳务合同规定,预先付给供货方或提供劳务方的款项。

## （二）应收款项的确认

应收款项是由于赊销业务产生，因而在销售成立时，既确认了销售收入，又确认了应收款项。

## 二、应收款项的计量

一般企业对外销售商品或提供劳务形成的应收债权，通常应按从购货方应收的合同或协议价款作为初始确认金额。

在一般情况下，应收账款的入账金额应根据实际发生的交易价格进行确认，它包括销售货物或提供劳务的价款、增值税款以及代购货单位垫付的运杂费等。但在确认应收账款的入账金额时，往往还要考虑折扣因素。商业上常用的折扣方法有商业折扣和现金折扣两种。

### （一）商业折扣

商业折扣（trade discount），是指企业为促进商品销售而在商品标价上给予的价格扣除。企业之所以对客户提供商业折扣，是由于多方面的原因，其中主要有：

1. 避免经常更改价目单。
2. 为不同的客户或不同的销售数量提供不同的价格。
3. 对竞争对手隐瞒真实的发票价格。

商业折扣一般用商品标价的一定百分比来表示。销售商品涉及折扣的，应当按照扣除商业折扣后的金额确定销售收入的金额。

### （二）现金折扣

现金折扣（cash discount），就是企业为了鼓励客户在一定期限内及早偿还货款而从发票价格中让渡给客户的一定金额的款项。现金折扣的条件通常用一定形式的术语来表示，如"2/10，1/20，N/30"（即买方在10天内付款可按售价给予2%的折扣，在20天内付款按售价给予1%的折扣，在30天内付款，则不给折扣）。就销售方来说，提供现金折扣有利于提前收回货款，加速资金周转；而对于购货方来说，接受现金折扣无疑得到一笔可观的理财收益。

出现现金折扣时，对应收账款入账金额有两种不同的确认方法。

1. 总价法。总价法是按扣除现金折扣前的总金额确认销售收入和应收账款。如果客户在折扣期内付款而获得现金折扣，则将实际收到的价款连同给客户的现金折扣，作为应收账款减少。在我国会计实务中，对销售方给予客户的现金折扣，从融资角度出发，视作一种理财费用，会计上通过"财务费用"科目核算。

总价法可以较好地反映销售的总过程，但在客户可能享受现金折扣的情况下，会引起高估应收账款和销售收入。

2. 净价法。净价法是按扣除现金折扣后的净额确认销售收入和应收账款。这种方法假设客户一般都会得到现金折扣，而放弃现金折扣只是例外情况。对于客户偶尔丧失的现金折扣，则可作为财务费用的贷项处理，同时增加应收账款。

从理论上讲，净价法比总价法更为合理。因为在发达的市场经济中，客户得到现金折扣是一种正常现象。净价法正是考虑到这一点，按预期可实现的净值确认应收账款，反映在利润表中的销售收入也是扣除现金折扣后的净额，从而能较客观地反映企业的财务状况和经营成果。然而，在会计实务中，净价法却很少采用，这主要是因为，使用净价法需要对每一笔应收账款作详细分析，对于已过折扣期的应收账款还需编制调整分录，这就增加了额外的工作量。

目前，我国会计实务中对应收账款入账金额的计量方法采用的是总价法。

## 第二节　应收款项的主要账务处理

### 一、应收账款的主要账务处理

（一）会计科目的设置

为了核算企业因销售商品、提供劳务等经营活动应收取的款项，企业应设置"应收账款"科目。该科目的借方登记企业因销售产品或提供劳务向购货方收取的款项。同时，还应包括按照国家税法的规定，在确认收入时一般纳税人应交的增值税额。此外，代购货企业垫付的包装费、运杂费也一并记入借方。收到货款和代垫的运杂费、包装费时，记入该科目的贷方。该科目期末借方余额，反映企业尚未收回的应收账款；期末如为贷方余额，反映企业预收的账款。

（二）主要账务处理

1. 企业发生的应收账款，按应收金额，借记"应收账款"科目，按确认的营业收入，贷记"主营业务收入"等科目，按增值税专用发票上注明的增值税额，贷记"应交税费——应交增值税（销项税额）"科目。

2. 代购货单位垫付的包装费、运杂费，借记"应收账款"科目，贷记"银行存款"等科目。收回代垫费用时，借记"银行存款"等科目，贷记"应收账款"科目。

3. 收回应收账款时，借记"银行存款"等科目，贷记"应收账款"科目。

4. 企业与债务人进行债务重组，应当分别按债务重组的不同方式进行处理。

（1）收到债务人清偿债务的款项小于该项应收账款账面价值的，应按实际收到的金额，借记"银行存款"等科目，按重组债权已计提的坏账准备，借记"坏账准备"科目，按重组债权的账面余额，贷记"应收账款"科目，按其差额，借记"营业外支出"科目。

收到债务人清偿债务的款项大于该项应收账款账面价值的,应按实际收到的金额,借记"银行存款"等科目,按重组债权已计提的坏账准备,借记"坏账准备"科目,按重组债权的账面余额,贷记"应收账款"科目,按其差额,贷记"资产减值损失"科目。

下文债务重组涉及重组债权减值准备,应当比照上述方法进行处理。

(2)企业接受债务人用于清偿债务的非现金资产,应按该项非现金资产的公允价值,借记"原材料""库存商品""固定资产""无形资产"等科目,按可抵扣的增值税额,借记"应交税费——应交增值税(进项税额)"科目,按重组债权的账面余额,贷记"应收账款"科目,按应支付的相关税费和其他费用,贷记"银行存款""应交税费"等科目,按其差额,借记"营业外支出"科目。

(3)将债权转为投资,应按享有股份的公允价值,借记"长期股权投资"科目,按重组债权的账面余额,贷记"应收账款"科目,按应支付的相关税费,贷记"银行存款""应交税费"等科目,按其差额,借记"营业外支出"科目。

(4)以修改其他债务条件进行清偿的,应按修改其他债务条件后的债权的公允价值,借记"应收账款"科目,按重组债权的账面余额,贷记"应收账款"科目,按其差额,借记"营业外支出"科目。

【例4-1】2×18年5月9日,天诚公司采用赊销方式销售商品一批,增值税专用发票上所列金额为10 000元,增值税为1 300元。商品已发出,款项尚未收到。应编制的会计分录为:

借:应收账款　　　　　　　　　　　　　　　　　　　11 300
　　贷:主营业务收入　　　　　　　　　　　　　　　　10 000
　　　　应交税费——应交增值税(销项税额)　　　　　 1 300

## 二、应收票据的主要账务处理

### (一)会计科目的设置

为了核算企业因销售商品、提供劳务等而收到的商业汇票,包括银行承兑汇票和商业承兑汇票,应设置"应收票据"科目。该科目借方登记取得的应收票据的面值,贷方登记票据到期收回的票面金额。期末借方余额,反映企业持有的商业汇票的票面金额。

### (二)主要账务处理

1. 企业因销售商品、提供劳务等而收到开出、承兑的商业汇票,按商业汇票的票面金额,借记"应收票据"科目,按确认的营业收入,贷记"主营业务收入"等科目,按专用发票上注明的增值税额,贷记"应交税费——应交增值税(销项税额)"科目。

2. 持未到期的应收票据向银行贴现，应按实际收到的金额（即减去贴现息后的净额），借记"银行存款"等科目，按贴现息部分，借记"财务费用"等科目，按商业汇票的票面金额，贷记"应收票据"科目或"短期借款"科目。

3. 将持有的商业汇票背书转让以取得所需物资，按应计入取得物资成本的金额，借记"材料采购"或"原材料""库存商品"等科目，按专用发票上注明的增值税额，借记"应交税费——应交增值税（进项税额）"科目，按商业汇票的票面金额，贷记"应收票据"科目，如有差额，借记或贷记"银行存款"等科目。

4. 商业汇票到期，应按实际收到的金额，借记"银行存款"科目，按商业汇票的票面金额，贷记"应收票据"科目。

【例4-2】2×18年9月1日，天诚公司销售一批产品给华荣公司，货已发出，增值税专用发票上注明的金额为100 000元，增值税额为13 000元。收到华荣公司交来的商业承兑汇票一张，期限为6个月。

根据上述经济业务应编制的会计分录如下。

①收到票据时：

借：应收票据　　　　　　　　　　　　　　　　　　113 000
　　贷：主营业务收入　　　　　　　　　　　　　　　　100 000
　　　　应交税费——应交增值税（销项税额）　　　　　13 000

②票据到期收回货款。

借：银行存款　　　　　　　　　　　　　　　　　　113 000
　　贷：应收票据　　　　　　　　　　　　　　　　　　113 000

## 三、其他应收款的主要账务处理

为了核算企业除存出保证金、买入返售金融资产、应收票据、应收账款、预付账款、应收股利、应收利息、长期应收款等以外的其他各种应收及暂付款项，应设置"其他应收款"科目。

企业发生其他各种应收、暂付款项时，借记"其他应收款"科目，贷记"银行存款""固定资产清理"等科目；收回或转销各种款项时，借记"库存现金""银行存款"等科目，贷记"其他应收款"科目。

"其他应收款"科目期末借方余额，反映企业尚未收回的其他应收款。

## 四、预付账款的账务处理

为了总括反映和监督企业按规定向供货方预付货款的支付和结算情况，应设置"预付账款"科目。借方登记预付的货款和补付的货款，贷方登记应付的货款和退回多付的货款。期末借方余额，反映企业预付的款项；期末如为贷方余额，反映企业尚未补付的款项。

企业因购货而预付的款项,借记"预付账款"科目,贷记"银行存款"等科目。收到所购物资,按应计入购入物资成本的金额,借记"材料采购"或"原材料""库存商品"等科目,按应支付的金额,贷记"预付账款"科目。补付的款项,借记"预付账款"科目,贷记"银行存款"等科目。退回多付的款项做相反的会计分录。涉及增值税进项税额的,还应进行相应的处理。

【例4-3】2×18年5月18日,天诚公司为采购材料预付给供货单位购料款共计11 300元,应编制的会计分录为:

借:预付账款　　　　　　　　　　　　　　　　　　　11 300
　　贷:银行存款　　　　　　　　　　　　　　　　　　11 300

收到材料后,增值税专用发票上所列金额为10 000元,增值税额为1 300元,应编制的会计分录为:

借:原材料（材料采购）　　　　　　　　　　　　　　10 000
　　应交税费——应交增值税（进项税额）　　　　　　 1 300
　　贷:预付账款　　　　　　　　　　　　　　　　　　11 300

## 第三节　应收款项减值损失的计量及主要账务处理

### 一、应收款项减值损失的计量

一般企业应收款项,有客观证据表明其发生了减值的,应当根据其未来现金流量现值低于其账面价值的差额,确认减值损失,计提坏账准备。

对于单项金额重大的应收款项,应当单独进行减值测试。对于单项金额非重大的应收款项可以单独进行减值测试,确定减值损失,计提坏账准备;也可以与经单独测试后未减值的应收款项一起按类似信用风险特征划分为若干组合,再按这些应收款项组合在资产负债表日余额的一定比例计算确定减值损失,计提坏账准备。根据应收款项组合余额的一定比例计算确定的坏账准备,应当反映各项目实际发生的减值损失,即各项组合的账面价值超过其未来现金流量现值的金额。

企业应当根据以前年度与之相同或相类似的、具有类似信用风险特征的应收款项组合的实际损失率为基础,结合现时情况确定本期各项组合计提坏账准备的比例,据此计算本期应计提的坏账准备。

### 二、主要账务处理

为核算企业应收款项的坏账准备,应设置"坏账准备"科目。

1. 资产负债表日,应收款项发生减值的,按应减记的金额,借记"资产减值损失"科目,贷记"坏账准备"科目。本期应计提的坏账准备大于其账面余额的,应按其差额计提;应计提的金额小于其账面余额的差额做相反的会计分录。

2. 对于确实无法收回的应收款项,按管理权限报经批准后作为坏账,转销应收款项,借记"坏账准备"科目,贷记"应收票据""应收账款""预付账款""应收利息""其他应收款""长期应收款"等科目。

3. 已确认并转销的应收款项以后又收回的,应按实际收回的金额,借记"应收票据""应收账款""预付账款""应收利息""其他应收款""长期应收款"等科目,贷记"坏账准备"科目;同时,借记"银行存款"科目,贷记"应收票据""应收账款""预付账款""应收利息""其他应收款""长期应收款"等科目。

对于已确认并转销的应收款项以后又收回的,也可以按照实际收回的金额,借记"银行存款"科目,贷记"坏账准备"科目。

"坏账准备"科目期末贷方余额,反映企业已计提但尚未转销的坏账准备。

【例4-4】天诚公司2×15年末应收账款总账余额为1 000 000元,提取坏账准备的比例为3‰。2×16年发生坏账损失6 000元,其中甲单位1 000元,乙单位5 000元,年末应收账款余额为1 200 000元。2×17年已冲销的上年乙单位应收账款5 000元又收回,期末应收账款余额为1 300 000元。

根据上述经济业务应编制的会计分录如下。

①2×15年末提取坏账准备。

借:资产减值损失　　　　　　　　　　　　　　　　　3 000
　　贷:坏账准备　　　　　　　　　　　　　　　　　　3 000

②2×16年冲销坏账。

借:坏账准备　　　　　　　　　　　　　　　　　　　6 000
　　贷:应收账款——甲单位　　　　　　　　　　　　　1 000
　　　　　　——乙单位　　　　　　　　　　　　　　　5 000

③2×16年末按应收账款的余额计算提取坏账准备。

"坏账准备"科目余额应为3 600元(1 200 000×3‰),应提的坏账准备为6 600元(3 600+3 000)。

注:"坏账准备"科目余额应为3 600元,但在期末提取坏账准备前,"坏账准备"科目有借方余额3 000元,在一个会计期间内,企业要对无法收回的应收账款确认为坏账损失,冲减已计提的坏账准备,但是,企业一般要等到会计期末才将坏账损失确认为该期间的损失。这样,在计提该期间的坏账准备之前,"坏账准备"科目有时就会出现借方余额的情况。还应补提坏账准备3 000元,应提取的坏账准备合计为6 600元。

借:资产减值损失　　　　　　　　　　　　　　　　　6 600
　　贷:坏账准备　　　　　　　　　　　　　　　　　　6 600

④2×17年,上年已冲销的乙单位账款5 000元又收回入账。

借:应收账款——乙单位　　　　　　　　　　　　　　5 000

    贷：坏账准备                    5 000
  借：银行存款                       5 000
    贷：应收账款——乙单位               5 000
或：借：银行存款                     5 000
    贷：坏账准备                    5 000

⑤2×17年末按应收账款的余额提取坏账准备。

"坏账准备"科目余额应为3 900元（1 300 000×3‰），应提的坏账准备为 -4 700元（3 900 - 8 600）。

（"坏账准备"科目余额应为3 900元，但在期末提取坏账准备前，"坏账准备"科目已有贷方余额8 600元，即期初贷方余额3 600元加上收回的已冲销的坏账5 000元，超过了应提坏账准备数，所以，应冲回多提的坏账准备4 700元。）

  借：坏账准备                     4 700
    贷：资产减值损失                 4 700

## 练 习 题

### 一、问答题

1. 应收款项包括哪些内容？
2. 在确认应收账款的入账金额时，往往还要考虑的因素有什么？
3. 一个会计期间内，在什么情况下，"坏账准备"科目会出现借方余额？会计期末"坏账准备"科目的余额一定在贷方，为什么？
4. 什么是"商业折扣"及"现金折扣"？两者的目的及在会计上的处理方法有何不同？
5. 现金折扣的账务处理方法有几种？请评述其各自的优缺点。
6. 说明应收款项减值损失的计量方法。
7. 说明坏账准备的主要账务处理方法。

### 二、选择题

1. 下列各项中，属于应收款项内容的有（　　）。
 A. 应收账款    B. 应收票据    C. 其他应收款    D. 预付账款
2. 下列各项中，应记入"应收账款"科目借方的有（　　）。
 A. 向购货方收取的账款      B. 应交的增值税额
 C. 代垫的运杂费         D. 代垫的包装费
3. 已贴现的商业承兑汇票到期时，若承兑人和申请贴现企业的银行存款不足，银行作逾期贷款处理，此时申请贴现企业应借记的账户是（　　）。
 A. 应收票据    B. 应收账款    C. 短期借款    D. 银行存款
4. 下列各笔会计分录中，属于企业实际发生坏账时应编制的会计分录是（　　）。
 A. 借：资产减值损失

　　　　贷：应收账款
　B. 借：营业外支出
　　　　贷：应收账款
　C. 借：坏账准备
　　　　贷：应收账款
　D. 借：资产减值损失
　　　　贷：坏账准备

5. 下列会计科目中，属于"坏账准备"科目的调整科目的有（　　）。
　A. 管理费用　　　　　　　　B. 应付账款
　C. 应收账款　　　　　　　　D. 产品销货收入

6. 下列各项中，属于其他应收款核算范围的有（　　）。
　A. 应收的各种赔款、罚款
　B. 应向职工收取的各种垫付款项
　C. 存出的保证金
　D. 不符合预付账款性质而规定转入的预付账款和其他应收、暂付的款项

7. 下列各项中，属于应收票据核算范围的有（　　）。
　A. 商业承兑汇票　　　　　　B. 银行承兑汇票
　C. 银行汇票　　　　　　　　D. 银行本票

8. 下列各项中，属于企业销售商品发生的应收账款初始确认金额的有（　　）。
　A. 商品销售价款　　　　　　B. 增值税销项税额
　C. 代购买方垫付的运杂费　　D. 采购人员差旅费

## 三、判断题

1. 应收款项主要是指一般企业销售商品或提供劳务形成的应收款项等债权。（　　）

2. 一般企业对外销售商品或提供劳务形成的应收债权，通常应按从购货方应收的合同或协议价款作为初始确认金额。（　　）

3. 一般企业应收款项，有客观证据表明其发生了减值的，应当根据其未来现金流量现值低于其账面价值的差额，确认减值损失，计提坏账准备。（　　）

4. 应收账款不包括应向购货的客户或接受劳务的客户收取的价款及垫付的有关费用。（　　）

5. "坏账准备"科目期末贷方余额，反映企业已计提但尚未转销的坏账准备。（　　）

6. "预付账款"账户属于资产性质，该账户的期末余额一定在借方。（　　）

7. 企业的预付账款不得计提坏账准备。（　　）

8. 如果有确凿的证据表明企业预付账款的性质已经发生改变，或者因供货单位破产、撤销等原因已经无望再收到所购货物的，应将原计入预付账款的金额转入其他应收款，并按规定计提坏账准备。（　　）

## 四、账务处理题

A公司2×16年至2×18年末的相关资料如下:

(1) 2×16年末应收账款余额为1 200 000元,按5‰(下同)计提坏账准备。

(2) 2×17年10月因债务人破产,确定坏账损失11 000元,经批准予以冲销。其中:B公司7 000元,C公司4 000元。

(3) 2×17年末应收账款余额为980 000元,按规定计提坏账准备。

(4) 2×18年6月收回上年已冲销的C公司坏账4 000元,存入银行。

(5) 2×18年末应收账款余额为950 000元,按规定计提坏账准备。

要求:根据上述资料,编制相应的会计分录。

# 第五章 存　　货

**【本章关键知识点】**
　　1. 存货的性质及其分类。
　　2. 存货的确认和初始计量。
　　3. 原材料的核算。
　　4. 存货的期末计量。
　　5. 存货的清查。

## 第一节　存货的性质及其分类

### 一、存货的性质

　　存货（inventory），是指企业在日常活动中持有以备出售的产成品或商品、处在生产过程中的在产品、在生产过程或提供劳务过程中耗用的材料、物料等。简言之，即以"在日常活动中持有以备出售"为目的（非供自用或消耗）而购入的资产。
　　相对而言，机器设备在使用其的企业为固定资产，在制造或经销该机器的企业则为存货。有时，固定资产虽需处置（例如以旧换新），但并非存货，因为并非正常营业的出售目标。因此，存货区别于固定资产等非流动资产的最基本的特征是，企业持有存货的最终目的是为了出售，包括可供直接销售的产成品、商品，以及需经过进一步加工后出售的原材料等。
　　由于存货通常能在1年或一个经营周期内被销售或者耗用而转换为新的资产，因而是企业的一项流动资产。

### 二、存货的分类

　　存货的分类，因经营行业不同而有重大差异。就制造业（manufacturing）来说，通称为商品存货（merchandise inventory），是指企业购进后直接用于生产制造并构成产品实体的商品物资。其特点是，在出售前，这些存货需经过企业生产制造过程，改变其原有的实物形态或改变其原有的使用功能。

一个制造业企业将原材料和购入零部件转换成产成品。它的售出产品成本，亦称销售成本，包括直接材料、直接人工和制造费用。

制造业存货一般分为以下五类。

1. 原材料，是指企业直接用于制造并构成产品实体的购入商品，以及购入的供产品生产耗用的不构成产品实体的辅助性材料等。外购的零部件，一般也归此类。有时，企业也可根据需要将原材料按照其用途再分为原料及主要材料、辅助材料、燃料和外购零部件等若干小类。为建造固定资产等各项工程而储备的各种材料，虽然同属于材料，但是由于用于建造固定资产等各项工程，不符合存货的定义，因此不能作为企业存货。

2. 在产品，是指企业正在制造尚未完工的产品，包括正在各个生产工序加工的产品，以及已加工完毕但尚未检验或已检验但尚未办理入库手续的产品。

3. 半成品，是指经过一定生产过程并已检验合格交付半成品仓库保管，但尚未制造完工成为产成品，仍需进一步加工的中间产品。

4. 产成品，是指工业企业已经完成全部生产过程并验收入库，可以按照合同规定的条件送交订货单位，或者可以作为商品对外销售的产品。企业接受外来原材料加工制造的代制品和为外单位加工修理的代修品，制造和修理完成验收入库后应视同企业的产成品。

5. 周转材料，是指企业能够多次使用但不符合固定资产定义的材料，如为了包装本企业商品而储备的各种包装物，各种工具、管理用具、玻璃器皿、劳动保护用品以及在经营过程中周转使用的容器等低值易耗品和建造承包商的钢模板、木模板、脚手架等其他周转材料。但是，周转材料符合固定资产定义的，应当作为固定资产处理。

## 第二节 存货的确认和初始计量

### 一、存货的确认

存货在同时满足以下条件时，才能予以确认：

(1) 与该存货有关的经济利益很可能流入企业；

(2) 该存货的成本能够可靠地计量。

某个项目要确认为存货，首先要符合存货的定义，在此前提下，应当符合上述存货确认的两个条件。关于存货的确认需要说明以下三点。

第一，关于代销商品。代销商品（也称托销商品）是指一方委托另一方代其销售的商品。从商品所有权的转移来分析，代销商品在售出以前，所有权属于委托方，受托方只是代对方销售商品。因此，代销商品应作为委托方的存货处理。

第二，关于在途商品。对于销售方按销售合同、协议规定已确认销售（如已收到货款等）而尚未发运给购货方的商品，应作为购货方的存货，而不应再作为销货方的存货；对于购货方已收到商品但尚未收到销货方结算发票等的商品，购货方应作为其存货处理；对于购货方已经确认为购进（如已付款等）而尚未到达入库的在途商品，购货方应将其作为存货处理。

第三，关于购货约定。对于约定未来购入的商品，由于企业并没有实际的购货行为发生，因此，不作为企业的存货，也不确认有关的负债和费用。

## 二、存货的初始计量

存货的初始计量，是指企业在取得存货时，对存货入账价值的确定。存货的初始计量应以取得存货的实际成本为基础，实际成本包括采购成本、加工成本和使存货达到目前场所和状态所发生的其他成本。由于存货的取得方式不同，存货成本的具体构成内容并不完全相同。因此，存货的实际成本应结合存货的具体取得方式分别确定，作为存货入账的依据。

### （一）外购存货的成本

企业外购存货主要包括原材料和商品。外购存货的成本即存货的采购成本，指企业物资从采购到入库前所发生的全部支出，包括购买价款、相关税费、运输费、装卸费、保险费以及其他可归属于存货采购成本的费用。

1. 存货的购买价款，是指企业购入的材料或商品的发票账单上列明的价款，但不包括按规定可以抵扣的增值税进项税额。

2. 存货的相关税费，是指企业购买、自制或委托加工存货发生的进口关税、消费税、资源税和不能抵扣的增值税进项税额等应计入存货采购成本的税费。

3. 其他可归属于存货采购成本的费用，即采购成本中除上述各项以外的可归属于存货采购成本的费用，如在存货采购过程中发生的仓储费、包装费、运输途中的合理损耗、入库前的挑选整理费用等。这些费用能分清负担对象的，应直接计入存货的采购成本；不能分清负担对象的，应选择合理的分配方法，分配计入有关存货的采购成本，可按所购存货的数量或采购价格比例进行分配。

对于采购过程中发生的物资毁损、短缺等，除合理的途耗应当作为存货的"其他可归属于存货采购成本的费用"计入采购成本外，应当区别不同情况进行会计处理：

1. 从供应单位、外部运输机构等收回的物资短缺或其他赔款，应冲减所购物资的采购成本。

2. 因遭受意外灾害发生的损失和尚待查明原因的途中损耗，不得增加物资的采购成本，应暂作为待处理财产损溢进行核算，在查明原因后再作处理。

商品流通企业在采购商品过程中发生的运输费、装卸费、保险费以及其他可归属于存货采购成本的费用等进货费用，应当计入所购商品成本。在实务中，企业也可以将发生的运输费、装卸费、保险费以及其他可归属于存货采购成本的费用等进货费用先进行归集，期末再根据所购商品的存销情况进行分摊。对于已售商品的进货费用，计入主营业务成本；对于未售商品的进货费用，计入期末存货成本。商品流通企业采购商品的进货费用金额较小的，可以在发生时直接计入当期销售费用。

### （二）加工取得的存货的成本

企业通过进一步加工取得的存货，主要包括产成品、在产品、半成品、委托加工物资等，其成本由采购成本和加工成本构成。某些存货还包括使存货达到目前场所和状态所发生的其他成本，如可直接认定的产品设计费用等。通过进一步加工取得的存货的成本中采购成本是由所使用或消耗的原材料采购成本转移而来的，因此，计量加工取得的存货成本，重点是要确定存货的加工成本。

存货加工成本由直接人工和制造费用构成，其实质是企业在进一步加工存货的过程中追加发生的生产成本，因此，不包括直接由材料存货转移来的价值。其中，直接人工是指企业在生产产品过程中直接从事产品生产的工人的职工薪酬。直接人工和间接人工的划分依据通常是生产工人是否与所生产的产品直接相关（即可否直接确定其服务的产品对象）。制造费用是指企业为生产产品和提供劳务而发生的各项间接费用。制造费用是一种间接生产成本，包括企业生产部门（如生产车间）管理人员的职工薪酬、折旧费、办公费、水电费、机物料消耗、劳动保护费、车间固定资产的修理费用、季节性和修理期间的停工损失等。

### （三）其他方式取得的存货的成本

企业取得存货的其他方式主要包括接受投资者投资、非货币性资产交换、债务重组、企业合并以及存货盘盈等。其中，投资者投入存货的成本应当按照投资合同或协议约定的价值确定，但合同或协议约定价值不公允的除外。在投资合同或协议约定价值不公允的情况下，按照该项存货的公允价值作为其入账价值。企业通过非货币性资产交换、债务重组、企业合并等方式取得的存货，其成本应当分别按照各自相关的具体会计准则的规定确定。

对于盘盈的存货应按其重置成本作为入账价值，并通过"待处理财产损溢"科目进行会计处理，按管理权限报经批准后，冲减当期管理费用。

### （四）不计入存货成本的相关费用

企业发生的下列费用应当在发生时确认为当期损益，不计入存货成本：

1. 非正常消耗的直接材料、直接人工和制造费用。例如，企业超定额的废品损失以及由自然灾害而发生的直接材料、直接人工及制造费用，由于这些费用的发生无助于使该存货达到目前场所和状态，不应计入存货成本，而应计入当期损益。

2. 仓储费用。仓储费用指企业在采购入库后发生的储存费用，应计入当期损益。但是，在生产过程中为达到下一个生产阶段所必需的仓储费用则应计入存货成本。例如，某种酒类产品生产企业为使生产的酒达到规定的产品质量标准所必须发生的仓储费用，应计入酒的成本而不是计入当期损益。

3. 不能归属于使存货达到目前场所和状态的其他支出。

4. 企业采购用于广告营销活动的特定商品，向客户预付货款未取得商品时，应作为预付账款处理，待取得相关商品时计入当期损益（销售费用）。企业取得广告营销性质的服务比照该原则进行处理。

## 第三节　原材料的核算

### 一、原材料按实际成本核算

原材料按实际成本核算是指原材料收发的原始凭证、材料的总分类核算和明细分类核算均按实际成本计价进行核算。这种核算方法一般适用于规模较小、存货品种简单、采购业务不多的企业。

（一）购入原材料的主要账务处理

1. 会计科目的设置。原材料按实际成本核算，企业应设置的会计科目主要有"原材料"科目和"在途物资"科目。

（1）"原材料"科目。核算企业库存的各种材料，包括原料及主要材料、辅助材料、外购半成品（外购件）、修理用备件（备品备件）、包装材料、燃料等的实际成本。该科目的借方反映购入各种材料的实际成本；贷方反映发出各种材料的实际成本。期末借方余额反映企业库存材料的实际成本。

（2）"在途物资"科目。核算企业已经付款尚未验收入库的在途物资的采购成本。该科目的借方反映货款已经支付尚未验收入库的在途物资的采购成本；贷方反映已验收入库的在途物资的采购成本。期末借方余额反映企业在途材料、商品等物资的采购成本。

2. 主要账务处理。企业外购的材料，因货款结算业务、采购地点、收料和付款时间等情况的不同，其账务处理也不一样。现分别不同情况说明如下：

第一种情况，货款付清，同时收料。企业采购材料，如果付款后随即收到材料，或者货款支付或已开出、承兑商业汇票与材料验收入库基本上同时进行，则在业务发生后，即可根据银行结算凭证、发票账单和收料单等凭证，记入有关材料账户的借方和"银行存款"等科目的贷方。

第二种情况，付款在前，收料在后。付款在前、收料在后的情况，一般发生在企业向外地采购材料，采用托收承付或商业汇票等结算方式时，结算凭证等单据已到，并已承付货款或开出、承兑商业汇票，但材料尚在运输途中，在会计上应作为在途物资处理，并通过"在途物资"科目进行核算。

第三种情况，收料在前，付款在后。企业在采购材料过程中，发生材料已到，结算凭证未到，货款暂时未能支付的业务，如所收的材料属企业订购的品种，可先行办理验收入库手续，并分两种情况作出账务处理。在实际工作中，发生材料已经验收入库而发票账单尚未到达的情况时，发票账单一般在几日内即可到达，因此，这项业务发生后，月份内可暂不进行总分类核算，等发票账单到达后，按实际成本记账。但是，如果月终仍未收到发票账单，应按计划成本暂估入账，下月初做相反分录予以冲回，待发票账单到达后再按实际成本记账。

【例5-1】天诚公司为增值税一般纳税人，2×18年5月8日购入原材料一批，取得的增值税专用发票上注明的原材料价款为10 000元，增值税额为1 300元。

①假定发票已经收到，货款已通过银行转账支付，材料已运到并已验收入库。天诚公司的账务处理如下：

借：原材料                                              10 000
　　应交税费——应交增值税（进项税额）                  1 300
　　贷：银行存款                                       11 300

②假定购入材料的发票等结算凭证已收到，货款已经通过银行转账支付，但材料尚未运到。则天诚公司应于收到发票等结算凭证时进行如下账务处理：

借：在途物资                                            10 000
　　应交税费——应交增值税（进项税额）                   1 300
　　贷：银行存款                                       11 300

在上述材料到达入库时，进行如下账务处理：

借：原材料                                              10 000
　　贷：在途物资                                       10 000

③假定购入的材料已经运到，并已验收入库，但发票等结算凭证尚未收到，货款尚未支付。当月月末，天诚公司应按估价入账，假定其暂估价为12 000元，应进行如下账务处理：

借：原材料                                              12 000
　　贷：应付账款——暂估应付账款                       12 000

6月初将上述会计分录原账冲回：

借：应付账款——暂估应付账款                            12 000
　　贷：原材料                                         12 000

在收到发票等结算凭证，并支付货款时：

借：原材料                                              10 000
　　应交税费——应交增值税（进项税额）                   1 300
　　贷：银行存款                                       11 300

## （二）发出原材料实际成本的确定方法

会计上对于存货的记录一般包括一个会计期间的期初存货信息和本期增加（采购）的存货信息。期初存货信息也就是上期的期末存货信息。存货存在下面的等式关系：

期初存货 + 本期增加存货 - 本期减少存货(主营业务成本) = 期末存货

期初存货和本期增加存货是两个已知量，它们的和意味着企业有多少可供使用或销售的商品。而本期减少存货和期末存货则是两个未知量。但是，如果将这两个未知量计算出其中一个，根据存货等式，便可知道另一个未知量的数值。也就是说，如果将期末存货也变为已知量，本期减少存货即主营业务成本就为：

本期减少存货(主营业务成本) = 期初存货 + 本期增加存货 - 期末存货

从上式可知，主营业务成本和期末存货之和必须等于可供使用或销售的商品。这就意味着，如果期末存货成本高估（或低估），主营业务成本就会低估（或高估），相应地，当期收益就会高估（或低估）。那么，除了对那些不能互换使用的存货或特定的项目专门购入或制造并单独存放的存货，采用个别计价法计算期末存货成本外，必须对存货成本流作出假设。企业应当采用先进先出法、移动加权平均法、月末一次加权平均法和个别计价法确定发出存货的实际成本。

对于性质和用途相似的存货，应当采用相同的成本计算方法确定发出存货的成本。

对于不能替代使用的存货、为特定项目专门购入或制造的存货以及提供劳务的成本，通常采用个别计价法确定发出存货的成本。

1. 先进先出法。先进先出法（first-in, first-out, FIFO），是假定先收到的存货先耗用，对本期减少的存货成本按最先收进的存货的单价进行计价的一种方法。在先进先出法下，假定期末存货是最近购进的，同时，已经销售的存货则是最先购进的。

【例 5-2】2×18 年 4 月天诚公司采用先进先出法登记 A 材料明细账的情况，如表 5-1 所示。

表 5-1　　　　　　　　　　A 材料明细账　　　　　　　　　金额：元

| 2×18年 | | 凭证编号 | 摘要 | 收入 | | | 发出 | | | 结存 | | |
|---|---|---|---|---|---|---|---|---|---|---|---|---|
| 月 | 日 | | | 数量 | 单价 | 金额 | 数量 | 单价 | 金额 | 数量 | 单价 | 金额 |
| 4 | 1 | | 期初 | | | | | | | 400 | 10 | 4 000 |
| | 5 | | 发出 | | | | 100 | 10 | 1 000 | 300 | 10 | 3 000 |
| | 10 | | 购入 | 200 | 11 | 2 200 | | | | 300<br>200 | 10<br>11 | 3 000<br>2 200 |
| | 18 | | 发出 | | | | 300 | 10 | 3 000 | 200 | 11 | 2 200 |
| | 28 | | 购入 | 100 | 12 | 1 200 | | | | 200<br>100 | 11<br>12 | 2 200<br>1 200 |
| | 30 | | 本期发生额及期末余额 | 300 | | 3 400 | 400 | | 4 000 | 200<br>100 | 11<br>12 | 2 200<br>1 200 |

先进先出法适用于市场价格普遍处于下降趋势的商品。因为采用先进先出法，期末存货余额按最后的进价计算，使期末存货的价格接近于当时的价格，真实地反映了企业期末资产状况；期末存货的账面价格反映的是最后购进的较低的价格，对于市场价格处于下降趋势的产品来说，符合谨慎原则的要求，能抵御物价下降的影响，减少企业经营的风险，消除了潜亏隐患，从而避免了由于存货资金不实而虚增企业账面资产。

然而，在市场经济环境下，各种商品的价格总是有所波动的。在物价上涨过快的前提下，由于物价快速上涨，先购进的存货其成本相对较低，而后购进的存货成本就偏高。这样发出存货的价值就低于市场价值，产品销售成本偏低，而期末存货成本偏高。但因商品的售价是按近期市价计算，因而收入较多，销售收入和销售成本不符合配比原则，以此计算出来的利润就偏高，形成虚增利润，实质为"存货利润"。

2. 移动加权平均法。移动加权平均法，是指以每次进货的成本加上原有库存存货的成本，除以每次进货数量与原有库存存货的数量之和，据以计算加权平均单位成本，作为在下次进货前计算各次发出存货成本的依据。计算公式如下：

$$存货单位成本 = \frac{原有库存存货的实际成本 + 本次进货的实际成本}{原有库存货数量 + 本次进货数量}$$

本次发出存货的成本 = 本次发出存货数量 × 本次发货前的存货单位成本

本月月末库存存货成本 = 月末库存存货数量 × 本月月末存货单位成本

移动加权平均法计算出来的商品成本比较均衡和准确，但计算工作量大，一般适用于经营品种不多或者前后购进商品的单价相差幅度较大的商品流通企业。

3. 月末一次加权平均法。月末一次加权平均法，是指以本月全部进货数量加上月初存货数量作为权数，去除本月全部进货成本加上月初存货成本，计算出存货的加权平均单位成本，从而确定本期发出存货成本和期末存货成本。计算公式如下：

$$存货单位成本 = \frac{月初库存存货的实际成本 + \sum(本月某批进货的实际成本 \times 本月某批进货的数量)}{月初库存存货数量 + 本月各批进货数量之和}$$

本次发出存货的成本 = 本次发出存货数量 × 存货单位成本

本月月末库存存货成本 = 月末库存存货数量 × 存货单位成本

【例5-3】承〖例5-2〗，天诚公司采用加权平均法计算的本期期末存货成本如下：

$$加权平均单位成本 = \frac{4\,000 + 2\,200 + 1\,200}{400 + 200 + 100} = 10.57（元）$$

本期减少存货成本 = 400 × 10.57 = 4 228（元）

期末存货成本 = (4 000 + 2 200 + 1 200) - 4 228 = 3 172（元）

采用月末一次加权平均法只在月末一次计算加权平均单价，有利于简化成本计算工作。但由于平时无法从账上提供发出和结存存货的单价及金额，不利于存货成本的日常管理与控制。

4. 个别计价法。个别计价法（specific identification），是以某批存货购入时的实际单位作为该批存货发出时的单位成本，从而确定发出存货实际成本的一种方法。这种方法一般适用于不能互换使用的存货或为特定的项目专门购入或制造并单独存放的存货。

## 二、原材料按计划成本核算

原材料按计划成本核算是指材料的原始凭证、各种材料的总分类账户和明细分类账户，均按预先制定的计划成本计价，材料的实际成本以及实际成本与计划成本之间的差异额（节约或超支），登记在"材料采购"和"材料成本差异"两个科目；月末，将材料成本差异在本月发出材料和期末结存材料之间进行分摊，将本月发出材料的计划成本和结存材料的计划成本调整为实际成本进行反映的一种核算方法。

### （一）购入原材料的主要账务处理

1. 会计科目的设置。原材料按计划成本核算的情况下，企业除应设置"原材料"科目（与原材料按实际成本核算所不同的是，"原材料"科目的借方、贷方以及期末借方余额反映的都是材料的计划成本）外，还应设置"材料采购"和"材料成本差异"科目。

（1）"材料采购"科目。核算企业采用计划成本进行材料日常核算而购入材料的采购成本。该科目的借方反映购入材料的实际采购成本和实际成本小于计划成本的差异额；贷方反映已付款并已验收入库材料的计划成本和实际成本大于计划成本的差异额。期末借方余额反映企业在途物资的采购成本。

（2）"材料成本差异"科目。核算企业采用计划成本进行日常核算的材料的实际成本与计划成本的差额。该科目的借方反映购入材料的实际成本大于计划成本的超支额及发出材料应负担的材料成本节约差异额，贷方反映购入材料的实际成本小于计划成本的节约额以及发出材料应负担的材料成本超支差异额。期末借方余额，反映企业库存材料等的实际成本大于计划成本的差异；贷方余额反映企业库存材料等的实际成本小于计划成本的差异。

2. 主要账务处理。企业支付材料价款和运杂费等，按应计入材料采购成本的金额，借记"材料采购"科目，按照增值税专用发票上注明的增值税额，借记"应交税费——应交增值税（进项税额）"科目，按照实际支付或应支付的金额，贷记"银行存款""库存现金""其他货币资金""应付账款""应付票据""预付账款"等科目。

对于已经付款或已开出、承兑商业汇票的收料凭证，应按计划成本，借记"原材料""周转材料"等科目，贷记"材料采购"科目；同时，将实际成本大于计划成本的差异，借记"材料成本差异"科目，贷记"材料采购"科目；实际成本小于计划成本的差异做相反的会计分录。

但在实务中，为简化核算手续，对本月购入已付款或已开出、承兑商业汇票并已验收入库的材料采购业务，企业通常于期末将仓库转来的外购收料凭证，按实际成本和计划成本分别汇总，按计划成本，借记"原材料""周转材料"等科目，贷记"材料采购"科目；将实际成本大于计划成本的差异，借记"材料成本差异"科目，贷记"材料采购"科目；实际成本小于计划成本的差异做相反的会计分录。

对于尚未收到发票账单的收料凭证，期末，应按计划成本暂估入账，借记"原材料""周转材料"等科目，贷记"应付账款——暂估应付账款"科目，下期初做相反的分录予以冲回。下期收到发票账单的收料凭证，按应计入材料采购成本的金额，借记"材料采购"科目，按照增值税专用发票上注明的增值税额，借记"应交税费——应交增值税（进项税额）"科目，按照实际支付或应支付的金额，贷记"银行存款""应付账款""应付票据"等科目。

【例5-4】天诚公司材料按计划成本核算，2×18年9月发生的材料采购业务如下（对本月购入已付款或已开出、承兑商业汇票并已验收入库的材料采购业务，采用期末一次编制材料入库分录的方法）：

①9月6日，购入材料一批，取得的增值税专用发票上注明的价款为10 000元，增值税额为1 300元，货款已通过银行转账支付，该批材料已验收入库，该批材料的计划成本为9 000元。应编制的会计分录为：

借：材料采购　　　　　　　　　　　　　　　　　　10 000
　　应交税费——应交增值税（进项税额）　　　　　 1 300
　　贷：银行存款　　　　　　　　　　　　　　　　　　　11 300

②9月8日，购入材料一批，取得的增值税专用发票上注明的价款为5 000元，增值税额为650元，发票等结算凭证已经收到，货款尚未支付，该批材料已验收入库。该批材料的计划成本为4 500元。应编制的会计分录为：

借：材料采购　　　　　　　　　　　　　　　　　　 5 000
　　应交税费——应交增值税（进项税额）　　　　　   650
　　贷：应付账款　　　　　　　　　　　　　　　　　　　 5 650

③9月12日，购入材料一批，取得的增值税专用发票上注明的价款为8 000元，增值税额为1 040元。双方商定采用商业承兑汇票方式支付货款，付款期限为3个月。材料已经到达并验收入库，已开出、承兑商业汇票，该批材料已验收入库。该批材料的计划成本为7 000元。应编制的会计分录为：

借：材料采购　　　　　　　　　　　　　　　　　　 8 000
　　应交税费——应交增值税（进项税额）　　　　　 1 040
　　贷：应付票据　　　　　　　　　　　　　　　　　　　 9 040

④9月22日，购入材料一批，取得的增值税专用发票上注明的价款为7 000元，增值税额为910元，发票等结算凭证已经收到，货款已通过银行转账支付，该批材料已验收入库。该批材料的计划成本为6 000元。应编制的会计分录为：

借：材料采购　　　　　　　　　　　　　　　　　　7 000
　　应交税费——应交增值税（进项税额）　　　　　　910
　　贷：银行存款　　　　　　　　　　　　　　　　　　7 910

⑤9月30日，汇总本月已经付款或已开出、承兑商业汇票的入库材料的计划成本为26 500元。有关会计分录如下：

借：原材料　　　　　　　　　　　　　　　　　　26 500
　　贷：材料采购　　　　　　　　　　　　　　　　　　26 500

9月30日结转本月已经付款或尚未付款或已开出、承兑商业汇票的入库材料的材料成本差异，其实际成本为30 000元，计划成本为26 500元，材料成本差异额为超支3 500元，应编制的会计分录为：

借：材料成本差异　　　　　　　　　　　　　　　　3 500
　　贷：材料采购　　　　　　　　　　　　　　　　　　3 500

## （二）发出原材料实际成本的确定方法

原材料在按计划成本计价核算的情况下，月末需要通过"材料成本差异"科目将发出材料和期末结存材料的计划成本调整为实际成本。这是因为，材料成本差异随着材料的入库而形成，包括外购材料、自制材料等；同时，也随着材料出库而减少，如领用材料、出售材料等。

发出材料应负担的成本差异应当按期（月）分摊，不得在季末或年末一次计算。发出材料应负担的成本差异，除委托外部加工发出材料可按月初成本差异率计算外，应使用当月的实际差异率；期初成本差异率与本期成本差异率相差不大的，也可按月初成本差异率计算。计算方法一经确定，不得随意变更。材料成本差异率的计算公式如下：

$$本期材料成本差异率 = \frac{期初结存材料的成本差异 + 本期验收入库材料的成本差异}{期初结存材料的计划成本 + 本期验收入库材料的计划成本} \times 100\%$$

$$期初材料成本差异率 = \frac{期初结余材料的成本差异}{期初结存材料的计划成本} \times 100\%$$

$$发出材料应负担的成本差异 = 发出材料的计划成本 \times 材料成本差异率$$

结转发出材料应负担的材料成本差异，按实际成本大于计划成本的差异，借记"生产成本""管理费用""销售费用""委托加工物资""其他业务成本"等科目，贷记"材料成本差异"科目；实际成本小于计划成本的差异做相反的会计分录。

经过材料成本差异的分配，本月发出材料应分配的成本差异从"材料成本差异"科目转出之后，属于月末结存材料应分摊的成本差异仍保留在"材料成本差异"科目内，作为结存材料的调整项目，月末编制资产负债表时，"存货"项目中的材料存货应当按照"原材料"科目的期末余额（计划成本）加（减）"材料成本差异"科目的期末余额后的金额（即实际成本）填列。

【例5-5】天诚公司材料采用计划成本核算，2×18年5月"原材料"科目A类材料的期初余额为56 000元，"材料成本差异"科目期初借方余额为4 500元。月份内购入A类原材料的实际成本为41 000元，计划成本为42 000元。本月生产产品领用A类原材料48 000元。月末计算的A类原材料成本差异率及编制的调整发出材料应负担的成本差异的会计分录如下。

①A类原材料成本差异率：

$$A类原材料成本差异率 = \frac{4\ 500 - 1\ 000}{56\ 000 + 42\ 000} \times 100\% = 3.57\%$$

②本月发出A类原材料应负担的材料成本差异 = 48 000 × 3.57%
$$= 1\ 714（元）$$

③调整发出材料应负担的成本差异的会计分录为：

借：生产成本——基本生产成本　　　　　　　　　1 714
　　贷：材料成本差异　　　　　　　　　　　　　　　　1 714

月末编制资产负债表时，"存货"项目中的原材料金额，应当根据"原材料"科目的余额50 000元加上"材料成本差异"科目的借方余额1 786元，以51 786元列示。

原材料按计划成本核算，可以大大简化原材料明细账的计价工作。通过"材料采购"和"材料成本差异"两个科目的核算，可以借以考核各类或各种材料采购业务的经营成果，有利于改进材料采购的经营管理工作。同时，生产车间耗用材料费用是按计划成本计算，这样，就可以剔除材料价格变动的影响，有利于分析车间材料消耗的节约或超支情况，便于考核产品成本的升降因素。鉴于原材料按计划成本核算存在着上述优点，因此，这种核算方法是我国制造业广泛应用的一种原材料核算方法。

# 第四节　存货的期末计量

## 一、存货的期末计量原则

资产负债表日，存货应当按照成本与可变现净值孰低计量。即资产负债表日，当存货成本低于可变现净值时，存货按成本计量；当存货成本高于可变现净值时，存货按可变现净值计量，同时按照成本高于可变现净值的差额计提存货跌价准备，计入当期损益。其中，存货成本，是指期末存货的实际成本，如果企业在存货成本的日常核算中采用计划成本法，则成本应为经调整后的实际成本；可变现净值，是指在日常活动中，存货的估计售价减去至完工时估计将要发生的成本、估计的销售费用以及相关税费后的金额。

成本与可变现净值孰低计量的理论基础主要是使存货符合资产的定义，且符合"谨慎性"会计信息质量的要求。当某项存货的可变现净值跌至成本以下时，表明该项存货会给企业带来的未来经济利益低于账面成本，企业应按可变现净值低于成本的差额确认存货跌价损失，并将其从存货价值中扣除，否则，就会虚计当期利润和存货价值；而当可变现净值高于成本时，企业则不能按可变现净值高于成本的金额确认这种尚未实现的存货增值收益，否则，也会虚计当期利润和存货价值。

## 二、存货的期末计量方法

### （一）存货减值迹象的判断

存货存在下列情形之一的，通常表明存货的可变现净值低于成本：

1. 该存货的市场价格持续下跌，并且在可预见的未来无回升的希望。
2. 企业使用该项原材料生产的产品的成本大于产品的销售价格。
3. 企业因产品更新换代，原有库存原材料已不适应新产品的需要，而该原材料的市场价格又低于其账面成本。
4. 因企业所提供的商品或劳务过时或消费者偏好改变而使市场的需求发生变化，导致市场价格逐渐下跌。
5. 其他足以证明该项存货实质上已经发生减值的情形。

存货存在下列情形之一的，通常表明存货的可变现净值为零：

1. 已霉烂变质的存货。
2. 已过期且无转让价值的存货。
3. 生产中已不再需要，并且已无使用价值和转让价值的存货。
4. 其他足以证明已无使用价值和转让价值的存货。

### （二）可变现净值的确定

1. 企业确定存货的可变现净值时应当考虑的因素。企业在确定存货的可变现净值时，应当以取得的确凿证据为基础，并且考虑持有存货的目的、资产负债表日后事项的影响等因素。

（1）存货可变现净值的确凿证据。存货可变现净值的确凿证据，是指对确定存货的可变现净值有直接影响的确凿证明。存货的采购成本、加工成本和其他成本及以其他方式取得的存货的成本，应当以取得外来原始凭证、生产成本账簿记录等作为确凿证据；产成品或商品的市场销售价格、与产成品或商品相同或类似商品的市场销售价格、销货方提供的有关资料和生产成本资料等。

（2）持有存货的目的。由于企业持有存货的目的不同，确定存货可变现净值的计算方法也不同。如用于出售的存货和用于继续加工的存货，其可变现净值的计算就不相同，因此，企业在确定存货的可变现净值时，应考虑持有存货的目的。企业持有存货的目的通常可以分为以下两种：

第一，持有以备出售，如商品、产成品，其中又分为有合同约定的存货和没有合同约定的存货。

第二，将在生产过程或提供劳务过程中耗用，如材料等。

(3) 资产负债表日后事项等的影响。资产负债表日后事项应当能够确定资产负债表日存货的存在状况。即在确定资产负债表日存货的可变现净值时，不仅要考虑资产负债表日与该存货相关的价格与成本波动，而且还应考虑未来的相关事项。也就是说，不仅限于财务报告批准报出日之前发生的相关价格与成本波动，还应考虑以后期间发生的相关事项。

2. 不同情况下存货可变现净值的确定。

(1) 产成品、商品等直接用于出售的商品存货，没有销售合同约定的，其可变现净值应当为在正常生产经营过程中，产成品或商品的一般销售价格（即市场销售价格）减去估计的销售费用和相关税费等后的金额。

【例5-6】2×17年12月31日，天诚公司生产的W3型机器的账面成本为280万元，数量为10台，单位成本为28万元/台，2×17年12月31日，W3型机器的市场销售价格（不含增值税）为30万元/台。销售W3型机器估计每台会发生销售费用以及相关税费3万元。天诚公司没有签订有关W3型机器的销售合同。

本例中，由于天诚公司没有就W3型机器签订销售合同，因此，在这种情况下，计算W3型机器的可变现净值应以一般销售价格总额300万元（30×10）作为计算基础。W3型机器的可变现净值计算如下：

W3型机器的可变现净值 = 300 - 3×10 = 270（万元）

(2) 用于出售的材料等，应当以市场价格减去估计的销售费用和相关税费等后的金额作为其可变现净值。这里的市场价格是指材料等的市场销售价格。

【例5-7】天诚公司根据市场需求的变化，决定从2×18年1月1日起，全面停止生产W4型机器。为减少不必要的损失，决定将原材料中专门用于生产W4型机器的外购原材料——D材料全部出售，2×18年12月31日其账面成本为200万元，数量为10吨。据市场调查，D材料的市场销售价格为10万元/吨，同时可能发生销售费用及相关税费共计为0.5万元。

本例中，由于天诚公司已决定不再生产W4型机器，因此，该批D材料的可变现净值不能再以W4型机器的销售价格作为其计算基础，而应按其D材料本身的市场销售价格作为计算基础。D材料的可变现净值计算如下：

D材料的可变现净值 = 10×10 - 0.5 = 99.5（万元）

(3) 需要经过加工的材料存货，如原材料、在产品、委托加工材料等，由于持有该材料的目的是用于生产产成品，而不是出售，该材料存货的价值将体现在用于其生产的产成品上。因此，在确定需要经过加工的材料存货的可变现净值时，需要以其生产的产成品的可变现净值与该产成品的成本进行比较，如果该产成品的可变现净值高于其成本，则该材料就当按照其成本计量。如果材料价格的下降表明以其生产的产成品的可变现净值低于成本，则该材料应当按可变现净值计量。其可变现净值为在正常生产经营过程中，以该材料所生产的产成品估计售价减去至完工时估计将要发生的成本、估计的销售费用以及相关税费后的金额确定。

【例5-8】2×18年12月31日,天诚公司持有的用于生产甲产品的A材料,账面成本为300 000元,市场购买价格已跌至280 000元;由于A材料市场价格下降,A材料生产的甲产品的售价也发生了相应的下降,由原来的800 000元降为600 000元;将A材料加工成甲产品,估计尚需投入人工及制造费用45 000元,估计销售费用及税金为7 000元。

本例中,A材料生产的甲产品的可变现净值为593 000元(600 000-7 000),生产成本为345 000元(300 000+45 000),可变现净值高于生产成本。虽然A材料的市场价格低于账面成本,但由于用其生产的甲产品的可变现净值高于生产成本,表明用A材料生产的最终产品此时并没有发生价值减损。在这种情况下,A材料仍应按其成本300 000元列示在2×18年12月31日的资产负债表的存货项目之中。

【例5-9】承【例5-8】资料,现假定天诚公司持有的用于生产甲产品的A材料,由于A材料市场价格下降,A材料生产的甲产品的售价也发生了相应的下降,由原来的800 000元降为350 000元,其他资料不变。

本例中,A材料生产的甲产品的可变现净值为343 000元(350 000-7 000),生产成本为345 000元(300 000+45 000),可变现净值低于生产成本。表明用A材料生产的最终产品发生了价值减损。在这种情况下,A材料应按其可变现净值计量,计量如下:

A材料可变现净值=350 000-45 000-7 000=298 000(元)

天诚公司应按A材料可变现净值低于账面成本的差额2 000元(300 000-298 000)计提减值准备,在资产负债表的存货项目之中,A材料应按可变现净值298 000元列示其价值。

(4)为执行销售合同或者劳务合同而持有的存货,其可变现净值应当以合同价格为基础而不是估计售价,减去估计的销售费用和相关税费等后的金额确定。

企业与购买方签订了销售合同,并且销售合同订购数量大于或等于企业持有存货的数量,在这种情况下,与该销售合同直接相关的存货的可变现净值,应当以合同价格为计量基础。

【例5-10】2×17年9月1日,天诚公司与乙公司签订了一份不可撤销的销售合同,双方约定,2×18年1月20日,天诚公司应按每台31万元的价格向乙公司提供W3型机器10台。2×17年12月31日,天诚公司W3型机器的账面成本为280万元,数量为10台,单位成本为28万元/台,销售W3型机器估计每台会发生销售费用以及相关税费3万元。2×17年12月31日,W3型机器的市场销售价格为30万元/台。

本例中,根据天诚公司与乙公司签订的销售合同规定,该批W3型机器的销售价格已由销售合同约定,并且其库存数量等于销售合同约定的数量,因此,在这种情况下，计算 W3 型机器的可变现净值应以销售合同约定的价格 310 万元（31×10）作为计算基础。W3 型机器的可变现净值计算如下：

W3 型机器的可变现净值 = 310 - 3×10 = 280（万元）

如果企业持有存货的数量多于销售合同订购数量，超出部分的存货可变现净值应当以产成品或商品的一般销售价格（即市场销售价格）作为计算基础。

【例 5-11】承〖例 5-10〗资料，现假定天诚公司库存 W3 型机器的数量为 12 台，其他条件不变。

本例中，根据天诚公司与乙公司签订的销售合同，天诚公司库存的 W3 型机器中的 10 台的销售价格已由销售合同约定，其余 2 台并没有由销售合同约定。因此，在这种情况下，对于销售合同约定的数量（10 台）的 W3 型机器的可变现净值应以销售合同约定的价格 310 万元（31×10）作为计算基础，而对于无销售合同约定的 2 台 W3 型机器的可变现净值应以市场销售价格 300 万元（30×10）作为计算基础。W3 型机器的可变现净值计算如下：

$$W3 型机器的可变现净值 = (310 - 3×10) + (300 - 3×2)$$
$$= 280 + 294$$
$$= 574（万元）$$

### （三）存货跌价准备的计提与转回

1. **存货跌价准备的计提。** 资产负债表日，存货的可变现净值低于成本，企业应当计提存货跌价准备。

企业通常应当按照单个存货项目计提存货跌价准备。即在资产负债表日，企业将每个存货项目的成本与其可变现净值逐一进行比较，按较低者计量存货。其中，可变现净值低于成本的，两者的差额即为应计提的存货跌价准备。企业计提的存货跌价准备应计入当期损益。

对于数量繁多、单价较低的存货，可以按照存货类别计提存货跌价准备。与在同一地区生产和销售的产品系列相关、具有相同或类似最终用途或目的，且难以与其他项目分开计量的存货，可以合并计提存货跌价准备。存货具有相同或类似最终用途或目的，并在同一地区生产和销售，意味着存货所处的经济环境、法律环境、市场环境等相同，具有相同的风险和报酬，因此，可以对其合并计提存货跌价准备。

2. **存货跌价准备的转回。** 资产负债表日，企业应首先确定存货的可变现净值。存货的可变现净值应当以资产负债表日的状况为基础进行确定，既不能提前确定存货的可变现净值，也不能延后确定存货的可变现净值，并且在每一个资产负债表日都应当重新确定存货的可变现净值。在确定存货可变现净值的基础上，将存货可变现净值与存货成本进行比较，确定本期存货的减值金额，然后再将本期存货的减值金额与"存货跌价准备"科目原有的余额进行比较，按下列公式计算确定本期应计提的存货跌价准备金额：

本期应计提的存货跌价准备 = 当期可变现净值低于成本的差额
　　　　　　　　　　　　 - "存货跌价准备"科目原有余额

根据上列公式，如果计提存货跌价准备前，"存货跌价准备"科目无余额，应按本期存货可变现净值低于成本的差额计提存货跌价准备；如果本期存货可变现净值低于成本的差额大于"存货跌价准备"科目原有贷方余额，应按两者之差补提存货跌价准备；如果本期存货可变现净值低于成本的差额与"存货跌价准备"科目原有贷方余额相等，不需要计提存货跌价准备；如果本期存货可变现净值低于成本的差额小于"存货跌价准备"科目原有贷方余额，表明以前引起存货减值的影响因素已经部分消失，存货的价值又得以恢复，企业应当相应地恢复存货的账面价值，即按二者之差冲减已计提的存货跌价准备；如果本期存货可变现净值高于成本，表明以前引起存货减值的影响因素已经完全消失，存货的价值全部得以恢复，企业应将存货的账面价值恢复至账面成本，即将已计提的存货跌价准备全部转回。

【例5-12】天诚公司从2×15年度开始，对期末结存存货按成本与可变现净值孰低计量。2×15年至2×18年，有关A商品期末计量的资料及相应的会计处理如下。

①2×15年12月31日，A商品的账面成本为70 000元，可变现净值为60 000元，可变现净值低于成本的差额为10 000元，计提A商品存货跌价准备10 000元，应编制的会计分录为：

借：资产减值损失　　　　　　　　　　　　　　　　10 000
　　贷：存货跌价准备——A商品　　　　　　　　　　　　10 000

在2×15年12月31日的资产负债表中，A商品应按可变现净值60 000元列示其价值。

②2×16年度，在转出A商品时，相应的结转存货跌价准备8 000元。2×16年12月31日，A商品账面成本为86 000元，可变现净值为75 000元，可变现净值低于成本的差额为11 000元。计提存货跌价准备之前，"存货跌价准备"科目的贷方余额为2 000元，本期应计提存货跌价准备为9 000元，应编制的会计分录为：

借：资产减值损失　　　　　　　　　　　　　　　　9 000
　　贷：存货跌价准备——A商品　　　　　　　　　　　　9 000

本年计提存货跌价准备之后，"存货跌价准备"科目的贷方余额为11 000元；在2×16年12月31日的资产负债表中，A商品应按可变现净值75 000元列示其价值。

③2×17年度，在转出A商品时，相应的结转存货跌价准备6 000元。2×17年12月31日，A商品账面成本为52 000元，可变现净值为48 000元，可变现净值低于成本的差额为4 000元。计提存货跌价准备之前，"存货跌价准备"科目的贷方余额为5 000元，本期应冲回存货跌价准备1 000元，应编制的会计分录为：

借：存货跌价准备——A商品　　　　　　　　　　　　1 000
　　贷：资产减值损失　　　　　　　　　　　　　　　　1 000

本年计提存货跌价准备之后,"存货跌价准备"科目的贷方余额为 4 000 元;在 2×17 年 12 月 31 日的资产负债表中,A 商品应按可变现净值 48 000 元列示其价值。

④2×18 年度,在转出 A 商品时,相应的结转存货跌价准备 3 000 元。2×18 年 12 月 31 日,A 商品账面成本为 70 000 元,可变现净值为 72 000 元,可变现净值高于成本的差额为 2 000 元。计提存货跌价准备之前,"存货跌价准备"科目的贷方余额为 1 000 元,由于可变现净值高于成本,因此,应将存货的账面价值恢复至账面成本,即将已计提的存货跌价准备全部转回,应编制的会计分录为:

借:存货跌价准备——A 商品　　　　　　　　　　　　1 000
　　贷:资产减值损失　　　　　　　　　　　　　　　　　　1 000

在 2×18 年 12 月 31 日的资产负债表中,A 商品应按账面成本 70 000 元列示其价值。

3. 存货跌价准备的结转。已经计提了跌价准备的存货,在生产经营领用、销售或其他原因转出时,应根据不同情况,对已计提的存货跌价准备进行适当的会计处理。

(1) 生产经营领用的存货,领用时一般可不结转相应的存货跌价准备,待期末计提存货跌价准备时一并调整。

(2) 销售的存货,在结转销售成本的同时,应结转相应的存货跌价准备,即应按存货的账面价值结转销售成本。

## 第五节　存货清查

### 一、存货清查的意义与方法

存货是企业资产的重要组成部分,且处于不断销售或耗用以及重置之中,具有较强的流动性。为了加强对存货的控制,维护存货的安全完整,企业应当定期或不定期对存货的实物进行盘点和抽查,以确定存货的实有数量,并与账面记录进行核对,确保存货账实相符。企业至少应当在编制年度财务会计报表之前,对存货进行一次全面清查盘点。

存货清查采用实地盘点、账实核对的方法。在每次进行清查盘点前,应将已经收发的存货数量全部登记入账,并准备盘点清册,抄列各种存货的编号、名称、规格和存放地点。盘点时,应在盘点清册上逐一登记各种存货的账面结存数量和实存数量,并进行核对。对于账实不符的存货,应查明原因,分清责任,并根据清查结果编制"存货盘存报告单",作为存货清查的原始凭证。

在进行存货清查盘点时,如果发现存货盘盈或盘亏,应于期末前查明原因,并根据企业的管理权限,报经股东大会或董事会,或经理(厂长)会议或类似机构批准后，在期末结账前处理完毕。

为了反映和监督企业在财产清查中查明的各种存货的盘盈、盘亏和毁损情况，企业应当设置"待处理财产损溢"科目，借方登记存货的盘亏和毁损金额及盘盈的转销金额，贷方登记存货的盘盈金额及盘亏和毁损的转销金额。企业清查的各种存货损溢，在期末结账前处理完毕后，"待处理财产损溢"科目应无余额。

## 二、存货盘盈与盘亏的会计处理

### （一）存货盘盈

存货盘盈，是指存货的实存数量超过账面结存数量的差额。存货发生盘盈，应按重置成本作为盘盈存货的入账价值，及时予以登记入账；待查明原因，按管理权限报经批准处理后，冲减当期管理费用。

【例5-13】天诚公司在存货清查中发现盘盈一批A材料，重置成本为12 000元。

①报经批准处理前。

借：原材料　　　　　　　　　　　　　　　　　　12 000
　　贷：待处理财产损溢——待处理流动资产损溢　　　　12 000

②报经批准处理后。

借：待处理财产损溢——待处理流动资产损溢　　　12 000
　　贷：管理费用　　　　　　　　　　　　　　　　　　12 000

### （二）存货盘亏

存货盘亏，是指存货的实存数量少于账面结存数量的差额。存货发生盘亏，应将其账面价值及时转销，涉及增值税的，还应进行相应处理；待查明原因，按管理权限报经批准处理后，根据造成盘亏的原因，分别按以下情况进行会计处理：

（1）属于定额内自然损耗造成的存货短缺，计入管理费用；

（2）属于计量收发差错和管理不善等原因造成的存货短缺，应先扣除残料价值、可以收回的保险赔偿和过失人赔偿，将净损失计入管理费用；

（3）属于自然灾害或意外事故等非常原因造成的存货毁损，应先扣除处置收入（如残料价值）、可以收回的保险赔偿和过失人赔偿，将净损失计入营业外支出。

【例5-14】天诚公司在存货清查中发现盘亏一批B材料，账面成本为30 000元，相应的增值税额为3 900元。

①报经批准处理前。

借：待处理财产损溢——待处理流动资产损溢　　　30 000
　　贷：原材料　　　　　　　　　　　　　　　　　　30 000

②查明原因，报经批准处理后。

假定属于计量收发差错。

借：管理费用　　　　　　　　　　　　　　　　　30 000
　　贷：待处理财产损溢——待处理流动资产损溢　　　　30 000

假定属于非常原因造成的毁损，收到保险公司赔款27 000元。

借：银行存款　　　　　　　　　　　　　　　　　27 000
　　营业外支出　　　　　　　　　　　　　　　　　6 900
　　贷：待处理财产损溢——待处理流动资产损溢　　　　30 000
　　　　应交税费——应交增值税（进项税额转出）　　　3 900

## 练 习 题

### 一、问答题

1. 说明不同存货计价方法对财务报表的影响。
2. 制造业存货一般分为哪几类？
3. 存货应当在具备哪些条件时才能予以确认？
4. 存货的采购成本应当包括哪些内容？
5. 企业发生的哪些费用应当在发生时确认为当期损益，不计入存货成本？
6. 企业对发出存货采用先进先出法进行计价，对当期财务状况和经营成果有何影响？
7. 说明"材料采购"科目和"材料成本差异"科目之间的关联性。
8. 什么是存货可变现净值？它有哪些基本特征？

### 二、选择题

1. 下列各项中，属于制造业存货的有（　　）。
   A. 原材料　　　B. 半成品　　　C. 库存商品　　　D. 周转材料
2. 下列各项中，构成外购存货采购成本的有（　　）。
   A. 买价　　　　B. 相关税费　　C. 运输费　　　　D. 装卸费
3. 对于盘盈的存货按管理权限报经批准后，当期冲减的会计科目是（　　）。
   A. 管理费用　　　　　　　　　　B. 营业外支出
   C. 其他业务成本　　　　　　　　D. 生产成本
4. 下列各项中，应当在发生时确认为当期损益而不计入存货成本的有（　　）。
   A. 非正常消耗的直接材料　　　　B. 非正常消耗的直接人工
   C. 非正常消耗的制造费用　　　　D. 仓储费用
5. 下列各项中，应登记在"材料采购"科目借方的有（　　）。
   A. 购入材料的实际采购成本
   B. 实际成本小于计划成本的差异额
   C. 已付款并已验收入库材料的计划成本
   D. 实际成本大于计划成本的差异额

6. 下列各项中，应登记在"材料成本差异"科目贷方的有（　　）。
   A. 购入材料的实际成本大于计划成本的超支额
   B. 发出材料应负担的材料成本节约差异额
   C. 购入材料的实际成本小于计划成本的节约额
   D. 发出材料应负担的材料成本超支差异额

7. 原材料在按计划成本计价核算的情况下，月末将发出材料和期末结存材料的计划成本调整为实际成本时需要通过的会计科目是（　　）。
   A. 材料成本差异　　　　　　　　B. 材料采购
   C. 原材料　　　　　　　　　　　D. 材料采购和材料成本差异

8. 期末存货计提减值准备时，其损失应借记的会计科目是（　　）。
   A. 公允价值变动损益　　　　　　B. 管理费用
   C. 营业外支出　　　　　　　　　D. 资产减值损失

9. 下列存货发出计价方法中，存货成本的流转和实物流转一致的方法是（　　）。
   A. 移动平均法　　　　　　　　　B. 先进先出法
   C. 个别确认法　　　　　　　　　D. 全月一次加权平均法

10. 下列各项中，不属于确定发出存货实际成本方法的是（　　）。
    A. 先进先出法　　　　　　　　　B. 加权平均法（包括移动加权平均法）
    C. 个别计价法　　　　　　　　　D. 平均年限法

### 三、判断题

1. 存货加工成本，由直接人工和制造费用构成。（　　）
2. 商品流通企业的商品采购成本包括采购价格、进口关税及其他税金，不包括相关的进货费用。（　　）
3. 购入原材料运输途中的合理损耗，允许计入材料实际采购成本。（　　）
4. 存货无论是按实际成本核算，还是按计划成本或零售价格核算，在编制资产负债表时，表内存货项目均按实际成本列示。（　　）
5. 企业的存货采用计划成本法核算的，在资产负债表日不应调整为按实际成本核算。（　　）
6. 存货计价方法的选择不会影响资产负债表中资产总额的多少，也不会影响利润表中的净利润。（　　）
7. 存货应当按照成本进行初始计量。存货成本包括采购成本、加工成本和其他成本。（　　）
8. 非正常消耗的直接材料、直接人工和制造费用也应计入存货成本。（　　）
9. 仓储费用（不包括在生产过程中为达到下一个生产阶段所必需的费用）也应计入存货成本。（　　）
10. 不能归属于使存货达到目前场所和状态的支出不应计入存货成本。（　　）

**四、账务处理题**

1. 2×18年6月初,宇信公司"原材料"科目余额如下。甲材料:结存数量为200件,结存单价为42元,结存金额为8 400元;乙材料:结存数量为300吨,结存单价为55元,结存金额为16 500元。6月发生的有关经济业务如下:

(1) 3日,购入甲材料3 000件,每件40元;购入乙材料2 000吨,每吨50元,增值税为28 600元,已开出转账支票支付货款及税金,两种材料已验收入库。

(2) 4日,开出转账支票支付上述甲、乙材料的运输费4 000元(按重量比例分配,甲材料每件按1吨计)。

(3) 9日,向C公司购入甲材料2 000件,每件为41元,增值税为10 660元,以银行汇票支付,材料尚未到厂。

(4) 10日,以转账支票支付上述甲材料2 000件的运输费2 000元。

(5) 15日,购入乙材料1 000吨,每吨52元,运输费为840元,增值税为6 760元,以银行本票支付,材料尚未到厂。

(6) 20日,6月9日付款的甲材料2 000件到厂验收入库,实收1 800件,缺少200件,系发货单位少发运,已同意补发。

(7) 24日,以现金支票支付市内零星材料搬运费共计1 000元。

(8) 28日,6月15日付款的乙材料1 000吨到厂验收入库,实收990吨(途耗率1%,在规定范围内)。

(9) 30日,前已运达企业的乙材料800吨,账单发票仍未收到,按每吨50元暂估入账。

(10) 30日,根据领料凭证汇总表,仓库发出材料如下:
①生产A产品领用:甲材料4 600件,乙材料2 800吨;
②生产车间一般耗用:甲材料300件,乙材料200吨;
③管理部门耗用:甲材料50件,乙材料100吨。

要求:根据上述资料编制会计分录,发出材料的单位成本采用全月一次加权平均法计算(为简化核算,不考虑与运费有关的增值税的扣除)。

2. 2×18年5月初,华荣公司有关科目的期初余额如下:"原材料"科目,期初余额8 250元,其中A材料1 000千克,计划单位成本为6元,计6 000元;B材料900千克,计划单位成本为2.5元,计2 250元。"材料采购"科目,期初余额为11 000元(系广州某厂发出的在途物资A材料2 000千克的货款);"材料成本差异"科目,期初贷方余额为534元;"应付账款"科目,期初贷方余额为2 000元(系4月末暂估无账单发票的B材料800千克)。

5月发生以下经济业务:

(1) 2日,上月暂估入账的B材料800千克的发票账单已收到,购买价为2 400元,增值税为312元,运费为400元,当即开出转账支票一张。

(2) 7日,上月广州某厂发出的A材料2 000千克到厂验收入库。

(3) 9日,向外地振华厂购入A材料5 000千克,每千克买价为5.80元,金额为29 000元,增值税为3 770元,运输费用为500元,货款及运费均未付。

(4) 10日,上项A材料5 000千克运到,如数验收入库。

(5) 19日,向本市强华厂购入B材料4 000千克,共计价款为10 400元,增值税为1 352元,货款已委托银行汇出,材料已验收入库。

(6) 22日,向外地长丰厂购入A材料3 000千克,每千克买价为5.7元,金额为17 100元,增值税为2 223元,运费为850元,货款及运费已电汇长丰厂,材料尚未到达。

(7) 31日,按"发料凭证汇总表"本月生产甲产品领用A材料2 000千克,领用B材料500千克;生产车间一般消耗领用B材料400千克;管理部门领用B材料50千克。

(8) 31日,仓库转来本月外购收料凭证汇总表。

(9) 31日,计算材料成本差异率,分摊材料成本差异额。

要求:根据上述资料编制会计分录(为简化核算,不考虑与运费有关的增值税的扣除)。

3. 永新公司为一般纳税企业,材料按计划成本计价核算。甲材料的计划单位成本为每千克10元。2×18年7月,天诚公司的有关资料如下:

(1) 甲材料的相关科目余额分别为:"原材料"科目的月初余额为40 000元,"材料成本差异"科目的月初贷方余额为500元,"材料采购"科目的月初借方余额为10 600元。

(2) 5日,企业上月已付款的甲材料1 000千克如数收到,已经验收入库。

(3) 10日,从外地A公司购入甲材料6 000千克,增值税专用发票上注明的材料价款为59 000元,增值税额为7 670元。企业已用银行存款支付上述款项,材料尚未到达。

(4) 18日,从A公司购入的甲材料到达,验收入库时发现短缺40千克,经查明为运输途中定额内自然损耗。按实际数量验收入库。

(5) 31日,汇总本月发料凭证,本月共发出甲材料7 000千克,全部用于产品生产。

(6) 31日,仓库转来本月外购收料凭证汇总表。

要求:根据上述业务编制相关的会计分录,并计算本月材料成本差异率、本月发出材料应负担的成本差异及月末库存材料的实际成本。

# 第六章 长期股权投资

**【本章关键知识点】**
1. 长期股权投资的初始计量。
2. 长期股权投资的后续计量。

## 第一节 长期股权投资的初始计量

### 一、长期股权投资的类型及其初始计量原则

（一）长期股权投资的类型

长期股权投资，是指投资方对被投资方实施控制、重大影响的权益性投资，以及对其合营企业的权益性投资。

权益性投资按对被投资方的影响程度可划分为以下三种类型。

1. 投资方能够对被投资方实施控制的权益性投资，即对子公司投资。控制，是指投资方拥有对被投资方的权力，通过参与被投资方的相关活动而享有可变回报，并且有能力运用对被投资方的权力影响其回报金额。因此，判断投资方是否对被投资方实施控制，必须同时具备以下三项基本要素：

（1）拥有对被投资方的权力。下列两种情况表明投资方拥有对被投资方的权力：一是投资方持有被投资方半数以上表决权的；二是投资方持有被投资方半数或以下表决权，但通过与其他表决权持有人之间的协议能够控制半数以上表决权的。

（2）通过参与被投资方的相关活动而享有可变回报。所谓相关活动，是指对被投资方的回报产生重大影响的活动。被投资方的相关活动应当根据具体情况进行判断，通常包括商品或劳务的销售和购买、金融资产的管理、资产的购买和处置、研究与开发活动以及融资活动等。

（3）有能力运用对被投资方的权力影响其回报金额。投资方应当在综合考虑所有相关事实和情况的基础上对是否控制被投资方进行判断。一旦相关事实和情况的变化导致对控制定义所涉及的相关要素发生变化的，投资方应当进行重新评估。相关事实和情况主要包括：

第一，被投资方的设立目的。
第二，被投资方的相关活动以及如何对相关活动作出决策。
第三，投资方享有的权利是否使其目前有能力主导被投资方的相关活动。
第四，投资方是否通过参与被投资方的相关活动而享有可变回报。
第五，投资方是否有能力运用对被投资方的权力影响其回报金额。
第六，投资方与其他方的关系。

投资方能够对被投资方实施控制的，被投资方为其子公司，投资方应当将其子公司纳入合并财务报表的合并范围。

2. 投资方与其他合营方一同对被投资方实施共同控制且对被投资方净资产享有权利的权益性投资，即对合营企业投资。共同控制，是指按照相关约定对某项安排所共有的控制，并且该安排的相关活动必须经过分享控制权的参与方一致同意后才能决策。

3. 投资方对被投资方具有重大影响的权益性投资，即对联营企业投资。重大影响，是指投资方对被投资方的财务和经营政策有参与决策的权力，但不能够控制或者与其他方一起共同控制这些政策的制定。实务中，较为常见的重大影响体现为在被投资方的董事会或类似权力机构中派有代表，通过在被投资方财务和经营决策制定过程中的发言权实施重大影响。从股权比例来看，投资方直接或通过子公司间接持有被投资方 20% 以上但低于 50% 的表决权时，一般认为对被投资方具有重大影响，除非有明确的证据表明该种情况下不能参与被投资方的生产经营决策，不形成重大影响。在确定能否对被投资方施加重大影响时，一方面应考虑投资方直接或间接持有被投资方的表决权股份，同时要考虑投资方及其他方持有的当期可执行潜在表决权在假定转换为对被投资方的股权后产生的影响，如被投资方发行的当期可转换的认股权证、股份期权及可转换公司债券等的影响。

企业通常可以通过以下一种或几种情形来判断是否对被投资方具有重大影响：

（1）在被投资方的董事会或类似权力机构中派有代表。在这种情况下，由于在被投资方的董事会或类似权力机构中派有代表，并相应享有实质性的参与决策权，投资方可以通过该代表参与被投资方财务和经营政策的制定，达到对被投资方施加重大影响。

（2）参与被投资方财务和经营政策制定过程。这种情况下，在制定政策过程中可以为其自身利益提出建议和意见，从而可以对被投资方施加重大影响。

（3）与被投资方之间发生重要交易。有关的交易因对被投资方的日常经营具有重要性，进而一定程度上可以影响到被投资方的生产经营决策。

（4）向被投资方派出管理人员。在这种情况下，管理人员有权力主导被投资方的相关活动，从而能够对被投资方施加重大影响。

（5）向被投资方提供关键技术资料。因被投资方的生产经营需要依赖投资方的技术或技术资料，表明投资方对被投资方具有重大影响。

存在上述一种或多种情形并不意味着投资方一定对被投资方具有重大影响。企业需要综合考虑所有事实和情况来做出恰当的判断。

## （二）长期股权投资初始计量的原则

长期股权投资在取得时，应按初始投资成本入账。长期股权投资的初始投资成本，应分别按企业合并和非企业合并两种情况确定。

企业在取得长期股权投资时，如果实际支付的价款或其他对价中包含已宣告但尚未发放的现金股利或利润，则该现金股利或利润在性质上属于暂付应收款项，应作为应收款项目单独入账，不构成长期股权的初始投资成本。

## 二、企业合并形成的长期股权投资初始投资成本的计量

企业合并，是指将两个或者两个以上单独的企业合并形成一个报告主体的交易或事项。企业合并通常包括吸收合并、新设合并和控股合并三种形式。其中，吸收合并和新设合并均不构成投资关系，只有控股合并形成投资关系。因此，企业合并形成的长期股权投资，是指控股合并所形成的投资方（即合并后的母公司）对被投资方（即合并后的子公司）的股权投资。企业合并形成的长期股权投资，以是否在同一控制下进行企业合并为基础，应当区分为同一控制下的企业合并和非同一控制下的企业合并并分别确定初始投资成本。

### （一）同一控制下企业合并形成的长期股权投资初始投资成本的计量

参与合并的企业在合并前后均受同一方或相同的多方最终控制且该控制并非暂时性的，为同一控制下的企业合并。同一控制下的企业合并一般发生于集团公司内部，多数情况下为集团内的一种重组方式。例如，集团内一子公司自母公司处取得对集团内另一子公司的控制权、集团内一子公司自另一子公司处获得对某一孙公司的控制权等。这类企业合并从最终能够实施控制的母公司角度来看，其对合并前参与合并的企业及合并后所形成的企业均能够实施控制，因此，为同一控制下的企业合并。对于同一控制的企业合并，在合并日取得对其他参与合并企业控制权的一方为合并方，参与合并的其他企业为被合并方。合并方实际取得对被合并方控制权的日期，称为合并日。

对于同一控制下的企业合并，由于合并前企业及合并后形成的企业均受同一方最终控制，从能够实施最终控制的一方来看，其能够控制的资产在合并前后没有发生变化，因此，合并方通过企业合并形成的对被合并方的长期股权投资，其成本代表的是按持股比例享有的被合并方所有者权益在最终控制方合并财务报表中的账面价值的份额。

合并方以支付现金、转让非现金资产或承担债务方式作为合并对价的，应当在合并日按照取得被合并方所有者权益在最终控制方合并财务报表中的账面价值的份额作为长期股权投资的初始投资成本。初始投资成本大于支付的合并对价账

面价值的差额,应计入资本公积(资本溢价或股本溢价);初始投资成本小于支付的合并对价账面价值的差额,应冲减资本公积(资本溢价或股本溢价),资本公积不足冲减的,应依次冲减盈余公积、未分配利润。

同一控制下企业合并形成的长期股权投资,合并方应在合并日按取得被合并方所有者权益在最终控制方合并财务报表中的账面价值的份额,借记"长期股权投资"科目,按享有被投资方已宣告但尚未发放的现金股利或利润,借记"应收股利"科目,按支付的合并对价的账面价值,贷记有关资产等科目,按其差额,贷记"资本公积——资本溢价(或股本溢价)"科目;如为借方差额的,借记"资本公积——资本溢价(或股本溢价)"科目,资本公积(资本溢价或股本溢价)不足冲减的,应依次借记"盈余公积""利润分配——未分配利润"科目。

【例6–1】2×18年6月30日,天诚公司向同一集团内S公司的原股东定向增发1 000万股普通股(每股面值为1元,市价为8.68元),取得S公司100%的股权,并于当日起能够对S公司实施控制,合并后S公司仍维持其独立法人资格继续经营。两公司在企业合并前采用的会计政策相同。合并日,S公司所有者权益的总额为4 404万元。S公司在合并后维持其法人资格继续经营,合并日天诚公司应确认对S公司的长期股权投资,其成本为合并日享有S公司账面所有者权益的份额,账务处理为:

借:长期股权投资　　　　　　　　　　　　　44 040 000
　　贷:股本　　　　　　　　　　　　　　　　10 000 000
　　　　资本公积——股本溢价　　　　　　　　34 040 000

合并方以发行权益性证券作为合并对价的,应当在合并日按照取得被合并方所有者权益在最终控制方合并财务报表中的账面价值的份额作为长期股权投资的初始投资成本。按照发行权益性证券的面值总额作为股本。初始投资成本大于发行权益性证券的面值总额的差额,应当计入资本公积(股本溢价);初始投资成本小于发行权益性证券的面值总额的差额,应当冲减资本公积(股本溢价),资本公积的余额不足冲减的,应依次冲减盈余公积、未分配利润。

### (二)非同一控制下的企业合并形成的长期股权投资

非同一控制下的企业合并,是指参与合并的各方在合并前后不受同一方或相同的多方最终控制的情况。非同一控制下的企业合并一般发生于两个或两个以上独立的企业之间。非同一控制下的企业合并,在购买日取得对其他参与合并企业控制权的一方为购买方,参与合并的其他企业为被购买方。购买方实际取得对被购买方控制权的日期,称为购买日。

非同一控制下的企业合并,由于是发生在非关联企业之间,通常被视为一个企业主体收购其他参与合并企业净资产的一种交易。购买方应合理确定合并成本,作为长期股权投资的初始投资成本。

非同一控制下的企业合并,当购买方支付的成本大于通过该项交易自被购买方取得各单项可辨认资产、负债的公允价值之和时,差额部分是交易各方在作价时出于对被购买业务整合获利能力等因素的考虑,即被购买业务中有关资产、负债整合在一起预期会产生高于其中单项资产、负债的价值,即为商誉的价值;当购买方支付的成本小于通过该项交易自被购买方取得各单项可辨认资产、负债的公允价值之和时,差额部分是购买方在交易作价中通过自身的议价能力得到的折让(负商誉)。需要说明的是,按照我国企业会计准则规定,对子公司长期股权投资在取得后,在母公司账簿及个别财务报表中均体现为单项资产——长期股权投资,且采用成本法计量,上述商誉因素包含在相关对子公司长期股权投资的初始投资成本中,仅在编制合并财务报表时才会体现;负商誉的因素只影响母公司账面及个别财务报表中持有的对子公司初始投资成本的确定,在编制合并财务报表时,体现为合并发生当期合并利润表的损益。

非同一控制下的控股合并中,购买方应当按照确定的企业合并成本作为长期股权投资的初始投资成本。企业合并成本包括购买方付出的资产、发生或承担的负债、发行权益性证券的公允价值之和。

具体进行会计处理时,对于非同一控制下控股合并形成的长期股权投资,应在购买日按企业合并成本(不含应自被投资单位收取的现金股利或利润),借记"长期股权投资"科目,按享有被投资单位已宣告但未发放的现金股利或利润,借记"应收股利"科目,按支付合并对价的账面价值,贷记有关资产或负债科目,按其差额,贷记"营业外收入"或"投资收益"等科目,或借记"营业外支出""投资收益"等科目。按发生的直接相关费用,借记"管理费用"科目,贷记"银行存款"等科目。

非同一控制下控股合并涉及以库存商品等作为合并对价的,应按库存商品的公允价值,贷记"主营业务收入"或"其他业务收入"科目,并同时结转相关的成本。以公允价值计量且其变动计入其他综合收益的债权性金融资产作为合并对价的,原持有期间公允价值变动形成的其他综合收益应一并转入投资收益,借记"其他综合收益"科目,贷记"投资收益"科目。

【例6-2】天诚公司于2×18年3月31日取得B公司70%的股权,取得该部分股权后能够控制B公司的生产经营决策。为核实B公司的资产价值,天诚公司聘请资产评估机构对B公司的资产进行评估,支付评估费用200万元。合并中,天诚公司支付的有关资产在购买日的账面价值与公允价值如表6-1所示。

表6-1                                                                    单位:元

| 项目 | 账面价值 | 公允价值 |
| --- | --- | --- |
| 土地使用权(自用) | 40 000 000 | 64 000 000 |
| 专利技术 | 16 000 000 | 20 000 000 |
| 银行存款 | 16 000 000 | 16 000 000 |
| 合计 | 72 000 000 | 100 000 000 |

假定合并前天诚公司与 B 公司不存在任何关联方关系，且 B 公司所有资产、负债构成业务，天诚公司用作合并对价的土地使用权和专利技术原价为 6 400 万元，至控股合并发生时已累计摊销 800 万元。

本例中，因天诚公司与 B 公司在合并前不存在任何关联方关系，应作为非同一控制下的控股合并处理。

天诚公司对于合并形成的对 B 公司的长期股权投资，应按确定的企业合并成本作为其初始投资成本。天诚公司应进行的账务处理为：

| | | |
|---|---|---|
| 借：长期股权投资 | | 100 000 000 |
| 　　累计摊销 | | 8 000 000 |
| 　　贷：无形资产 | | 64 000 000 |
| 　　　　银行存款 | | 16 000 000 |
| 　　　　营业外收入 | | 28 000 000 |
| 借：管理费用 | | 2 000 000 |
| 　　贷：银行存款 | | 2 000 000 |

## 三、非企业合并方式取得长期股权投资的初始投资成本的计量

除企业合并形成的长期股权投资外，企业还可以通过支付现金、发行权益性证券等非企业合并方式取得长期股权投资。企业应当根据不同的取得方式，分别确定长期股权投资的初始投资成本，作为入账的依据。

### （一）以支付现金取得的长期股权投资

企业以支付现金取得的长期股权投资，应当按照实际支付的购买价款作为初始投资成本。初始投资成本包括与取得长期股权投资直接相关的费用、税金及其他必要支出。实际支付的价款或对价中包含的已宣告但尚未发放的现金股利或利润，应作为应收项目处理。

**【例 6-3】** 天诚公司于 2×18 年 2 月 10 日自公开市场中买入乙公司 20% 的股份，实际支付价款 16 000 万元。另外，在购买过程中支付手续费等相关费用 400 万元。天诚公司取得该部分股权后能够对乙公司的生产经营决策施加重大影响。

天诚公司应当按照实际支付的购买价款作为取得长期股权投资的成本，其账务处理为：

| | |
|---|---|
| 借：长期股权投资 | 164 000 000 |
| 　　贷：银行存款 | 164 000 000 |

### （二）以发行权益性证券取得的长期股权投资

企业以发行权益性证券取得的长期股权投资，应当按照发行权益性证券的公允价值作为初始投资成本，但不包括应自被投资方收取的已宣告但尚未发放的现

金股利或利润。

确定发行的权益性证券的公允价值时,所发行的权益性证券存在公开市场,有明确市价可供遵循的,应以该证券的市价作为确定其公允价值的依据,同时应考虑该证券的交易量、是否存在限制性条款等因素的影响;所发行权益性证券不存在公开市场,没有明确市价可供遵循的,应考虑以被投资方的公允价值为基础确定权益性证券的价值。

为发行权益性证券支付给有关证券承销机构等的手续费、佣金等与权益性证券发行直接相关的费用,不构成取得长期股权投资的成本。该部分费用应自权益性证券的溢价发行收入中扣除,权益性证券的溢价收入不足冲减的,应冲减盈余公积和未分配利润。

【例6-4】2×18年3月,天诚公司通过增发6 000万股本公司普通股(每股面值1元)取得B公司20%的股权,按照增发前后的平均股价计算,该6 000万股股份的公允价值为10 400万元。为增发该部分股份,A公司向证券承销机构等支付了400万元的佣金和手续费。假定A公司取得该部分股权后能够对B公司的生产经营决策施加重大影响。

本例中,天诚公司应当以所发行股份的公允价值作为取得长期股权投资的成本,应编制的相关会计分录为:

借:长期股权投资　　　　　　　　　　　　　　104 000 000
　　贷:股本　　　　　　　　　　　　　　　　　60 000 000
　　　　资本公积——股本溢价　　　　　　　　　44 000 000

发行权益性证券过程中支付的佣金和手续费,应冲减权益性证券的溢价发行收入:

借:资本公积——股本溢价　　　　　　　　　　　4 000 000
　　贷:银行存款　　　　　　　　　　　　　　　　4 000 000

### (三) 投资者投入的长期股权投资

投资者投入的长期股权投资,应当按照投资合同或协议约定的价值作为初始投资成本,但合同或协议约定价值不公允的除外。

投资者投入的长期股权投资,是指投资者以其持有的对第三方的投资作为出资投入企业,接受投资的企业在确定所取得的长期股权投资的成本时,原则上应按照投资各方在投资合同或协议中约定的价值作为其初始成本。但有明确证据表明合同或协议中约定的价值不公允的除外。

在确定投资者投入的长期股权投资的公允价值时,有关权益性投资存在活跃市场的,应当参照活跃市场中的市价确定其公允价值;不存在活跃市场,无法按照市场信息确定其公允价值的情况下,应当将按照一定的估值技术等合理的方法确定的价值作为其公允价值。

【例6-5】天诚公司设立时,其主要出资方之一甲公司以其持有的对B公司的长期股权投资作为出资投入天诚公司。投资各方在投资合同中约定,作为出资的该项长期股权投资作价 4 000 万元。该作价是按照 B 公司股票的市价经考虑相关调整因素后确定的。天诚公司注册资本为 16 000 万元。甲公司出资占天诚公司注册资本的 20%。取得该项投资后，天诚公司根据其持股比例，能够派人参与 B 公司的财务和生产经营决策。

本例中，天诚公司对于投资者投入的该项长期股权投资，应编制的会计分录为：

借：长期股权投资　　　　　　　　　　　　　　40 000 000
　　贷：实收资本　　　　　　　　　　　　　　　32 000 000
　　　　资本公积——资本溢价　　　　　　　　　 8 000 000

## 第二节　长期股权投资的后续计量

投资企业在持有长期股权投资期间，应当根据对被投资单位能够施加的影响程度进行划分，在个别财务报表中分别采用成本法和权益法进行核算。

### 一、长期股权投资的成本法

成本法，是指投资按成本计价的方法。长期股权投资的成本法适用于企业持有的，能够对被投资单位实施控制的长期股权投资。

采用成本法核算的长期股权投资，核算方法如下：

（1）初始投资或追加投资时，按照初始投资或追加投资时的成本增加长期股权投资的账面价值。

（2）除取得投资时实际支付的价款或对价中包含的已宣告但尚未发放的现金股利或利润外，投资企业应当按照享有被投资单位宣告发放的现金股利或利润确认投资收益，不管有关利润分配是属于对取得投资前还是取得投资后被投资单位实现净利润的分配。

（3）子公司将未分配利润或盈余公积转增股本（实收资本），且未向投资方提供等值现金股利或利润的选择权时，投资方并没有获得收取现金或者利润的权力，该项交易通常属于子公司自身权益结构的重分类，会计准则规定投资方不应确认相关的投资收益。

【例6-6】2×18 年 6 月 20 日，天诚公司以 1 600 万元购入乙公司 80% 的股权。天诚公司取得该部分股权后，能够有权主导乙公司的相关活动并获得可变回报。2×18 年 9 月 30 日，乙公司宣告分派现金股利，天诚公司按其持股比例确定可分回 20 万元。天诚公司对乙公司长期股权投资应进行的会计处理为：

①2×18 年 6 月 20 日，天诚公司取得对乙公司 80% 的股权。

借：长期股权投资　　　　　　　　　　　　　　16 000 000
　　贷：银行存款　　　　　　　　　　　　　　　16 000 000

②2×18年9月30日,乙公司宣告分派现金股利。

借：应收股利　　　　　　　　　　　　　　　200 000
　　贷：投资收益　　　　　　　　　　　　　　　　200 000

## 二、长期股权投资的权益法

权益法，是指投资以初始投资成本计量后，在投资持有期间内，根据被投资方所有者权益的变动，投资企业按应享有（或者分担）被投资企业所有者权益的份额调整其投资账面价值的方法。权益法适用于投资企业对被投资企业具有共同控制或重大影响的长期股权投资，即对合营企业或联营企业的长期股权投资。

### （一）会计科目的设置

采用权益法核算，在"长期股权投资"科目下应当设置"投资成本""损益调整""其他综合收益""其他权益变动"明细科目，分别反映长期股权投资的初始投资成本、被投资方发生净损益引起的所有者权益变动以及被投资方除净损益以外的其他原因引起的所有者权益变动而对长期股权投资账面价值进行调整的金额。其中：

1. "投资成本"，反映长期股权投资的初始投资成本，以及在长期股权投资的初始投资成本小于取得投资时应享有被投资方可辨认的净资产公允价值份额的情况下，按其差额调整初始投资成本后形成的账面价值。

2. "损益调整"，反映被投资方因发生损益、分配利润引起的所有者权益变动中，投资方按持股比例计算的应享有或应分担的份额。

3. "其他综合收益"，反映被投资方因确认其他综合收益引起的所有者权益变动中，投资方按持股比例计算的应享有或应分担的份额。

4 "其他权益变动"，反映被投资方除净损益以外所有者权益的其他变动中，投资方应享有或应分担的份额。

### （二）取得长期股权投资时的会计处理

企业在取得长期股权投资时，按照确定的初始投资成本入账。初始投资成本大于投资时应享有被投资方可辨认净资产公允价值份额的，该部分差额系投资方在购入该项投资过程中通过购买作价体现出的与所取得股权份额相对应的商誉，不须进行调整，而是构成长期股权投资的成本。长期股权投资的初始投资成本小于投资时应享有被投资方可辨认净资产公允价值份额的，该部分差额可以看作是被投资方的股东给予投资方的让步，或是出于其他方面的考虑，被投资方的原有股东无偿赠与投资方的价值，该部分经济利益流入应作为收益处理，计入取得投资当期的营业外收入，同时调整增加长期股权投资的账面价值。

【例6-7】天诚公司于2×18年1月6日以银行存款20 000 000元取得B公司30%的股权,取得投资时被投资方可辨认净资产的公允价值为60 000 000元。天诚公司能够对B公司施加重大影响,对该项投资应当采用权益法核算。天诚公司取得该项投资时应进行的账务处理如下:

借:长期股权投资——投资成本　　　　　　　　20 000 000
　　贷:银行存款　　　　　　　　　　　　　　　　　　20 000 000

长期股权投资的初始投资成本20 000 000元大于取得投资时应享有被投资单位可辨认净资产的公允价值的份额18 000 000元(60 000 000×30%),两者之间的差额不调整长期股权投资的账面价值。

【例6-8】承【例6-7】中的资料,假定天诚公司投资时B公司可辨认净资产的公允价值为70 000 000元,其他资料不变。天诚公司取得该项投资时应进行的账务处理如下:

借:长期股权投资——投资成本　　　　　　　　20 000 000
　　贷:银行存款　　　　　　　　　　　　　　　　　　20 000 000
借:长期股权投资——投资成本　　　　　　　　 1 000 000
　　贷:营业外收入　　　　　　　　　　　　　　　　　 1 000 000

长期股权投资的初始投资成本20 000 000元小于取得投资时应享有被投资单位可辨认净资产公允价值的份额21 000 000元(70 000 000×30%),两者之间的差额应计入取得投资当期的营业外收入。

(三)投资收益的确认

采用权益法核算的长期股权投资,投资方取得长期股权投资后,应当按照应享有或应分担的被投资方实现的净损益的份额,确认投资损益并调整长期股权投资的账面价值。投资方按照被投资方宣告分派的利润或现金股利计算应分得的部分,相应减少长期股权投资的账面价值。在确认应享有或应分担被投资方的净利润或净亏损时,在被投资方账面净利润的基础上,应考虑以下因素的影响进行适当调整。

1. 被投资方采用的会计政策及会计期间与投资方不一致的,应当按投资方的会计政策及会计期间对被投资方的财务报表进行调整,在此基础上确定被投资方的损益。

权益法是将投资方与被投资方作为一个整体对待的,作为一个整体,投资方与被投资方的损益应当在一致的会计政策基础上确定。当被投资方采用的会计政策与投资方不同时,投资方应当基于重要性原则,按照本企业的会计政策对被投资方的净损益进行调整。

2. 以取得投资时被投资方各项可辨认资产等的公允价值为基础,对被投资方的净损益调整后,作为确认投资损益的依据。

投资方在取得投资时,是以被投资方有关资产、负债的公允价值为基础确定投资成本的,股权投资收益所代表的是被投资方的资产、负债以公允价值计量的情况下在未来期间通过经营产生的净损益中归属于投资方的部分,而被投资方个别利润表中的净损益是以其持有的资产、负债账面价值为基础持续计算的。如果取得投资时被投资方有关资产、负债的公允价值与其账面价值不同,投资方应当首先以取得投资时被投资方各项可辨认资产等的公允价值为基础,对被投资方的净损益进行调整,并按调整后的净损益和持股比例计算确认投资损益。例如,以取得投资时被投资方固定资产、无形资产的公允价值为基础计提的折旧额、摊销额以及有关资产减值准备金额,与被投资方以账面价值为基础计提的折旧额、摊销额以及有关资产减值准备金额之间存在差额的,应按其差额对被投资方净损益进行调整。

投资方在对被投资方实现的净损益进行调整时,应考虑重要性原则,不具有重要性的项目可不予调整。符合下列条件之一的,投资方应以被投资方的账面净损益为基础,经调整未实现内部交易损益后,计算确认投资损益,同时应在财务报表附注中说明因下列情况不能调整的事实及其原因。

(1) 投资方无法合理确定取得投资时被投资方各项可辨认资产等的公允价值。在某些情况下,投资的作价可能因为受到一些因素的影响,不是完全以被投资方可辨认净资产的公允价值为基础,或者因为被投资方持有的可辨认资产相对比较特殊,无法取得其公允价值。在这种情况下,因被投资方可辨认资产的公允价值无法取得,则无法以公允价值为基础对被投资方的净损益进行调整。

(2) 投资时被投资方可辨认资产的公允价值与其账面价值相比,两者之间的差额不具有重要性的。该种情况下,因为被投资方可辨认资产的公允价值与其账面价值差额不大,要求进行调整不符合重要性原则及成本效益原则。

(3) 其他原因导致无法取得被投资方的有关资料,不能按照准则中规定的原则对被投资方的净损益进行调整的。例如,要对被投资方的净利润按照准则中规定进行调整,需要了解被投资方的会计政策以及对有关资产价值量的判断等信息,在无法获得被投资方相关信息的情况下,则无法对净利润进行调整。

【例6-9】2×18年1月10日,天诚公司购入乙公司30%的股份,购买价款为2 200万元,并自取得投资之日起派人参与乙公司的财务和生产经营决策。取得投资当日,乙公司可辨认净资产公允价值为6 000万元,除表6-2所列项目外,乙公司其他资产、负债的公允价值与账面价值相同。

表6-2　　　　　资产公允价值与账面价值差额表　　　　　　　　单位:万元

| 项目 | 账面原价 | 已提折旧或摊销 | 公允价值 | 预计使用年限 | 剩余使用年限 |
| --- | --- | --- | --- | --- | --- |
| 存货 | 500 | | 700 | | |
| 固定资产 | 1 200 | 240 | 1 600 | 20 | 16 |
| 无形资产 | 700 | 140 | 800 | 10 | 8 |
| 小计 | 2 400 | 380 | 3 100 | | |

假定乙公司于2×18年实现净利润600万元,其中在天诚公司取得投资时的账面存货有80%对外出售。天诚公司与乙公司的会计年度及采用的会计政策相同。固定资产、无形资产均按直线法提取折旧或摊销,预计净残值均为0。假定天诚公司、乙公司间未发生任何内部交易。

天诚公司在确定其应享有的投资收益时,应在乙公司实现净利润的基础上,根据取得投资时乙公司有关资产的账面价值与其公允价值差额的影响进行调整(假定不考虑所得税影响):

存货账面价值与公允价值的差额应调减的利润=(700-500)×80%=160(万元)

固定资产公允价值与账面价值差额应调整增加的折旧额=1 600÷16-1 200÷20=40(万元)

无形资产公允价值与账面价值差额应调整增加的摊销额=800÷8-700÷10=30(万元)

调整后的净利润=600-160-40-30=370(万元)

天诚公司应享有份额=370×30%=111(万元)

确认投资收益的账务处理为:

借:长期股权投资——损益调整　　　　　　　　1 110 000
　　贷:投资收益　　　　　　　　　　　　　　　　　　1 110 000

3. 被投资方除净损益以外所有者权益其他变动的处理。对于被投资方除净损益以外所有者权益的其他变动,在持股比例不变的情况下,企业按照持股比例计算应享有或承担的部分,调整长期股权投资的账面价值,同时增加或减少资本公积(其他资本公积),即借记或贷记"长期股权投资——其他权益变动"科目,贷记或借记"资本公积——其他资本公积"科目。

【例6-10】天诚公司持有B企业30%的股份,能够对B企业施加重大影响。当期B企业因持有的可供出售金融资产公允价值的变动计入资本公积的金额为1 200万元,除该事项外,B企业当期实现的净损益为6 400万元。假定天诚公司与B企业适用的会计政策、会计期间相同,投资时B企业有关资产、负债的公允价值与其账面价值亦相同。天诚公司在确认应享有被投资方所有者权益的变动时:

借:长期股权投资——损益调整　　　　　　　　19 200 000
　　　　　　　　——其他权益变动　　　　　　　 3 600 000
　　贷:投资收益　　　　　　　　　　　　　　　　　　19 200 000
　　　　资本公积——其他资本公积　　　　　　　　 3 600 000

(四)取得现金股利或利润的会计处理

按照权益法核算的长期股权投资,投资方自被投资方取得的现金股利或利润,应抵减长期股权投资的账面价值。在被投资方宣告分派现金股利或利润时,借记"应收股利"科目,贷记"长期股权投资——损益调整"科目;自被投资方取得的现金股利或利润超过已确认损益调整的部分应视同投资成本的收回,冲减长期股权投资的成本。

### (五) 超额亏损的会计处理

投资方确认应分担被投资方发生的损失,原则上应以长期股权投资及其他实质上构成对被投资方净投资的长期权益减记至零为限,投资方负有承担额外损失义务的除外。"其他实质上构成对被投资方净投资的长期权益"通常是指长期应收项目,例如,企业对被投资方的长期债权,该债权没有明确的清收计划且在可预见的未来期间不准备收回的,实质上构成对被投资方的净投资。需要注意的是,该类长期权益不包括投资方与被投资方之间因销售商品、提供劳务等日常活动所产生的长期债权。

投资方在确认应分担被投资方发生的亏损时,应将长期股权投资及其他实质上构成对被投资方净投资的长期权益项目的账面价值综合起来考虑,在长期股权投资的账面价值减记至零的情况下,如果仍有未确认的投资损失,应以其他长期权益的账面价值为基础继续确认。另外,投资方在确认应分担被投资方的净损失时,除应考虑长期股权投资及其他长期权益的账面价值以外,如果在投资合同或协议中约定将履行其他额外的损失补偿义务,还应确认预计将承担的损失金额。

企业在实务操作过程中,在发生投资损失时,应借记"投资收益"科目,贷记"长期股权投资——损益调整"科目。在长期股权投资的账面价值减记至零以后,考虑其他实质上构成对被投资方净投资的长期权益,继续确认的投资损失应借记"投资收益"科目,贷记"长期应收款"科目;因投资合同或协议约定导致投资方需要承担额外义务的,对于符合确认条件的义务,应确认为当期损失,同时确认预计负债,借记"投资收益"科目,贷记"预计负债"科目。除上述情况仍未确认的应分担被投资方的损失,应在账外备查登记,在确认了有关的投资损失以后,被投资方于以后期间实现盈利的,应按以上相反顺序分别减记已确认的预计负债、恢复其他长期权益及长期股权投资的账面价值,同时确认投资收益。即应当按顺序分别借记"预计负债""长期应收款""长期股权投资"科目,贷记"投资收益"科目。

## 练 习 题

### 一、问答题

1. 说明长期股权投资的类型。
2. 说明判断投资方是否对被投资方实施控制必须同时具备的基本要素。
3. 企业通常可以通过哪些情形来判断是否对被投资方具有重大影响?

4. 说明长期股权投资初始计量的原则。

5. 什么是企业合并？什么是同一控制下的企业合并？什么是非同一控制下的企业合并？

6. 如何确定同一控制下的企业合并形成的长期股权投资初始投资成本？

7. 如何确定非同一控制下的企业合并形成的长期股权投资初始投资成本？

8. 说明成本法和权益法各自的适用范围及其核算要点。

## 二、选择题

1. 对 A 公司来说，下列哪一种说法通常不属于控制（　　）。

A. A 公司拥有 B 公司 50% 的权益性资本，B 公司拥有 C 公司 100% 的权益性资本。A 公司和 C 公司的关系

B. A 公司拥有 D 公司 51% 的权益性资本。A 公司和 D 公司的关系

C. A 公司在 E 公司董事会会议上有半数以上投票权。A 公司和 E 公司的关系

D. A 公司拥有 F 公司 60% 的股份，拥有 G 公司 10% 的股份，F 公司拥有 G 公司 41% 的股份。A 公司和 G 公司的关系

2. 下列各项说法中，正确的有（　　）。

A. 投资方能够对被投资方实施控制的权益性投资，即对子公司投资

B. 投资方能够对被投资方实施控制的权益性投资，即对合营公司投资

C. 投资方能够对被投资方实施控制的权益性投资，即对联营公司投资

D. 投资方能够对被投资方实施共同控制的权益性投资，即对子公司投资

3. 判断投资方是否对被投资方实施控制，必须同时具备的基本要素有（　　）。

A. 拥有对被投资方的权力

B. 通过参与被投资方的相关活动而享有可变回报

C. 有能力运用对被投资方的权力影响其回报金额

D. 与其他投资人一起有能力运用对被投资方的权力影响其回报金额

4. 以下情形表明投资方拥有对被投资方权力的有（　　）。

A. 投资方持有被投资方半数以上表决权的

B. 投资方持有被投资方 20%~50% 表决权的

C. 投资方持有被投资方半数或以下的表决权，但通过与其他表决权持有人之间的协议能够控制半数以上表决权的

D. 投资方持有被投资方半数以下的表决权，但通过与其他表决权持有人之间的协议能够控制半数以上表决权的

5. 下列情形中，可用来判断是否对被投资方具有重大影响的有（　　）。

A. 在被投资方的董事会或类似权力机构中派有代表

B. 参与被投资方财务和经营政策制定过程

C. 与被投资方之间发生重要交易

D. 向被投资方派出管理人员

6. 下列各项中，形成投资关系的合并是（　　）。
   A. 吸收合并　　　　　　　　B. 新设合并
   C. 控股合并　　　　　　　　D. 关联方交易

7. 在采用权益法核算长期股权投资的情况下，投资企业收到被投资企业宣告分配的现金股利或利润时，正确的会计处理是（　　）。
   A. 按比例增加投资收益　　　B. 按比例增加资本公积
   C. 按比例增加营业外收入　　D. 按比例减少长期股权投资

8. 在采用成本法核算长期股权投资的情况下，投资企业收到被投资企业宣告分配的现金股利或利润时，正确的会计处理是（　　）。
   A. 按比例增加投资收益　　　B. 按比例增加资本公积
   C. 按比例增加营业外收入　　D. 按比例减少长期股权投资

9. 下列各项说法中，符合重大影响的定义是（　　）。
   A. 对被投资方的财务和经营政策有参与决策的权力，但并不能够控制或者与其他方一起共同控制这些政策的制定
   B. 对被投资方的财务和经营政策有参与决策的权力
   C. 投资企业能够控制或者与其他方一起共同控制重大政策的制定
   D. 重大影响即为共同控制

10. 按照长期股权投资准则核算的权益性投资中，应当采用成本法核算的是（　　）。
    A. 对联营企业的投资
    B. 企业持有的，能够对被投资单位实施控制的长期股权投资
    C. 对合营企业的投资
    D. 共同控制的企业

11. 权益法核算的情况下，投资企业收到被投资企业发放的现金股利时，应借记"应收股利"科目，贷记的会计科目是（　　）。
    A．投资收益　　　　　　　　B. 实收资本
    C. 其他业务收入　　　　　　D. 长期股权投资

12. 长期股权投资采用权益法核算时，初始投资成本大于应享有被投资单位可辨认资产公允价值份额之间的差额，正确的会计处理是（　　）。
    A. 计入投资收益　　　　　　B. 冲减资本公积
    C. 计入营业外支出　　　　　D. 不调整初始投资成本

13. 长期股权投资采用权益法核算时，初始投资成本小于应享有被投资单位可辨认资产公允价值份额之间的差额，正确的会计处理是（　　）。
    A. 计入投资收益　　　　　　B. 调整资本公积
    C. 计入营业外收入　　　　　D. 不调整初始投资成本

14. 因非同一控制企业合并取得的长期股权投资，初始投资成本小于应享有被投资单位可辨认资产公允价值份额之间的差额，正确的会计处理是（　　）。
    A. 计入商誉　　　　　　　　B. 调整资本公积

C. 计入营业外收入　　　　　　D. 不调整初始投资成本

15. 长期股权投资采用权益法核算时，下列各项不会引起长期股权投资账面价值减少的是（　　）。

A. 被投资单位可供出售金融资产公允价值减少
B. 被投资单位发生净亏损
C. 被投资单位计提盈余公积
D. 被投资单位宣告发放现金股利

16. 长期股权投资包括（　　）。

A. 对子公司的投资　　　　　　B. 对合营企业的投资
C. 对联营企业的投资　　　　　D. 对关联企业的投资

17. 采用权益法核算，在"长期股权投资"科目下应当设置的明细科目有（　　）。

A. 投资成本　　　　　　　　　B. 损益调整
C. 其他综合收益　　　　　　　D. 其他权益变动

### 三、判断题

1. 长期股权投资的初始投资成本大于投资时应享有被投资单位可辨认净资产公允价值份额的，应调整长期股权投资的初始投资成本。（　　）

2. 长期股权投资的初始投资成本小于投资时应享有被投资单位可辨认净资产公允价值份额的，其差额应当计入资本公积，同时调整长期股权投资的成本。（　　）

3. 被投资单位采用的会计政策及会计期间与投资企业不一致的，应当按照投资企业的会计政策及会计期间对被投资单位的财务报表进行调整，并据以确认投资损益。（　　）

4. 成本法下，追加或收回投资应当调整长期股权投资的成本。（　　）

5. 成本法下，被投资单位宣告分派投资以前年度的现金股利或利润，应当确认为当期投资收益。（　　）

6. 非同一控制下，购买方对合并成本大于合并中取得的被购买方可辨认净资产公允价值份额的差额，应当确认为商誉，不调整长期股权投资成本。（　　）

7. 企业对子公司的长期股权投资采用成本法核算，编制合并报表时按照权益法进行调整。（　　）

8. 投资单位对于被投资单位除净损益以外所有者权益的其他变动，应当调整长期股权投资的账面价值并计入当期损益。（　　）

9. 企业对子公司的长期股权投资应该采用权益法核算。（　　）

10. 采用权益法核算的长期股权投资，其初始投资成本大于投资时应享有被投资单位可辨认净资产公允价值份额的，应调整已确认的初始投资成本。（　　）

11. 对于长期股权投资，无论采用成本法核算还是权益法核算，资产减值损失一经确认，以后期间不得转回。（　　）

12. 同一控制下的企业合并是指参与合并的企业在合并后受同一方或者相同的多方最终控制且该控制并非暂时性的。（　）

13. 在长期股权投资的权益法下，投资企业按照被投资单位宣告分派的利润或现金股利计算应分得的部分，计入当期损益。（　）

14. 以支付现金取得的长期股权投资的入账价值包括购买过程中支付的手续费等支出。（　）

15. 同一控制下的控股合并形成的长期股权投资初始投资成本为合并日取得被合并方所有者权益的公允价值。（　）

16. 企业取得长期股权投资时，后续计量方法不同，对于投资成本中包含的已宣告尚未发放现金股利或利润的处理就不同。（　）

17. 如果企业分步取得股权最终形成企业合并，在达到企业合并时点的合并成本为每一项单向交换交易的成本之和。（　）

18. 非同一控制下的合并是指参与合并的各方在合并前后不受同一方或相同的多方最终控制。（　）

19. 采用成本法核算的长期股权投资的投资企业确认投资收益，被投资单位宣告发放的利润中仅限于接受投资后产生的累计净利润的分配额，应获得的利润或现金股利超过上述数额的部分作为初始投资成本的收回。（　）

## 四、账务处理题

荣泰公司于2×17年初购买A公司普通股股票300万股，每股面值1元，支付经纪人手续费7 500元。A公司共发行普通股股票750万股，按面值发行。2×17年度，A公司实现利润1 500 000元，当年按每股面值的5%发放现金股利，荣泰公司收到股利150 000元。2×18年度，A公司发生亏损200 000元。

要求：根据上述资料，分别采用成本法和权益法为荣泰公司编制有关的会计分录。

## 五、案例分析题

A公司于2×18年1月以自有资金1 000万元参股B公司，持有B公司20%的股权。B公司的另一股东为C公司，持有B公司80%的股权。A公司与C公司之间不存在关联方关系。

根据B公司的章程以及合资协议的规定，B公司的净利润根据有关法律法规的规定提取法定公积金后，A、C公司根据董事会决议通过的分配金额，按持股比例进行分配。B公司进行清算时的剩余财产，A、C公司按持股比例进行分配。

B公司按照月、季、年编制财务报表。月度及季度的财务报表在该期间结束后的20个工作日之内提交股东，年度财务报表委托中国注册会计师进行审计，并在每个会计年度结束后第4个月的第5个工作日之前向股东提交该年度的审计报告。

B公司董事会共有5名董事，其中A公司委派1名董事，其余4名董事由C

公司委派，C 公司委派的董事任董事长。董事会会议由董事长召集并主持，董事长在董事会会议召开前 10 日，将记载开会日期、地点及会议目的、议题等事项的书面召集通知发送给各董事。董事会决议由出席会议的董事 2/3 以上表决通过。

由于 A 公司股东和管理层对 B 公司所属行业不具备足够的专业管理知识和经验，A 公司自投资之日起委派董事对 B 公司的经营管理主动参与程度较少，出席的董事决议均未作出过与 C 公司委派董事相左的表决，在已收取会议通知的情况下也缺席过若干次董事会会议。

要求：根据上述资料，判断 A 公司对 B 公司是否具有重大影响？并说明理由。

# 第七章 固定资产

**【本章关键知识点】**
1. 固定资产的定义、特征、分类和计价标准。
2. 固定资产的初始计量。
3. 固定资产的后续计量。
4. 固定资产的处置。

## 第一节 固定资产概述

### 一、固定资产的定义及特征

固定资产是企业赖以生存的物质基础,是企业产生效益的源泉,关系到企业的运营与发展。企业科学管理和正确核算固定资产,有利于促进企业正确评估固定资产的整体情况,提高资产使用效率,降低生产成本,保护固定资产的安全完整,实现资产的保值增值,增强企业的综合竞争实力。

固定资产(fixed assets),是指同时具有下列特征的有形资产(tangible assets):
1. 为生产商品、提供劳务、出租或经营管理而持有的;
2. 使用寿命超过一个会计年度。

从固定资产的定义看,固定资产具有以下三个特征:

第一,固定资产是为生产商品、提供劳务、出租或经营管理而持有。企业持有固定资产的目的是为了生产商品、提供劳务、出租或经营管理,这意味着,企业持有的固定资产是企业的劳动工具或手段,而不是直接用于出售的产品。其中,"出租"的固定资产,是指用以出租的机器设备类固定资产,不包括以经营租赁方式出租的建筑物,后者属于企业的投资性房地产,不属于固定资产。

第二,固定资产使用寿命超过一个会计年度。固定资产的使用寿命,是指企业使用固定资产的预计期间,或者该固定资产所能生产产品或提供劳务的数量。通常情况下固定资产的使用寿命是指使用固定资产的预计期间,如自用房屋建筑物的使用寿命或使用年限。某些机器设备或运输设备等固定资产,其使用寿命往往以该固定资产所能生产产品或提供劳务的数量来表示,例如,发电设备按其预计发电量估计使用寿命,汽车或飞机等按其预计行驶里程估计使用寿命。固定资产使用寿命超过一个会计年度,意味着固定资产属于长期资产,随着使用和磨损,通过计提折旧方式逐渐减少账面价值。

第三,固定资产为有形资产。固定资产具有实物特征,这一特征将固定资产与无形资产区别开来。有些无形资产可能同时符合固定资产的其他特征,如无形资产为生产商品、提供劳务而持有,使用寿命超过一个会计年度,但是,由于其没有实物形态,所以不属于固定资产。工业企业所持有的工具、用具、备品备件、维修设备等资产,施工企业所持有的模板、挡板、架料等周转材料,以及地质勘探企业所持有的管材等资产,尽管该类资产具有固定资产的某些特征,如,使用期限超过一年,也能够带来经济利益,但由于数量多,单价低,考虑到成本效益原则,在实务中,通常确认为存货。但符合固定资产定义和确认条件的,比如企业(民用航空运输)的高价周转件等,应当确认为固定资产。对于构成固定资产的各组成部分,如果各自具有不同使用寿命或者以不同方式为企业提供经济利益,适用不同折旧率或折旧方法的,该各组成部分实际上是以独立的方式为企业提供经济利益,因此,企业应当分别将各组成部分确认为单项固定资产。例如,飞机的引擎,如果其与飞机机身具有不同的使用寿命,适用不同折旧率或折旧方法,则企业应当将其确认为单项固定资产。企业由于安全或环保的要求购入设备等,虽然不能直接给企业带来未来经济利益,但有助于企业从其他相关资产的使用获得未来经济利益,也应确认为固定资产。

## 二、固定资产的分类

为了方便固定资产的实务管理和价值核算,企业需要对数量繁多的固定资产进行科学、合理的分类。实务中,通常按以下标准对固定资产进行分类。

### (一)按经济用途分类

固定资产按照经济用途可划分为经营用固定资产和非经营用固定资产两大类。

经营用固定资产是指直接参加或直接服务于生产经营过程的各种固定资产,如用于企业生产经营的房屋、建筑物、机器设备、运输工具、工具器具等。

非经营用固定资产是指不直接服务于生产经营过程的各种固定资产,如用于职工住宅、公共福利设施、文化娱乐、卫生保健等方面的房屋、建筑物、设备和器具等。

### (二)按使用情况分类

固定资产按照使用情况可划分为使用中固定资产、未使用固定资产、出租固定资产和不需用固定资产四大类。

使用中固定资产，是指企业正在使用的经营用固定资产和非经营用固定资产。企业的房屋及建筑物无论是否在实际使用，都视为使用中固定资产。由于季节性生产经营或进行大修理等原因而暂时停止使用以及存放在生产车间或经营场所备用、轮换使用的固定资产，也属于使用中固定资产。

未使用固定资产，是指已购建完成但尚未交付使用的新增固定资产以及进行改建、扩建等暂时脱离生产经营过程的固定资产。

出租固定资产，是指企业根据租赁合同的规定，以经营租赁方式出租给其他企业临时使用的固定资产。

不需用固定资产，是指本企业多余或不适用、待处置的固定资产。

除上述基本分类外，固定资产还可以按其他标准进行分类。如按固定资产的所有权分类，可分为自有固定资产和租入固定资产；按固定资产的性能分类，可分为房屋和建筑物、动力设备、传导设备、工作机器及设备、工具、仪器及生产经营用具、运输设备、管理用具等；按固定资产来源渠道分类，可分为外购固定资产、自行建造的固定资产、投资者投入的固定资产、融资租入的固定资产、改扩建新增的固定资产、接受抵债取得的固定资产、非货币性资产交换换入的固定资产、接受捐赠的固定资产、盘盈的固定资产等。

在会计实务中，企业通常将固定资产综合分为经营用固定资产、非经营用固定资产、经营出租固定资产、未使用固定资产、不需用固定资产和融资租入的固定资产等。企业应当根据固定资产的定义，结合本企业具体情况，制定适合本企业的固定资产目录和分类方法、每类或每项固定资产的折旧年限和折旧方法，为进行固定资产的实物管理和价值管理提供依据。

### 三、固定资产的计价标准

固定资产的计价是指以货币为计量单位计算固定资产的价值额。这是进行固定资产价值核算的重要内容。固定资产的计价标准有原始价值、重置完全价值和净值三种。

#### （一）原始价值

原始价值，简称原值或原价，也称实际成本、历史成本，是指取得某项固定资产时和直至使该项固定资产达到预定可使用状态前所实际支付的各项必要的、合理的支出。固定资产的计价一般应以原始价值为基础。

固定资产采用原始价值计价具有客观性和可验证性的特点，但也存在一定的局限性，例如，当社会经济环境和物价水平发生变化时，由于原始价值不能反映固定资产的现时价值，也就不能真实地揭示企业当前的生产经营规模和盈利水平，以此为依据编制的会计报表的真实性和相关性必然会受到影响。此外，由于固定资产的取得渠道是多种多样的，在某些情况下企业可能根本无法取得原始价值资料。

## （二）重置完全价值

重置完全价值是指在现时的生产技术和市场经济条件下，重新购置同样的固定资产所需支付的全部代价。重置完全价值所反映的是固定资产的现时价值，从理论上讲，比采用原始价值计价更为合理。但由于重置完全价值本身是经常变化的，如果将其作为基本计价标准，势必会引起一系列复杂的会计问题，在会计实务中不具有可操作性。因此，重置完全价值只能作为固定资产的一个辅助计价标准来使用。通常用于对会计报表进行必要的补充、附注说明，以弥补原始价值的不足。此外，在取得无法确定原始价值的固定资产时，如盘盈固定资产、接受捐赠固定资产等，应以重置完全价值为计价标准，对固定资产进行计价。

## （三）净值

净值是指固定资产原始价值减去折旧后的余额，也称折余价值。它是计算固定资产盘盈、盘亏、出售、报废、毁损等溢余或损失的依据，将其与原始价值或重置完全价值相比较，还可以大致了解固定资产的新旧程度。

## 第二节　固定资产的初始计量

固定资产的初始计量是指企业最初取得固定资产时对其入账价值的确定。固定资产应当按照成本进行初始计量。固定资产的成本，是指企业购建某项固定资产达到预定可使用状态前所发生的一切合理、必要的支出。这些支出包括直接发生的价款、运杂费、包装费和安装成本等，也包括间接发生的，如应承担的借款利息、外币借款折算差额以及应分摊的其他间接费用。对于特定行业的特定固定资产，确定其成本时，还应当考虑预计弃置费用因素，如核电站核废料的处置等。弃置费用通常是指根据国家法律和行政法规、国际公约等规定，企业承担的环境保护和生态恢复等义务所确定的支出。

固定资产的取得方式主要包括购买、自行建造、融资租入等，取得的方式不同，初始计量方法也各不相同。

### 一、外购固定资产

#### （一）外购固定资产成本的确定

外购固定资产是企业取得固定资产的重要和主要的方式。企业外购固定资产的成本，包括购买价款、相关税费、使固定资产达到预定可使用状态前所发生的可归属于该项资产的运输费、装卸费、安装费和专业人员服务费等。

外购固定资产是否达到预定可使用状态，需要根据具体情况进行分析判断。如果购入不需安装的固定资产，购入后即可发挥作用，因此，购入后即可达到预定可使用状态。如果购入需安装的固定资产，只有安装调试后达到设计要求或合同规定的标准，该项固定资产才可发挥作用，达到预定可使用状态。

需要注意的是，企业外购固定资产增值税专用发票所列应交增值税税额不能计入固定资产价值，而应作为进项税额单独核算。

在实际工作中，企业可能以一笔款项购入多项没有单独标价的资产。如果这些资产均符合固定资产的定义，并满足固定资产的确认条件，则应将各项资产单独确认为固定资产，并按各项固定资产公允价值的比例对总成本进行分配，分别确定各项固定资产的成本。如果以一笔款项购入的多项资产中还包括固定资产以外的其他资产，也应按类似的方法予以处理。

购买固定资产的价款超过正常信用条件延期支付，实质上具有融资性质的，固定资产的成本以购买价款的现值为基础确定。实际支付的价款与购买价款的现值之间的差额，应当在信用期间内采用实际利率法进行摊销，摊销金额除满足借款费用资本化条件应当计入固定资产成本外，均应当在信用期间内确认为财务费用，计入当期损益。

### （二）外购固定资产的会计处理

企业购入不需要安装的固定资产，按应计入固定资产成本的金额，借记"固定资产"科目，按增值税专用发票所列应交增值税税额，借记"应交税费——应交增值税（进项税额）"科目，按实际支付的金额，贷记"银行存款"等科目。

【例7-1】2×18年8月6日，天诚公司购入不需要安装的新设备一台，取得的增值税专用发票上注明的设备价款为15 000元，增值税额为1 950元，发生的包装费为420元，运费为3 000元，上述款项均已用银行存款转账支付，设备购入后交付使用。应编制的会计分录为：

借：固定资产　　　　　　　　　　　　　　　　　　　　18 420
　　应交税费——应交增值税（进项税额）　　　　　　　 1 950
　　贷：银行存款　　　　　　　　　　　　　　　　　　　20 370

购入需要安装的固定资产，先记入"在建工程"科目。达到预定可使用状态时再转入"固定资产"科目。

【例7-2】2×18年8月9日，天诚公司购入一台需要安装的专用设备，发票上注明设备价款为40 000元，增值税额为5 200元，支付包装费、运费等合计2 400元，支付安装成本1 700元。以上款项均通过银行支付。应编制的会计分录如下。

①设备运抵企业，等待安装。

借：在建工程　　　　　　　　　　　　　　　　　　　　42 400

|  |  |
|---|---|
| 应交税费——应交增值税（进项税额） | 5 200 |
| 贷：银行存款 | 47 600 |

②设备投入安装，并支付安装成本。

|  |  |
|---|---|
| 借：在建工程 | 1 700 |
| 贷：银行存款 | 1 700 |

③设备安装完毕，达到预定可使用状态。

|  |  |
|---|---|
| 借：固定资产 | 44 100 |
| 贷：在建工程 | 44 100 |

## 二、自行建造固定资产

自行建造固定资产的成本，由建造该项资产达到预定可使用状态前所发生的必要支出构成。包括工程用物资成本、人工成本、交纳的相关税费、应予资本化的借款费用以及应分摊的间接费用等。

企业自行建造固定资产包括自营建造和出包建造两种方式。无论采用何种方式，所建工程都应当按照实际发生的支出确定其工程成本。

### （一）自营方式建造固定资产

企业以自营方式建造固定资产，是指企业自行组织工程物资采购、自行组织施工人员从事工程施工完成固定资产建造。实务中，较为常见的是企业通过这种方法自制一些专用设备。企业如有以自营方式建造固定资产，其成本应当按照直接材料、直接人工、直接机械施工费等计量。

企业为建造固定资产准备的各种物资应当按照实际支付的买价、运输费、保险费等相关税费作为实际成本，但不包括所支付的增值税额（购入工程物资所支付的增税额，不应计入工程成本，应作为进项税额单独列示，从销项税额中抵扣），并按照各种专项物资的种类进行明细核算。工程完工后，剩余的工程物资转为本企业存货的，按其实际成本或计划成本进行结转。建设期间发生的工程物资盘亏、报废及毁损，减去残料价值以及保险公司、过失人等赔款后的净损失，计入所建工程项目的成本；盘盈的工程物资或处置净收益，冲减所建工程项目的成本。工程完工后发生的工程物资盘盈、盘亏、报废、毁损，计入当期营业外收支。

建造固定资产领用工程物资、原材料或库存商品，应按其实际成本转入所建工程成本。自营方式建造固定资产应负担的职工薪酬、辅助生产部门为之提供的水、电、修理、运输等劳务，以及其他必要支出等也应计入所建工程项目的成本。

企业以自营方式建造固定资产，发生的工程成本应通过"在建工程"科目核算，工程完工达到预定可使用状态时，从"在建工程"科目转入"固定资产"科目。

【例7-3】2×18年1月1日,天诚公司准备自行建造一座仓库。假定不考虑增值税,有关资料如下:

①11月8日购入工程物资一批,价款为251 000元,款项以银行存款支付。

②2月3日领用生产用原材料一批,价值为27 440元。

③1月8日~6月30日,工程先后领用工程物资172 500元。

④6月30日对工程物资进行清查,发现工程物资减少48 000元,经调查属于保管员过失造成,根据企业管理规定,保管员应赔偿30 000元。剩余工程物资转入企业原材料,该原材料的计划成本为27 000元。

⑤工程建设期间辅助生产车间为工程提供有关的劳务支出为25 000元。

⑥工程建设期间发生工程人员职工薪酬55 800元。

⑦6月30日,完工并交付使用。

账务处理如下:

①购入工程物资。

借:工程物资　　　　　　　　　　　　　　　　251 000
　　贷:银行存款　　　　　　　　　　　　　　　　　　251 000

②领用原材料。

借:在建工程——仓库　　　　　　　　　　　　27 440
　　贷:原材料　　　　　　　　　　　　　　　　　　　27 440

③工程领用物资。

借:在建工程——仓库　　　　　　　　　　　　172 500
　　贷:工程物资　　　　　　　　　　　　　　　　　　172 500

④建设期间发生的工程物资盘亏、报废及毁损净损失。

借:在建工程——仓库　　　　　　　　　　　　18 000
　　其他应收款　　　　　　　　　　　　　　　30 000
　　贷:工程物资　　　　　　　　　　　　　　　　　　48 000

剩余工程物资的实际成本 = 251 000 - 172 500 - 48 000 = 30 500(元),计划成本为27 000元。

借:原材料　　　　　　　　　　　　　　　　　27 000
　　材料成本差异　　　　　　　　　　　　　　3 500
　　贷:工程物资　　　　　　　　　　　　　　　　　　30 500

⑤辅助生产车间为工程提供劳务支出。

借:在建工程——仓库　　　　　　　　　　　　25 000
　　贷:生产成本——辅助生产成本　　　　　　　　　　25 000

⑥计提工程人员职工薪酬。

借:在建工程——仓库　　　　　　　　　　　　55 800
　　贷:应付职工薪酬　　　　　　　　　　　　　　　　55 800

⑦工程完工并达到预定可使用状态时,计算并结转工程成本。

仓库制造成本 = 27 440 + 172 500 + 18 000 + 25 000 + 55 800 = 298 740(元)

借：固定资产——仓库　　　　　　　　　　　298 740
　　贷：在建工程——仓库　　　　　　　　　　　298 740

### （二）出包方式建造固定资产

采用出包方式建造固定资产，企业要与建造承包商签订建造合同，企业是建造合同的甲方，负责筹集资金和组织管理工程建设，通常称为建设单位。建造承包商是建造合同的乙方，负责建筑安装工程施工任务。企业的房屋、建筑物的新建、改建、扩建等建设项目，通常均采用出包方式。一个建设项目通常由若干单项工程构成，如新建一个火电厂包括建造发电车间、冷却塔、安装发电设备等。新建的火电厂即为建设项目，建造的发电车间、冷却塔、安装发电设备均为单项工程。

1. 出包工程的成本构成。企业以出包方式建造固定资产，其成本由建造该项固定资产达到预定可使用状态前所发生的必要支出构成，包括发生的建筑工程支出、安装工程支出，以及需分摊计入各固定资产价值的待摊支出。

（1）建筑工程、安装工程支出。由于建筑工程、安装工程采用出包方式发包给建造承包商承建，因此，工程的具体支出，如人工费、材料费、机械使用费等由建造承包商核算。对于发包企业而言，建筑工程支出、安装工程支出是构成在建工程成本的重要内容，结算的工程价款计入在建工程成本。

（2）待摊支出。待摊支出是指在建设期间发生的，不能直接计入某项固定资产价值，而应由所建造固定资产共同负担的相关费用，包括为建造工程发生的管理费、征地费、可行性研究费、临时设施费、公证费、监理费、应负担的税金、符合资本化条件的借款费用、建设期间发生的工程物资盘亏、报废及毁损净损失，以及负荷联合试车费等。其中，征地费是指企业通过划拨方式取得建设用地发生的青苗补偿费、地上建筑物、附着物补偿费等。企业为建造固定资产通过出让方式取得土地使用权而支付的土地出让金不计入在建工程成本，应确认为无形资产（土地使用权）。

2. 出包工程的会计处理。出包方式下，"在建工程"科目主要是企业与建造承包商办理工程价款的结算科目，企业支付给建造承包商的工程价款作为工程成本通过"在建工程"科目核算。企业应按合理估计的工程进度和合同规定结算的进度款，借记"在建工程——建筑工程（××工程）""在建工程——安装工程（××工程）"科目，贷记"银行存款""预付账款"等科目。工程完成时，按合同规定补付的工程款，借记"在建工程"科目，贷记"银行存款"等科目。企业将需安装设备运抵现场安装时，借记"在建工程——在安装设备（××设备）"科目，贷记"工程物资——××设备"科目；企业为建造固定资产发生的待摊支出，借记"在建工程——待摊支出"科目，贷记"银行存款""应付职工薪酬""长期借款"等科目。

在建工程达到预定可使用状态时，需要将整体建设项目在进行过程中发生的待摊支出在各单项工程之间进行分摊,以准确计算确定各项固定资产的原始价值。

待摊支出的分摊率可按下列公式计算:

待摊支出分摊率 = 累计发生的待摊支出 ÷ (建筑工程支出 + 安装工程支出) × 100%

某项工程应分摊的待摊支出 = 该项工程支出 × 待摊支出分摊率

房屋、建筑物等固定资产成本 = 建筑工程支出 + 应分摊的待摊支出

需要安装设备的成本 = 设备成本 + 为设备安装发生的基础、支座等建筑工程支出 + 安装工程支出 + 应分摊的待摊支出

结转已完工工程成本时,借记"固定资产"科目,贷记"在建工程——建筑工程""在建工程——安装工程""在建工程——待摊支出"等科目。

【例 7-4】天诚公司经当地有关部门批准,新建一个火电厂。建造的火电厂由 3 个单项工程组成,包括建造发电车间、冷却塔以及安装发电设备。2×17 年 2 月 1 日,天诚公司与乙公司签订合同,将该项目出包给乙公司承建。根据双方签订的合同,建造发电车间的价款为 5 000 000 元,建造冷却塔的价款为 3 000 000 元,安装发电设备需支付安装费用为 500 000 元。建造期间发生的有关事项如下(假定不考虑相关税费):

①2×17 年 2 月 10 日,天诚公司按合同约定向乙公司预付 10% 备料款 800 000 元,其中,发电车间 500 000 元,冷却塔 300 000 元。

②2×17 年 8 月 2 日,建造发电车间和冷却塔的工程进度达到 50%,天诚公司与乙公司办理工程价款结算 4 000 000 元,其中发电车间 2 500 000 元,冷却塔 1 500 000 元。天诚公司抵扣了预付备料款后,将余款用银行存款付讫。

③2×17 年 10 月 8 日,天诚公司购入需安装的发电设备,价款总计 3 500 000 元(含增值税进项税额),已用银行存款付讫。

④2×18 年 3 月 10 日,建筑工程主体已完工,天诚公司与乙公司办理工程价款结算 4 000 000 元,其中,发电车间 2 500 000 元,冷却塔 1 500 000 元。天诚公司向乙公司开具了一张期限为 3 个月的商业票据。

⑤2×18 年 4 月 1 日,天诚公司将发电设备运抵现场,交乙公司安装。

⑥2×18 年 5 月 10 日,发电设备安装到位,天诚公司与乙公司办理设备安装价款结算 500 000 元,款项已支付。

⑦工程项目发生管理费、可行性研究费、公证费、监理费共计 290 000 元,已用银行存款付讫。

⑧2×18 年 5 月 22 日,进行负荷联合试车领用本企业材料 100 000 元,发生其他试车费用 50 000 元,用银行存款支付,试车期间取得发电收入 200 000 元。

⑨2×18 年 6 月 1 日,完成试车,各项指标达到设计要求。

根据上述资料,天诚公司相应的会计处理如下。

①2×17 年 2 月 10 日,预付备料款。

借:预付账款                800 000

贷：银行存款　　　　　　　　　　　　　　　　　　　800 000
②2×17年8月2日，办理建筑工程价款结算。
　　借：在建工程——建筑工程（冷却塔）　　　　　1 500 000
　　　　　　　　——建筑工程（发电车间）　　　　 2 500 000
　　　贷：银行存款　　　　　　　　　　　　　　　　　3 200 000
　　　　　预付账款　　　　　　　　　　　　　　　　　　800 000
③2×17年10月8日，购入发电设备。
　　借：工程物资——发电设备　　　　　　　　　　3 500 000
　　　贷：银行存款　　　　　　　　　　　　　　　　　3 500 000
④2×18年3月10日，办理建筑工程价款结算。
　　借：在建工程——建筑工程（冷却塔）　　　　　1 500 000
　　　　　　　　——建筑工程（发电车间）　　　　 2 500 000
　　　贷：应付票据　　　　　　　　　　　　　　　　　4 000 000
⑤2×18年4月1日，将发电设备交与乙公司安装。
　　借：在建工程——在安装设备（发电设备）　　　3 500 000
　　　贷：工程物资——发电设备　　　　　　　　　　3 500 000
⑥2×18年5月10日，办理安装工程价款结算。
　　借：在建工程——安装工程（发电设备）　　　　　500 000
　　　贷：银行存款　　　　　　　　　　　　　　　　　　500 000
⑦支付工程发生的管理费、可行性研究费、公证费、监理费。
　　借：在建工程——待摊支出　　　　　　　　　　　290 000
　　　贷：银行存款　　　　　　　　　　　　　　　　　　290 000
⑧2×18年5月22日，进行负荷联合试车。
　　借：在建工程——待摊支出　　　　　　　　　　　150 000
　　　贷：原材料　　　　　　　　　　　　　　　　　　100 000
　　　　　银行存款　　　　　　　　　　　　　　　　　 50 000
　　借：银行存款　　　　　　　　　　　　　　　　　　200 000
　　　贷：在建工程　　　　　　　　　　　　　　　　　　200 000
⑨结转在建工程，计算分配待摊支出。
待摊支出分摊率 =（290 000 + 150 000 − 200 000）÷（5 000 000 + 3 000 000
　　　　　　　　+ 500 000 + 3 500 000）× 100%
　　　　　　　 = 240 000 ÷ 1 200 000 × 100%
　　　　　　　 = 2%
发电车间应分摊的待摊支出 = 5 000 000 × 2% = 100 000（元）
冷却塔应分摊的待摊支出 = 3 000 000 × 2% = 60 000（元）
发电设备应分摊的待摊支出 =（3 500 000 + 500 000）× 2% = 80 000（元）
　　借：在建工程——建筑工程（发电车间）　　　　　100 000
　　　　　　　　——建筑工程（冷却塔）　　　　　　 60 000

|  |  |
|---|---|
| ——安装工程（发电设备） | 10 000 |
| ——在安装设备（发电设备） | 70 000 |
| 贷：在建工程——待摊支出 | 240 000 |

计算已完工的固定资产的成本：

发电车间的成本 = 5 000 000 + 100 000 = 5 100 000（元）

冷却塔的成本 = 3 000 000 + 60 000 = 3 060 000（元）

发电设备的成本 =（3 500 000 + 500 000）+ 80 000 = 4 080 000（元）

|  |  |
|---|---|
| 借：固定资产——发电车间 | 510 0000 |
| ——冷却塔 | 3 060 000 |
| ——发电设备 | 4 080 000 |
| 贷：在建工程——建筑工程（发电车间） | 5 100 000 |
| ——建筑工程（冷却塔） | 3 060 000 |
| ——安装工程（发电设备） | 510 000 |
| ——在安装设备（发电设备） | 3 570 000 |

### 三、投资者投入固定资产

企业因接受投资者以固定资产形式对企业进行投资而增加的固定资产为投资者投入的固定资产。投资者投入固定资产的成本，应当按照投资合同或协议约定的价值确定，但合同或协议约定价值不公允的除外。投资者投入固定资产时，应借记"固定资产"科目，贷记"实收资本"或"股本"科目。

## 第三节 固定资产的后续计量

固定资产的后续计量是指固定资产在其存续过程中变化的价值金额以及最终价值额的确定。固定资产后续计量主要包括固定资产折旧的计提、减值损失的确定以及后续支出的计量三项业务。其中，固定资产减值损失的确定将在第九章"资产减值"中单独阐述。

### 一、固定资产折旧

#### （一）固定资产折旧的性质及影响因素

1. 固定资产折旧的性质。固定资产折旧，是指在固定资产使用寿命内，按照确定的方法对应计折旧额进行系统分摊。

企业取得固定资产的目的在于发挥固定资产能在未来给企业带来一定的经济利益的效用。但是，随着固定资产在生产经营过程中因使用而不断发生损耗，这种效用也会逐渐减弱直至消逝。固定资产损耗分为有形损耗和无形损耗两种。有形损耗是指固定资产在使用过程中由于受自然力影响而引起固定资产使用价值和价值上的减少；无形损耗是指由于技术进步、消费偏好的变化、经营规模扩充等原因而引起固定资产价值上的减少。

遵循成本与收入配比会计原则，企业需要定期地按固定资产效用减少的比例，将固定资产的原始价值转入已售产品的销售成本或相关的费用中，以正确确定当期损益。然而，要想准确地计算固定资产减少的效用是十分困难的，只能通过采用一定的方法来尽可能地客观反映这种减少的效用。于是，会计上按照"合理而系统"的方法按期计算转入营业成本或费用中的固定资产成本，并且这种方法一经确定，在固定资产整个的经济使用年限内一般不许变更，具有连续性和规律性。

固定资产折旧计入生产成本的过程，即是随着固定资产价值的转移，以折旧的形式在产品销售收入中得到补偿，并转化为货币资金的过程。

固定资产折旧在会计上作为费用处理。尽管这一费用在计提期间并未真正引起现金的流出，但是，折旧费用是前期已经发生的支出，而这种支出的收益在资产投入使用后的有效使用期内实现，无论是从权责发生制的角度，还是从收入与费用配比的角度讲，计提折旧都是必要的，否则，不提折旧或不正确地计提折旧，都将错误地计算企业的产品成本（或营业成本）、损益。

2. 固定资产折旧的影响因素。每个会计期间的折旧费用可由下面的基本公式计算确定：

$$折旧费用 = \frac{原始成本 - 预计净残值}{预计使用寿命}$$

因此，固定资产折旧的影响因素主要有固定资产的原始成本、预计净残值和预计使用寿命。

（1）原始成本。原始成本是指固定资产的实际取得成本，它是计算固定资产折旧的基数。在固定资产使用寿命一定的情况下，固定资产的原始成本越高，则单位时间内或单位工作量的折旧额就越多；反之，固定资产原始成本越低，则单位时间内或单位工作量的折旧额就越少。正因如此，企业为了提高企业经济效益，在保证生产效率和产品质量的前提下，应尽量减少固定资产原始成本的支出。

（2）预计净残值。预计净残值是指假定固定资产预计使用寿命已满并处于使用寿命终了时的预期状态，企业目前从该项资产处置中获得的扣除预计处置费用后的金额。即固定资产在报废清理时预计残值收入减去预计清理费用后的净额。其中，预计残值收入是指固定资产报废清理时预计可收回的器材、零件、材料等残料价值收入；预计清理费用指固定资产报废清理时预计发生的拆卸、整理、搬运等费用。预计净残值是在计算固定资产折旧时应从原始成本中扣除的项目，在固定资产使用寿命一定的情况下，预计净残值越高，则单位时间内或单位工作量的折旧额就越少；反之，预计净残值越低，则单位时间内或单位工作量的折旧额就越多。因此，企业应当根据固定资产的性质和使用情况，合理确定固定资产的预计净残值，并且一经确定，不得随意变更。

(3) 预计使用寿命。预计使用寿命是指固定资产的预计使用年限，也称折旧年限。企业应当根据固定资产的性质和使用情况，合理确定固定资产的使用寿命。并且一经确定，不得随意变更。企业确定固定资产使用寿命时，应当考虑预计生产能力或实物产量、预计有形损耗和无形损耗、法律或者类似规定对资产使用的限制等因素。

### (二) 固定资产折旧的范围

企业应对除已提足折旧仍继续使用的固定资产和按规定单独计价作为固定资产入账的土地外所有固定资产计提折旧。提足折旧，是指已经提足该项固定资产的应计折旧额。固定资产提足折旧后，不论能否继续使用，均不再计提折旧。提前报废的固定资产也不再补提折旧。应计折旧额，是指应当计提折旧的固定资产的原价扣除其预计净残值后的金额。已计提减值准备的固定资产，还应当扣除已计提的固定资产减值准备累计金额。固定资产计提减值准备，指固定资产已计提的固定资产减值准备累计金额。固定资产计提减值准备后，应当在剩余使用寿命内根据调整后的固定资产账面价值（固定资产账面余额扣减累计折旧和累计减值准备后的金额）和预计净残值重新计算确定折旧率和折旧额。在确定计提折旧的范围时还应注意以下五点。

1. 企业对未使用、不需用的固定资产也应计提折旧，计提的折旧计入当期管理费用（不含更新改造和因大修理停用的固定资产）；因进行大修理而停用的固定资产计提的折旧应计入相关资产成本或当期损益。

2. 企业对固定资产进行更新改造时，应将更新改造的固定资产的账面价值转入在建工程，并在此基础上确定经更新改造后的固定资产原价。处于更新改造过程而停止使用的固定资产，因已转入在建工程，因此不计提折旧，待更新改造项目达到预定可使用状态转为固定资产后，再按重新确定的折旧方法和该项固定资产尚可使用年限计提折旧。

3. 融资租入的固定资产，应当采用与自有应计折旧资产相一致的折旧政策。能够合理确定租赁期届满时将会取得租赁资产所有权的，应当在租赁资产尚可使用年限内计提折旧；无法合理确定租赁期届满时能够取得租赁资产所有权的，应当在租赁期与租赁资产尚可使用年限两者中较短的期间内计提折旧。

4. 固定资产应当按月提取折旧，并根据用途计入相关资产的成本或者当期损益。固定资产应自达到预定可使用状态时开始计提折旧，终止确认时或划分为持有待售非流动资产时停止计提折旧。当月增加的固定资产，当月不计提折旧，从下月起计提折旧；当月减少的固定资产，当月仍计提折旧，从下月起不计提折旧。

5. 已达到预定可使用状态但尚未办理竣工决算的固定资产,应当按照估计价值确定其成本,并计提折旧;待办理竣工决算后,再按照实际成本调整原来的暂估价值,但不需要调整原已计提的折旧额。

(三)固定资产折旧方法

固定资产折旧方法是指将应提折旧总额在固定资产各使用期间进行分配时所采用的具体计算方法。固定资产折旧方法包括年限平均法、工作量法、双倍余额递减法和年数总和法等。前两种方法为直线法,后两种方法为加速折旧法。企业应当根据与固定资产有关的经济利益的预期实现方式,合理选择固定资产折旧方法。企业选用不同的固定资产折旧方法,将影响固定资产使用寿命期间内不同时期的折旧费用,因此,固定资产折旧方法一经确定,不得随意变更。如需变更应当符合固定资产准则的规定,至少于每年年度终了对固定资产的使用寿命、预计净残值和折旧方法进行复核时,按复核的结果进行处理。

1. 年限平均法。年限平均法是指按照固定资产的预计使用寿命平均计算折旧的方法,也称直线法。采用这种折旧方法,每期折旧额相等,不受固定资产使用频率或生产量多少的影响,因而也称固定费用法。

年限平均法计算折旧的公式如下:

$$年折旧额 = \frac{原始成本 - 预计净残值}{预计使用寿命}$$

$$月折旧额 = \frac{年折旧额}{12}$$

在实务中,固定资产应提折旧额一般是根据固定资产原价和折旧率计算的。折旧率是折旧额与原价的比率,其计算公式如下:

$$年折旧率 = \frac{1 - 预计净残值率}{预计使用寿命}$$

$$月折旧率 = \frac{年折旧率}{12}$$

$$月折旧额 = 固定资产原值 \times 月折旧率$$

其中,预计净残值率是指预计净残值与原价的比率,一般为3%~5%,由企业自主确定。

折旧率按计算的范围可分为个别折旧率和分类折旧率。个别折旧率是指按每项固定资产的原价、预计使用寿命和净残值率等条件计算的折旧率,也称单项折旧率;分类折旧率是指按照每类固定资产的原价、预计使用寿命和净残值率等条件计算的折旧率。

【例7-5】天诚公司一台生产用空气压缩机,原价为25 000元,预计使用寿命为16年,预计净残值率为4%。采用年限平均法计提折旧:

该空气压缩机年折旧率 $= \dfrac{1-4\%}{16} = 6\%$

月折旧率 $= \dfrac{6\%}{12} = 0.5\%$

月折旧额 $= 25\,000 \times 0.5\% = 125$（元）

年限平均法的主要优点是简单明了，计算方便。但是，年限平均法存在着一定的局限性，从表面看来，企业每期成本费用中所负担的固定资产折旧费用是相同的，实际上，如将固定资产的修理费考虑在内，企业每期经营上所负担的固定资产使用成本（折旧费 + 修理费）就不均匀了，因为随着固定资产的日益陈旧，所需的修理费将逐年增加。由于年限平均法只侧重资产的使用时间，而不重视其使用状况，不考虑资产在各期物质损耗的程度，因而不能客观地反映固定资产价值的转移。这种方法通常适用于房屋、建筑物等固定资产折旧的计算。

2. 工作量法。工作量法是指按照固定资产完成的工作量计算折旧的方法。采用工作量法计算折旧，可按照行驶里程和工作小时两种方法计算。

（1）按照行驶里程计算折旧的公式为：

$$\text{单位里程折旧额} = \dfrac{\text{原值} \times (1 - \text{预计净残值率})}{\text{总行驶里程}}$$

（2）按照工作小时计算折旧的公式为：

$$\text{每工作小时折旧额} = \dfrac{\text{原值} \times (1 - \text{预计净残值率})}{\text{总工作时间}}$$

采用工作量法计算固定资产的折旧，其目的在于正确地核算生产耗费，使产品成本负担较为合理。这种方法通常用在大型设备（如万吨水压机、挖掘机等）和汽车运输设备方面。

3. 双倍余额递减法。双倍余额递减法是指在不考虑固定资产预计净残值的情况下，根据每期期初固定资产账面净值（固定资产原价减去累计折旧后的金额）和双倍的直线法折旧率计算固定资产折旧的一种方法。计算公式为：

$$\text{年折旧率} = \dfrac{2}{\text{预计使用寿命}} \times 100\%$$

$$\text{年折旧额} = \text{年初固定资产账面净值} \times \text{年折旧率}$$

由于双倍余额递减法不考虑固定资产的预计净残值，因此，在应用这种方法计算折旧额时必须注意不能使固定资产的净值降低到其预计净残值以下。一般来说，采用双倍余额递减法计算折旧的固定资产，应当在其固定资产折旧年限到期前两年内，将固定资产净值扣除预计净残值后的余额平均摊销。

【例 7-6】天诚公司一台 A 设备原价为 10 000 元，预计使用寿命为 5 年，预计净残值为 200 元。采用双倍余额递减法计算各年折旧额。

A 设备采用双倍余额递减法计算的各年折旧额如表 7-1 所示。

表 7-1　　　　　　　　　折旧额计算表（双倍余额递减法）

| 年份 | 期初账面净值（元） | 折旧率（%） | 年折旧额（元） | 期末账面价值（元） |
|---|---|---|---|---|
| 1 | 10 000 | 40 | 4 000 | 6 000 |
| 2 | 6 000 | 40 | 2 400 | 3 600 |
| 3 | 3 600 | 40 | 1 440 | 2 160 |
| 4 | 2 160 |  | 980 | 1 180 |
| 5 | 1 180 |  | 980 | 200 |

4. 年数总和法。年数总和法又称合计年限法或变率递减法，是将固定资产的原值减去预计净残值的余额乘以一个逐年递减的折旧率（分数）来计算每年的折旧额。这个分数的分子为固定资产尚可使用寿命，分母为预计使用寿命逐年数字之和。其计算公式如下：

$$年折旧额 = (固定资产原值 - 预计净残值) \times \frac{折旧年限 - 已使用年限}{\frac{折旧年限 \times (折旧年限 + 1)}{2}}$$

【例 7-7】天诚公司 B 设备原值为 50 000 元，预计使用年限为 5 年，预计净残值为 2 000 元。采用年数总和法计算各年的折旧额。

B 设备采用年数总和法计算的各年折旧额如表 7-2 所示。

表 7-2　　　　　　　　　折旧计算表（年数总和法）

| 年份 | 原值 - 预计净残值（元） | 折旧率 | 年折旧额（元） | 期末账面价值（元） |
|---|---|---|---|---|
| 1 | 50 000 - 2 000 | 5/15 | 16 000 | 32 000 |
| 2 | 50 000 - 2 000 | 4/15 | 12 800 | 19 200 |
| 3 | 50 000 - 2 000 | 3/15 | 9 600 | 9 600 |
| 4 | 50 000 - 2 000 | 2/15 | 6 400 | 3 200 |
| 5 | 50 000 - 2 000 | 1/15 | 3 200 | 0 |

双倍余额递减法和年数总和法均属于加速折旧法，其特点是在固定资产使用的前期多提折旧，后期少提折旧，其递减的速度逐年加快，从而相对加快折旧的速度，目的是使固定资产成本在估计使用寿命内加快得到补偿。

（四）固定资产折旧的会计处理

固定资产应当按月计提折旧，计提的折旧应通过"累计折旧"科目核算，并根据固定资产的用途，分别计入相关资产的成本或当期损益。例如，基本生产车间所使用的固定资产，其计提的折旧应计入制造费用，并最终计入所生产产品成本；管理部门所使用的固定资产，其计提的折旧应计入管理费用；销售部门使用的固定资产,其计提的折旧应计入销售费用;未使用固定资产,其计提的折旧应计入管理费用等。

在会计实务中,企业各月计提折旧的工作一般是通过编制固定资产折旧计算表来完成的。该表的编制方法是:当月应计提的固定资产折旧额等于上月固定资产折旧额加上月增加固定资产折旧额减去上月减少固定资产折旧额。

【例 7-8】 2×18 年 9 月 30 日,天诚公司编制的固定资产折旧计算表如表 7-3 所示。

表 7-3 固定资产折旧计算表

2×18 年 9 月  单位:元

| 使用部门 | 固定资产项目 | 上月折旧额 | 上月增加固定资产 | | 上月减少固定资产 | | 本月折旧额 | 分配费用 |
|---|---|---|---|---|---|---|---|---|
| | | | 原价 | 折旧额 | 原价 | 折旧额 | | |
| 一车间 | 厂房 | 5 000 | | | | | 5 000 | 制造费用 |
| | 设备 | 12 000 | | | | | 12 000 | |
| | 其他 | 800 | | | | | 800 | |
| | 小计 | 17 800 | | | | | 17 800 | |
| 二车间 | 厂房 | 4 000 | | | | | 4 000 | |
| | 设备 | 10 000 | 30 000 | 100 | 20 000 | 150 | 9 950 | |
| | 其他 | 600 | | | | | 600 | |
| | 小计 | 14 600 | | | | | 14 550 | |
| 厂部 | 房屋 | 1 100 | | | | | 1 100 | 管理费用 |
| | 运输工具 | 1 300 | | | | | 1 300 | |
| | 小计 | 2 400 | | | | | 2 400 | |
| 合计 | | 34 800 | 30 000 | 100 | 20 000 | 150 | 34 750 | |

根据上述固定资产折旧计算表编制会计分录如下:

借:制造费用——一车间　　　　　　　　　　　　　　17 800
　　　　　　——二车间　　　　　　　　　　　　　　14 550
　　管理费用　　　　　　　　　　　　　　　　　　　 2 400
　贷:累计折旧　　　　　　　　　　　　　　　　　　34 750

### (五)固定资产使用寿命、预计净残值和折旧方法的复核

在固定资产使用过程中,其所处的经济环境、技术环境以及其他环境有可能对固定资产使用寿命和预计净残值产生较大影响。例如,固定资产使用强度比正常情况大大加强,致使固定资产使用寿命大大缩短;替代该项固定资产的新产品的出现致使其实际使用寿命缩短,预计净残值减少,等等。为真实反映固定资产为企业提供经济利益的期间及每期实际的资产消耗,企业至少应当于每年年度终了,对固定资产使用寿命和预计净残值进行复核。如有确凿证据表明,固定资产

使用寿命预计数与原先估计数有差异，应当调整固定资产使用寿命；固定资产预计净残值预计数与原先估计数有差异，应当调整预计净残值。

固定资产使用过程中所处经济环境、技术环境以及其他环境的变化也可能致使与固定资产有关的经济利益的预期实现方式发生重大改变，企业也应相应改变固定资产折旧方法。例如，某采掘企业各期产量相对稳定，原来采用年限平均法计提固定资产折旧。年度复核中发现，由于该企业使用了先进技术，产量大幅增加，可采储量逐年减少，该项固定资产给企业带来经济利益的预期实现方式已发生重大改变，需要将年限平均法改为产量法。

## 二、固定资产的后续支出

固定资产的后续支出是指固定资产在投入使用以后期间发生的与固定资产使用效能直接相关的各种支出，如更新改造支出、修理费用等。后续支出的处理原则为：与固定资产有关的更新改造支出等后续支出，符合固定资产确认条件的，应当计入固定资产成本，同时将被替换部分的账面价值扣除；与固定资产有关的修理费用等后续支出，不符合固定资产确认条件的，应当计入当期损益。

（一）资本化的后续支出

资本化的后续支出是指对固定资产进行更新改造所发生的支出。这类支出一般符合固定资产确认条件，应当将其支出计入固定资产成本。

发生可资本化的后续支出时，企业一般应将该固定资产的原价、已计提的累计折旧额和减值准备转销，将固定资产的账面价值转入在建工程，并停止计提折旧。发生的后续支出，通过"在建工程"科目核算。在固定资产发生的后续支出完工并达到预定可使用状态时，再从在建工程转为固定资产，并按重新确定的使用寿命、预计净残值和折旧方法计提折旧。

【例 7-9】天诚公司因生产产品的需要，将一栋厂房交付扩建，以增加使用面积。该厂房原价为 1 435 000 元，累计折旧 175 000 元。在扩建过程中共发生扩建支出 83 000 元，均已通过银行支付，厂房拆除部分的残料作价 4 000 元。其相关的账务处理如下：

①厂房转入扩建，注销厂房原价、累计折旧。

借：在建工程                                        1 260 000
       累计折旧                                      175 000
     贷：固定资产                                  1 435 000

②支付扩建支出，增加扩建工程成本。

借：在建工程                                        83 000
     贷：银行存款                                    83 000

③残料作价入库，冲减扩建工程成本。

借：原材料                                          4 000

贷：在建工程　　　　　　　　　　　　　　　　　　　　　　　4 000
④扩建工程完工，厂房已达到预定可使用状态。
借：固定资产　　　　　　　　　　　　　　　　　　　　　　1 339 000
　　　贷：在建工程　　　　　　　　　　　　　　　　　　　　　　1 339 000

## （二）费用化的后续支出

费用化的后续支出是指与固定资产有关的修理费用等后续支出。一般情况下，固定资产投入使用之后，由于固定资产磨损、各组成部分耐用程度不同，可能导致固定资产的局部损坏，为了维护固定资产的正常运转和使用，充分发挥其使用效能，企业将对固定资产进行必要的维护。

固定资产的修理按其修理范围的大小、费用支出多少、修理间隔时间长短等，分为日常修理和大修理两种。固定资产日常修理包括中、小修理，是保持和恢复固定资产正常工作状态所进行的经常性修理，它的特点是范围小、费用支出少、修理间隔时间短。固定资产大修理是保持和恢复固定资产正常工作状态所进行的定期修理和局部更新，它的特点是范围大、费用支出多、修理间隔时间长。

正是由于固定资产的日常修理费用、大修理费用等支出只是确保固定资产的正常工作状况，一般不产生未来经济利益，因此，通常不符合固定资产的确认条件，在发生时应直接计入当期损益。企业生产车间（部门）和行政管理部门等发生的固定资产修理费用等后续支出记入"管理费用"科目；企业专设销售机构的，其发生的与专设销售机构相关的固定资产修理费用等后续支出，计入"销售费用"科目。

需要注意的是，企业对固定资产进行定期检查发生的大修理费用，有确凿证据表明符合固定资产确认条件的部分，可以计入固定资产成本，不符合固定资产的确认条件的应当费用化，计入当期损益。固定资产在定期大修理间隔期间，照提折旧。

【例7－10】天诚公司对A生产设备进行日常修理，领用修理配件2 400元，用银行存款支付其他修理费用800元。其账务处理如下：
借：管理费用——修理费用　　　　　　　　　　　　　　　　3 200
　　　贷：原材料　　　　　　　　　　　　　　　　　　　　　　　2 400
　　　　　银行存款　　　　　　　　　　　　　　　　　　　　　　　800

## 第四节　固定资产的处置

### 一、固定资产终止确认的条件

固定资产处置是指由于各种原因使企业固定资产需退出生产经营过程所做的

处理活动。固定资产处置包括固定资产的出售、转让、报废或毁损、对外投资、非货币性资产交换、债务重组等。企业在生产经营过程中，对那些不适用或不需用的固定资产，可以出售、转让。对那些由于使用而不断磨损直至最终报废，或由于技术进步等原因发生提前报废，或由于遭受自然灾害等非常损失发生毁损的固定资产应及时进行清理。固定资产的处置涉及固定资产的终止确认问题。按照现行固定资产准则的规定，固定资产满足下列条件之一的，应当予以终止确认：

1. 该固定资产处于处置状态。处于处置状态的固定资产不再用于生产商品、提供劳务、出租或经营管理，因此不再符合固定资产的定义，应予终止确认。

2. 该固定资产预期通过使用或处置不能产生经济利益。固定资产的确认条件之一是"与该固定资产有关的经济利益很可能流入企业"，如果一项固定资产预期通过使用或处置不能产生经济利益，那么它就不再符合固定资产的定义和确认条件，应予终止确认。

## 二、固定资产处置的主要账务处理

企业出售、转让、报废固定资产或发生固定资产毁损，应当将处置收入扣除账面价值和相关税费后的金额计入当期损益。固定资产的账面价值是固定资产成本扣减累计折旧和累计减值准备后的金额。

### （一）会计科目的设置

企业出售、转让划归为持有待售类别的，按照《企业会计准则第42号——持有待售的非流动资产、处置组和终止经营》相关规定进行会计处理；未划归为持有待售类别而出售、转让的，通过"固定资产清理"科目归集所发生的损益，其产生的利益或损失转入"处置资产损益"科目，计入当期损益；固定资产因报废、毁损等原因而终止确认的，通过"固定资产清理"科目归集所发生的损益，其产生的利得或损失计入营业外收入或营业外支出。

### （二）主要账务处理

企业通过"固定资产清理"科目核算的出售、转让、报废或毁损而处置的固定资产，其会计处理一般经过以下五个步骤。

第一，固定资产转入清理。固定资产转入清理时，按固定资产的账面价值，借记"固定资产清理"科目，按已计提的累计折旧，借记"累计折旧"科目，按已计提的减值准备，借记"固定资产减值准备"科目，按固定资产账面余额，贷记"固定资产"科目。

第二，发生的清理费用。固定资产清理过程中发生的有关费用以及应支付的相关税费，借记"固定资产清理"科目，贷记"银行存款""应交税费"等科目。

第三，出售收入和残料等的处理。企业收回出售固定资产的价款、残料价值和变价收入等，应冲减清理支出。按实际收到的出售价款以及残料变价收入借记"银行存款""原材料"等科目，贷记"固定资产清理""应交税费——应交增值税"等科目。

第四，保险赔偿的处理。企业计算或收到的应由保险公司或过失人赔偿的损失，应冲减清理支出，借记"其他应收款""银行存款"等科目，贷记"固定资产清理"科目。

第五，清理净损益的处理。固定资产清理完毕后的净损失，属于正常出售、转让所产生的利得或损失，借记或贷记"资产处置损益"科目，贷记或借记"固定资产清理"科目；属于已丧失使用功能正常报废所产生的利得或损失，借记或贷记"营业外支出——非流动资产报废"科目，贷记或借记"固定资产清理"科目；属于自然灾害等非常原因造成的损失，借记或贷记"营业外支出——非常损失"科目，贷记或借记"固定资产清理"科目。

【例7-11】天诚公司将闲置不用的车床一台出售给其他单位，该车床原价为34 000元，已提折旧额14 000元，双方协商作价为28 000元。

根据上述资料应编制的会计分录为：

①注销售出固定资产的原价和已提折旧额。

借：固定资产清理　　　　　　　　　　　　　　　　　20 000
　　累计折旧　　　　　　　　　　　　　　　　　　　14 000
　　　贷：固定资产　　　　　　　　　　　　　　　　　　　34 000

②收取价款。

借：银行存款　　　　　　　　　　　　　　　　　　　28 000
　　　贷：固定资产清理　　　　　　　　　　　　　　　　　28 000

③结转出售固定资产取得的净收益。

借：固定资产清理　　　　　　　　　　　　　　　　　8 000
　　　贷：资产处置损益　　　　　　　　　　　　　　　　　8 000

【例7-12】天诚公司基本生产车间一台车床按期报废，该车床原价为50 000元，已提折旧额45 000元，在清理过程中，用现金支付清理费800元，残料入库计价2 000元。现清理完毕。

根据上述资料应编制的会计分录为：

①注销报废车床的原价和已提折旧额。

借：固定资产清理　　　　　　　　　　　　　　　　　5 000
　　累计折旧　　　　　　　　　　　　　　　　　　　45 000
　　　贷：固定资产　　　　　　　　　　　　　　　　　　　50 000

②用库存现金支付清理费。

借：固定资产清理　　　　　　　　　　　　　　　　　800
　　　贷：库存现金　　　　　　　　　　　　　　　　　　　800

③残料入库。
借：原材料 2 000
　　贷：固定资产清理 2 000
④结转清理净损失。
借：营业外支出——非流动资产报废损失 3 800
　　贷：固定资产清理 3 800

### 三、固定资产的盘盈盘亏

固定资产是一种单位价值较高、使用期限较长的有形资产，因此，对于管理规范的企业而言，盘盈、盘亏的固定资产较为少见。企业应当健全制度，加强管理，定期或者至少于每年年末对固定资产进行清查盘点，以保证固定资产核算的真实性和完整性。如果清查中发现固定资产的损溢应及时查明原因，在期末结账前处理完毕。

企业在财产清查中盘亏的固定资产，按盘亏固定资产的账面价值借记"待处理财产损溢——待处理固定资产损溢"科目，按已计提的累计折旧，借记"累计折旧"科目，按已计提的减值准备，借记"固定资产减值准备"科目，按固定资产原价，贷记"固定资产"科目。在按管理权限报经批准后处理时，按可收回的保险赔偿或过失人赔偿，借记"其他应收款"科目，按应计入营业外支出的金额，借记"营业外支出——盘亏损失"科目，贷记"待处理财产损溢——待处理固定资产损溢"科目。

企业在财产清查中盘盈的固定资产，作为前期差错处理。企业在财产清查中盘盈的固定资产，在按管理权限报经批准处理前应先通过"以前年度损益调整"科目核算。盘盈的固定资产，应按重置成本确定其入账价值，借记"固定资产"科目，贷记"以前年度损益调整"科目。

**【例7-13】** 天诚公司在财产清查中发现盘亏电动机一台，原价为6 000元，已提折旧额为4 600元。应编制的会计分录如下。

批准前：
借：待处理财产损溢——待处理固定资产损溢 1 400
　　累计折旧 4 600
　　　贷：固定资产 6 000
批准后：
借：营业外支出——盘亏损失 1 400
　　贷：待处理财产损溢——待处理固定资产损溢 1 400

**【例7-14】** 天诚公司在固定资产清查中，发现盘盈设备一台，该设备重置成本为6 000元，在报经批准前，应编制的会计分录如下。

借：固定资产 6 000
　　贷：以前年度损益调整 6 000

## 练 习 题

### 一、问答题

1. 说明固定资产的分类方法。
2. 固定资产的计价标准有哪几种？每种计价标准的作用如何？
3. 什么是固定资产折旧？如何正确理解折旧的性质？
4. 企业确定固定资产使用寿命时应当考虑的因素有哪些？
5. 影响折旧的因素有哪些？
6. 企业计提折旧的范围如何？在确定计提折旧的范围时还应注意哪些方面的问题？
7. 固定资产后续支出的处理原则是什么？
8. 固定资产终止确认的条件是什么？

### 二、选择题

1. 下列各项中，不应当计提折旧的固定资产是（　　）。
   A. 房屋和建筑物
   B. 季节性停用和大修理停用的机器设备
   C. 以经营租赁方式租入的固定资产
   D. 以融资租赁方式租入的固定资产

2. 下列各项中，不构成影响固定资产折旧主要因素的是（　　）。
   A. 固定资产原价　　　　　　　　B. 固定资产的新旧程度
   C. 固定资产减值准备　　　　　　D. 固定资产的使用寿命

3. 下列关于自行建造固定资产会计处理的表述中，正确的是（　　）。
   A. 为建造固定资产支付的职工薪酬计入当期损益
   B. 固定资产的建造成本不包括工程完工前盘亏的工程物资净损失
   C. 工程完工前因正常原因造成的单项工程报废净损失计入营业外支出
   D. 已达到预定可使用状态但未办理竣工决算的固定资产按暂估价值入账

4. 企业在财产清查中盘盈的固定资产，在按管理权限报经批准处理前应先通过的会计科目是（　　）。
   A. 待处理财产损溢　　　　　　　B. 管理费用
   C. 营业外收入　　　　　　　　　D. 以前年度损益调整

5. 公司自有固定资产的改良支出，应该计入的会计科目是（　　）。
   A. 制造费用　　B. 管理费用　　C. 营业外支出　　D. 在建工程

6. 某项固定资产原值为 40 000 元，预计净残值为 2 000 元，折旧年限为 4 年。采用年数总和法计提折旧，则第 3 年的折旧额为（　　）元。
   A. 7 600　　　　B. 8 000　　　　C. 3 800　　　　D. 12 000

7. 采用双倍余额递减法计提折旧的特点是（　　）。
   A. 每年折旧额不变　　　　　　　B. 累计折旧逐年递减

C. 折旧率逐年递减　　　　　　　D. 计提折旧的基数逐年递减

8. 企业接受捐赠的固定资产时，应贷记的会计科目是（　　）。
   A. 营业外收入　　　　　　　　B. 投资收益
   C. 其他业务收入　　　　　　　D. 其他综合收益

9. 某企业转让一台旧设备，取得价款56万元，发生清理费用2万元。该设备原值为60万元，已提折旧10万元。假定不考虑其他因素，出售该设备影响当期损益的金额为（　　）万元。
   A. 4　　　　　B. 6　　　　　C. 54　　　　　D. 56

10. 固定资产清理完成后，属于生产经营期间正常的处理损失应该计入的会计科目是（　　）。
    A. "营业外支出——处置非流动资产损失"科目的借方
    B. "营业外支出——处置非流动资产损失"科目的贷方
    C. "营业外支出——非常损失"科目的借方
    D. "营业外支出——非常损失"科目的贷方

11. 企业在财产清查中发现短缺的固定资产，应先通过的会计科目是（　　）。
    A. 固定资产清理　　　　　　　B. 营业外支出
    C. 管理费用　　　　　　　　　D. 待处理财产损溢

12. 在计算固定资产折旧额时，不需要考虑固定资产预计净残值的折旧方法是（　　）。
    A. 平均年限法　　　　　　　　B. 工作量法
    C. 双倍余额递减法　　　　　　D. 年数总和法

13. 天诚公司某设备的账面价值为20万元，预计使用年限为4年，预计净残值率为5%，采用双倍余额递减法计提折旧，该设备在第3年应计提的折旧额是（　　）万元。
    A. 1.25　　　　B. 2.375　　　　C. 1　　　　D. 2

14. 固定资产是具有下列特征的有形资产（　　）。
    A. 为生产产品、提供劳务、出租或经营管理而持有的，但不包括以出租为目的的房屋建筑物
    B. 为生产产品、提供劳务、出租或经营管理而持有的，包括以出租为目的的房屋建筑物
    C. 使用寿命超过一个会计年度
    D. 使用寿命超过一个会计期间

15. 下列各项中，应当计提折旧的固定资产有（　　）。
    A. 闲置的固定资产　　　　　　B. 单独计价入账的土地
    C. 经营租出的固定资产　　　　D. 已提足折旧仍继续使用的固定资产

16. 下列各项中，属于影响固定资产折旧的因素主要有（　　）。
    A. 固定资产原价　　　　　　　B. 预计净残值
    C. 固定资产减值准备　　　　　D. 固定资产的使用寿命

17. 下列各项中，会引起固定资产账面价值发生增减变化的有（　　）。
A. 对固定资产计提折旧
B. 固定资产日常修理支出
C. 符合资本化条件的固定资产改良支出
D. 计提固定资产减值准备

18. 下列各项中，属于固定资产计价标准的有（　　）。
A. 历史成本　　　B. 原始价值　　　C. 净值　　　D. 折余价值

19. 下列各项中，属于固定资产折旧方法的有（　　）。
A. 平均年限法　　　　　　　　B. 工作量法
C. 双倍余额递减法　　　　　　D. 年数总和法

20. 下列各项中，应记入"固定资产清理"科目借方的有（　　）。
A. 固定资产转入清理时的账面价值
B. 发生的清理费用
C. 清理过程中发生的有关费用以及应支付的相关税费
D. 企业计算或收到的应由保险公司或过失人赔偿的损失

### 三、判断题

1. 采用双倍余额递减法计提折旧每年折旧额不变。（　　）
2. 对于企业购买固定资产的价款超过正常信用条件延期支付的，应以购买价款的现值为基础确定其固定资产的成本。（　　）
3. 企业应当根据固定资产的性质和使用情况，合理确定固定资产的使用寿命和预计净残值。（　　）
4. 生产车间发生的固定资产修理费用，应当记入"制造费用"科目。（　　）
5. 固定资产减值损失一经确认，在以后会计期间不得转回。（　　）
6. 企业以一笔款项购入多项没有单独标价的固定资产时，应按各项固定资产公允价值的比例对总成本进行分配，分别确定各项固定资产的成本。（　　）
7. 固定资产的各组成部分具有不同使用寿命、适用不同折旧率的，应当分别将各组成部分确认为单项固定资产。（　　）
8. 固定资产盘亏造成的损失，应当计入当期损益。（　　）
9. 企业盘盈的固定资产，计入营业外收入。（　　）
10. 固定资产减值准备不属于影响折旧计提的因素。（　　）
11. 购入需要安装的固定资产，先通过"在建工程"科目核算。（　　）
12. 企业应当按月计提固定资产折旧，并根据用途分别计入相关资产的成本或当期费用。（　　）
13. 企业将发生的固定资产后续支出计入固定资产成本的，应当终止确认被替换部分的账面价值。（　　）
14. 为经营租赁而出租的建筑物、机器设备都属于企业的固定资产。（　　）
15. 融资租入固定资产，应当采用与自有资产相一致的折旧政策，折旧期间应依据租赁合同而定。（　　）

### 四、账务处理题

2×18年12月1日,天诚公司购入一台不需要安装的生产用机器设备,价款为2 350 000元,增值税为305 500元,另支付运输费40 000元,包装费10 000,款项均已以银行存款支付。该设备购入后立即投入基本生产车间使用,预计可使用5年,预计净残值率为其原值的5%。采用双倍余额递减法计算折旧。假定不考虑固定资产减值因素。

要求:

(1) 计算天诚公司购入设备原始价值,并编制会计分录;

(2) 计算天诚公司2×19年至2×23年的折旧额;

(3) 编制天诚公司2×23年计提折旧的会计分录(假定每年年末计提折旧一次)。

# 第八章 无形资产

**【本章关键知识点】**
1. 无形资产的定义、特征和内容。
2. 无形资产的初始计量。
3. 企业内部研究开发费用的确认和计量。
4. 无形资产的后续计量。
5. 无形资产的处置。

## 第一节 无形资产概述

### 一、无形资产的定义及特征

无形资产（intangible assets），是指企业拥有或控制的没有实物形态的、可辨认非货币性资产。相对于其他资产，无形资产具有以下特征。

#### （一）无形资产不具有实物形态

无形资产通常表现为某种权利、某项技术或是某种获取超额利润的综合能力，它们不具有实物形态，比如，土地使用权、非专利技术等。企业的有形资产例如固定资产虽然也能为企业带来经济利益，但其为企业带来经济利益的方式与无形资产不同，固定资产是通过实物价值的磨损和转移来为企业带来未来经济利益，而无形资产很大程度上是通过自身所具有的技术等优势为企业带来未来经济利益。

某些无形资产的存在有赖于实物载体。比如，计算机软件需要存储在磁盘中。但这并不改变无形资产本身不具实物形态的特性。在确定一项包含无形和有形要素的资产是属于固定资产，还是属于无形资产时，需要通过判断来加以确定，通常以哪个要素更重要作为判断的依据。例如，计算机控制的机械工具没有特定计算机软件就不能运行时，说明该软件是构成相关硬件不可缺少的组成部分，该软件应作为固定资产处理；如果计算机软件不是相关硬件不可缺少的组成部分，则该软件应作为无形资产核算。

### (二) 无形资产具有可辨认性

符合以下条件之一的，则认为其具有可辨认性：

1. 能够从企业中分离或者划分出来，并能单独用于出售或转让等，而不需要同时处置在同一获利活动中的其他资产，表明无形资产可以辨认。某些情况下无形资产可能需要与有关的合同一起用于出售转让等，这种情况下也视为可辨认无形资产。

2. 产生于合同性权利或其他法定权利，无论这些权利是否可以从企业或其他权利和义务中转移或者分离。如一方通过与另一方签订特许权合同而获得的特许使用权通过法律程序申请获得的商标权、专利权等。

如果企业有权获得一项无形资产产生的未来经济利益，并能约束其他方获取这些利益，则表明企业控制了该项无形资产。例如，对于会产生经济利益的技术知识，若其受到版权、贸易协议约束（如果允许）等法定权利或雇员保密法定职责的保护，那么说明该企业控制了相关利益。

客户关系、人力资源等，由于企业无法控制其带来的未来经济利益，不符合无形资产的定义，不应将其确认为无形资产。

内部产生的品牌、报刊名、刊头、客户名单和实质上类似的项目支出，由于不能与整个业务开发成本区分开来，因此，这类项目不应确认为无形资产。

### (三) 无形资产属于非货币性资产

非货币性资产是指企业持有的货币资金和将以固定或可确定的金额收取的资产以外的其他资产。无形资产由于没有发达的交易市场，一般不容易转化成现金，在持有过程中为企业带来未来经济利益的情况不确定，不属于以固定或可确定的金额收取的资产，属于非货币性资产。

## 二、无形资产的内容

无形资产包括专利权、非专利技术、商标权、著作权、特许权、土地使用权等。

1. 专利权。专利权是指经国家专利管理机关审定并授予发明者在一定年限内对其发明成果的制造、使用和出售享有的专门权利。专利权的主体是依据专利法被授予专利权的个人或单位，专利权的客体是受专利法保护的专利范围。并不是所有的专利权都能给持有者带来经济利益，有的专利可能没有经济价值或具有很小的经济价值；有的专利会被另外更有经济价值的专利所淘汰等。因此，企业无须将其所拥有的一切专利权都予以资本化，作为无形资产核算，只有那些能够给企业带来较大经济价值，并且企业为此花费了支出的专利才能作为无形资产核算。

2. 非专利技术。非专利技术是指发明者未申请专利或不够申请专利的条件而未经公开的先进技术，包括先进的生产经验、先进的技术设计资料以及先进的原料配方等。由于非专利技术未经公开亦未申请专利权，所以不受法律保护，但事实上具有专利权的效用。非专利技术有些是自己开发研究的，有些是根据合同规定从外部购入的。如果是自己开发研究，可能成功也可能失败，研究过程中发生的相关费用，会计核算上一般将其全部列作当期费用处理，不作为无形资产核算。从外部购入的，应按实际发生的一切支出予以本金化，作为无形资产入账核算。非专利技术可以作为资产对外投资，也可以转让。

3. 商标权。商标权是指企业拥有的在某类指定的商品上使用特定名称或图案的权利。根据我国《商标法》的规定，经商标局核准注册的商标为注册商标，商标注册人享有商标专用权，受法律保护。商标权的内容包括独占使用权和禁止使用权。商标权的价值在于它能使享有人获得较高的盈利能力。我国《商标法》规定，商标权的有效期限为10年，期满前可继续申请延长注册期。

现代社会，商标已成为重要的购物向导，成为联系企业和消费者的桥梁。一般情况下，商标著名的产品比没有商标的产品或商标不著名的产品售价要高出许多。这说明，名牌商标能为企业带来未来的超额经济利润，其经济价值甚至可超过企业的有形资产。

4. 著作权。著作权是指著作权人对其著作依法享有的出版、发行等方面的专有权利。著作权可以转让、出售或者赠与。著作权包括发表权、署名权、修改权、保护作品完整权、使用权和获得报酬权等。

5. 特许权。特许权也称为专营权，指在某一地区经营或销售某种特定商品的权利，或是一家企业接受另一家企业使用其商标、商号、技术秘密等的权利。前者是由政府机构授权，准许企业使用或在一定地区享有经营某种业务的特权，如水、电、邮电通信等专营权，烟草专卖权，等等；后者是指企业间依照签订的合同，有限期或无限期使用另一家企业的某些权利，如连锁店的分店等。会计上的特许权主要是指后一种情况。只有支付了费用取得的特许权才能作为无形资产入账。

6. 土地使用权。土地使用权是指企业经国家土地管理机关批准享有的在一定期间内对国有土地开发、利用和经营的权利。根据我国《土地管理法》的规定，我国土地实行公有制，任何单位和个人不得侵占、买卖或者以其他形式非法转让。国有土地可依法确定给国有企业、集体企业等单位使用，其使用权可依法转让。取得土地使用权时可能不花费任何代价，如企业所拥有的未入账的土地使用权，这时，就不能将其作为无形资产核算。取得土地使用权时花费了支出，则应将其资本化，作为无形资产核算。这里有两种情况，第一种情况是企业根据《中华人民共和国城镇国有土地使用权出让和转让暂行条例》，向政府土地管理部门申请土地使用权，企业要支付一笔出让金，在这种情况下，企业应予以本金化，作为无形资产核算；第二种情况是企业原先通过行政划拨获得土地使用权，没有入账核算，在将土地使用权有偿转让、出租、抵押、作价入股和投资时，应按规定将补交的土地出让价款予以本金化，作为无形资产入账核算。

## 第二节 无形资产的初始计量

无形资产的初始计量是指企业初始取得无形资产时入账价值的确定。无形资产应当按照成本进行初始计量,即以取得无形资产并使之达到预定用途而发生的全部支出,作为无形资产的成本。对于不同来源取得的无形资产,其成本构成也不尽相同。

### 一、外购无形资产的成本确定

外购方式是企业取得无形资产的重要渠道。企业当自行研究和开发无形资产存在困难的情况下,如果生产和销售产品、提供劳务、出租以及为了自身的行政管理需要无形资产(如专利权、非专利技术)时,则通常采用购买方式取得无形资产,以满足生产经营和管理的需要。外购无形资产的成本,包括购买价款、相关税费以及直接归属于使该项资产达到预定用途所发生的其他支出。其中,直接归属于使该项资产达到预定用途所发生的其他支出,是指使无形资产达到预定用途所发生的专业服务费用、测试无形资产是否能够正常发挥作用的费用等。

购买无形资产的价款超过正常信用条件延期支付,实质上具有融资性质的,无形资产的成本以购买价款的现值为基础确定。实际支付的价款与购买价款的现值之间的差额作为未确认融资费用,在付款期内按实际利率法进行摊销,计入各年财务费用中。

企业外购的无形资产,按应计入无形资产成本的金额,借记"无形资产"科目,贷记"银行存款"科目。

购入无形资产超过正常信用条件延期支付价款,实质上具有融资性质的,应按所购无形资产购买价款的现值,借记"无形资产"科目,按应支付的金额,贷记"长期应付款"科目,按其差额,借记"未确认融资费用"科目。

**【例 8−1】** 天诚公司购入一项专利技术,发票价格为 240 000 元,款项已通过银行转账支付。应编制的会计分录为:

借:无形资产 240 000
　　贷:银行存款 240 000

### 二、自行开发无形资产的成本确定

自行开发的无形资产,其成本包括自满足无形资产确认条件后至达到预定用途前所发生的支出总额,但是对于以前期间已经费用化的支出不再调整。

### 三、投资者投入无形资产的成本确定

投资者投入无形资产的成本,应当按照投资合同或协议约定的价值确定,但合同或协议约定价值不公允的除外。

## 第三节 企业内部研究开发费用的确认和计量

### 一、研究阶段与开发阶段的划分

#### (一) 研究阶段

研究阶段是指为获取并理解新的科学或技术知识而进行的独创性的有计划调查。例如,为了获取知识而进行的活动,研究成果或其他知识的应用研究、评价和最终选择;材料、设备、产品、工序、系统或服务替代品的研究;新的或经改进的材料、设备、产品、工序、系统或服务的可能替代品的配制、设计、评价和最终选择等。

研究阶段的特点在于计划性和探索性。计划性是指研究阶段建立在有计划的调查基础上,即,研发项目已经董事会或者相关管理层的批准,并着手收集相关资料、进行市场调查等。例如,某药品公司为研究开发某药品,经董事会或者相关管理层的批准,有计划地收集相关资料、进行市场调查、比较市场相关药品的药性、效用等活动。探索性是指研究阶段基本上是探索性的,为进一步的开发活动进行资料及相关方面的准备,这一阶段不会形成阶段性成果。

从研究活动的特点看,其研究是否能在未来形成成果,即通过开发后是否会形成无形资产均有很大的不确定性,企业也无法证明其研究活动一定能够形成带来未来经济利益的无形资产,因此,研究阶段的有关支出在发生时应当费用化计入当期损益。

#### (二) 开发阶段

开发阶段是指在进行商业性生产或使用前,将研究成果或其他知识应用于某项计划或设计,以生产出新的或具有实质性改进的材料、装置、产品等。相对于研究阶段而言,开发阶段应当是已完成研究阶段的工作,在很大程度上具备了形成一项新产品或新技术的基本条件。比如,生产或使用前的原型和模型的设计、建造和测试;含新技术的工具、夹具、模具和冲模的设计;不具有商业性生产经济规模的试生产设施的设计、建造和运营;新的或经过改造的材料、设备、产品、工序、系统或服务所选定的替代品的设计、建造和测试等。

开发阶段的特点在于具有针对性和形成成果的可能性较大。开发阶段是建立在研究阶段基础上，因而，对项目的开发具有针对性。此外，进入开发阶段的研发项目往往形成成果的可能性较大。这是因为，开发阶段相对于研究阶段更进一步，且很大程度上形成一项新产品或新技术的基本条件已经具备，此时如果企业能够证明满足无形资产的定义及相关确认条件，所发生的开发支出可资本化，确认为无形资产的成本。

## 二、开发阶段有关支出资本化的条件

在开发阶段，判断可以将有关支出资本化确认为无形资产，必须同时满足下列条件：

1. 完成该无形资产以使其能够使用或出售在技术上具有可行性。判断无形资产的开发在技术上是否具有可行性，应当以目前阶段的成果为基础，并提供相关证据和材料，证明企业进行开发所需的技术条件等已经具备，不存在技术上的障碍或其他不确定性。比如，企业已经完成了全部计划、设计和测试活动，这些活动是使资产能够达到设计规划书中的功能、特征和技术所必需的活动或经过专家鉴定等。

2. 具有完成该无形资产并使用或出售的意图。开发某项产品或专利技术产品等，通常是根据管理当局决定该项研发活动的目的或者意图加以确定，也就是说，研发项目形成成果以后，是为了出售还是为了自己使用并从使用中获得经济利益，应当依管理当局的决定为依据。因此，企业的管理当局应当明确表明其持有拟开发无形资产的目的，并具有完成该项无形资产开发并使其能够使用或出售的可能性。

3. 无形资产产生经济利益的方式，包括能够证明运用该无形资产生产的产品存在市场或无形资产自身存在市场。开发支出资本化作为无形资产确认，其基本条件是能够为企业带来未来经济利益。如果有关的无形资产在形成以后，主要是用于形成新产品或新工艺的，企业应对运用该无形资产生产的产品市场情况进行估计，应能够证明所生产的产品存在市场，能够带来经济利益的流入；如果有关的无形资产开发以后主要是用于对外出售的，则企业应能够证明市场上存在对该类无形资产的需求，开发以后存在外在的市场可以出售并带来经济利益的流入；如果无形资产开发以后不是用于生产产品，也不是用于对外出售，而是在企业内部使用的，则企业应能够证明在企业内部使用时对企业的有用性。

4. 有足够的技术、财务资源和其他资源支持，以完成该无形资产的开发，并有能力使用或出售该无形资产。

这一条件主要包括：（1）为完成该项无形资产开发具有技术上的可靠性。开发的无形资产并使其形成成果在技术上的可靠性是继续开发活动的关键。因此，必须有确凿证据证明企业继续开发该项无形资产有足够的技术支持和技术能力。(2) 财务资源和其他资源支持。财务和其他资源支持是能够完成该项无形资产开发的经济基础，因此，企业必须能够说明为完成该项无形资产的开发所需的财务和其他资源，是否能够足以支持完成该项无形资产的开发。(3) 能够证明企业获取在开发过程中所需的技术、财务和其他资源，以及企业获得这些资源的相关计划等。如在企业自有资金不足以提供支持的情况下，是否存在外部其他方面的资金支持，如银行等借款机构愿意为该无形资产的开发提供所需资金的声明等来证实。(4) 有能力使用或出售该无形资产以取得收益。

5. 归属于该无形资产开发阶段的支出能够可靠计量。企业对于研究开发活动发生的支出应单独核算，如发生的研究开发人员的工资、材料费等，在企业同时从事多项研究开发活动的情况下，所发生的支出同时用于支持多项研究开发活动的，应按照一定的标准在各项研究开发活动之间进行分配，无法明确分配的，应予费用化计入当期损益，不计入开发活动的成本。

### 三、内部开发的无形资产的计量

内部开发活动形成的无形资产，其成本由可直接归属于该资产的创造、生产并使该资产能够以管理层预定的方式运作的所有必要支出组成。可直接归属于该资产的成本开发该无形资产时耗费的材料、劳务成本、注册费、在开发该无形资产过程中使用的其他专利权和特许权的摊销按照相关的规定资本化的利息支出，以及为使该无形资产达到预定用途前所发生的其他费用。

在开发无形资产过程中发生的除上述可直接归属于无形资产开发活动的其他销售费用、管理费用等间接费用、无形资产达到预定用途前发生的可辨认的无效和初始运作损失、为运行该无形资产发生的培训支出等不构成无形资产的开发成本。

值得强调的是，内部开发无形资产的成本仅包括在满足资本化条件的时点至无形资产达到预定用途前发生的支出总和，对于同一项无形资产在开发过程中达到资本化条件之前已经费用化计入损益的支出不再进行调整。

### 四、内部研究开发费用的账务处理

企业研究阶段的支出全部费用化，计入当期损益；开发阶段的支出符合条件的才能资本化，不符合资本化条件的计入当期损益。只有同时满足无形资产各项确认条件的，才能确认为无形资产，否则计入当期损益。如果确实无法区分研究阶段的支出和开发阶段的支出，应将其所发生的研发支出全部费用化，计入当期损益。

企业自行开发无形资产发生的研发支出，未满足资本化条件的，借记"研发支出——费用化支出"科目，满足资本化条件的，借记"研发支出——资本化支出"科目，贷记"原材料""银行存款""应付职工薪酬"等科目。

企业购买正在进行中的研究开发项目,应按确定的金额,借记"研发支出——资本化支出"科目,贷记"银行存款"等科目。

研究开发项目达到预定用途形成无形资产的,应按"研发支出——资本化支出"科目的余额,借记"无形资产"科目,贷记"研发支出——资本化支出"科目。

【例8-2】天诚公司自行研究开发一项新产品专利技术,在研究开发过程中发生材料费400 000元,应付研发人员薪酬57 000元,支付设备租金30 000元,总计487 000元。其中,符合资本化条件的支出为450 000元,应予费用化的部分为37 000元。期末,该专利技术已经达到预定用途。假定不考虑相关税费。

相关费用发生时:

| | |
|---|---|
| 借:研发支出——费用化支出 | 37 000 |
| ——资本化支出 | 450 000 |
| 贷:原材料 | 400 000 |
| 应付职工薪酬 | 57 000 |
| 银行存款 | 30 000 |

期末:

| | |
|---|---|
| 借:管理费用 | 37 000 |
| 无形资产 | 450 000 |
| 贷:研发支出——费用化支出 | 37 000 |
| ——资本化支出 | 450 000 |

## 第四节 无形资产的后续计量

无形资产的后续计量主要包括无形资产的摊销、减值损失的确定。其中,无形资产减值损失的确定将在本书第九章"资产减值"中作详细阐述,这里只阐述无形资产的摊销问题。

无形资产的摊销涉及估计无形资产使用寿命、无形资产的摊销方法以及账务处理等问题。

### 一、估计无形资产使用寿命的确定

无形资产初始确认和计量后,在其后使用该项无形资产期间内应以成本减去累计摊销额和累计减值损失后的余额计量。需要强调的是,确定无形资产在使用过程中的累计摊销额,基础是估计其使用寿命,只有使用寿命有限的无形资产才需要在估计的使用寿命内采用系统合理的方法进行摊销,对于使用寿命不确定的无形资产,每年进行减值测试。

企业应当于取得无形资产时分析判断其使用寿命。无形资产的使用寿命如为有限的，应当估计该使用寿命的年限或者构成使用寿命的产量等类似计量单位数量；无法预见无形资产为企业带来未来经济利益期限的，应当视为使用寿命不确定的无形资产。

### （一）估计无形资产使用寿命应考虑的因素

无形资产的后续计量是以其使用寿命为基础的。无形资产的使用寿命包括法定寿命和经济寿命两个方面，有些无形资产的使用寿命受法律、规章或合同的限制，称为法定寿命。如我国法律规定发明专利权有效期为 20 年，商标权的有效期为 10 年。有些无形资产如永久性特许经营权、非专利技术等的寿命则不受法律或合同的限制。经济寿命是指无形资产可以为企业带来经济利益的年限。由于受技术进步、市场竞争等因素的影响，无形资产的经济寿命往往短于法定寿命，因此，在估计无形资产的使用寿命时，应当综合考虑各方面相关因素的影响，合理确定无形资产的使用寿命。

确定无形资产的经济使用寿命，通常应考虑以下因素：

1. 该资产通常的产品寿命周期，以及可获得的类似资产使用寿命的信息；
2. 技术、工艺等方面的现实情况及对未来发展的估计；
3. 以该资产生产的产品或服务的市场需求情况；
4. 现在或潜在的竞争者预期采取的行动；
5. 为维持该资产产生未来经济利益的能力预期的维护支出及企业预计支付有关支出的能力；
6. 对该资产的控制期限，对该资产使用的法律或类似限制，如特许使用期间、租赁期间等；
7. 与企业持有的其他资产使用寿命的关联性等。

### （二）无形资产使用寿命的确定

源自合同性权利或其他法定权利取得的无形资产，其使用寿命不应超过合同性权利或其他法定权利的期限。例如，企业以支付土地出让金方式取得一块土地的使用权，如果企业准备持续持有，在 50 年期间内没有计划出售，该块土地使用权预期为企业带来未来经济利益的期间为 50 年。如果合同性权利或其他法定权利能够在到期时因续约等延续，当有证据表明企业续约不需要付出重大成本时，续约期才能够包括在使用寿命的估计中。下列情况一般说明企业无须付出重大成本即可延续合同性权利或其他法定权利：有证据表明合同性权利或法定权利将被重新延续，如果在延续之前需要第三方同意，则还需有第三方将会同意的证据；有证据表明为获得重新延续所必需的所有条件相对于企业的未来经济利益不具有重要性。如果企业在延续无形资产持有期间时付出的成本与预期流入企业的未来经济利益相比具有重要性，本质上来看是企业获得了一项新的无形资产。

没有明确的合同或法律规定的无形资产，企业应当综合各方面情况，如聘请相关专家进行论证或与同行业的情况进行比较以及借鉴企业的历史经验等，来确定无形资产为企业带来未来经济利益的期限，如果经过这些努力确实无法合理确定无形资产为企业带来经济利益期限，再将其作为使用寿命不确定的无形资产。

### （三）无形资产使用寿命的复核

企业至少应当于每年年度终了时，对无形资产的使用寿命进行复核，如果有证据表明无形资产的使用寿命不同于以前的估计，由于合同的续约或无形资产应用条件的改善，延长了无形资产的使用寿命，对于使用寿命有限的无形资产应改变其摊销年限，并按照会计估计变更进行处理。

## 二、使用寿命有限的无形资产摊销

使用寿命有限的无形资产，应在其预计的使用寿命内采用系统合理的方法对应摊销金额进行摊销。其中应摊销金额是指无形资产的成本扣除残值后的金额。

### （一）摊销期和摊销方法

无形资产的摊销期自其可供使用时（即其达到预定用途）开始至终止确认时止，即无形资产摊销的起始和停止日期为：当月增加的无形资产，当月开始摊销；当月减少的无形资产，当月不再摊销。

在无形资产的使用寿命内系统地分摊其应摊销金额存在多种方法，如直线法、生产总量法等。企业选择的无形资产摊销方法，应当反映与该项无形资产有关的经济利益的预期实现方式。无法可靠确定预期实现方式的，应当采用直线法摊销。

无形资产的摊销一般应计入当期损益，但如果某项无形资产是专门用于生产某种产品的，其所包含的经济利益是通过转入到所生产的产品中体现的，无形资产的摊销费用应构成产品成本的一部分。

**【例 8-3】** 天诚公司从外单位购得一项商标权，支付价款 2 000 000 元，款项已支付，该商标权的使用寿命为 10 年，不考虑残值的因素，以直线法摊销预期实现经济利益的方式。

购买商标权时：
借：无形资产——商标权　　　　　　　　　2 000 000
　　贷：银行存款　　　　　　　　　　　　　　　　2 000 000
商标权每年摊销额 = 2 000 000 ÷ 10 = 200 000（元）
借：管理费用　　　　　　　　　　　　　　　200 000
　　贷：累计摊销　　　　　　　　　　　　　　　　200 000

## （二）残值的确定

无形资产的残值一般为零，除非有第三方承诺在无形资产使用寿命结束时愿意以一定的价格购买该项无形资产，或者存在活跃的市场，通过市场可以得到无形资产使用寿命结束时的残值信息，并且从目前情况看，在无形资产使用寿命结束时，该市场还可能存在的情况下，可以预计无形资产的残值。无形资产的残值意味着在其经济寿命结束之前企业预计将会处置该无形资产，并且从该处置中取得利益。估计无形资产的残值应以资产处置时的可收回金额为基础，此时的可收回金额是指在预计出售日，出售一项使用寿命已满且处于类似使用状况下同类无形资产预计的处置价格（扣除相关税费）。残值确定以后，在持有无形资产的期间，至少应于每年年末进行复核，预计其残值与原估计金额不同的，应按照会计估计变更进行处理。如果无形资产的残值重新估计以后高于其账面价值的，无形资产不再摊销，直至残值降至低于账面价值时再恢复摊销。

## 三、使用寿命不确定的无形资产

根据可获得的情况判断，有确凿证据表明无法合理估计其使用寿命的无形资产，才能作为使用寿命不确定的无形资产。企业不得随意判断使用寿命不确定的无形资产。按照无形资产准则规定，对于使用寿命不确定的无形资产，在持有期间内不需要摊销，如果期末重新复核后仍为不确定的，应当在每个会计期间进行减值测试，需要计提减值准备的，相应计提有关的减值准备。

# 第五节 无形资产的处置

无形资产的处置，主要是指无形资产出售、对外出租、对外捐赠，或者是无法为企业带来未来经济利益（报废）时，对无形资产的转销并终止确认。

## 一、无形资产的出售

企业将无形资产出售，表明企业放弃该无形资产的所有权，应按照持有待售非流动资产、处置组的相关规定进行会计处理。

出售无形资产时，应按实际收到的金额等，借记"银行存款"等科目；按已计提的累计摊销额，借记"累计摊销"科目；原已计提减值准备的，借记"无形资产减值准备"科目；按应支付的相关税费及其他费用，贷记"应交税费""银行存款"等科目；按其账面余额，贷记"无形资产"科目；按其差额，贷记或借记"资产处置损益"科目。

【例8-4】天诚公司出售一项商标权,所得的不含税价款为1 200 000元,应缴纳的增值税为72 000元(适用的增值税税率为6%,不考虑其他税费)。该商标权成本为3 000 000元,出售时已摊销金额为1 800 000元,已计提的减值准备为300 000元。

根据上述资料,天诚公司应编制的会计分录为:

借:银行存款　　　　　　　　　　　　　　1 272 000
　　累计摊销　　　　　　　　　　　　　　1 800 000
　　无形资产减值准备——商标权　　　　　　300 000
　　贷:无形资产——商标权　　　　　　　　3 000 000
　　　　应交税费——应交增值税(销项税额)　　72 000
　　　　资产处置损益　　　　　　　　　　　　300 000

## 二、无形资产的出租

企业将所拥有的无形资产的使用权让渡给他人,并收取租金,属于与企业日常活动相关的其他经营活动取得的收入,在满足收入确认标准的情况下,应确认相关的收入及成本,并通过"其他业务收入"和"其他业务成本"科目进行核算。

出租无形资产时,取得的租金收入,借记"银行存款"等科目,贷记"其他业务收入"等科目;摊销出租无形资产的成本并发生与转让有关的各种费用支出时,借记"其他业务成本"科目,贷记"无形资产"科目。

【例8-5】天诚公司将一项专利技术出租给另外一个企业使用,该专利技术账面余额为2 000 000元,摊销期限为10年。出租合同规定,承租方每销售一件用该专利生产的产品,必须付给出租方100 000元专利技术使用费。假定承租方当年销售该产品10件(不考虑其他相关税费)。

根据上述资料,天诚公司应编制的相应会计分录如下。

取得租金收入时:

借:银行存款　　　　　　　　　　　　　　1 000 000
　　贷:其他业务收入　　　　　　　　　　　1 000 000

按年对该项专利技术进行摊销时:

借:其他业务成本　　　　　　　　　　　　　200 000
　　贷:累计摊销　　　　　　　　　　　　　　200 000

## 三、无形资产的报废

当无形资产已被其他新技术所替代,或者无形资产不再受到法律保护时,此时的无形资产预期不能为企业带来未来的经济利益,应转入报废处理。

无形资产转入报废处理时,应按已摊销的累计摊销额,借记"累计摊销"

科目；原已计提减值准备的，借记"无形资产减值准备"科目，按其账面余额，贷记"无形资产"科目，按其差额，借记"营业外支出"科目。

## 练 习 题

### 一、问答题

1. 说明企业内部研究开发项目的研究阶段与开发阶段各自的特点及账务处理方法。
2. 在开发阶段，判断可以将有关支出资本化确认为无形资产，必须同时满足哪些条件？
3. 估计无形资产使用寿命应考虑的因素有哪些？
4. 说明无形资产使用寿命的确定方法。
5. 说明无形资产的摊销期和摊销方法。

### 二、选择题

1. 下列各项中，不能确认为无形资产的是（　　）。
   A. 商标权　　　　B. 商誉　　　　C. 土地使用权　　D. 专利权

2. 下列各项中，应确认为无形资产的是（　　）。
   A. 企业自创商誉
   B. 企业内部产生的品牌
   C. 企业内部研究开发项目研究阶段的支出
   D. 企业购入的非专利技术

3. 下列各项中，不属于无形资产特征的是（　　）。
   A. 不具有实物形态　　　　　　　B. 具有可辨认性
   C. 属于非货币性资产　　　　　　D. 企业购入的专利权

4. A公司内部研发一项无形资产，共发生研究开发费用700万元，其中开发阶段符合资本化条件后发生支出550万元，2×18年初研发成功，并向国家专利局提出专利权申请且获得专利权，实际发生注册登记费等5万元，律师费用2万元，为培训运行该项无形资产的相关人员，发生培训费6万元。A公司该项无形资产入账价值为（　　）万元。
   A. 557　　　　B. 563　　　　C. 550　　　　D. 700

5. 下列各项关于无形资产会计处理的表述中，正确的是（　　）。
   A. 内部产生的商誉应确认为无形资产
   B. 计提的无形资产减值准备在该资产价值恢复时应予转回
   C. 使用寿命不确定的无形资产账面价值均应按10年平均摊销
   D. 以支付土地出让金方式取得的自用土地使用权应单独确认为无形资产

6. 甲公司2×18年1月10日开始自行研究开发无形资产，12月31日达到预定用途。其中，研究阶段发生职工薪酬30万元、计提专用设备折旧40万元；进入开发阶段后，相关支出符合资本化条件前发生的职工薪酬30万元、计提专用设备折旧30万元，符合资本化条件后发生职工薪酬100万元、计提专用设备折旧200万元。假定不考虑其他因素，甲公司2×18年对上述研发支出进行的下列会计处理中，正确的是（  ）。

    A. 确认管理费用70万元，确认无形资产360万元
    B. 确认管理费用30万元，确认无形资产400万元
    C. 确认管理费用130万元，确认无形资产300万元
    D. 确认管理费用100万元，确认无形资产330万元

7. 下列符合无形资产定义的是（  ）。
    A. 不具有实物形态　　　　　　B. 是企业拥有或者控制的
    C. 是可辨认的非货币性资产　　D. 是可辨认的货币性资产

8. 外购无形资产的成本包括（  ）。
    A. 购买价款
    B. 进口关税
    C. 其他税费
    D. 直接归属于使该项资产达到预定用途所发生的其他支出

9. 关于无形资产内部研究开发费用的会计处理，下列说法正确的有（  ）。
    A. 无形资产开发阶段的支出应该全部资本化
    B. 无法区分研究阶段和开发阶段的支出，应当将其所发生的研发支出在无形资产研发成功时全部计入无形资产
    C. 无法区分研究阶段和开发阶段的支出，应当将其所发生的研发支出在发生时全部费用化，计入当期损益
    D. 企业同时进行多项开发活动时，如果所发生的支出同时用于支持这些开发活动，但无法明确分配，则应当将其全部费用化

10. 下列各项中，属于内部开发无形资产可直接归属成本的有（  ）。
    A. 开发无形资产时耗用的材料、劳务成本
    B. 开发无形资产时使用的其他无形资产的摊销费用
    C. 开发无形资产时相关的借款可资本化利息
    D. 无形资产达到预定用途前发生的可辨认的无效和初始运作损失

11. 企业内部研究开发项目开发阶段的支出，同时满足（  ）条件的，才能确认为无形资产。
    A. 完成该无形资产以使其能够使用或出售在技术上具有可行性
    B. 具有完成该无形资产并使用或出售的意图
    C. 无形资产产生经济利益
    D. 有足够的技术、财务资源和其他资源支持，以完成该无形资产的开发，并有能力使用或出售该无形资产

### 三、判断题

1. 无形资产是指企业拥有或者控制的没有实物形态的可辨认及不可辨认的非货币性资产。（  ）

2. 是否具有实物形态，是区别无形资产和有形资产的唯一标准。（  ）
3. 企业发生的研究费用都应作为无形资产予以确认。（  ）
4. 企业内部研究开发项目研究阶段的支出，应当于发生时计入当期损益。
（  ）
5. 企业内部研究开发项目开发阶段的支出，应全部确认为无形资产。（  ）
6. 外购无形资产的成本，包括购买价款、相关税费以及直接归属于使该项资产达到预定用途所发生的其他支出。（  ）
7. 投资者投入无形资产的成本，应当按照投资合同或协议约定的价值确定，但合同或协议约定价值不公允的除外。（  ）
8. 使用寿命不确定的无形资产不应摊销。（  ）
9. 无形资产预期不能为企业带来经济利益的，应当将该无形资产的账面价值予以转销。（  ）

### 四、账务处理题

某企业购入一项专利权，价值150 000元，增值税为9 000元。该专利权的有效期为10年。两年后，将该无形资产出租给A企业，租期为两年，每年租金为30 000元。4年后，又将其所有权转让给B企业，售价为110 000元，增值税税率为6%。

要求：根据上述资料，编制无形资产购入、摊销、出租和转让所有权的会计分录。

# 第九章 资产减值

**【本章关键知识点】**
1. 资产减值的定义、影响资产减值的因素。
2. 资产减值可收回金额的计量。
3. 资产减值损失的确认与计量。
4. 资产组的认定及减值处理。

## 第一节 资产减值概述

资产减值是指资产因受到外部因素、内部使用方式或使用范围发生变化的不利影响，使其使用价值降低，以至于未来可流入企业的全部经济利益低于其现有的账面价值。即，资产的可收回金额低于其账面价值。

资产是指企业过去的交易或者事项形成的、由企业拥有或者控制的、预期会给企业带来经济利益的资源。资产的主要特征是它必须能够预期会给企业带来经济利益。因而，当判断出某项资产预期不再可能给企业带来经济利益，即该项资产的可收回金额低于其账面价值时，该项资产就不能再予以确认，或者不能再以原账面价值予以确认，否则将不符合资产的定义，也无法反映资产的实际价值，其结果会导致企业资产虚增和利润虚增。因此，当资产的可收回金额低于其账面价值，即当资产发生了减值时，企业应当通过计提资产减值准备来确认资产减值损失，并把资产的账面价值减记至可收回金额，从而做到真实地反映当期的财务状况和经营成果。可见，资产减值和资产计价是相关的，是对资产计价的一种调整。

企业应当在资产负债表日判断资产是否存在可能发生减值的迹象。其依据可来自企业外部信息和企业内部信息两方面。

以下情况均属于来自企业外部信息表明资产可能发生减值的迹象：资产的市价当期大幅度下跌，其跌幅明显高于因时间的推移或者正常使用而预计的下跌；企业经营所处的经济、技术或者法律等环境以及资产所处的市场在当期或者将在近期发生重大变化，从而对企业产生不利影响；市场利率或者其他市场投资报酬率在当期已经提高，从而影响企业计算资产预计未来现金流量现值的折现率，导致资产可收回金额大幅度降低等。

以下情况均属于来自企业内部信息表明资产可能发生减值的迹象：有证据表明资产已经陈旧过时或者其实体已经损坏；资产已经或者将被闲置、终止使用或者计划提前处置；企业内部报告的证据表明资产的经济绩效已经低于或者将低于预期，如资产所创造的净现金流量或者实现的营业利润（或者亏损）远远低于（或者高于）预计金额等。

资产存在减值迹象是资产是否需要进行减值测试的必要条件。但对于因企业合并所形成的商誉和使用寿命不确定的无形资产，无论是否存在减值迹象，每年都应当进行减值测试。这是因为，商誉和使用寿命不确定的无形资产，它们的价值和产生未来经济利益的可能性有较大的不确定性。对这两项资产每年都进行减值测试，可以避免高估资产价值，如实反映企业财务状况和经营成果。

## 第二节 资产可收回金额的计量

### 一、估计资产可收回金额的基本方法

资产的可收回金额是指资产的公允价值减去处置费用后的净额与资产预计未来现金流量的现值两者之间较高者。资产存在减值迹象的，应当估计其可收回金额，然后将所估计的资产可收回金额与其账面价值相比较，以确定资产是否发生了减值以及是否需要计提资产减值准备并确认相应的资产减值损失。

资产的可收回金额应当根据资产的公允价值减去处置费用后的净额与资产预计未来现金流量的现值两者之间较高者确定。因此，要估计资产的可收回金额，通常需要同时估计该资产的公允价值减去处置费用后的净额和资产预计未来现金流量的现值。但是在下列情况下，可以有例外或者作特殊考虑：

1. 资产的公允价值减去处置费用后的净额与资产预计未来现金流量的现值，只要有一项超过了资产的账面价值，就表明资产没有发生减值，不需再估计另一项金额。

2. 资产的公允价值减去处置费用后的净额如果无法可靠估计，应当以该资产预计未来现金流量的现值作为其可收回金额。

企业在估计资产可收回金额时，应当遵循重要性要求。具体表现在：

第一，以前报告期间的计算结果表明，资产可收回金额显著高于其账面价值，之后又没有发生消除这一差异的交易或者事项的，资产负债表日可以不重新估计该资产的可收回金额。

第二，以前报告期间的计算与分析表明，资产可收回金额相对于某种减值迹象反应不敏感，在本报告期间又发生了该减值迹象的，可以不因该减值迹象的出现而重新估计该资产的可收回金额。比如，当期市场利率或市场投资报酬率上升，对计算资产未来现金流量现值采用的折现率影响不大的，可以不重新估计资产的可收回金额。

## 二、资产的公允价值减去处置费用后的净额的估计

资产的公允价值减去处置费用后的净额,意味着资产如果被出售或者处置时可以收回的净现金收入。其中,资产的公允价值是指在公平交易中,熟悉情况的交易双方自愿进行资产交换的金额;处置费用是指可以直接归属于资产处置的增量成本,包括与资产处置有关的法律费用、相关税费、搬运费以及为使资产达到可销售状态所发生的直接费用等。

资产的公允价值减去处置费用后的净额的估计通常可以采取以下方法:

1. 根据公平交易中资产的销售协议价格减去可直接归属于该资产处置费用的金额确定。这是一种比较简便的方法,但实务中,由于企业的资产往往都是内部持续使用的,取得资产的销售协议价格并不容易,因此,这种方法在运用上受到一定的限制。

2. 在资产不存在销售协议但存在活跃市场的情况下,根据该资产的市场价格减去处置费用后的金额确定。资产的市场价格通常应当按照资产的买方出价确定。但是如果难以获得资产在估计日的买方出价的,企业可以以资产最近的交易价格作为其公允价值减去处置费用后的净额的估计基础,其前提是资产的交易日和估计日之间,有关经济、市场环境等没有发生重大变化。

3. 在不存在销售协议和资产活跃市场的情况下,应当按照该资产的市场价格减去处置费用后的金额确定。企业应当以可获取的最佳信息为基础,根据在资产负债表日假定处置该资产,熟悉情况的交易双方自愿进行公平交易愿意提供的交易价格减去资产处置费用后的金额,作为估计资产的公允价值减去处置费用后的净额。在实务中,该金额可以参考同行业类似资产的最近交易价格或者结果进行估计。

## 三、资产预计未来现金流量的现值的估计

资产预计未来现金流量的现值,应当按照资产在持续使用过程中和最终处置时所产生的预计未来现金流量,选择恰当的折现率对其进行折现后的金额加以确定。预计资产未来现金流量的现值,应当综合考虑资产的预计未来现金流量、使用寿命和折现率等因素。

(一)资产的未来现金流量的预计

1. 预计资产未来现金流量的基础。为了估计资产未来现金流量的现值,需要首先预计资产的未来现金流量,为此,企业管理层应当在合理和有依据的基础上对资产剩余使用寿命内整个经济状况进行最佳估计,并将资产未来现金流量的预计,建立在经企业管理层批准的最近财务预算或者预测数据之上。但是出于数据可靠性和便于操作等方面的考虑,建立在该预算或者预测基础上的预计现金流量最多涵盖

5年，企业管理层如能证明更长的期间是合理的，可以涵盖更长的期间。

2. 预计资产未来现金流量的构成内容。预计的资产未来现金流量应当包括下列各项：

（1）资产持续使用过程中预计产生的现金流入。

（2）为实现资产持续使用过程中产生的现金流入所必需的预计现金流出（包括为使资产达到预定可使用状态所发生的现金流出）。该现金流出应当是可直接归属于或者可通过合理和一致的基础分配到资产中的现金流出，后者通常是指那些与资产直接相关的间接费用。对于在建工程开发过程中的无形资产等，企业在预计其未来现金流量时，应当包括预期为使该类资产达到预定可使用（或者可销售）状态而发生的全部现金流出数。

（3）资产使用寿命结束时，处置资产所收到或者支付的净现金流量。该现金流量应当是在公平交易中，熟悉情况的交易双方自愿进行交易时，企业预期可从资产的处置中获取或者支付的、减去预计处置费用后的净额。

3. 预计资产未来现金流量应当考虑的因素。

（1）以资产的当前状况为基础预计资产未来现金流量。企业资产在使用过程中有时会因为改良、重组等原因而发生变化，在预计资产未来现金流量时，企业应当以资产的当前状况为基础，不应当包括与将来可能会发生的、尚未作出承诺的重组事项或者与资产改良有关的预计未来现金流量。

企业已经承诺重组的，在确定资产的未来现金流量的现值时，预计的未来现金流入和流出数，应当反映重组所能节约的费用和由重组所带来的其他利益，以及因重组所导致的估计未来现金流出数。其中重组所能节约的费用和由重组所带来的其他利益，通常应当根据企业管理层批准的最近财务预算或者预测数据进行估计；因重组所导致的估计未来现金流出数应当根据《企业会计准则第13号——或有事项》所确认的因重组所发生的预计负债金额进行估计。

企业未来发生的现金流出如果是为了维持资产正常运转或者资产正常产出水平而必要的支出或者属于资产维护支出，应当在预计资产未来现金流量时将其考虑在内。

（2）预计资产未来现金流量不应当包括筹资活动和所得税收付产生的现金流量。企业预计的资产未来现金流量，不应当包括筹资活动产生的现金流入或者流出以及与所得税收付有关的现金流量。其原因为：一是筹资活动与企业经营活动性质不同，其产生的现金流量不应纳入资产预计现金流量，而且所筹集资金的货币时间价值已经通过折现因素予以考虑，所以与筹资成本有关的现金流出也不应包括在预计的资产未来现金流量中；二是折现率要求是以税前基础计算确定的，因此，现金流量的预计也必须建立在税前基础之上，这样可以有效避免在资产未来现金流量现值的计算过程中可能出现的重复计算等问题，以保证现值计算的正确性。

（3）对通货膨胀因素的考虑应当和折现率相一致。企业在预计资产未来现金流量和折现率时，考虑因一般通货膨胀而导致物价上涨的因素，应当采用一致的基础。如果折现率考虑了因一般通货膨胀而导致物价上涨的影响因素，资产预计未来现金流量也应予以考虑;反之,如果折现率没有考虑因一般通货膨胀而导致物价上涨的影响因素,资产预计未来现金流量也应当剔除这一影响因素。总之,在考虑通货膨胀因素的问题上,资产未来现金流量的预计和折现率的预计,应当保持一致。

(4) 内部转移价格应当予以调整。在一些企业集团里,出于集团整体战略发展的考虑,某些资产生产的产品或者其他产出可能是供其集团内部其他企业使用或者对外销售的,所确定的交易价格或者结算价格基于内部转移价格,而内部转移价格很可能与市场交易价格不同,在这种情况下,为了如实测算企业资产的价值,就不应当简单地以内部转移价格为基础预计资产未来现金流量,而应当采用在公平交易中能够达成的最佳的未来价格估计数进行预计。

4. 预计资产未来现金流量的方法。预计资产未来现金流量,通常根据资产未来每期最有可能产生的现金流量进行预测。这种方法通常叫做传统法,它使用单一的未来每期预计现金流量和单一的折现率计算资产未来现金流量的现值。

【例9-1】天诚公司拥有甲固定资产,该固定资产剩余使用年限为3年,企业根据预算预计未来3年内,该资产每年可为企业产生的净现金流量分别为:第1年100万元,第2年50万元,第3年10万元。该现金流量通常即为最有可能产生的现金流量,天诚公司应以该现金流量的预计数为基础计算资产的现值。

在实务中,有时影响资产未来现金流量的因素较多,情况较为复杂,带有很大的不确定性,因此,使用单一的现金流量可能并不会如实地反映资产创造现金流量的实际情况。这样,企业应当采用期望现金流量法预计资产未来现金流量。

【例9-2】承【例9-1】,假定利用甲固定资产生产的产品受市场行情波动影响大,天诚公司预计未来3年每年的现金流量情况如表9-1所示。

表9-1　　　　　预计未来3年每年的现金流量情况　　　　　单位:万元

| | 产品行情好<br>(30%的可能性) | 产品行情一般<br>(60%的可能性) | 产品行情差<br>(10%的可能性) |
| --- | --- | --- | --- |
| 第1年 | 150 | 100 | 50 |
| 第2年 | 80 | 50 | 20 |
| 第3年 | 20 | 10 | 0 |

在本例中,采用期望现金流量法比传统法更为合理。在期望现金流量法下,资产未来现金流量应当根据每期现金流量期望值进行预计,每期现金流量期望值按照各种可能情况下的现金流量与其发生概率加权计算。按照表9-1提供的情况,天诚公司应当计算资产每年的预计未来现金流量如下:

第1年的预计现金流量(期望现金流量)= 150×30% + 100×60% + 50×10% = 110(万元)

第 2 年的预计现金流量（期望现金流量）= 80×30% + 50×60% + 20×10% = 56（万元）

第 3 年的预计现金流量（期望现金流量）= 20×30% + 10×60% + 0×10% = 12（万元）

企业在预计资产未来现金流量的现值时，如果资产未来现金流量的发生时间不确定，企业应当根据资产在每一种可能情况下的现值及其发生概率直接加权计算资产未来现金流量的现值。

### （二）折现率的预计

为了资产减值测试的目的，计算资产未来现金流量现值时所使用的折现率应当是反映当前市场货币时间价值和资产特定风险的税前利率。该折现率是企业在购置或者投资资产时所要求的必要报酬率。需要说明的是，如果在预计资产的未来现金流量时已经对资产特定风险的影响作了调整的，折现率的估计不需要考虑这些特定风险。如果用于估计折现率的基础是税后的，应当将其调整为税前的折现率，以便于与资产未来现金流量的估计基础相一致。

企业在确定折现率时，应当首先以该资产的市场利率为依据。如果该资产的利率无法从市场获得，可以使用替代利率估计。在估计替代利率时，企业应当充分考虑资产剩余寿命期间的货币时间价值和其他相关因素，比如资产未来现金流量金额及其时间的预计离散程度、资产内在不确定性的定价等，如果资产预计未来现金流量已经对这些因素作了有关调整的，应当予以剔除。

替代利率在估计时，可以根据企业加权平均资金成本、增量借款利率或者其他相关市场借款利率作适当调整后确定。调整时，应当考虑与资产预计现金流量有关的特定风险以及其他有关的政治风险、货币风险和价格风险等。

企业在估计资产未来现金流量现值时，通常应当使用单一的折现率。但是，如果资产未来现金流量的现值对未来不同期间的风险差异或者利率的期间结构反应敏感的，企业应当在未来各不同期间采用不同的折现率。

### （三）资产未来现金流量现值的预计

在预计资产未来现金流量和折现率的基础之上，资产未来现金流量的现值只需将该资产的预计未来现金流量按照预计的折现率在预计期限内加以折现即可确定。

## 第三节 资产减值损失的确认与计量

### 一、资产减值损失确认与计量的一般原则

当资产的可收回金额低于其账面价值时，企业应当将资产的账面价值减记至可收回金额，减记的金额确认为资产减值损失，计入当期损益，同时计提相应的

资产减值准备。企业在将当期确认的资产减值损失计入利润表的同时，要将计提的资产减值准备作为相关资产的备抵项目，计入资产负债表。

资产减值损失确认后，减值资产的折旧或者摊销费用应当在未来期间作相应调整，以使该资产在剩余使用寿命内，系统地分摊调整后的资产账面价值（扣除预计净残值）。例如，固定资产计提了减值准备后，固定资产账面价值将根据计提的减值准备相应抵减，固定资产在未来计提折旧时，应当按照新的固定资产账面价值为基础计提每期折旧。

考虑到固定资产、无形资产、商誉等资产发生减值后，一方面价值回升的可能性比较小，通常属于永久性减值；另一方面从会计信息谨慎性的要求考虑，为了避免确认资产重估增值和操纵利润，我国资产减值准则规定，资产减值损失一经确认，在以后会计期间不得转回。以前期间计提的资产减值准备，在资产处置、出售、对外投资、以非货币性资产交换方式换出、在债务重组中抵偿债务等时，才可予以转出。

## 二、资产减值损失的账务处理

为了正确核算企业确认的资产减值损失和计提的资产减值准备，企业应当设置"资产减值损失"科目，反映各类资产在当期确认的资产减值损失金额；同时，应当根据不同的资产类别，分别设置"固定资产减值准备""在建工程减值准备""投资性房地产减值准备""无形资产减值准备""商誉减值准备""长期股权投资减值准备"等科目。

企业应当根据所确认的资产减值金额，借记"资产减值损失"科目，贷记"固定资产减值准备""在建工程减值准备""投资性房地产减值准备""无形资产减值准备""商誉减值准备""长期股权投资减值准备"等科目。期末，企业应当将"资产减值损失"科目余额转入"本年利润"科目，结转后该科目应当没有余额。各资产减值准备科目累积每期计提的资产减值准备，直至相关资产被处置等时才予以转出。

【例9-3】天诚公司对A项机器设备计提了23 000元的减值准备金额。应编制的会计分录为：

借：资产减值损失——固定资产减值损失　　　　23 000
　　贷：固定资产减值准备　　　　　　　　　　　　　23 000

## 第四节　资产组的认定及减值处理

### 一、资产组的认定

如果有迹象表明一项资产可能发生减值的，企业应当以单项资产为基础估计其可收回金额。在企业难以对单项资产的可收回金额进行估计的情况下，应当以该资产所属的资产组为基础确定资产组的可收回金额。

### （一）资产组的定义

所谓资产组，是指企业可以认定的最小资产组合，其产生的现金流入应当基本上独立于其他资产或者资产组。资产组应当由与创造现金流入相关的资产构成。

### （二）认定资产组应当考虑的因素

资产组的认定，应当以资产组产生的主要现金流入是否独立于其他资产或者资产组的现金流入为依据。因此，资产组能否独立产生现金流入是认定资产组的最关键因素。比如，企业的某一生产线、营业网点、业务部门等，如果能够独立于其他部门或者单位等创造收入、产生现金流，或者其创造的收入和现金流入绝大部分独立于其他部门或者单位的，并且属于可认定的最小的资产组合的，通常应将该生产线、营业网点、业务部门等认定为一个资产组。

【例9-4】某矿业公司拥有一个煤矿，与煤矿的生产和运输相配套，建有一条专用铁路。该铁路除非报废出售，其在持续使用中，难以脱离煤矿相关的其他资产而产生单独的现金流入，因此，企业难以对专用铁路的可收回金额进行单独估计，专用铁路和煤矿其他相关资产必须结合在一起，成为一个资产组，以估计该资产组的可收回金额。

在资产组的认定中，企业几项资产的组合生产的产品（或者其他产出）存在活跃市场的，无论这些产品或者其他产出是用于对外出售还是仅供企业内部使用，均表明这几项资产的组合能够独立创造现金流入，在符合其他相关条件的情况下，应当将这些资产的组合认定为资产组。

除此之外，资产组的认定，还应当考虑企业管理层对生产经营活动的管理或者监控方式（如是按照生产线、业务种类还是按照地区或者区域等）和对资产的持续使用或者处置的决策方式等。比如企业各生产线都是独立生产、管理和监控的，那么各生产线很可能应当认定为单独的资产组；如果某些机器设备是相互关联、互相依存的，其使用和处置是一体化决策的，那么这些机器设备很可能应当认定为一个资产组。

值得注意的是，资产组一经确定后，在各个会计期间应当保持一致，不得随意变更。即资产组的各项资产构成通常不能随意变更。但是，如果由于企业重组、变更资产用途等原因，导致资产组构成确需变更的，企业可以进行变更，但企业管理层应当证明该变更是合理的，并应当在附注中作相应说明。

## 二、资产组减值测试

资产组减值测试的原理和单项资产是一致的，即企业需要预计资产组的可收回金额和计算资产组的账面价值,并将两者进行比较,如果资产组的可收回金额低于其账面价值的,表明资产组发生了减值损失,应当予以确认。

### (一) 资产组账面价值和可收回金额的确定基础

资产组账面价值的确定基础应当与其可收回金额的确定方式相一致。资产组的账面价值应当包括可直接归属于资产组并可以合理和一致地分摊至资产组的资产账面价值,通常不应当包括已确认负债的账面价值,但如不考虑该负债金额就无法确定资产组可收回金额的除外。这是因为在预计资产组的可收回金额时,既不包括与该资产组的资产无关的现金流量,也不包括与已在财务报表中确认的负债有关的现金流量。

资产组处置时如要求购买者承担一项负债（如环境恢复负债等）、该负债金额已经确认并计入相关资产账面价值,而且企业只能取得包括上述资产和负债在内的单一公允价值减去处置费用后的净额的,为了比较资产组的账面价值和可收回金额,在确定资产组的账面价值及其预计未来现金流量的现值时,应当将已确认的负债金额从中扣除。

### (二) 资产组减值的会计处理

根据减值测试的结果,资产组的可收回金额如低于其账面价值的,应当确认相应的减值损失。减值损失金额应当首先抵减分摊至资产组中商誉的账面价值,其次,根据资产组中除商誉之外的其他各项资产的账面价值所占比重,按比例抵减其他各项资产的账面价值。

以上资产账面价值的抵减,应当作为各单项资产（包括商誉）的减值损失处理,计入当期损益。抵减后的各资产的账面价值不得低于以下三者之中最高者:该资产的公允价值减去处置费用后的净额（如可确定的）、该资产预计未来现金流量的现值（如可确定的）和零。因此而导致的未能分摊的减值损失金额,应当按照相关资产组中其他各项资产的账面价值所占比重进行分摊。

## 三、总部资产的减值测试

企业总部资产包括企业集团或其事业部的办公楼、电子数据处理设备、研发中心等资产。总部资产的显著特征是难以脱离其他资产或者资产组产生独立的现金流入,而且其账面价值难以完全归属于某一资产组。因此,总部资产通常难以单独进行减值测试,需要结合其他相关资产组或者资产组组合进行。资产组组合,是指由若干个资产组组成的最小资产组组合,包括资产组或者资产组组合,以及按合理方法分摊的总部资产部分。

在资产负债表日,如果有迹象表明某项总部资产可能发生减值的,企业应当计算确定该总部资产所归属的资产组或者资产组组合的可收回金额，然后将其与相应的账面价值相比较，据以判断是否需要确认减值损失。

企业对某一资产组进行减值测试时，应当先认定所有与该资产组相关的总部资产，再根据相关总部资产能否按照合理和一致的基础分摊至该资产组分别按下列情况处理：

1. 对于相关总部资产能够按照合理和一致的基础分摊至该资产组的部分，应当将该部分总部资产的账面价值分摊至该资产组，再据以比较该资产组的账面价值（包括已分摊的总部资产的账面价值部分）和可收回金额，并按照前述有关资产组减值测试的顺序和方法处理。

2. 对于相关总部资产中有部分资产难以按照合理和一致的基础分摊至该资产组的，应当按照下列步骤处理：

（1）在不考虑相关总部资产的情况下，估计和比较资产组的账面价值和可收回金额，并按照前述有关资产组减值测试的顺序和方法处理。

（2）认定由若干个资产组组成的最小的资产组组合，该资产组组合应当包括所测试的资产组与可以按照合理和一致的基础将该部分总部资产的账面价值分摊其上的部分。

（3）比较所认定的资产组组合的账面价值（包括已分摊的总部资产的账面价值部分）和可收回金额，并按照前述有关资产组减值测试的顺序和方法处理。

## 练 习 题

一、问答题

1. 什么是资产减值？依据来自企业内、外部信息如何判断资产减值迹象？
2. 什么是资产的可收回金额？资产的可收回金额通常情况下该如何确定？
3. 说明资产的公允价值减去处置费用后的净额的估计方法。
4. 说明预计资产未来现金流量的方法。
5. 说明资产减值损失确认与计量的一般原则。
6. 什么是资产组？认定资产组应考虑的因素有什么？

二、选择题

1. 下列资产项目中，每年年末必须进行减值测试的是（　　）。
   A. 投资性房地产　　　　　　　　B. 长期股权投资
   C. 使用寿命有限的无形资产　　　D. 使用寿命不确定的无形资产

2. 下列各项中，关于资产可收回金额的计量说法正确的有（　　）。
   A. 可收回金额应当根据资产的销售净价减去处置费用后的净额与资产预计未来现金流量的现值两者之间较高者确定
   B. 可收回金额应当根据资产的销售净价减去处置费用后的净额与资产预计未来现金流量的现值两者之间较低者确定

C. 可收回金额应当根据资产的公允价值减去处置费用后的净额与资产预计未来现金流量的现值两者之间较高者确定

D. 资产的公允价值减去处置费用后的净额与资产预计未来现金流量的现值，只要有一项超过了资产的账面价值，就表明资产没有发生减值，不需再估计另一项金额

3. 下列各项中，需要对资产进行减值测试的有（　　）。

A. 资产市价下跌的幅度明显高于正常使用而预计的下跌

B. 有证据表明资产已经陈旧过时

C. 计划提前处置资产

D. 资产实现的利润远远低于预计金额

4. 下列各项中，属于处置费用的有（　　）。

A. 与资产处置有关的法律费用

B. 与资产处置有关的相关税费

C. 与资产处置有关的为使资产达到可销售状态所发生的直接费用

D. 广告费

5. 关于资产组的认定，下列说法中正确的有（　　）。

A. 应当以资产组产生的主要现金流入是否独立于其他资产或者资产组的现金流入为依据

B. 应当考虑企业管理层管理生产经营活动的方式

C. 应当考虑对资产的持续使用或者处置的决策方式

D. 资产组一经确定，各个会计期间应当保持一致，不得随意变更

6. 企业为了预计资产未来现金流量，应当综合考虑的因素有（　　）。

A. 以资产的当前状况为基础预计资产未来现金流量

B. 预计资产未来现金流量不应当包括筹资活动和所得税收付产生的现金流量

C. 对通货膨胀因素的考虑应当和折现率一致

D. 内部转移价格应当予以调整

7. 下列各项中，与计提资产减值有关的有（　　）。

A. 资产的公允价值　　　　　　　B. 资产的账面价值

C. 资产处置费用　　　　　　　　D. 资产未来现金流量

8. 资产减值测试中预计未来现金流量现值时，下列各项中属于资产未来现金流量内容的有（　　）。

A. 资产持续使用过程中预计产生的现金流入

B. 维持资产正常运转预计发生的现金流出

C. 资产使用寿命结束时处置资产预计产生的现金流入

D. 为提高资产营运绩效计划对资产进行改良预计发生的现金流出

9. 下列情况中有可能导致资产发生减值迹象的有（　　）。

A. 资产市价的下跌幅度明显高于因时间的推移或者正常使用而预计的下跌

B. 如果企业经营所处的经济、技术或者法律等环境以及资产所处的市场在当期或者将在近期发生重大变化，从而对企业产生不利影响

C. 如果有证据表明资产已经陈旧过时或者其实体已经损坏

D. 资产所创造的净现金流量或者实现的营业利润远远低于原来的预算或者预计金额

10. 下列各项资产减值准备中，未来期间发生原导致计提减值的因素消失的，表明相应资产价值已经恢复，可以转回的有（　　）。

A. 商誉减值准备　　　　　　　B. 存货跌价准备
C. 固定资产减值准备　　　　　D. 应收款项的坏账准备

### 三、判断题

1. 资产的可收回金额应当根据资产的销售净价与资产预计未来现金流量的现值两者之间较高者确定。（　　）

2. 资产减值损失确认后，减值资产的折旧或者摊销费用在未来期间不需要作相应调整。（　　）

3. 在减值测试中预计固定资产的未来现金流量，应当以该固定资产的当前状况为基础，不应当包括将来可能发生的后续支出中涉及的现金流出。（　　）

4. 在减值测试中预计资产的未来现金流量可以包括筹资活动产生的现金流入或者流出，但不应当包括与所得税收付有关的现金流量。（　　）

5. 资产的公允价值减去处置费用后的净额的确定中，资产的处置费用包括与资产处置有关的法律费用、相关税费、搬运费、财务费用以及为使资产达到可销售状态所发生的直接费用等。（　　）

6. 如果某项资产无法可靠估计资产的公允价值减去处置费用后的金额，则企业不能以单项资产为基础估计其可收回金额。（　　）

7. 有迹象表明一项资产可能发生减值的，企业应当以单项资产为基础估计其可收回金额。企业难以对单项资产的可收回金额进行估计的，应当以该资产所属的资产组为基础确定资产组的可收回金额。（　　）

8. 折现率是反映当前市场货币时间价值和资产特定风险的税前利率。该折现率是企业在购置或者投资资产时所要求的必要报酬率。（　　）

9. 资产的公允价值减去处置费用后的净额与资产预计未来现金流量的现值，只要有一项超过了资产的账面价值，就表明资产没有发生减值，不需再估计另一项金额。（　　）

10. 企业当期确认的减值损失应当反映于利润表中，而计提的资产减值准备应作为相关资产的备抵项目，即资产应以扣除计提资产减值准备后的金额列报。（　　）

### 四、账务处理题

天诚公司在甲、乙、丙三地拥有三家分公司，这三家分公司的经营活动由一个总部负责运作。由于甲、乙、丙三家分公司均能产生独立于其他分公司的现金流入，所以天诚公司将这三家分公司确定为三个资产组，假定各资产组的使用寿

命相等。2010年12月1日,企业经营所处的技术环境发生了重大不利变化,出现减值迹象,需要进行减值测试。假设总部资产的账面价值为200万元,能够按照各资产组账面价值的比例进行合理分摊,甲、乙、丙分公司和总部资产的使用寿命均为20年。减值测试时,甲、乙、丙三个资产组的账面价值分别为320万元、160万元和320万元。天诚公司计算得出甲、乙、丙三家分公司资产的可收回金额分别为420万元、160万元和380万元。

要求:计算甲、乙、丙三个资产组和总部资产应计提的减值准备。

# 第十章 负 债

**【本章关键知识点】**
1. 负债的定义及特征、负债的分类。
2. 流动负债。
3. 非流动负债。

## 第一节 负债概述

### 一、负债的定义及特征

负债是指企业过去的交易或者事项形成的现时义务，履行该义务预期会导致经济利益流出企业。作为负债，一般具有以下五个特征。

1. 负债是基于过去的交易或事项而产生的。负债是由于过去或现在已经完成的经济业务而形成的经济负担。这种经济负担通常是企业为了取得资金、商品或偿还债务，在一定时间内形成的负债，如企业借入资金、赊购资产等。这种经济负担也可来源于法律上强制执行的责任，如应缴纳的各种税金等。
2. 负债是企业承担的现时义务，该义务的金额能够可靠地计量。
3. 一般情况下负债有确切的债权人和到期日。
4. 大部分负债是交易的结果，而这种交易一般是以契约，或合同，或协议，或者法律约束为前提的，由于交易受法律约束形成的负债，可认为是一种法定负债，即依法必须履行的义务。
5. 负债只有在偿还，或债权人放弃债权，或情况发生变化以后才能消失。

### 二、负债的分类

负债的分类，根据不同的特点和标准可以作如下划分：
1. 负债按其流动性分为流动负债和非流动负债。这是负债的基本分类方法，也是我国会计实务中采用的一种分类方法。流动负债，是指将在1年（含1年）或者超过1年的一个营业周期内偿还的债务，包括短期借款、交易性金融负债、应付票据、应付账款、预收账款、应付职工薪酬、应付股利、应交税费和1年内到期的长期借款等。非流动负债,是指偿还期在1年或超过1年的一个营业周期以上的负债,包括长期借款、应付债券、长期应付款等。

2. 负债按其确定性大小分为确定性负债和不确定性负债。确定性负债是指企业必须根据合同或其他规定,到期偿还一定金额给债权人的债务。确定性负债又分为:有固定付款日期和付款金额的负债(如应付票据、应付利息、应付债券等);付款金额固定,但付款日期只能据以估计的负债(如应付账款、应交税费等);付款时间和付款金额都必须加以估计的负债(如应付保修费);企业与客户签订待执行契约时客户交付的预付款所产生的负债(如预收租金、预收账款等)。不确定性负债,也称或有负债,是指企业现时存在的一种潜在负债,是基于法令、契约、承诺或惯例而隐含的有可能发生的负债,如贴现的商业承兑汇票等。

3. 按负债偿还的方式,负债可分为货币性负债和非货币性负债。货币性负债是指企业将以货币偿付的债务,如短期借款、应付职工薪酬等;非货币性负债是指企业将以实物或劳务偿还的债务,如预收账款、产品质量担保负债等。

## 第二节　流动负债

### 一、短期借款

短期借款,是指企业向银行或其他金融机构等借入的、偿还期限在1年以下(含1年)的各种借款。企业通过银行取得短期借款主要是为了满足日常生产经营的需要。比如,企业可以根据协议在一定的信用额度内取得银行贷款,用以满足对流动性资金的需要。短期借款的主要优点是筹资效率高、筹资弹性大,主要缺点是筹资风险高、实际利率较高。

为了核算企业向银行或其他金融机构借入的期限在1年以下(含1年)的各种借款,企业应设置"短期借款"科目。企业取得短期借款时,借记"银行存款"科目,贷记"短期借款"科目;归还短期借款做相反的会计分录。"短期借款"科目期末贷方余额,反映企业尚未偿还的短期借款。

企业对于取得短期借款利息,通常按照合同规定,于季末支付当期利息。根据权责发生制的要求,企业还应当在资产负债表日(月末)计提借款利息,借记"财务费用"科目,贷记"应付利息"科目。实际付息时,借记"财务费用""应付利息"等科目,贷记"银行存款"科目。

【例10-1】2×18年4月1日,天诚公司从银行取得短期借款600 000元。借款合同规定,借款利率为6%,期限为1年,利息按季支付。

根据上述资料,天诚公司应编制的相应会计分录如下。

①2×18年4月1日,取得短期借款时:

借:银行存款　　　　　　　　　　　　　　600 000

贷：短期借款　　　　　　　　　　　　　　　　　　　600 000
②2×18 年 4 月 30 日，计提利息费用时：
应付利息 = 600 000 × 6% × 1/12 = 3 000（元）
　　借：财务费用　　　　　　　　　　　　　　　　　　　　 3 000
　　　贷：应付利息　　　　　　　　　　　　　　　　　　　　 3 000
5 月 31 日、6 月 30 日分录同上。
③2×18 年 6 月 30 日，支付 4 月、5 月、6 月的利息时：
　　借：应付利息　　　　　　　　　　　　　　　　　　　　 3 000
　　　贷：银行存款　　　　　　　　　　　　　　　　　　　　 3 000
④2×19 年 4 月 1 日，到期日偿还短期借款的本金和尚未支付的利息时：
　　借：短期借款　　　　　　　　　　　　　　　　　　　600 000
　　　　财务费用　　　　　　　　　　　　　　　　　　　　 3 000
　　　贷：银行存款　　　　　　　　　　　　　　　　　　　603 000

## 二、交易性金融负债

　　金融负债来自金融合同，是企业负债的组成部分，包括短期借款、交易性金融负债、应付票据、应付账款、长期借款、应付债券等。满足下列条件之一的，应当划分为交易性 金融负债：
　　1. 承担该金融负债的目的，主要是为了近期内出售或回购；
　　2. 属于进行集中管理的可辨认金融工具组合的一部分，且有客观证据表明企业近期采用短期获利方式对该组合进行管理；
　　3. 属于衍生工具。
　　企业应当在"交易性金融负债"科目下设置"成本"和"公允价值变动"两个明细科目。与交易性金融资产相似，交易性金融负债应当按照公允价值进行初始计量和后续计量，并将其公允价值的变动直接计入当期损益，借记或贷记"公允价值变动损益"科目。其中，交易性金融负债的公允价值应当以市场交易价格为基础确定。
　　相关交易费用应当在发生时直接计入当期损益。交易费用，是指可直接归属于购买、发行或处置金融负债的、新增的外部费用，比如支付给代理机构、咨询公司、券商的手续费和佣金等支出。

## 三、应付票据

　　应付票据是由出票人出票，由承兑人允诺在一定时期内支付一定款额的书面证明。在我国，应付票据是在商品购销活动中由于采用商业汇票结算方式而发生的，由收款人或付款人（或承兑申请人）签发，承兑人承兑的票据。按照《支付结算办法》的规定，在银行开立存款账户的法人以及其他组织之间，具有真实的交易关系或债权债务关系,均可使用商业汇票。在采用商业承兑汇票的方式下,承兑人应为付款人,承兑人对这项债务在一定时期内支付的承诺,作为企业的一项负债;在采用银行承兑汇票的方式下,商业汇票应由在承兑银行开立存款账户的存款人签发,由银行承兑。由银行承兑的银行承兑汇票,只是为收款方按期收回债权提供了可靠的信用保证,对付款人来说不会由于银行承兑而使这项负债消失。因此,即使是由银行承兑的汇票,付款人的现存义务依然存在,应将其作为一项负债。我国商业汇票的付款期限最长不超过 6 个月。因此,将应付票据归于流动负债进行管理和核算。

为了核算企业购买材料、商品和接受劳务供应等开出、承兑的商业汇票,包括银行承兑汇票和商业承兑汇票,应设置"应付票据"科目。企业开出、承兑商业汇票或以承兑商业汇票抵付货款、应付账款等,借记"材料采购""库存商品""应付账款""应交税费——应交增值税(进项税额)"等科目,贷记"应付票据"科目;如为银行承兑汇票,还应在支付银行承兑手续费时,借记"财务费用"科目,贷记"银行存款"科目。汇票到期支付票款时,借记"应付票据"科目,贷记"银行存款"科目;银行承兑到期,企业无力支付票款的,按应付票据的票面金额,借记"应付票据"科目,贷记"短期借款"科目。

企业应当设置"应付票据备查簿",详细登记每一商业汇票的种类、号数和出票日期、到期日、票面余额、交易合同号和收款人姓名或单位名称以及付款日期和金额等资料。应付票据到期结清时,在备查簿中应予注销。

"应付票据"科目期末贷方余额,反映企业尚未到期的商业汇票的票面金额。

【例 10 - 2】天诚公司采用商业汇票结算方式购入一批原材料,供货单位开出的专用发票上列明,货款为 10 000 元,增值税额为 1 300 元。天诚公司开出为期 3 个月的商业承兑汇票抵付货款,材料已验收入库。材料按实际成本核算。

根据上述资料,天诚公司应编制的会计分录为:

借:原材料　　　　　　　　　　　　　　　　　　　　10 000
　　应交税费——应交增值税(进项税额)　　　　　　 1 300
　　贷:应付票据　　　　　　　　　　　　　　　　　　　11 300

## 四、应付账款

应付账款是指企业因购买材料、商品和接受劳务等经营活动应支付的款项。应付账款与应付票据不同,两者虽然都是由于交易而引起的负债,都属于流动负债的性质,但应付账款是尚未结清的债务,而应付票据是一种期票,是延期付款的证明,有承诺付款的票据作为凭据。另外,应付账款不考虑利息的因素,由于应付账款并不考虑明确的利息,因此,有时也会使企业产生人为拖延付款的动机,以积聚尽可能多的资金。但是,长此以往势必会使企业的信誉下降。而应付票据则有带息票据和不带息票据两种。

应付账款一般按应付金额入账,而不按到期应付金额的现值入账。应付账款的入账金额包括：因购买商品或接受劳务应向销货方或提供劳务方支付的合同或协议价款、按照货款计算的增值税进项税额、购货方应负担的运杂费和包装费等。

为了核算企业因购买材料、商品和接受劳务等经营活动应支付的款项，应设置"应付账款"科目。企业购入材料、商品等验收入库，但货款尚未支付，根据有关凭证（发票账单、随货同行发票上记载的实际价款或暂估价值），借记"材料采购""在途物资"等科目，按可抵扣的增值税额，借记"应交税费——应交增值税（进项税额）"等科目，按应付的款项，贷记"应付账款"科目。接受供应单位提供劳务而发生的应付未付款项，根据供应单位的发票账单，借记"生产成本""管理费用"等科目，贷记"应付账款"科目。支付时，借记"应付账款"科目，贷记"银行存款"等科目。

【例10-3】2×18年5月7日，天诚公司从A单位购买一批商品。收到的增值税专用发票上注明货款为40 000元，增值税进项税额为5 200元，应由天诚公司负担的运杂费为1 300元（假设不考虑运杂费应抵扣的增值税）。商品已运到，并已办妥验收入库手续，款项尚未支付。该批材料采用实际成本核算方法。

根据上述资料，天诚公司应编制的会计分录为：

借：原材料　　　　　　　　　　　　　　　　　　41 300
　　应交税费——应交增值税（进项税额）　　　　 5 200
　　贷：应付账款　　　　　　　　　　　　　　　46 500

对于月末材料已验收入库但发票账单尚未到达的，在实务中，采用在月末终了将所购物资和应付债务估价入账，待下月初作相反的会计分录予以冲回的办法。

【例10-4】2×18年5月12日，天诚公司从B单位购买一批材料。该批材料已验收入库，但月末尚未收到发票账单。月末暂估该批材料的金额为50 000元。

根据上述资料，购进材料的当月月末，天诚公司应编制的会计分录为：

借：原材料　　　　　　　　　　　　　　　　　　50 000
　　贷：应付账款　　　　　　　　　　　　　　　50 000

下月初，天诚公司冲销上月的暂估料款，应编制的会计分录为：

借：应付账款　　　　　　　　　　　　　　　　　50 000
　　贷：原材料　　　　　　　　　　　　　　　　50 000

如果购入的资产在形成一笔应付账款时是带有现金折扣的，应付账款入账金额的确定可以有两种方法：一种是总价法，即按发票上记载的应付金额总值记账。企业如果在折扣期内支付了货款，可视为取得的一项理财收益。另一种是净值法，即按发票上记载的全部应付金额扣除折扣后的净值记账。在这种方法下，企业由于未在折扣期内支付货款而丧失的折扣，作为一项理财费用。我国目前会计实务中对购货的现金折扣一般采用总价法处理。

【例10-5】2×18年5月16日，天诚公司从甲公司购进一批原材料，增值税专用发票上注明货款为10 000元，增值税额为1 300元。材料已验收入库，款项尚未支付。甲公司开出的现金折扣条件为"2/10，1/20，N/30"。假设折扣不考虑增值税。

根据上述资料，在总价法下应编制的相应会计分录如下。

2×18年5月16日，天诚公司收到该批材料时：

借：原材料　　　　　　　　　　　　　　　　　　10 000
　　应交税费——应交增值税（进项税额）　　　　 1 300
　　贷：应付账款　　　　　　　　　　　　　　　　　　11 300

假定天诚公司于2×18年5月20日支付了货款，则天诚公司应享有的现金折扣为200元（10 000×2%），实际支付的价款为11 100元。天诚公司应编制的会计分录为：

借：应付账款　　　　　　　　　　　　　　　　　　11 300
　　贷：银行存款　　　　　　　　　　　　　　　　　　11 100
　　　　财务费用　　　　　　　　　　　　　　　　　　　 200

假定天诚公司2×18年5月28日支付货款，则天诚公司不享有现金折扣，实际支付的价款为11 300元。天诚公司应编制的会计分录为：

借：应付账款　　　　　　　　　　　　　　　　　　11 300
　　贷：银行存款　　　　　　　　　　　　　　　　　　11 300

## 五、预收账款

预收账款是企业按照合同规定向购货方预收的购货订金或部分货款，待实际出售商品、产品或提供劳务时再冲减。因此，对于销货单位来讲，在预收账款期间，在未确认销售收入实现的情况下，预收账款作为一项流动负债。

为了核算企业按照合同规定预收的款项，应设置"预收账款"科目。企业向购货单位预收的款项，借记"银行存款"科目，贷记"预收账款"科目；销售实现时，按实现的收入和应交的增值税销项税额，借记"预收账款"科目，按实现的营业收入，贷记"主营业务收入"科目，按专用发票上注明的增值税额，贷记"应交税费——应交增值税（销项税额）"等科目。

购货单位补付的款项，借记"银行存款"科目，贷记"预收账款"科目；退回多付的款项，做相反的会计分录。

"预收账款"科目期末如为贷方余额，反映企业预收的款项；期末如为借方余额，反映企业尚未转销的款项。

预收账款情况不多的，也可以不设置"预收账款"科目，将预收的款项直接计入"应收账款"科目的贷方。

【例10-6】2×18年2月19日，天诚公司接受一批订货合同，按合同规定，货款金额总计为250 000元，预计6个月完成。订货方预付50%货款，另外50%的货款及应收取的增值税额待产品完工后再支付。该批商品的实际成本为120 000元。

根据上述资料，天诚公司应编制相应的会计分录如下。

① 2×18 年 2 月 19 日，收到客户预付的 50% 货款时：

借：银行存款　　　　　　　　　　　　　　　　　　125 000
　　贷：预收账款　　　　　　　　　　　　　　　　　　125 000

② 2×18 年 8 月 24 日，产品完工，天诚公司向客户发出产品时：

借：预收账款　　　　　　　　　　　　　　　　　　282 500
　　贷：主营业务收入　　　　　　　　　　　　　　　　250 000
　　　　应交税费——应交增值税（销项税额）　　　　　32 500

同时结转成本：

借：主营业务成本　　　　　　　　　　　　　　　　120 000
　　贷：库存商品　　　　　　　　　　　　　　　　　　120 000

③ 2×18 年 8 月 26 日，收到客户补付的货款时：

借：银行存款　　　　　　　　　　　　　　　　　　157 500
　　贷：预收账款　　　　　　　　　　　　　　　　　　157 500

### 六、应付职工薪酬

#### （一）职工薪酬的定义及内容

职工薪酬，是指企业为获得职工提供的服务或解除劳动关系而给予的各种形式的报酬或补偿。企业提供给职工配偶、子女、受赡养人、已故员工遗属及其他受益人等的福利，也属于职工薪酬。其中，职工是指与企业订立劳动合同的所有人员，含全职、兼职和临时职工；也包括虽未与企业订立劳动合同但由企业正式任命的人员，如董事会成员、监事会成员等。在企业的计划和控制下，虽未与企业订立劳动合同或未由其正式任命，但为其提供与职工类似服务的人员，也纳入职工范畴，如劳务用工合同人员。

职工薪酬主要包括短期薪酬、离职后福利、辞退福利和其他长期职工福利。

1. 短期薪酬。短期薪酬，是指企业预期在职工提供相关服务的年度报告期间结束后十二个月内将全部予以支付的职工薪酬，因解除与职工的劳动关系给予的补偿除外。因解除与职工的劳动关系给予的补偿属于辞退福利的范畴。

短期薪酬主要包括：

（1）职工工资、奖金、津贴和补贴，是指企业按照构成工资总额的计时工资、计件工资、支付给职工的超额劳动报酬等的劳动报酬，为了补偿职工特殊或额外的劳动消耗和因其他特殊原因支付给职工的津贴，以及为了保证职工工资水平不受物价影响而支付给职工的物价补贴等。其中，企业按照短期奖金计划向职工发放的奖金属于短期薪酬，按照长期奖金计划向职工发放的奖金属于其他长期职工福利。

（2）职工福利费，是指企业向职工提供的生活困难补助、丧葬补助费、抚恤费、职工异地安家费、防暑降温费等职工福利支出。

（3）医疗保险费、工伤保险费和生育保险费等社会保险费，是指企业按照国家规定的基准和比例计算，向社会保险经办机构缴存的医疗保险费、工伤保险费和生育保险费。

（4）住房公积金，是指企业按照国家规定的基准和比例计算，向住房公积金管理机构缴存的住房公积金。

（5）工会经费和职工教育经费，是指企业为了改善职工文化生活、为职工学习先进技术和提高文化水平与业务素质，用于开展工会活动和职工教育及职业技能培训等相关支出。

（6）短期带薪缺勤，是指职工虽然缺勤但企业仍向其支付报酬的安排，包括年休假、病假、婚假、产假、丧假、探亲假等。长期带薪缺勤属于其他长期职工福利。

（7）短期利润分享计划，是指因职工提供服务而与职工达成的基于利润或其他经营成果提供薪酬的协议。长期利润分享计划属于其他长期职工福利。

（8）非货币性福利，是指企业以自己的产品或外购商品发放给职工作为福利，企业提供给职工无偿使用自己拥有的资产或租赁资产等。

（9）其他短期薪酬，是指除上述薪酬以外的其他为获得职工提供的服务而给予的短期薪酬。

2. 离职后福利。离职后福利，是指企业为获得职工提供的服务而在职工退休或与企业解除劳动关系后，提供的各种形式的报酬和福利，属于短期薪酬和辞退福利的除外。

离职后福利计划，是指企业与职工就离职后福利达成的协议，或者企业为向职工提供离职后福利制定的规章或办法等。离职后福利计划按照企业承担的风险和义务情况，可以分为设定提存计划和设定受益计划。其中，设定提存计划，是指企业向独立的基金缴存固定费用后，不再承担进一步支付义务的离职后福利计划。设定受益计划，是指除设定提存计划以外的离职后福利计划。

3. 辞退福利。辞退福利，是指企业在职工劳动合同到期之前解除与职工的劳动关系，或者为鼓励职工自愿接受裁减而给予职工的补偿。

辞退福利主要包括：

（1）在职工劳动合同尚未到期前，不论职工本人是否愿意，企业决定解除与职工的劳动关系而给予的补偿。

（2）在职工劳动合同尚未到期前，为鼓励职工自愿接受裁减而给予的补偿，职工有权利选择继续在职或接受补偿离职。

辞退福利通常采取解除劳动关系时一次性支付补偿的方式，也采取在职工不再为企业带来经济利益后，将职工工资支付到辞退后未来某一期间的方式。

企业应当根据辞退福利的定义和包括的内容，区分辞退福利与正常退休的养老金。辞退福利是在职工与企业签订的劳动合同到期前，企业根据法律与职工本人或职工代表（如工会）签订的协议，或者基于商业惯例，承诺当其提前终止对职工的雇佣关系时支付的补偿，引发补偿的事项是辞退，因此，企业应当在辞退职工时进行辞退福利的确认和计量。职工在正常退休时获得的养老金,是其与企业签订的劳动合同到期时,或者职工达到了国家规定的退休年龄时获得的退休后生活补偿金额,引发补偿的事项是职工在职时提供的服务,而不是退休本身,因此,企业应当在职工提供服务的会计期间进行养老金的确认和计量。

另外,职工虽然没有与企业解除劳动合同,但未来不再为企业提供服务,不能为企业带来经济利益,企业承诺提供实质上具有辞退福利性质的经济补偿的,如发生"内退"的情况,在其正式退休日期之前应当比照辞退福利处理,在其正式退休日期之后,应当按照离职后福利处理。

4. 其他长期职工福利。其他长期职工福利,是指除短期薪酬、离职后福利、辞退福利之外所有的职工薪酬,包括长期带薪缺勤、长期残疾福利、长期利润分享计划等。

## (二) 一般短期薪酬的确认和计量

企业应当在职工为其提供服务的会计期间,将实际发生的短期薪酬确认为负债,并计入当期损益,其他相关会计准则要求或允许计入资产成本的除外。

企业发生的职工工资、津贴和补贴等短期薪酬,应当根据职工提供服务情况和工资标准等计算应计入职工薪酬的工资总额,并按照受益对象计入当期损益或相关资产成本,借记"生产成本""制造费用""管理费用"等科目,贷记"应付职工薪酬"科目。发放时,借记"应付职工薪酬"科目,贷记"银行存款"等科目。

企业为职工缴纳的医疗保险费、工伤保险费、生育保险费等社会保险费和住房公积金,以及按规定提取的工会经费和职工教育经费,应当在职工为其提供服务的会计期间,根据规定的计提基础和计提比例计算确定相应的职工薪酬金额,并确认相关负债,按照受益对象计入当期损益或相关资产成本,借记"生产成本""制造费用""管理费用"等科目,贷记"应付职工薪酬"科目。

企业发生的职工福利费,应当在实际发生时根据实际发生额计入当期损益或相关资产成本。企业向职工提供非货币性福利的,应当按照公允价值计量。如企业以自产的产品作为非货币性福利提供给职工的,应当按照该产品的公允价值和相关税费确定职工薪酬金额,并计入当期损益或相关资产成本。相关收入的确认、销售成本的结转以及相关税费的处理,与企业正常商品销售的会计处理相同。企业以外购的商品作为非货币性福利提供给职工的,应当按照该商品的公允价值和相关税费确定职工薪酬的金额,并计入当期损益或相关资产成本。

【例 10-7】 2×18 年 7 月,甲公司当月应发工资为 1 560 万元,其中:生产部门生产工人工资为 1 000 万元;生产部门管理人员工资为 200 万元,管理部门管理人员工资为 360 万元。

根据甲公司所在地政府规定,甲公司应当按照职工工资总额的 10% 计提医疗保险,按 8% 计提住房公积金,缴纳给当地的社会保险经办机构和住房公积金管理机构,同时甲公司还分别按照工资总额的 2% 和 1.5% 计提工会经费和职工教育经费。假定不考虑其他因素以及所得税影响。

根据上述资料，甲公司计算其 2×18 年 7 月的职工薪酬金额如下：

应当计入生产成本的职工薪酬金额 = 1 000 + 1 000 × (10% + 8% + 2% + 1.5%)
= 1 215（万元）

应当计入制造费用的职工薪酬金额 = 200 + 200 × (10% + 8% + 2% + 1.5%)
= 243（万元）

应当计入管理费用的职工薪酬金额 = 360 + 360 × (10% + 8% + 2% + 1.5%)
= 437.40（万元）

甲公司有关账务处理如下：

| | |
|---|---:|
| 借：生产成本 | 12 150 000 |
| 　　制造费用 | 2 430 000 |
| 　　管理费用 | 4 374 000 |
| 　　贷：应付职工薪酬——工资 | 15 600 000 |
| 　　　　　　　　　　——医疗保险 | 1 560 000 |
| 　　　　　　　　　　——住房公积金 | 1 248 000 |
| 　　　　　　　　　　——工会经费 | 312 000 |
| 　　　　　　　　　　——职工教育经费 | 234 000 |

## 七、应交税费

企业在一定时期内取得的营业收入和实现的利润或发生特定经营行为，要按照规定向国家缴纳各种税金，这些应交的税金，应按照权责发生制的原则确认。这些税金在尚未缴纳之前形成企业的现时义务，确认为一项负债。

### （一）应交增值税的会计核算

增值税是以商品（含货物、加工修理修配劳务、服务、无形资产或不动产，以下统称商品）在流转过程中产生的增值额作为计税依据而征收的一种流转税。按照增值税有关规定，企业购入商品支付的增值税（即进项税额），可以从销售商品按规定收取的增值税（即销项税额）中抵扣。

1. 一般纳税人应交增值税的会计核算。一般纳税人采用购进扣税法计算增值税应纳税额，其基本计算公式为：

$$当期应纳增值税额 = 当期销项税额 - 当期进项税额$$

因当期销项税额小于当期进项税额不足抵扣时，其不足部分可以结转下期继续抵扣。

当期销项税额是指按照销售额和规定的税率计算并向购买方收取的增值税额。其计算公式为：

$$当期销项税额 = 当期销售额 \times 适用税率$$

上式中的"当期销售额"是指纳税人销售货物或者提供应税劳务向购买方收取的全部价款和价外费用,但不包括收取的销项税额。当期进项税额是指纳税人购进货物或者接受应税劳务,所支付或者负担的增值税额。对于应从销售额中抵扣的进项税额,应根据从销售方取得的增值税专用发票上注明的增值税额计列。

对于一般纳税人的增值税业务,企业应当在"应交税费"科目下设置"应交增值税""未交增值税""预缴增值税""待抵扣进项税额"等明细科目进行核算。"应交税费——应交增值税"明细科目下设置"进项税额""销项税额抵减""已交税金""转出未交增值税""减免税款""销项税额""出口退税""进项税额转出""转出多交增值税"等专栏。

企业采购货物等,按应计入采购成本的金额,借记"材料采购""在途物资"或"原材料""库存商品"等科目,按可抵扣的增值税额,借记"应交税费——应交增值税(进项税额)"科目,按应付或实际支付的金额,贷记"应付账款""应付票据""银行存款"等科目。购入物资发生退货做相反的会计分录。

销售货物或提供应税劳务,按营业收入和应收取的增值税,借记"应收账款""应收票据""银行存款"等科目,按专用发票上注明的增值税额,贷记"应交税费——应交增值税(销项税额)"科目,按确认的营业收入贷记"主营业务收入""其他业务收入"等科目。发生销售退回作相反的会计分录。

交纳当月的增值税时,借记"应交税费——应交增值税(已交税金)"科目,贷记"银行存款"科目。

【例10-8】天诚公司为增值税一般纳税人,2×18年8月发生的与增值税有关的经济业务及其会计处理如下。

①5日,购入原材料一批,增值税专用发票上注明的价款为100 000元,增值税额为13 000元,价税合计113 000元,全部款项已由银行存款支付,该批原材料已验收入库。天诚公司材料按计划成本核算,该批材料的计划成本为100 800元。应编制的会计分录为:

借:材料采购　　　　　　　　　　　　　　　　　　　　100 000
　　应交税费——应交增值税(进项税额)　　　　　　　　13 000
　　贷:银行存款　　　　　　　　　　　　　　　　　　　113 000
借:原材料　　　　　　　　　　　　　　　　　　　　　 100 800
　　贷:材料采购　　　　　　　　　　　　　　　　　　　100 000
　　　　材料成本差异　　　　　　　　　　　　　　　　　　 800

②10日,对外销售产品一批,收取价款120 000元,增值税额为15 600元,价税合计56元,为购买者开具增值税专用发票,销货款存入银行。应编制的会计分录为:

借:银行存款　　　　　　　　　　　　　　　　　　　　135 600
　　贷:主营业务收入　　　　　　　　　　　　　　　　　120 000
　　　　应交税费——应交增值税(销项税额)　　　　　　 15 600

2. 小规模纳税人应交增值税额的会计核算。为完善增值税制度，进一步支持中小微企业发展，2018年4月4日，财政部、国家税务总局印发《关于统一增值税小规模纳税人标准的通知》规定：增值税小规模纳税人标准为年应征增值税销售额500万元及以下。

小规模纳税人发生的应税行为适用简易计税方法计税。在购买商品时，其支付的增值税税额均不计入进项税额，不得由销项税额抵扣，应计入相关成本费用。销售商品时，按照销售额和增值税征收率计算增值税额，不得抵扣进项税额。简易计税方法的销售额不包括其应纳税额，纳税人采用销售额和应纳税额合并定价方法的，按照公式"销售额＝含税销售额/(1＋征收率)"还原为不含税销售额。小规模纳税人"应交税费——应交增值税"科目，应采用三栏式账户。

【例10-9】某企业为增值税小规模纳税人。2×18年5月21日，购入原材料一批，收到增值税专用发票上注明的材料价款为100 000元，增值税为13 000元，另外负担运杂费3 000元。全部价款已用银行存款支付，材料收到并已验收入库。

根据上述资料，该企业应编制的会计分录为：

借：原材料　　　　　　　　　　　　　　　116 000
　　贷：银行存款　　　　　　　　　　　　　　　116 000

## （二）应交消费税的会计核算

为了正确引导消费方向，国家在普遍征收增值税的基础上，选择部分消费品再征收一道消费税。消费税的征收方法采取从价定率和从量定额两种计税方法。实行从价定率方法计征的应纳税额的税基为销售额，如果企业应税消费品的销售额中未扣除增值税税款，或者因不能开具增值税专用发票而发生价款和增值税税款合并收取的，在计算消费税时，按公式"应税消费品的销售额＝含增值税的销售额/(1＋增值税税率或征收率)"换算为不含增值税税款的销售额。实行从量定额办法计征的应纳税额的销售数量是指应税消费品的数量；属于应税消费品，为应税消费品的销售数量，属于自产自用应税消费品的，为应税消费品的移送使用数量；属于委托加工应税消费品的，为纳税人收回的应税消费品数量；进口的应税消费品，为海关核定的应税消费品进口征收数量。

企业按规定应交的消费税，在"应交税费"科目下设置"应交消费税"明细科目核算。该科目的贷方登记纳税人计算出的应交的消费税额，借方登记已缴纳的消费税额。期末贷方余额表示纳税人尚未缴纳的消费税。

1. 产品销售的会计处理。企业将生产的产品直接对外销售的，对外销售产品应交纳的消费税，通过"税金及附加"科目核算；企业按规定计算出应交的消费税额，借记"税金及附加"科目，贷记"应交税费——应交消费税"科目。

企业将自制的应税消费品用于在建工程、非生产机构等方面的，按规定应交纳的消费税应计入有关的成本，借记"固定资产""在建工程""营业外支出"

"销售费用"等科目,贷记"应交税费——应交消费税"科目。

2. 委托加工应税消费品的会计处理。按照税法规定,企业委托加工的应税消费品,由受托方在向委托方交货时代扣代缴税款。委托加工的应税消费品,委托方用于连续生产应税消费品的,所纳税款准予按规定抵扣。这里的委托加工应税消费品,是指由委托方提供原料和主要材料,受托方只收取加工费和代垫部分辅助材料加工的应税消费品,对于由受托方提供原材料生产的应税消费品,或者受托方先将原材料卖给委托方,然后接受加工的应税消费品,以及由受托方以委托方的名义购进原材料生产的应税消费品都不作为委托加工应税消费品,而应当按照销售自制应税消费品交纳消费税。委托加工的应税消费品直接出售的,不再征收消费税。

在会计处理时,需要交纳消费税的委托加工应税消费品,于委托方提货时,由受托方代收代缴税款。受托方按应扣税款金额,借记"银行存款""应收账款"等科目,贷记"应交税费——应交消费税"科目。委托加工应税消费品收回后,直接用于销售的,委托方应将代收代缴的消费税计入委托加工的应税消费品成本,借记"委托加工物资""生产成本"等科目,贷记"应付账款""银行存款"等科目。委托加工的应税消费品收回后用于连续生产应税消费品,按规定准予抵扣消费税的,委托方应将代收代缴的消费税款,借记"应交税费——应交消费税"科目,贷记"应付账款""银行存款"等科目,待用委托加工的应税消费品生产出应纳消费税的产品销售时,再交纳消费税。

【例10-10】2×18年5月10日,天诚公司销售应税消费品一批,为购货方开具的增值税专用发票上列明的价款为110 000元,增值税税率为13% 增值税额为14 300元,价税合计为124 300元。该产品消费税税率为15%,应纳消费税额为16 500元。购货方所付货款124 300元已存入银行。

根据上述资料,天诚公司应编制的会计分录为:

借:银行存款　　　　　　　　　　　　　　　　　124 300
　　贷:主营业务收入　　　　　　　　　　　　　110 000
　　　　应交税费——应交增值税(销项税额)　　14 300
借:税金及附加　　　　　　　　　　　　　　　　16 500
　　贷:应交税费——应交消费税　　　　　　　　16 500

## 第三节　非流动负债

### 一、长期借款

长期借款,是指企业向银行或其他金融机构借入的期限在1年以上(不含1年)的各种借款。企业采用长期借款的融资方式具有下列特点:债务偿还的期限较长(长期借款的借款期限一般在5年以上);债务的金额较大(可以用于满足房屋建造、大型设备购买等项目的资金需要);债务利息一般按年支付,债务本金可以到期一次偿还或者分期偿还;与发行股票相比,长期借款不会影响股东的控制权;一般需要企业向银行提供一定的资产作抵押。

为了总括地反映和监督长期借款的借入、应计利息和归还本息的情况,企业应设置"长期借款"科目。该科目贷方登记借款本息的增加额;借方登记偿还借款本息的减少额。期末贷方余额,反映企业尚未偿还的长期借款。

企业借入长期借款,按实际收到的金额,借记"银行存款"科目,贷记"长期借款——本金"科目。如存在差额(比如补偿性余额),还应借记"长期借款——利息调整"科目。

资产负债表日,应按摊余成本和实际利率计算确定的长期借款的利息费用,借记"在建工程""制造费用""财务费用""研发支出"等科目,按合同利率计算确定的应付未付利息,贷记"应付利息"科目,按其差额,贷记"长期借款——利息调整"科目。

实际利率与合同利率差异较小的,也可以采用合同利率计算确定利息费用。

归还长期借款本金时,借记"长期借款——本金"科目,贷记"银行存款"科目。同时,存在利息调整余额的,借记或贷记"在建工程""制造费用""财务费用""研发支出"等科目,贷记或借记"长期借款——利息调整"科目。

【例10-11】2×16年9月1日,天诚公司为建造厂房从银行借入期限为2年的长期专门借款1 200 000元,款项已存入银行。借款利率为8%。每年9月1日支付利息,期满后一次还清本金。该厂房于2×17年11月1日完工,达到预定可使用状态。

根据上述资料,天诚公司应编制的相关会计分录如下。

①2×16年9月1日,取得长期借款。

借:银行存款　　　　　　　　　　　　　　　　　1 200 000
　　贷:长期借款——本金　　　　　　　　　　　　　　1 200 000

②2×16年12月31日,计提利息。

应计提的借款利息 = 1 200 000 × 8% × 4/12 = 32 000(元)

借:在建工程　　　　　　　　　　　　　　　　　32 000
　　贷:应付利息　　　　　　　　　　　　　　　　　32 000

③2×17年9月1日,支付利息。

应支付的利息 = 1 200 000 × 8% = 96 000(元)

借:应付利息　　　　　　　　　　　　　　　　　32 000
　　在建工程　　　　　　　　　　　　　　　　　64 000
　　贷:银行存款　　　　　　　　　　　　　　　　　96 000

④2×17年12月31日,计提利息。

应计提的借款利息 = 1 200 000 × 8% × 4/12 = 32 000(元)

借:在建工程　　　　　　　　　　　　　　　　　16 000
　　财务费用　　　　　　　　　　　　　　　　　16 000

　　　　贷：应付利息　　　　　　　　　　　　　　　　　32 000

⑤2×18年9月1日，支付长期借款本金和应付利息。

应支付的利息=1 200 000×8%=96 000（元）

　　借：长期借款——本金　　　　　　　　　　　　1 200 000
　　　　应付利息　　　　　　　　　　　　　　　　　32 000
　　　　财务费用　　　　　　　　　　　　　　　　　64 000
　　　　贷：银行存款　　　　　　　　　　　　　　1 296 000

## 二、应付债券

应付债券是指债券发行公司约定于一定日期（或分期）支付一定的本金，及按期支付一定利息给投资者的书面承诺。

企业发行的债券存在两个利率：一个是债券合同中注明的利率（称为票面利率或者名义利率）；另一个是债券发行时的市场利率（称为实际利率）。当票面利率等于市场利率时，债券按照票面金额发行，称为平价发行；当票面利率高于市场利率时，债券的发行价格高于票面金额，称为溢价发行；当票面利率低于市场利率时，债券的发行价格低于票面金额，称为折价发行。

为了核算企业为筹集（长期）资金而实际发行债券的本金和利息，企业应设置"应付债券"科目。该科目贷方登记应付债券的本息；借方登记归还债券的本息。期末贷方余额，反映企业尚未偿还的长期债券摊余成本。该科目设置"面值""利息调整""应计利息"等明细科目。

企业平价发行债券时，债券的票面金额等于发行价格，应按照实际收到的金额，借记"银行存款"科目，贷记"应付债券——面值"科目。

企业溢价发行债券时，债务的发行价格高于票面金额，应按照发行债券实际收到的金额借记"银行存款"科目，按照发行债券的面值贷记"应付债券——面值"科目，按照超过债券面值的债券溢价贷记"应付债券——利息调整"科目。

企业折价发行债券时，债务的发行价格低于票面金额，应按照发行债券实际收到的金额借记"银行存款"科目，按照发行债券的面值贷记"应付债券——面值"科目，按照发行收入低于债券面值的债券折价借记"应付债券——利息调整"科目。

利息费用应当在债券的存续期间内采用实际利率法进行摊销。实际利率法，是指按照应付债券的实际利率计算其摊余成本及各期利息费用的方法。实际利率，是指应付债券在债券存续期间的未来现金流量折现为该债券当前账面价值所使用的利率。在资产负债表日，企业应当按照债券面值和票面利率计算当期的名义利息，同时，按照应付债券的摊余成本和实际利率计算当期的实际利息。

企业平价发行债券时，资产负债表日计算的名义利息与实际利息相等。企业应按照这个相等的金额借记"在建工程""财务费用"科目，贷记"应付利息"

科目（对于分期付息的债券）或者贷记"应付债券——应计利息"科目（对于到期一次付息的债券）。

企业溢价发行债券时，资产负债表日计算的名义利息大于实际利息。企业应按照实际利息的金额借记"在建工程""财务费用"科目，按照名义利息的金额贷记"应付利息"或贷记"应付债券——应计利息"科目，将两者的差额（即债券溢价的摊销）借记"应付债券——利息调整"科目。

企业折价发行债券时，资产负债表日计算的名义利息小于实际利息。企业应按照实际利息的金额借记"在建工程""财务费用"科目，按照名义利息的金额贷记"应付利息"或贷记"应付债券——应计利息"科目，将两者的差额（即债券折价的摊销）贷记"应付债券——利息调整"科目。

企业在债券到期日，对于分期付息的债券，一般需要偿还债券本金和最后一期利息。在计提债券利息之后，企业应当按照偿还债券本金的金额借记"应付债券——面值"科目，按照偿还债券最后一期利息的金额借记"应付利息"科目，按照实际支付的本金与最后一期利息的金额之和贷记"银行存款"科目。对于到期一次还本付息的债券，企业需要偿还债券的本金和全部利息。在计提债券利息之后，企业应当按照偿还本金的金额借记"应付债券——面值"科目，按照偿还债券全部利息的金额借记"应付债券——应计利息"科目，按照实际支付的本金与全部利息的金额之和贷记"银行存款"科目。

【例 10 – 12】 2×15 年 1 月 1 日，天诚公司发行 5 年期一次还本付息的债券 20 000 000 元，票面利率为 6%，所筹集的资金全部用于该公司基础设施建设。

①现假设，该批债券发行时，债券票面利率与市场利率相等。天诚公司相应的账务处理如下。

发行债券时：

借：银行存款　　　　　　　　　　　　　　　20 000 000
　　贷：应付债券——面值　　　　　　　　　　　20 000 000

每年年末计提债券利息时：应付利息 = 20 000 000 × 6% = 1 200 000（元）

借：在建工程　　　　　　　　　　　　　　　1 200 000
　　贷：应付债券——应计利息　　　　　　　　　1 200 000

债券到期日，偿还债券本金和全部利息时：

借：应付债券——面值　　　　　　　　　　　20 000 000
　　　　　　——应计利息　　　　　　　　　　6 000 000
　　贷：银行存款　　　　　　　　　　　　　　26 000 000

②现假设，该批债券发行时市场利率为 5%。天诚公司相应的账务处理如下。

发行债券时：

债券的发行价格 = 20 000 000 × (P/F, 5%, 5) + 20 000 000 × 6% × (P/A, 5%, 5)
　　　　　　　 = 20 000 000 × 0.7835 + 1 200 000 × 4.3295
　　　　　　　 ≈ 20 865 400（元）

借：银行存款 20 865 400
  贷：应付债券——面值 20 000 000
     ——利息调整 865 400

每年年末，天诚公司按照债券面值和票面利率计算当期的名义利息，按照应付债券的摊余成本和实际利率计算当期的实际利息，同时摊销债券溢价，如表10-1所示。

表10-1      实际利息计算表      单位：元

| 日期 A | 应付利息 $B = 20\,000\,000 \times 6\%$ | 利息费用 $C = F \times 5\%$ | 溢价摊销 $D = B - C$ | 未摊销溢价 $E = $ 上期 $E - D$ | 期末摊余成本 $F = $ 上期 $F - D$ |
|---|---|---|---|---|---|
| 2×15-01-01 | | | | 865 400 | 20 865 400 |
| 2×15-12-31 | 1 200 000 | 1 043 270 | 156 730 | 708 670 | 20 708 670 |
| 2×16-12-31 | 1 200 000 | 1 035 434 | 164 566 | 544 104 | 20 544 104 |
| 2×17-12-31 | 1 200 000 | 1 027 205 | 172 795 | 371 309 | 20 371 309 |
| 2×18-12-31 | 1 200 000 | 1 018 565 | 181 435 | 189 874 | 20 189 874 |
| 2×19-12-31 | 1 200 000 | 1 010 126 | 189 874 | 0 | 20 000 000 |
| 合 计 | 6 000 000 | 5 134 600 | 865 400 | — | — |

根据表10-1，天诚公司每年计提利息时编制的会计分录为：
借：在建工程 1 043 270
  应付债券——利息调整 156 730
  贷：应付债券——应付利息 1 200 000
注：各年编制的分录相同，只是金额不同。
债券到期日，偿还债券本金和全部利息时：
借：应付债券——面值 20 000 000
     ——应计利息 6 000 000
  贷：银行存款 26 000 000

### 三、长期应付款

长期应付款，是指企业除长期借款和应付债券以外的其他各种长期应付款项，包括应付融资租入固定资产的租赁费以分期付款方式购入固定资产、无形资产或存货等发生的应付款项等。

为了总括地反映和监督长期应付款的发生和归还情况，企业应设置"长期应付款"科目。该科目贷方登记发生的应付款；借方登记归还的应付款。期末贷方余额，反映企业应付款付的长期应付款项。

企业融资租入的固定资产，在租赁期开始日，按应计入固定资产成本的金额（租赁开始日租赁资产公允价值与最低租赁付款额现值两者中较低者，加上初始直接费用），借记"在建工程"或"固定资产"科目，按最低租赁付款额，贷记"长期应付款"科目，按发生的初始直接费用，贷记"银行存款"等科目，按其差额，借记"未确认融资费用"科目。

按期支付租金时，借记"长期应付款"科目，贷记"银行存款"等科目。

企业购入有关资产超过正常信用条件延期支付价款、实质上具有融资性质的，应按购买价款的现值，借记"固定资产""在建工程"等科目，按应支付的金额，贷记"长期应付款"科目，按其差额，借记"未确认融资费用"科目。

按期支付价款时，借记"长期应付款"科目，贷记"银行存款"科目。

## 练 习 题

一、问答题

1. 什么是负债？负债有哪些特征？
2. 什么是职工薪酬？职工薪酬包括哪些内容？
3. 什么是辞退福利？辞退福利包括哪些内容？
4. 应付职工薪酬（不包括辞退福利）根据职工提供服务的受益对象，应当如何进行处理？
5. 说明增值税一般纳税人的计税方法。

二、选择题

1. 下列各项中，属于流动负债的是（　　）。
   A. 应付票据　　B. 应收票据　　C. 预付账款　　D. 专项应收款
2. 下列各项中，属于非流动负债的有（　　）。
   A. 长期借款　　B. 应付债券　　C. 应交税费　　D. 长期应付款
3. 下列各项中，属于应付账款入账金额包括的内容有（　　）。
   A. 应向销货方或提供劳务方支付的合同或协议价款
   B. 按照货款计算的增值税进项税额
   C. 购货方应负担的运杂费
   D. 购货方应负担的包装费
4. 下列各项中，属于职工薪酬的有（　　）。
   A. 短期薪酬　　　　　　　B. 离职后福利
   C. 辞退福利　　　　　　　D. 其他长期职工福利
5. 下列各项中，属于短期薪酬的有（　　）。
   A. 职工工资　　　　　　　B. 职工福利费
   C. 医疗保险费　　　　　　D. 住房公积金
6. 企业按受益对象分配发生的职工薪酬，借记的账户可以有（　　）。
   A. 生产成本　　B. 制造费用　　C. 管理费用　　D. 研发支出
7. 下列各项中，属于在"应交税费——应交增值税"明细科目下设置的子目有（　　）。

A. 进项税额          B. 销项税额抵减

C. 已交税金          D. 转出未交增值税减

### 三、判断题

1. 负债是企业承担的现时义务,该义务的金额能够可靠地计量。（ ）

2. 企业对于取得短期借款利息,通常按照合同规定,于到期偿还时一次支付利息。（ ）

3. 企业为职工缴纳的基本养老保险金、补充养老保险费,以及为职工购买的商业养老保险,均属于企业提供的职工薪酬。（ ）

4. 住房公积金,是以个人工资数按照国家规定的基准和比例计算,向住房公积金管理机构缴存的住房公积金。（ ）

5. 增值税是以商品在流转过程中产生的增值额作为计税依据而征收的一种流转税。（ ）

6. 小规模纳税人是指年销售额在规定标准以下的增值税纳税人。（ ）

7. 长期借款,是指企业向银行或其他金融机构借入的期限在2年以上（不含2年）的各种借款。（ ）

### 四、账务处理题

2×18年5月,天诚公司当月应发工资为5 000 000元,其中:生产部门直接生产人员工资为2 500 000元;生产部门管理人员工资为500 000元;公司管理部门人员工资为900 000元;公司专设产品销售机构人员工资为250 000元;建造厂房人员工资为550 000元;内部开发存货管理系统人员工资为300 000元。

根据当地政府规定,公司分别按照职工工资总额的10%、12%、2%和10.5%计提医疗保险费、养老保险费、失业保险费和住房公积金,缴纳给当地社会保险经办机构和住房公积金管理机构。该公司分别按照职工工资总额的2%计提职工福利费和工会经费,按1.5%计提职工教育经费。假定该公司存货管理系统已处于开发阶段,并符合《企业会计准则第6号——无形资产》资本化条件。假设不考虑所得税影响。

要求:按部门用途计算应付职工薪酬,并编制会计分录。

# 第十一章 所有者权益

【本章关键知识点】
1. 所有者权益的定义、所有者权益与负债的区别。
2. 实收资本。
3. 资本公积。
4. 其他综合收益。
5. 留存收益。

## 第一节 所有者权益概述

所有者权益是指企业所有者对企业净资产的要求权,是企业全部资产减去负债后的余额,包括实收资本(或股本)、资本公积、其他综合收益、盈余公积和未分配利润。其中盈余公积和未分配利润统称为留存收益。

企业经营所需的全部资金来自两条渠道:一是负债;二是投资者的投资及其增值。因此,债权人和投资者对企业的净资产均拥有要求权,债权人权益和所有者权益共同构成了企业的资金来源。但负债和所有者权益两者之间存在着以下区别:

1. 性质不同。从本质上讲,所有者权益是所有者对企业剩余资产的要求权,是一种"留剩权益",即它是企业资产中满足了债权人的要求权之后的剩余部分的要求权;而负债则是企业对债权人应负担的义务。企业所有者对企业资产的要求权,在顺序上置于债权人的要求权之后。

2. 偿还期限不同。企业的债务通常都有约定的偿还期限,而所有者权益则是对企业的一项永久性投资,对企业来说,所有者权益在企业整个存续期内一般不存在抽回问题,即所有者权益的"留剩权益"并没有约定的偿付期。

3. 享受的权利不同。债权人无权参与企业的重大生产经营决策,也无权分享企业的盈利,只享有到期收回债权本息的权利;而投资者则通过股东大会或董事会对企业生产经营及盈利分配等政策施加影响。

## 第二节 实收资本

### 一、实收资本的性质

企业的实收资本是指投资者按照企业章程,或合同、协议的约定,实际投入企业的资本。我国有关法律规定,投资者设立企业首先必须投入资本。《民法通则》规定,设立企业法人必须要有必要的财产。《企业法人登记管理条例》规定,企业申请开业,必须具备符合国家规定并与其生产经营和服务规模相适应的资金数额。

实收资本反映着公司的法人所有权以及股权的双重关系,一方面,作为公司法人所有权的客体,实收资本既是公司法人进行经营活动的经济支柱,又是公司法人独立对外承担民事法律责任的财产基础以及对债权人的保障;另一方面,作为股权关系的反映,它既是股东履行出资义务的记录,同时又是其行使表决权、分配权等权利的依据,集中体现了股东之间的权利和利益分配的比例关系。

### 二、实收资本的主要账务处理

为核算企业接受投资者投入的实收资本,企业应当设置"实收资本"科目(股份有限公司应将本科目改为"股本"科目)。投资者可以用现金投资,也可以用现金以外的其他有形资产投资。符合国家规定比例的,还可以用无形资产投资。

1. 企业接受投资者投入的资本,借记"银行存款""固定资产""无形资产""长期股权投资"等科目,按其在注册资本或股本中所占份额贷记"实收资本"或"股本"科目,按其差额,贷记"资本公积——资本溢价或股本溢价"科目。

2. 股东大会批准的利润分配方案中分配的股票股利,应在办理增资手续后,借记"利润分配"科目,贷记"股本"科目。

经股东大会或类似机构决议,用资本公积转增资本,借记"资本公积——资本溢价或股本溢价"科目,贷记"实收资本"或"股本"科目。

3. 企业将重组债务转为资本的,应按重组债务的账面余额,借记"应付账款"等科目,按债权人因放弃债权而享有本企业股份的面值总额,贷记"实收资本"科目,按股份的公允价值总额与相应的实收资本或股本之间的差额,贷记或借记"资本公积——资本溢价或股本溢价"科目,按其差额,贷记"营业外收入——债务重组利得"科目。

4. 企业以权益结算的股份支付换取职工或其他方提供服务的,应在行权日,按实际行权情况确定的金额,借记"资本公积——其他资本公积"科目,按应计入实收资本或股本的金额,贷记"实收资本"或"股本"科目。

5. 企业按法定程序报经批准减少注册资本的，借记"实收资本"或"股本"科目，贷记"库存现金""银行存款"等科目。

6. 股份有限公司采用收购本企业股票方式减资的，按股票面值和注销股数计算的股票面值总额，借记"股本"科目，按所注销库存股的账面余额，贷记"库存股"科目，按其差额，借记"资本公积——股本溢价"科目，股本溢价不足冲减的，应借记"盈余公积""利润分配——未分配利润"科目；购回股票支付的价款低于面值总额的，应按股票面值总额，借记"股本"科目，按所注销库存股的账面余额，贷记"库存股"科目，按其差额，贷记"资本公积——股本溢价"科目。

## 第三节 资本公积

### 一、资本公积的内容

资本公积是指投资者或其他人（或单位）投入，所有权归属于投资者，但不构成实收资本的那部分资本或者资产。资本公积从形成来源上看，它不是由企业实现的利润转化而来的，而是由投资者投入的资本金额中超过法定资本部分的资本，或者其他人（或单位）投入的不形成实收资本的资产的转化形式，从本质上讲应当属于投入资本范畴，它是伴随着实收资本而产生的。资本公积与实收资本的划分主要是基于法律的规定，实收资本是法定资本，而资本公积则相当于准资本。

资本公积的内容包括：资本溢价（或股本溢价）和其他资本公积。

资本溢价是指企业投资者投入的资金超过其在注册资本中所占份额的部分。在企业创办时，投资者认缴的出资额全部记入"实收资本"科目，但在企业经营之后如有新的投资者加入时，为维护原投资者的权益，新加入的投资者的出资额一般要超过其在企业所有者权益中所占的份额，超过的部分不能作为实收资本处理，而应记入"资本公积"科目。这是因为，在企业正常经营过程中投入的资金虽然与企业创立时投入的资金在数量上一致，但其获利能力却不一致。企业创立时，要经过筹建、试生产经营、为产品寻找市场、开辟市场等过程，从投入资金到取得投资回报，中间需要许多时间，并且这种投资具有风险性，在这个过程中资本利润率很低。而企业进行正常生产经营后，在正常情况下，资本利润率要高于企业初创阶段。而这高于初创阶段的资本利润率是初创时必要的垫支资本带来的，企业创办者为此付出了代价。因此，相同数量的投资，由于出资时间不同，其对企业影响程度不同，由此而带给投资者的权利也不同，往往早期出资带给投资者的权利要大于后期出资带给投资者的权利。所以，新加入的投资者要付出大于原有投资者的出资额，才能取得与投资者相同的投资比例。另外，不仅原投资者原有投资从质量上发生了变化，就是从数量上也可能发生变化，这是因为企业经营过程中实现利润的一部分留在企业，形成留存收益，而留存收益也属于所有者权益，也要求其付出大于原投资者的出资额，才能取得与原有投资者相同的投资比例。

股本溢价，是指股份有限公司以发行股票的方式筹集股本时，其发行价超出股票面值的差额。按国家规定，股份有限公司的股本总额应与注册资本相一致，而公司的股本总额是按股票的面值与发行股份总数的乘积计算的，在公司溢价发行股票的情况下，股东通过购买股票投入公司的资本就会超出股本总额，其超出部分不能记入"股本"科目，但它应由全体股东享有，因而应通过"资本公积"科目核算。

其他资本公积，是指股本溢价（或资本溢价）以外的资本公积。

## 二、资本公积的主要账务处理

为核算企业收到投资者出资额超出其在注册资本或股本中所占份额的部分，企业应设置"资本公积"科目。本科目应当分别以"资本溢价（股本溢价）""其他资本公积"进行明细核算。

1. 企业接受投资者投入的资本、可转换公司债券持有人行使转换权利、将债务转为资本等形成的资本公积，借记有关科目，贷记"实收资本"或"股本"科目、"资本公积——资本溢价或股本溢价"科目。

与发行权益性证券直接相关的手续费、佣金等交易费用，借记"资本公积——股本溢价"等科目，贷记"银行存款"等科目。

经股东大会或类似机构决议，用资本公积转增资本，借记"资本公积——资本溢价或股本溢价"科目，贷记"实收资本"或"股本"科目。

2. 同一控制下控股合并形成的长期股权投资，应在合并日按取得被合并方所有者权益账面价值的份额，借记"长期股权投资"科目，按享有被投资单位已宣告但尚未发放的现金股利或利润，借记"应收股利"科目，按支付的合并对价的账面价值，贷记有关资产科目或借记有关负债科目，按其差额，贷记"资本公积——资本溢价或股本溢价"科目；为借方差额的，借记"资本公积——资本溢价或股本溢价"科目，资本公积（资本溢价或股本溢价）不足冲减的，借记"盈余公积""利润分配——未分配利润"科目。

3. 长期股权投资采用权益法核算的，在持股比例不变的情况下，被投资单位除净损益、其他综合收益和利润分配以外的所有者权益的其他变动，企业按持股比例计算应享有的份额，借记或贷记"长期股权投资——其他权益变动"科目，贷记或借记"资本公积——其他资本公积"科目。

4. 股份有限公司采用收购本公司股票方式减资的，按股票面值和注销股数计算的股票面值总额，借记"股本"科目，按所注销的库存股的账面余额，贷记"库存股"科目，按其差额，借记"资本公积——股本溢价"科目，股本溢价不足冲减的，应借记"盈余公积""利润分配——未分配利润"科目；购回股票支付的价款低于面值总额的，应按股票面值总额，借记"股本"科目，按所注销的库存股的账面余额，贷记"库存股"科目，按其差额，贷记"资本公积——股本溢价"科目。

## 第四节 其他综合收益

其他综合收益是指企业根据其他会计准则规定未在当期损益中确认的各项利得和损失。包括以后会计期间不能重分类进损益的其他综合收益和以后会计期间满足规定条件时将重分类进损益的其他综合收益两类。

1. 以后会计期间不能重分类进损益的其他综合收益项目，主要包括重新计量设定受益计划净负债或净资产导致的变动、按照权益法核算因被投资单位重新计量设定受益计划净负债或净资产变动导致的权益变动，投资企业按持股比例计算确认的该部分其他综合收益项目，以及在初始确认时，企业可以将非交易性权益工具指定为以公允价值计量且其变动计入其他综合收益的金融资产，该指定后不得撤销，即当该类非交易性权益工具终止确认时原计入其他综合收益的公允价值变动损益不得重分类进损益。

2. 以后会计期间满足规定条件时将重分类进损益的其他综合收益，主要包括：

（1）符合金融工具准则规定，同时满足两个条件的金融资产应当分类为以公允价值计量且其变动计入其他综合收益：一是企业管理该金融资产的模式既以收取合同现金流量为目标又以出售该金融资产为目标；二是该金融资产的合同条款规定，在特定日期产生的现金流量，仅为对本金和以未偿付本金金额为基础的利息支付。当该类金融资产终止确认时，之前计入其他综合收益的累计利得或损失应当从其他综合收益中转出，计入当期损益。

（2）按照金融工具准则规定，对金融资产重分类按规定可以将原计入其他综合收益的利得或损失转入当期损益的部分。

（3）采用权益法核算的长期股权投资。采用权益法核算的长期股权投资，按照被投资单位实现其他综合收益以及持股比例计算应享有或分担的金额，调整长期股权投资的账面价值，同时，增加或减少其他综合收益，其会计处理为：借记（或贷记）"长期股权投资——其他综合收益"科目，贷记（或借记）"其他综合收益"科目，待该项股权投资处置时，将原计入其他综合收益的金额转入当期损益。

（4）存货或自用房地产转换为投资性房地产。企业将作为存货的房地产转换为采用公允价值模式计量的投资性房地产时，应当按照该房地产在转换日的公允价值，借记"投资性房地产——成本"科目，原已计提跌价准备的，借记"存货跌价准备"科目，按其账面余额，贷记"开发产品"等科目；同时，转换日的公允价值小于账面价值的，按其差额，借记"公允价值变动损益"科目，转换日的公允价值大于账面价值的,按其差额,贷记"其他综合收益"科目。待该项投资性房地产处置时,因转换计入其他综合收益的部分应转入当期损益。

(5) 现金流量套期工具产生的利得或损失中属于有效套期的部分。

(6) 外币财务报表折算差额。

## 第五节 留存收益

留存收益是指企业从历年实现的净利润中提取或形成的留存于企业内部的积累,它来源于企业的生产经营活动所实现的净利润,包括盈余公积和未分配利润。

企业为了生存与发展,为了扩大再生产规模,向社会提供适销对路的商品或劳务,履行社会责任,承担社会义务,就必须要从实现的净利润中留存一部分利润,这部分从净利润中留存下来用于企业生产发展所需的利润称为盈余公积。一般企业和股份有限公司的盈余公积包括:法定盈余公积、任意盈余公积。法定盈余公积,是指企业按照规定的比例从净利润中提取的盈余公积;任意盈余公积,是指企业经股东大会或类似机构批准按照规定的比例从净利润中提取的盈余公积;企业的盈余公积可以用于弥补亏损、转增资本(或股本)。符合规定条件的企业,也可以用盈余公积分派现金股利。

中外合资企业的盈余公积还包括:储备基金、企业发展基金和利润归还投资。储备基金是指按照法律、行政法规规定从净利润中提取的经批准用于弥补亏损和增加资本的储备基金;企业发展基金是指按照法律、行政法规规定从净利润中提取的用于企业生产发展和经批准用于增加资本的企业发展基金;利润归还投资是指中外合作经营企业按照规定在合作期间以利润归还投资者的投资。

未分配利润是指可供支配的利润在提取了盈余公积和支付了股利(或利润)以后的余额。它可以用来弥补以后年度企业发生的亏损、分派现金股利或转为盈余公积。

留存收益的反面为累计亏损,它表明所有者投入资本的蚀耗。企业经营如果发生亏损,而以前年度积累的留存利润不足以抵补时,账务上就会出现赤字。

留存收益的核算包括盈余公积的提取、盈余公积的使用、未分配利润的形成等内容。这些内容也是企业利润分配的内容,本书将在第十三章作详细阐述。

## 练 习 题

### 一、问答题

1. 什么是所有者权益?所有者权益与负债有何联系和区别?
2. 说明实收资本的性质。
3. 什么是资本公积?资本公积与实收资本有何联系?

4. 什么是其他综合收益？其他综合收益分为哪两类？

5. 什么是留存收益？留存收益包括哪些内容？

## 二、选择题

1. 所有者权益，是指所有者在企业资产中享有的经济利益，其金额为（    ）。

   A. 资产减去费用后的余额　　　　B. 资产减去负债后的余额

   C. 收入减去费用后的余额　　　　D. 收入减去成本后的余额

2. 股东大会批准的利润分配方案中分配的股票股利，应在办理增资手续后，借记"利润分配"科目，贷记的会计科目是（    ）。

   A. 实收资本　　　B. 盈余公积　　　C. 资本公积　　　D. 未分配利润

3. 下列各项中，属于来源于企业从税后利润中留存的部分有（    ）。

   A. 实收资本　　　B. 盈余公积　　　C. 资本公积　　　D. 未分配利润

4. 下列各项中，属于其他资本公积的内容有（    ）。

   A. 可供出售金融资产公允价值变动

   B. 企业根据以权益结算的股份支付协议授予职工或其他方的权益工具的公允价值

   C. 现金流量套期中，有效套期工具的公允价值变动

   D. 长期股权投资采用权益法核算的，在持股比例不变的情况下，被投资单位除净损益以外的其他所有者权益变动引起的长期股权投资账面价值的变动

5. 下列各项中，属于盈余公积用途的有（    ）。

   A. 弥补亏损　　　　　　　　　　B. 转增资本（或股本）

   C. 分派现金股利　　　　　　　　D. 用于集体福利设施支出

6. 下列各项中，会引起"资本公积"科目借方发生变动的事项是（    ）。

   A. 接受政府捐赠

   B. 资本公积转增资本

   C. 购回本公司已发行的股票（成本法）

   D. 溢价发行股票

7. 企业本年实现利润 10 000 元，可用于弥补上年度发生的亏损 50 000 元，应编制的会计分录是（    ）。

   A. 借：利润分配——弥补上年亏损　　　　　　　10 000
       贷：利润分配——未分配利润　　　　　　　　　10 000

   B. 借：盈余公积——弥补上年亏损　　　　　　　10 000
       贷：利润分配——未分配利润　　　　　　　　　10 000

   C. 借：利润分配——未分配利润　　　　　　　　10 000
       贷：本年利润　　　　　　　　　　　　　　　　10 000

   D. 不需要进行专门的账务处理

8. 下列各项中，会引起所有者权益发生增减变化的是（    ）。

   A. 分配现金股利　　　　　　　　B. 盈余公积弥补亏损

C. 用资本公积转增资本　　　　　　D. 用盈余公积转增资本

9. 下列各种说法中，符合未分配利润含义的有（　　）。
A. 这部分税后利润没有分配给企业投资者
B. 这部分税后利润可留待以后年度进行分配
C. 这部分税后利润未指定特定用途
D. 这部分税后利润已指定特定用途

10. 用盈余公积转增资本时，应注意的事项有（　　）。
A. 经股东大会或类似权力机构批准
B. 办理增资手续
C. 按股东原有持股比例结转
D. 转增后留存的盈余公积数额不得少于注册资本的 25%

### 三、判断题

1. 股本和资本公积为所有者初始和追加投入的资本。（　　）
2. 所有者权益在企业整个存续期内投资者可以随时抽回投资。（　　）
3. 所有者权益是指企业所有者对企业全部资产的要求权。（　　）
4. 任意盈余公积，是指企业经股东大会或类似机构批准按照规定的比例从净利润中提取的盈余公积。（　　）
5. 未分配利润是指可供支配的利润在提取了盈余公积和支付了股利（或利润）以后的余额。它可以用来转增资本。（　　）

# 第十二章 费用和成本

【本章关键知识点】
1. 费用的确认与期间费用。
2. 产品成本核算的一般程序。
3. 产品成本的归集与分配。
4. 产品成本的结转。

## 第一节 费用的确认与期间费用

### 一、费用的确认

费用是指企业在日常活动中发生的、会导致所有者权益减少的、与向所有者分配利润无关的经济利益的总流出。

费用有广义和狭义之分。广义的费用泛指企业各种日常活动发生的所有耗费。例如，生产产品所消耗的各种材料、固定资产折旧的提取、应付职工薪酬等。另外，广义的费用除日常活动中发生的经济利益流出外，还包括与企业日常活动无直接关系的损失。狭义的费用仅指与本期营业收入相配比的那部分耗费。

费用应按照权责发生制和配比原则确认。按权责发生制原则确认费用，是指凡应属于本期发生的费用，不论其款项是否支付，均确认为本期费用；反之，不属于本期发生的费用，即使其款项已在本期支付，也不确认为本期费用。按配比原则确认费用，是指以所发生的费用与所取得的具体收益项目之间的直接联系为基础，将营业收入与费用按配比原则确认。例如，在确认营业收入实现的同时，确认主营业务成本。这种费用的确认方法体现了费用与各期的营业收入有明显的直接因果关系。

### 二、期间费用

期间费用是指本期发生的、不能直接或间接归入某种产品成本的、直接计入损益的各项费用,包括管理费用、销售费用和财务费用。期间费用与期间有密切的联系,它与企业当期生产产品的多少和提供劳务的多少没有直接的联系,所以,期间费用应由以后各期间的收入来负担就没有客观依据。在制造成本法下,期间费用不能计入产品的制造成本中去。假如计入制造成本中去,则会延续到以后各会计期间,影响以后各会计期间的损益。因此,期间费用应在发生时按期进行归集和汇总,并加以确认,将其直接计入当期损益中去。

### (一)管理费用

管理费用是指企业为组织和管理企业生产经营所发生的各种费用,包括企业在筹建期间内发生的开办费、董事会和行政管理部门在企业的经营管理中发生的或者应当由企业统一负担的公司经费(包括行政管理部门职工薪酬、物料消耗、低值易耗品摊销、办公费和差旅费等)、工会经费、董事会费(包括董事会成员津贴、会议费和差旅费等)、聘请中介机构费、咨询费(含顾问费)、诉讼费、业务招待费、房产税、车船税、土地使用税、印花税、技术转让费、矿产资源补偿费、研究费用、排污费等。

企业发生的管理费用,在"管理费用"科目核算,并应按费用项目设置明细账进行明细核算。期末,"管理费用"科目的借方余额结转到"本年利润"科目后无余额。

### (二)销售费用

销售费用是指企业在销售商品和材料、提供劳务的过程中发生的各种费用,包括保险费、包装费、展览费和广告费、商品维修费、预计产品质量保证损失、运输费、装卸费等以及为销售本企业商品而专设的销售机构(含销售网点、售后服务网点等)的职工薪酬、业务费、折旧费等经营费用。企业发生的与专设销售机构相关的固定资产修理费用等后续支出,也作为销售费用。

企业发生的销售费用,在"销售费用"科目核算,并应按费用项目设置明细账进行明细核算。期末,"销售费用"科目的借方余额结转到"本年利润"科目后无余额。

### (三)财务费用

财务费用是指企业为筹集生产经营所需资金等而发生的筹资费用,包括利息支出(减利息收入)、汇兑损益以及相关的手续费、企业发生的现金折扣或收到的现金折扣等。

企业发生的财务费用,在"财务费用"科目核算,并应按费用项目设置明细账进行明细核算。期末,"财务费用"科目的借方余额结转到"本年利润"科目后无余额。

## 第二节　产品成本核算的一般程序

### 一、成本、费用界限的正确划分

成本是与费用密切相关的概念。成本是指企业为生产产品、提供劳务而发生的各种耗费。就制造业而言，生产费用的发生过程，同时又是产品制造成本的形成过程。但是，两者也有所区别。生产费用是指某一期间内为进行生产而发生的耗费，它与一定的时期相联系；产品成本则是指为生产某一种产品而消耗的费用，它与一定种类和数量的产品相联系。《成本核算制度》[①] 中将产品成本定义为，产品成本是指企业在生产产品过程中所发生的材料费用、职工薪酬等，以及不能直接计入而按一定标准分配计入的各种间接费用。由此可见，产品成本就是生产费用的具体对象化。产品成本也称生产成本或产品制造成本。某一期间的费用将构成该期完工产品生产成本的主要部分，但本期完工产品的生产成本却不一定都是由本期所发生的费用形成的。因此，为了充分地发挥产品成本核算的作用，以保证产品成本计算的正确性、真实性、可靠性，在产品成本核算工作中，应当正确划分成本和费用的各种界限。

#### （一）正确划分计入产品成本与不计入产品成本的费用界限

企业的经济活动是多方面的，费用支出的用途也是多种多样的。用于产品生产的生产费用，应该计入产品成本。用于产品销售的销售费用，用于组织和管理生产经营活动的管理费用，以及用于筹集生产经营资金的财务费用，都应作为期间费用，计入当期损益；与生产经营业务无关的营业外支出和营业外收入，也应直接计入当期损益。

#### （二）正确划分各种产品的费用界限

为了正确地反映各种产品的成本，企业还必须将应由本月产品成本负担的生产费用在各种产品之间进行分摊，以便分析和考核各种产品成本计划或定额的执行情况，分别计算出各种产品的实际成本。

凡是属于某种产品单独发生，能够直接计入该种产品成本的费用，就应直接计入该种产品的成本；凡是属于几种产品发生，不能直接计入某种产品成本的费用，就应采用适当的分配方法，分配计入各种产品的成本。要防止人为地在可比产品与不可比产品、盈利产品与亏损产品之间任意调节，借以掩盖成本超支。

---

[①] 为加强企业产品成本核算，保证产品成本信息真实、完整，促进企业和经济社会的可持续发展，根据《中华人民共和国会计法》《企业会计准则》等国家有关规定，2013 年 8 月 16 日，财政部制定了《企业产品成本核算制度（试行）》（简称《成本核算制度》），自 2014 年 1 月 1 日起在除金融保险业以外的大中型企业范围内施行，鼓励其他企业执行。

### （三）正确划分完工产品与在产品的费用界限

进行产品成本核算，最后要计算出各种完工产品与在产品的成本。在月末计算产品成本时，如果某种产品已全部完工，这种产品的各项生产费用之和就是这种产品的完工产品成本；如果某种产品都未完工，这种产品的各项生产费用之和就是这种产品的月末在产品成本；如果某种产品一部分已经完工入库，另一部分尚未完工，这种产品的各项生产费用，就需要采用适当的分配方法，在完工产品与月末在产品之间进行分配，以便分别计算出完工产品成本和月末在产品成本。要防止任意地增加或减少月末在产品费用、人为地调节完工产品成本的错误做法。

## 二、确定产品成本核算的对象、项目和范围

### （一）产品成本核算对象的确定

企业应当根据生产经营特点和管理要求，确定成本核算对象，归集成本费用，计算产品的生产成本。

所谓产品成本核算对象，是指为计算产品成本而确定的生产费用归集和分配的范围，是被计算成本的客体，是生产费用的归属对象和生产耗费的承担者，是计算产品成本的前提。确定成本核算对象应考虑的因素有：成本核算实体，如产成品或半成品；成本计算空间，如各厂或各生产步骤；成本计算时间，如公历月份或产品生产周期

制造企业一般按照产品品种、批次订单或生产步骤等确定产品成本核算对象。

1. 大量大批单步骤生产产品或管理上不要求提供有关生产步骤成本信息的，一般按照产品品种确定成本核算对象。

2. 小批单件生产产品的，一般按照每批或每件产品确定成本核算对象。

3. 多步骤连续加工产品且管理上要求提供有关生产步骤成本信息的，一般按照每种（批）产品及各生产步骤确定成本核算对象。

产品规格繁多的，可以将产品结构、耗用原材料和工艺过程基本相同的产品，适当合并作为成本核算对象。

企业在确定产品成本核算对象、进行产品成本核算时，还应结合企业内部管理的相关要求，按照现代企业多维度、多层次的管理需要，确定多元化的产品成本核算对象。多维度，是指以产品的最小生产步骤或作业为基础，按照企业有关部门的生产流程及其相应的成本管理要求，利用现代信息技术，组合出产品维度、工序维度、车间班组维度、生产设备维度、客户订单维度、变动成本维度和固定成本维度等不同的成本核算对象。多层次，是指根据企业成本管理需要，划分为企业管理部门、工厂、车间和班组等成本管控层次。

## （二）产品成本核算项目和范围

企业应当根据生产经营特点和管理要求，按照成本的经济用途和生产要素内容相结合的原则或者成本性态等设置成本项目。

成本的经济用途，是指生产成本在生产产品或提供劳务过程中的实际用途。成本按经济用途分类，分为制造成本和非制造成本。按经济用途分类，能够反映出费用与产品的关系，揭示产品成本的构成内容，便于进一步分析费用支出的合理性和结构水平，为挖掘企业降低成本的潜力创造了有利条件。

成本按经济内容进行分类，是指在生产过程中消耗了什么，如消耗了多少活劳动，消耗了哪些物化劳动。生产成本按经济内容分类通常称为费用要素，包括：外购材料、外购燃料、外购动力、职工薪酬、折旧费、利息费用、税金和其他支出等。

成本按成本性态可分为变动成本和固定成本。变动成本是指成本总额随着业务量的增减变化而呈正比例增减变化的成本，单位业务量的成本保持不变。固定成本是指成本总额在一定时期和一定业务量范围内，不受业务量增减变动影响而保持不变的成本，单位业务量所承担的固定成本与业务量的增减呈反方向变动。

制造企业产品成本核算项目，一般设置直接材料、燃料和动力、直接人工和制造费用等成本项目。

直接材料，是指构成产品实体的原材料以及有助于产品形成的主要材料和辅助材料。

燃料和动力，是指直接用于产品生产的燃料和动力。

直接人工，是指直接从事产品生产的工人的职工薪酬。包括职工工资、奖金、津贴、补贴、福利费、医疗保险费、养老保险费、住房公积金、工会经费、职工教育经费、非货币性福利、辞退福利、其他薪酬。

制造费用，是指企业为生产产品和提供劳务而发生的各项间接费用，包括企业生产部门（如生产车间）发生的水电费、固定资产折旧、无形资产摊销、管理人员的职工薪酬、劳动保护费、国家规定的有关环保费用、季节性和修理期间的停工损失等。

企业的停工可以分为正常停工和非正常停工。正常停工包括季节性停工、机器设备大修理停工、计划减产停工等。非正常停工包括原材料或工具等短缺停工、设备故障停工、电力中断停工、自然灾害停工。

## 三、产品成本归集、分配和结转

### （一）产品成本的归集

企业所发生的费用，能确定由某一成本核算对象负担的，应当按照所对应的产品成本项目类别,直接计入产品成本核算对象的生产成本;由几个成本核算对象共同负担的,应当选择合理的分配标准分配计入。

### (二)产品成本的分配

企业应当根据生产经营特点,以正常生产能力水平为基础,按照资源耗费方式确定合理的分配标准。实务中,通常体现为受益性原则、及时性原则、成本效益性原则、基础性原则和管理性原则。

### (三)产品成本的结转

企业应当按照权责发生制的原则,根据产品的生产特点和管理要求结转成本。企业不得以计划成本、标准成本、定额成本等代替实际成本。企业采用计划成本、标准成本、定额成本等类似成本进行直接材料日常核算的,期末应当将耗用直接材料的计划成本或定额成本等类似成本调整为实际成本。

## 第三节 产品成本的归集与分配

### 一、会计科目的设置及主要账务处理

#### (一)"生产成本"科目的设置及主要账务处理

"生产成本"科目,用来核算企业进行工业性生产发生的各项生产成本,包括生产各种产品(产成品、自制半成品等)、自制材料、自制工具、自制设备等。该科目下设"基本生产成本"和"辅助生产成本"两个二级科目,并在其下按成本计算对象(产品品种、批别和类别等)设置明细科目,且按成本项目设专栏进行明细核算。"生产成本"科目期末借方余额,反映企业尚未加工完成的在产品成本。

生产成本的主要账务处理为:

1. 企业发生的各项直接生产成本,借记"生产成本——基本生产成本(或辅助生产成本)"科目,贷记"原材料""库存现金""银行存款""应付职工薪酬"等科目。

2. 各生产车间应负担的制造费用,借记"生产成本——基本生产成本(或辅助生产成本)"科目,贷记"制造费用"科目。

3. 辅助生产车间为基本生产车间、企业管理部门和其他部门提供的劳务和产品,期(月)末按照一定的分配标准分配给各受益对象,借记"生产成本——基本生产成本""管理费用""销售费用""其他业务成本""在建工程"等科目,贷记"生产成本——辅助生产成本"科目。

4. 企业已经生产完成并已验收入库的产成品以及入库的自制半成品，应于期（月）末，借记"库存商品"等科目，贷记"生产成本——基本生产成本"科目。

### （二）"制造费用"科目的设置及主要账务处理

"制造费用"科目，用来核算企业生产车间（部门）为生产产品和提供劳务而发生的各项间接费用。"制造费用"科目，除季节性生产企业外，期末应无余额。

制造费用的主要账务处理为：

1. 生产车间发生的机物料消耗，借记"制造费用"科目，贷记"原材料"科目。

2. 发生的生产车间管理人员的工资等职工薪酬，借记"制造费用"科目，贷记"应付职工薪酬"科目。

3. 生产车间计提的固定资产折旧，借记"制造费用"科目，贷记"累计折旧"科目。

4. 生产车间支付的办公费、水电费等，借记"制造费用"科目，贷记"银行存款"科目。

5. 发生季节性的停工损失，借记"制造费用"科目，贷记"原材料""应付职工薪酬""银行存款"等科目。

6. 将制造费用分配计入有关的成本核算对象，借记"生产成本——基本生产成本或辅助生产成本""劳务成本"等科目，贷记"制造费用"科目。

7. 季节性生产企业制造费用全年实际发生额与分配额的差额，除其中属于为下一年开工生产做准备的可留待下一年分配外，其余部分实际发生额大于分配额的差额，借记"生产成本——基本生产成本"科目，贷记"制造费用"科目；实际发生额小于分配额的差额做相反的会计分录。

## 二、直接材料成本的归集和分配

生产经营过程中领用的各种库存材料，都应在月末按照材料的用途及领用部门归集，据以编制"耗用材料分配表"，进行直接材料费用的归集和分配。

直接用于产品生产或提供劳务的原材料等，应记入"生产成本——基本生产成本（或辅助生产成本）"账户，并记入按成本计算对象设置的成本计算单中的"直接材料"成本项目内。如果是几个成本计算对象共同耗用、不能分清的，应采用一定的分配标准，分配记入各成本计算对象的成本计算单中的"直接材料"成本项目内。材料的分配标准一般可选择产品的重量、体积、产量，定额资料齐备的，可选择材料定额消耗量或材料定额费用。

## 三、直接工资成本的归集和分配

应由产品制造成本所负担的直接工资费用，应按其发生地点和用途分别归集和分配。对于基本生产车间生产工人的工资,在采取计件工资制下,其工资属于直接费用,应根据有关凭证,直接记入"生产成本——基本生产成本(或辅助生产成本)"科目,以及各成本计算对象中。在采取计时工资制下,如果只生产一种产品,其工资也属于直接费用,可直接计入各成本计算对象中;如果生产几种产品,其工资属于间接费用,应采用适当方法在各成本计算对象之间分配计入。分配标准一般采用实际工时或定额工时。

生产车间技术及管理人员工资,企业行政管理人员工资,在分配时直接记入"制造费用""管理费用"科目。实际工作中,企业于月末编制"工资及福利费分配表",进行直接工资费用的分配。

### 四、辅助生产成本的归集和分配

辅助生产是企业内部为基本生产和管理部门等服务而进行的产品生产和劳务供应。辅助生产费用的归集,是通过"生产成本——辅助生产成本"科目和"制造费用"科目及所属明细账进行的,并与辅助生产类型有密切的联系。在提供劳务的辅助生产车间,所发生的直接材料、直接人工和其他直接费用,可按成本项目直接归集;发生的间接费用,先归集在"制造费用"科目中,月末直接转入成本项目内。这种类型的辅助生产车间一般无在产品,因此,所归集的生产费用总额就是该车间的劳务总成本,除以劳务总数量,就是劳务的单位成本。而在提供工具、模具等产品的辅助生产车间,所发生的直接材料、直接人工和其他直接费用,要视其不同情况分别归集。属于能分清产品的费用,可按成本项目直接归集;属于几种产品共同耗用的费用,则需采取适当的方法分配计入各种产品的成本项目内。同时,发生的间接费用也应先归集在"制造费用"科目中,月末仍需采取一定的方法分配计入各种产品的成本项目内,然后才能确定各种产品的总成本和单位成本。

需说明的一点是,如果某企业的辅助生产车间的规模不大,其间接费用不多,为简化核算,可以不通过"制造费用"科目核算,而直接在"生产成本——辅助生产成本"科目中归集。

辅助生产费用归集后,应选择适当的方法计算确定其成本,并在各对象之间进行分配。由于辅助生产的类型不同,其转出分配的程序也不一样。提供工具、模具等产品的辅助生产车间,应在产品完工时计算其成本,其计算方法与基本生产车间产品生产成本计算一致。提供劳务的辅助生产车间,应将所归集的费用在各受益单位之间按照所耗用劳务的数量或其他比例进行分配转出。

### 五、制造费用的归集和分配

制造费用是指企业为组织和管理生产所发生的各项费用。制造费用主要包括:企业各个生产单位(分厂、车间)为组织和管理生产所发生的生产单位管理人员工资、职工福利费、生产单位房屋建筑物、机器设备等的折旧费、修理费、机物料消耗、低值易耗品、水电费、办公费、劳动保护费、季节性、修理期间的停工损失以及其他制造费用。

制造费用属于间接费用，不能直接计入产品成本。发生时，需要先通过"制造费用"科目进行归集，然后按照合理的分配标准按月分配计入各成本核算对象的生产成本。企业可以采取的分配标准包括机器工时、人工工时、计划分配率等。具体采用哪种分配方法，由企业根据实际情况选定，分配方法一经确定，不能随意变动。但在生产一种产品的情况下，制造费用可以直接计入该种产品的生产成本。

季节性生产企业在停工期间发生的制造费用，应当在开工期间进行合理分摊，连同开工期间发生的制造费用，一并计入产品的生产成本。

## 第四节 产品成本的结转

月份终了，应计入本月产品成本的各项费用，都归集在"生产成本——基本生产成本"科目以及相关的各成本计算对象的成本计算单中。当某种产品已全部完工，没有在产品，计入该种产品的全部生产费用，就是完工产品成本；当某种产品月末全部都没完工，计入该种产品的全部生产费用，就是月末在产品成本；当某种产品月末既有完工产品，又有在产品，计入该种产品的全部生产费用，就需要采用适当的分配方法，在本月完工产品和月末在产品之间进行分配，以计算确定完工产品成本和月末在产品成本，对于本期完工产品成本应由"生产成本"科目转入"库存商品"科目，即借记"库存商品"科目，贷记"生产成本"科目，结转已加工完毕的产成品成本。

### 一、生产费用在完工产品和月末在产品之间的分配方法

生产费用在完工产品和在产品之间的分配，是成本计算中一个重要而复杂的问题。企业应根据其实际情况（如在产品数量的多少，各月在产品数量变化的大小，以及各项消耗定额是否准确、稳定等），选择适当的分配方法。常用的分配方法有以下三种。

#### （一）在产品按所耗直接材料计算法

在产品按所耗直接材料计算法，是指月末在产品只计算其所耗用的直接材料费用作为在产品成本，其他费用（包括直接工资、制造费用等）则全部由完工产品成本负担。这样，全部生产费用减去按直接材料费用计算的在产品成本后的余额，即为完工产品成本。这种方法主要适用于各月末在产品数量较多或各月末在产品数量变化较大，并且直接材料在成本中所占比重较大的产品采用。

【例12-1】天诚公司本月生产的乙产品直接材料费用比重较大,月末在产品成本只计算直接材料费用,直接工资和制造费用都由完工产品成本负担。该种产品月初在产品直接材料费用为 8 400 元,本月发生直接材料费用为 29 600 元,直接工资费用为 9 120 元,制造费用为 6 591 元,本月完工乙产品 80 台,月末在产品 20 台,原材料在生产开始时一次投入。

根据上述资料,乙产品本月完工产品成本和月末在产品成本计算如下:

$$直接材料分配率 = \frac{84\ 000 + 29\ 600}{80 + 20} = 380（元/台）$$

完工产品应负担的直接材料费用 = 80 × 380 = 30 400（元）

月末在产品应负担的直接材料费用 = 20 × 380 = 7 600（元）

本月完工产品成本 = 30 400 + 9 120 + 6 591 = 46 111（元）

月末在产品成本 = 7 600（元）

### （二）约当产量比例法

约当产量比例法就是指月末先将在产品数量按其完工程度折算为相当于完工产品数量（即约当产量）,然后按照完工产品产量和月末在产品约当产量的比例,分配生产费用,计算完工产品成本和月末在产品成本。这种方法适用于月末在产品数量较多且变化较大,产品成本中的各项目费用基本一致的产品。

采用约当产量比例法,应根据下列公式计算:

$$在产品约当产量 = 在产品数量 \times 完工（投料）程度$$
$$完工产品成本 = 完工产品数量 \times 费用分配率$$
$$月末在产品成本 = 在产品约当产量 \times 费用分配率$$
$$费用分配率 = \frac{月初在产品费用 + 本月发生费用}{完工产品数量 + 在产品约当产量}$$

采用上述公式计算时,由于生产费用的归集和分配是按成本计算对象分别成本项目进行的,各成本项目费用的发生程度不完全相同,因此,应分别成本项目计算用于分配直接材料、直接工资、制造费用等的在产品约当产量。同时,在计算在产品约当产量时,还应根据以下两种不同情况分别处理:

第一,如果直接材料是生产开始时一次投入,在分配直接材料费用时,其在产品数量不折算为约当产量;如果直接材料是分次、陆续投入生产,则在产品数量应按其投料程度折算为约当产量。

第二,其他加工费用（如直接工资、制造费用等）在分配时,在产品一律按其完工程度折算为约当产量。

【例12-2】天诚公司本月生产甲产品,本月投产 100 台,本月完工 90 台,月末在产品 10 台,完工程度为 50%,材料系生产开始时一次投入。无月初在产品成本,本月生产费用合计为 70 221 元,其中:直接材料为 38 800 元,直接工资为 18 240 元,制造费用为 13 181 元。生产费用在完工产品和月末在产品之间的分配方法采用约当产量法。

根据上述资料，甲产品本月完工产品成本和月末在产品成本计算如下。

（1）分配直接材料。

直接材料分配率 $= \dfrac{38\,800}{90+10} = 388$（元/台）

本月完工产品的直接材料费用 $= 90 \times 388 = 34\,920$（元）

月末在产品的直接材料费用 $= 10 \times 388 = 3\,880$（元）

（2）分配直接工资。

直接工资分配率 $= \dfrac{18\,240}{90+10 \times 50\%} = 192$（元/台）

本月完工产品的直接工资 $= 90 \times 192 = 17\,280$（元）

月末在产品的直接工资 $= 5 \times 192 = 960$（元）

（3）分配制造费用。

制造费用分配率 $= \dfrac{13\,181}{90+10 \times 50\%} = 138.75$（元/台）

本月完工产品的制造费用 $= 90 \times 138.75 = 12\,487.50$（元）

月末在产品的制造费用 $= 5 \times 138.75 = 693.50$（元）

完工产品成本 $= 34\,920 + 17\,280 + 12\,487.50 = 64\,687.50$（元）

月末在产品成本 $= 3\,880 + 960 + 693.50 = 5\,533.50$（元）

### （三）在产品按定额成本计算法

在产品按定额成本计算法，是指月末计算产品成本时，先按定额成本计算出在产品成本，然后用该种产品的全部生产费用，减去按定额成本计算的在产品成本，倒挤出完工产品成本的方法。采用这种方法对于生产费用脱离定额的差异，不由在产品负担，而全部计入完工产品成本，这种方法适用于各项消耗定额或费用定额比较准确、稳定，并且各月末在产品的数量变化不大的产品。

采用这种方法计算期末在产品定额成本时，应按各成本项目分别计算。其有关计算公式如下：

直接材料定额成本 = 在产品数量 × 单位消耗定额 × 计划单价
直接工资定额成本 = 在产品数量 × 工时定额 × 每小时计划工资
制造费用定额成本 = 在产品数量 × 工时定额 × 每小时计划费用

上述各项目定额成本之和，即为月末在产品定额成本，然后按下列公式计算完工产品成本：

本月完工产品成本 = 月初在产品定额成本 + 本月生产费用 − 月末在产品定额成本

## 二、产品成本计算的基本方法

企业生产的类型和管理的要求不同，成本计算方法的选择自然就有差异。区别一种成本计算方法有别于另外一种方法的显著标志是成本计算对象。以产品品种为成本计算对象形成品种法,以产品批别为成本计算对象形成分批法,以各步骤半成品和最终产成品为成本计算对象形成分步法。

### (一) 品种法

品种法是以产品品种为成本计算对象,用以归集费用并计算成本的一种成本计算方法。品种法适用于大量大批单步骤生产的企业,如发电、采煤等。在大量大批多步骤生产中,若生产规模小,或车间是封闭的,或生产是按流水线组织的,管理上不要求按生产步骤计算产品成本,也可采用品种法计算成本,例如小型水泥厂等。

采用品种法计算成本时,如果企业只生产一种产品,成本计算对象就是该种产品,按该种产品设置成本计算单,所有的费用都可直接计入该产品的有关成本项目中。如果企业生产两种或两种以上产品,成本计算对象则是每种产品,按每种产品分别设置成本计算单,发生的直接费用可直接计入产品成本计算单的有关成本项目内,间接费用单独归集,然后采用适当的方法分配计入各种产品成本计算单中的有关成本项目。

采用品种法计算成本,一般要定期在每月月末进行,也就是说,成本计算期与会计报告期一致,而与产品生产周期不一致。月末计算成本时,若没有在产品或在产品数量很少,可不计算月末在产品成本,那么成本计算单上按成本项目汇集的费用,就是该产品的总成本。如果月末有在产品且数量很多,则应把归集在产品成本计算单上的生产费用,采用一定的方法在完工产品和在产品之间进行分配。

### (二) 分批法

分批法是以每批产品作为成本计算对象,据以归集生产费用,并计算产品成本的方法。分批法适用于单件小批类型生产的企业,如造船业、重型机器制造业等。此外,也可用于一般工业企业中新产品的试制或试验的生产、专项在建工程以及设备修理作业等。

分批法以规定的订货单或生产通知单为成本计算对象。在单件小批生产的企业中,生产往往是根据购货单位确定的订货单组织的,因此,这种方法也称订单法,它的成本计算对象一般来说是订货单。

采用分批法计算成本时,同样也要按月汇集各批产品的生产费用,但只有该批产品全部完工时,才能计算其实际成本。因此,分批法的成本计算期是不定期的,与该批产品的生产周期一致。

采用分批法计算产品成本,要按批别归集费用。企业发生的费用,能按批别划分的直接费用,要在费用原始凭证上注明产品批次,以便据此直接记入各批产品成本计算单;对不能按批别划分的间接费用,则应在费用的原始凭证上注明费用发生的地点,以便按地点归集生产中的间接费用,然后在各批产品之间分配。

按批别归集的生产费用,到月末如果该批产品都已完工,则这些生产费用是完工产品成本；若产品均未完工，则是在产品成本。因此，通常情况下，生产费用不需在完工产品和在产品之间分配。但是，若出现跨月陆续完工，并交付购货单位时，就应采用一定的方法计算完工产品成本。如果跨月完工的产品不多，可按计划成本、定额成本或近期同种产品的实际成本为依据，计算完工产品成本，从成本计算单转出，剩余部分即为在产品成本。为了正确考核、分析该批产品成本计划执行情况，待产品全部完工时，再重新计算实际成本，如果批内产品跨月完工数量较多，应采用一定的分配方法进行分配，计算完工产品成本和在产品成本。

### （三）分步法

分步法是将产品品种及其生产步骤作为成本计算对象，来汇集生产费用、计算产品成本的一种方法。它适用于大量大批多步骤生产的企业，如冶金、纺织、机械制造等企业。在这些企业中，生产工艺过程是由若干个在技术上可以间断的生产步骤组成，每个生产步骤除了生产出半成品外（最后一步为产成品），还有一些加工中的在产品。这些半成品可以继续加工成产成品，也可以对外销售。为了适应这一特点，在计算产品成本时，不仅要按产品品种计算产品成本，而且还要按步骤计算各步骤半成品成本，以满足管理需要。

在采用分步法计算产品制造成本时，产品成本计算对象应该是各种产品及其所经过的各生产步骤。成本计算单要按产品品种和步骤设置。应该强调的是，成本计算的分步与实际生产步骤不一定完全一致。为了简化计算工作，可以只对管理上有必要分步计算成本的步骤单独设置成本计算单，单独计算成本；管理上不要求单独计算成本的生产步骤，则与其他生产步骤合并设立产品成本计算单再计算成本。另外，这里的步骤与车间的概念也不是完全一致的，如果所计算的步骤与车间一致，按步骤计算成本也就是按车间计算成本，但若某些车间管理上不要求分别计算成本，可把这些车间合并为一个步骤计算，为了适应管理的要求，也可以在车间内分步计算成本。

在分步法下，由于产品是大量大批生产，产品一般是跨月陆续完工，因而成本计算通常定期在每月月末进行。月末要把本步骤的费用在完工产品和在产品之间采用适当的分配方法进行分配，以正确计算完工产品成本和月末在产品成本。

由于各个企业生产的具体情况和对各步骤成本管理的要求不同，以及为了简化核算工作，分步法在结转各个步骤成本时，又有逐步结转和平行结转两种方法。

逐步结转分步法是按产品加工顺序，逐步计算与结转半成品成本并最后计算出产成品成本的一种方法。它主要适用于自制半成品作为商品对外销售，或虽不对外出售，但在以后的生产步骤中，自制半成品分别耗用于不同产品的生产，以及管理上要求提供半成品成本资料的大量大批连续式复杂生产的企业。

在采用逐步结转分步法时，成本计算对象应该是各种产成品及其各步骤的半成品。这种方法的特点是：各步骤半成品的成本要随实物的转移而转移，以便逐步计算半成品成本和最后一步产成品的成本。

平行结转分步法是只计算本步骤发生的生产费用以及这些费用中应计入产成品成本的份额,然后将各生产步骤的费用份额平行结转汇总,以计算产成品成本的一种方法。它主要适用于半成品种类较多,对外销售很少,并且管理上不要求提供半成品成本资料的大量大批连续式复杂生产和大量大批装配式复杂生产的企业。

采用平行结转分步法,应以各种产成品及其经过的各生产步骤的成本份额为成本计算对象,分别设置产品成本计算单。汇集各步骤发生的生产费用,月末,采用一定的方法计算出各步骤计入产成品成本的份额后,平行结转、汇总,以确定产成品成本。

## 练 习 题

### 一、问答题

1. 费用确认的原则是什么?
2. 什么是期间费用?包括哪些具体内容?
3. 在产品成本核算工作中,应当正确划分哪几方面的成本和费用界限?
4. 说明产品成本核算的一般程序。
5. 分别说明"生产成本"科目和"制造费用"科目的用途及主要账务处理。
6. 分别说明直接材料费用、直接工资费用和制造费用的归集和分配方法。
7. 企业通常可以采用哪些方法将生产费用在完工产品和在产品之间进行分配?
8. 什么是约当产量比例法?其适用范围如何?在计算在产品约当产量时,应当注意的问题是什么?
9. 什么是品种法?它的适用范围如何?说明采用品种法计算产品成本的核算程序。

### 二、选择题

1. 下列费用中,属于期间费用的是( )。
   A. 生产成本   B. 制造费用   C. 直接人工   D. 管理费用
2. 企业销售部门发生的业务招待费,应记入的会计科目是( )。
   A. 财务费用   B. 制造费用   C. 销售费用   D. 管理费用
3. 企业专设的销售机构的固定资产折旧费,应记入的会计科目是( )。
   A. 制造费用   B. 管理费用   C. 销售费用   D. 其他业务成本
4. 生产车间生产工人的工资,应记入的会计科目是( )。
   A. 生产成本   B. 制造费用   C. 管理费用   D. 营业外支出
5. 企业发生的研发费用,应记入的会计科目是( )。
   A. 营业外支出   B. 其他业务成本   C. 制造费用   D. 管理费用
6. 某生产车间使用同一种机器生产 A、B 两种产品,为维护此设备而消耗的各种材料应记入的会计科目是( )。
   A. 生产成本   B. 管理费用   C. 其他业务成本   D. 制造费用

7. 大量大批单步骤生产的企业采用的成本计算方法是（　　）。
A. 品种法　　　B. 分批法　　　C. 分步法　　　D. 分类法
8. 下列各项中，属于销售费用的有（　　）。
A. 保险费　　　　　　　　　　B. 商品维修费
C. 专设的销售机构职工薪酬　　D. 销售人员的差旅费
9. 下列各项中，属于管理费用的有（　　）。
A. 工会经费　　　　　　　　　B. 董事会费
C. 聘请注册会计师审计费　　　D. 为受灾地区捐款
10. 下列各项中，属于按成本性态划分的成本有（　　）。
A. 直接成本　　B. 变动成本　　C. 间接成本　　D. 固定成本

## 三、判断题

1. 费用采用直接确认的方法就是在确认营业收入实现的同时，确认主营业务成本。（　　）
2. 企业发生的与专设销售机构相关的固定资产修理费用等后续支出应当计入固定资产成本。（　　）
3. 本期完工产品的生产成本不一定都是由本期所发生的费用形成的。（　　）
4. 对生产费用进行审核和控制是产品成本核算一般程序的首要环节。（　　）
5. 在生产一种产品的情况下，制造费用可以直接计入该种产品的生产成本。（　　）
6. 产品成本由直接材料、直接人工、其他直接支出和制造费用组成。（　　）
7. 计算约当产量的第一个步骤是决定在产品的完工程度、在产品数量和产成品数量。（　　）
8. 某一会计期间发生的生产费用应等于当期的产品总额。（　　）
9. 直接材料、直接人工、燃料和动力、制造费用是现行成本制度明确规定的四个成本项目，企业不能增加或减少。（　　）
10. 按照分步法计算产品成本，如果企业只生产一种产品，则成本计算对象是该种产品及其所经过的各个生产步骤。（　　）

## 四、计算题

天诚公司本月生产 A 产品，原材料在生产开始时一次投入，当月完工入库产成品 1 400 件，月末在产品 200 件，在产品加工程度为 50%。月初在产品成本合计为 8 500 元，其中：直接材料为 6 000 元，直接工资为 1 500 元，制造费用为 1 000 元。本月生产费用合计为 35 000 元，其中：直接材料为 24 000 元，直接工资为 6 000 元，制造费用为 5 000 元。

要求：采用约当产量法分配计算本月 A 产品的完工产成品成本和月末在产品成本。

# 第十三章 收入和利润

【本章关键知识点】
1. 收入。
2. 利润。
3. 所得税会计。
4. 利润分配。

## 第一节 收 入

### 一、收入的定义及其分类

收入,是指企业在日常活动中形成的、会导致所有者权益增加的、与所有者投入资本无关的经济利益的总流入。其中,日常活动是指企业为完成其经营目标所从事的经常性活动以及与之相关的活动。比如,工业企业制造并销售产品、商业企业销售商品、保险公司签发保单、咨询公司提供咨询服务、软件企业为客户开发软件、安装公司提供安装服务、商业银行对外贷款、租赁公司出租资产等,均属于企业为完成其经营目标所从事的日常活动。

### 二、收入的确认

企业应当在履行了合同中的履约义务,即在客户取得相关商品控制权时确认收入。取得相关商品控制权,是指能够主导该商品的使用并从中获得几乎全部的经济利益,也包括有能力阻止其他方主导该商品的使用并从中获得经济利益。基于该原则,关于收入的确认方法,企业应当首先识别与客户订立的合同;其次,识别合同中的单项履约义务;最后,企业在履行每一单项履约义务时确认收入。

#### (一)识别与客户订立的合同

客户,是指与企业订立合同以向该企业购买其日常活动产出的商品或服务并支付对价的一方。合同，是指双方或多方之间订立有法律约束力的权利义务的协议。合同包括书面形式、口头形式以及其他形式。当企业与客户之间的合同同时满足下列五项条件的，企业应当在履行了合同中的履约义务，即在客户取得相关商品控制权时确认收入：

（1）合同各方已批准该合同并承诺将履行各自义务；

（2）该合同明确了合同各方与所转让商品相关的权利和义务；

（3）该合同有明确的与所转让商品相关的支付条款；

（4）该合同具有商业实质，即履行该合同将改变企业未来现金流量的风险、时间分布或金额；

（5）企业因向客户转让商品而有权取得的对价很可能收回。

企业与同一客户（或该客户的关联方）同时订立或在相近时间内先后订立的两份或多份合同，在满足下列条件之一时，应当合并为一份合同进行会计处理：

（1）该两份或多份合同基于同一商业目的而订立并构成一揽子交易；

（2）该两份或多份合同中的一份合同的对价金额取决于其他合同的定价或履行情况；

（3）该两份或多份合同中所承诺的商品（或每份合同中所承诺的部分商品）构成本单项履约义务。

### （二）识别合同中的单项履约义务

合同开始日，企业应当对合同进行评估，识别该合同所包含的各单项履约义务，并确定各单项履约义务是在某一时段内履行，还是在某一时点履行，然后，在履行了各单项履约义务时分别确认收入。履约义务，是指合同中企业向客户转让可明确区分商品的承诺。下列情况下，企业应当将向客户转让商品的承诺作为单项履约义务：

（1）企业向客户转让可明确区分商品（或者商品的组合）的承诺；

（2）企业向客户转让一系列实质相同且转让模式相同的、可明确区分商品的承诺。

### （三）履行每一单项履约义务时确认收入

企业应当在履行了合同中的履约义务，即在客户取得相关商品控制权时确认收入。取得相关商品控制权，是指能够主导该商品的使用并从中获得几乎全部的经济利益。企业应当根据实际情况，首先判断履约义务是否满足在某一时段内履行的条件，如不满足，则该履约义务属于在某一时点履行的履约义务。对于在某一时段内履行的履约义务，企业应当选取恰当的方法来确定履约进度；对于在某一时点履行的履约义务，企业应当综合分析控制权转移的迹象，判断其转移时点。

1. 在某一时段内履行的履约义务的收入确认条件与确认方法。满足下列条件之一的，属于在某一时段内履行的履约义务，相关的收入应当在履约义务履行的期间内确认：

（1）客户在企业履约的同时即取得并消耗企业履约所带来的经济利益。企业在履约过程中是持续地向客户转移该服务的控制权的，该履约义务属于在某一时段内履行的履约义务，企业应当在提供该服务的期间内确认收入。企业在进行判断时，可以假定在企业履约的过程中更换为其他企业继续履行剩余履约义务，如果继续履行合同的企业实质上无须重新执行企业累计至今已完成的工作，则表明客户在企业履约的同时即取得并消耗了企业履约所带来的经济利益。例如企业承诺将客户的一批货物从A市运到B市，假定该批货物在途径C市时，由另外一家运输公司接替企业履行提供该运输服务，由于A市到C市之间的运输服务无须重新执行，因此，表明客户在企业履约的同时即取得并消耗了企业履约所带来的经济利益，因此，企业提供的运输服务属于在某一时段内履行的履约义务。

（2）客户能够控制企业履约过程中在建的商品。企业在履约过程中在建的商品包括在产品、在建工程、尚未完成的研发项目、正在进行的服务等，如果客户在企业在建该商品的过程中就能够控制这些商品，应当认为企业提供该商品的履约义务属于在某一时段内履行的履约义务。

（3）企业履约过程中所产出的商品具有不可替代用途，且该企业在整个合同期间内有权就累计至今已完成的履约部分收取款项。具有不可替代用途，是指因合同限制或实际可行性限制，企业不能轻易地将商品用于其他用途。有权就累计至今已完成的履约部分收取款项，是指在由于客户或其他方原因终止合同的情况下，企业有权就累计至今已完成的履约部分收取能够补偿其已发生成本和合理利润的款项，并且该权利具有法律约束力。

对于在某一时段内履行的履约义务，企业应当在该段时间内按照履约进度确认收入，但是，履约进度不能合理确定的除外。企业应当考虑商品的性质，采用产出法或投入法确定恰当的履约进度。其中，产出法是根据已转移给客户的商品对于客户的价值确定履约进度；投入法是根据企业为履行履约义务的投入确定履约进度。对于类似情况下的类似履约义务，企业应当采用相同的方法确定履约进度。

2. 在某一时点履行的履约义务的收入确认条件。属于在某一时点履行的履约义务，企业应当在客户取得相关商品控制权时确认收入。在判断客户是否已取得商品控制权时，企业应当考虑下列五个迹象：

（1）企业就该商品享有现时收款权利，即客户就该商品负有现时付款义务；

（2）企业已将该商品的法定所有权转移给客户，即客户已拥有该商品的法定所有权；

（3）企业已将该商品实物转移给客户，即客户已实物占有该商品；

（4）企业已将该商品所有权上的主要风险和报酬转移给客户，即客户已取

得该商品所有权上的主要风险和报酬;

(5) 客户已接受该商品。

### 三、收入的计量

企业应当首先确定合同的交易价格,再按照分摊至各单项履约义务的交易价格计量收入。

#### (一) 确定交易价格

交易价格,是指企业因向客户转让商品而预期有权收取的对价金额。企业代第三方收取的款项(例如增值税)以及企业预期将退还给客户的款项,应当作为负债进行会计处理,不计入交易价格。合同标价并不一定代表交易价格。企业应当根据合同条款,并结合其以往的习惯做法确定交易价格。在确定交易价格时,企业应当考虑可变对价、合同中存在的重大融资成分、非现金对价以及应付客户对价等因素的影响。

#### (二) 将交易价格分摊至各单项履约义务

当合同中包含两项或多项履约义务时,为了使企业分摊至每一单项履约义务的交易价格能够反映其因向客户转让已承诺的相关商品(或提供已承诺的相关服务)而预期有权收取的对价金额,企业应当在合同开始日,按照各单项履约义务所承诺商品的单独售价的相对比例,将交易价格分摊至各单项履约义务。企业不得因合同开始日之后单独售价的变动而重新分摊交易价格。

单独售价,是指企业向客户单独销售商品的价格。企业在类似环境下向类似客户单独销售商品的价格,应作为确定该商品单独售价的最佳证据。单独售价无法直接观察的,企业应当综合考虑其能够合理取得的全部相关信息,采用市场调整法、成本加成法、余值法等方法合理估计单独售价。市场调整法,是指企业根据某商品或类似商品的市场售价考虑本企业的成本和毛利等进行适当调整后,确定其单独售价的方法。成本加成法,是指企业根据某商品的预计成本加上其合理毛利后的价格,确定其单独售价的方法。余值法,是指企业根据合同交易价格减去合同中其他商品可观察的单独售价后的余值,确定某商品单独售价的方法。在估计单独售价时,企业应当最大限度地采用可观察的输入值,并对类似的情况采用一致的估计方法。

【例13-1】甲公司与客户签订合同,向其销售A、B、C三件产品,合同价款为10 000元,A、B、C产品的单独售价分别为5 000元、2 500元和7 500元,合计为15 000元。上述价格均不包含增值税。

本例中,根据上述交易价格分摊原则,A、B、C产品应分摊的交易价格如表13-1所示。

表13-1  交易价格分摊至各单项履约义务 I

| 基于各自相关的单独售价分摊 | | | | |
|---|---|---|---|---|
| 履约义务 | 单独售价（元） | 比例（%） | 分摊交易价格（元） | 计算 |
| A | 5 000 | 33.33 | 3 333 | 10 000×33.33% |
| B | 2 500 | 16.67 | 1 667 | 10 000×16.67% |
| C | 7 500 | 50 | 5 000 | 10 000×50% |
| | 15 000 | | 10 000 | |

【例13-2】甲公司销售重型机械设备并提供安装服务、技术支持，2×16年12月25日与客户订立销售机器设备合同，合同不含税总价款为200万元，销售合同约定：（1）销售重型机器设备1台；（2）标准安装服务；（3）18个月的售后技术支持服务。客户于2×16年12月31日应向甲公司支付合同价款60万元，实际支付了40万元，甲公司于2×17年1月1日交付并为客户安装机械，该服务为标准安装服务，不涉及对设备的重大修订与更改。该安装服务也经常由其他企业提供。甲公司也向其他客户单独销售上述项目，重型机械设备的单独售价为195万元，标准安装服务的单独售价为3万元，18个月的售后技术支持服务的单独售价为8万元，以上售价均不含税。假设不考虑相关税费。

本例中，根据交易价格分摊原则，甲公司销售重型机器设备、标准安装服务和18个月的售后技术支持服务应分摊的交易价格如表13-2所示。

表13-2  交易价格分摊至各单项履约义务 II

| 基于各自相关的单独售价分摊 | | | | |
|---|---|---|---|---|
| 履约义务 | 单独售价（万元） | 比例（%） | 分摊交易价格（万元） | 计算 |
| 重型机器设备 | 195 | 94.66 | 189.32 | 200×94.66% |
| 安装服务 | 3 | 1.46 | 2.91 | 200×1.46% |
| 售后服务 | 8 | 3.88 | 7.77 | 200×3.88% |
| | 206 | | 200 | |

本例中，甲公司与客户订立了销售机器设备合同。合同中的单项履约分别为：销售重型机器设备、标准安装服务和18个月的售后技术支持服务。其中，甲公司销售的重型机器设备属于在某一时点履行的履约义务，甲公司应当在客户取得相关商品控制权时确认收入。甲公司为客户提供的标准安装服务和18个月的售后技术支持服务则属于在某一时段内履行的履约义务，相关的收入甲公司应当在履约义务履行的期间内确认，如表13-3所示。

表 13-3　　　　　　　履约义务履行的期间内各项收入的确认　　　　　金额：万元

| 履约义务 | 2×17年 | 2×18年 | 合计 |
|---|---|---|---|
| 重型机器设备 | 189.32 | — | 189.32 |
| 安装服务 | 2.91 | — | 2.91 |
| 售后服务 | 5.18 | 2.59 | 7.77 |
|  | 197.41 | 2.59 | 200 |

## 四、收入的会计处理

### （一）会计科目的设置

为了正确地记录和反映企业与客户之间的合同产生的收入及相关成本费用，企业在收入的会计处理中，应设置"主营业务收入""其他业务收入""主营业务成本""其他业务成本""合同履约成本""合同履约成本减值准备""合同取得成本""合同取得成本减值准备""应收退货成本""合同资产""合同资产减值准备""合同负债"等会计科目。

1. "主营业务收入"科目。本科目核算企业确认的销售商品、提供服务等主营业务的收入。本科目贷方登记企业销售商品实现的收入数额；借方登记企业发生销售退回时销售收入的冲减数，以及期末将销售收入全部转入"本年利润"科目的数额，结转后本科目无余额。本科目可按主营业务的种类进行明细核算。

2. "其他业务收入"科目。本科目核算企业确认的除主营业务活动以外的其他经营活动实现的收入，包括出租固定资产、出租无形资产、出租包装物和商品、销售材料、用材料进行非货币性交换或债务重组等实现的收入。企业（保险）经营受托管理业务收取的管理费用，也通过本科目核算。本科目贷方登记企业出租固定资产、出租无形资产、出租包装物和商品、销售材料、用材料进行非货币性交换或债务重组等实现的收入数额；借方登记企业发生销售退回时销售收入的冲减数，以及期末将其他业务收入全部转入"本年利润"科目的数额，结转后本科目无余额。本科目可按其他业务的种类进行明细核算。

3. "主营业务成本"科目。本科目核算企业确认销售商品、提供服务等主营业务收入时应结转的成本。本科目借方登记月份终了，根据本月销售各种商品、提供服务等的实际成本，计算应结转的主营业务成本；贷方登记本月发生的销售退回以及期末将本月销售成本的余额结转到"本年利润"科目的数额，结转后本科目无余额。本科目可按主营业务的种类进行明细核算。

4. "其他业务成本"科目。本科目核算企业确认的除主营业务活动以外的其他经营活动所发生的支出，包括销售材料的成本、出租固定资产的折旧额、出租无形资产的摊销额、出租包装物的成本或摊销额等。本科目借方登记企业发生的其他业务成本；贷方登记本月发生的销售退回以及期末将本月其他业务成本的

余额结转到"本年利润"科目的数额，结转后本科目无余额。本科目可按其他业务成本的种类进行明细核算

5. "合同履约成本"科目。本科目核算企业为履行当前或预期取得的合同所发生的、不属于其他企业会计准则规范范围且按照收入准则应当确认为一项资产的成本。本科目借方登记企业发生的上述合同履约成本；贷方登记对合同履约成本进行摊销的金额。本科目期末借方余额，反映企业尚未结转的合同履约成本。本科目可按合同，分别以"服务成本""工程施工"等进行明细核算。

6. "合同履约成本减值准备"科目。本科目核算与合同履约成本有关的资产的减值准备。本科目贷方登记企业计提的与合同履约成本有关的资产发生的减值；借方登记转回已计提的资产减值准备。本科目期末贷方余额，反映企业已计提但尚未结转的合同履约成本减值准备。本科目可按合同进行明细核算。

7. "合同取得成本"科目。本科目核算企业取得合同发生的、预计能够收回的增量成本。本科目借方登记企业发生上述合同取得成本；贷方登记对合同取得成本进行摊销的金额。本科目期末借方余额，反映企业尚未结转的合同取得成本。本科目可按合同进行明细核算。

8. "合同取得成本减值准备"科目。本科目核算与合同取得成本有关的资产的减值准备。本科目贷方登记与合同取得成本有关的资产发生的减值；借方登记转回已计提的资产减值准备。本科目期末贷方余额，反映企业已计提但尚未转销的合同取得成本减值准备。本科目可按合同进行明细核算。

9. "应收退货成本"科目。本科目核算销售商品时预期将退回商品的账面价值，扣除收回该商品预计发生的成本（包括退回商品的价值减损）后的余额。本科目借方登记结转相关成本时，按照预期将退回商品转让时的账面价值，扣除收回该商品预计发生的成本（包括退回商品的价值减损）后的余额。本科目期末借方余额，反映企业预期将退回商品的账面价值，扣除收回该商品预计发生的成本（包括退回商品的价值减损）后的余额，在资产负债表中按其流动性记入"其他流动资产""其他非流动资产"项目。

10. "合同资产"科目。本科目核算企业已向客户转让商品而有权收取对价的权利。本科目借方登记企业在客户实际支付合同对价或在该对价到期应付之前，已经向客户转让了商品的，按因已转让商品而有权收取的对价金额；贷方登记企业取得无条件收款权。本科目期末借方余额，反映企业已向客户转让商品而有权收取对价的权利。本科目可按合同进行明细核算。

11. "合同资产减值准备"科目。本科目核算合同资产的减值准备。本科目贷方登记计提的合同资产发生的减值；借方登记转回已计提的资产减值准备。本科目期末贷方余额，反映企业已计提但尚未转销的合同资产减值准备。本科目应按合同进行明细核算。

12. "合同负债"科目。本科目核算企业已收或应收客户对价而应向客户转让商品的义务。本科目贷方登记企业在向客户转让商品之前，客户已经支付了合

同对价或企业已经取得了无条件收取合同对价权利的,企业应当在客户实际支付款项与到期应支付款项孰早时点,按照该已收或应收的金额;借方登记企业向客户转让的相关商品。本科目期末贷方余额,反映企业在向客户转让商品之前,客户已经收到的合同对价或已经取得了无条件收取合同对价权利的金额。本科目应按合同进行明细核算。

(二) 收入的会计处理

1. 主营业务收入的主要账务处理。企业在履行了合同中的单项履约义务时,应按照已收或应收的合同价款,加上应收取的增值税额,借记"银行存款""应收账款""应收票据""合同资产"等科目,按应确认的收入金额,贷记本科目,按应收取的增值税额,贷记"应交税费——应交增值税(销项税额)"等科目。期末,应将本科目的余额转入"本年利润"科目,结转后本科目无余额。

2. 其他业务收入的主要账务处理。企业确认其他业务收入的主要账务处理方法可比照上述"主营业务收入"的主要账务处理进行。

3. 主营业务成本的主要账务处理。期末,企业应根据本期销售各种商品、提供各种服务等实际成本,计算应结转的主营业务成本,借记本科目,贷记"库存商品""合同履约成本"等科目。采用计划成本或售价核算库存商品的,平时的营业成本按计划成本或售价结转,月末,还应结转本月销售商品应分摊的产品成本差异或商品进销差价。期末,应将本科目的余额转入"本年利润"科目,结转后本科目无余额。

4. 其他业务成本的主要账务处理。企业发生的其他业务成本,借记本科目,贷记"原材料""周转材料"等科目。期末,应将本科目的余额转入"本年利润"科目,结转后本科目无余额。

5. 合同履约成本的主要账务处理。企业发生上述合同履约成本时,借记本科目,贷记"银行存款""应付职工薪酬""原材料"等科目;对合同履约成本进行摊销时,借记"主营业务成本""其他业务成本"等科目,贷记本科目。涉及增值税的,还应进行相应的处理。

6. 合同履约成本减值准备的主要账务处理。与合同履约成本有关的资产发生减值的,按应减记的金额,借记"资产减值损失"科目,贷记本科目;转回已计提的资产减值准备时,做相反的会计分录。

7. 合同取得成本的主要账务处理。企业发生上述合同取得成本时,借记本科目,贷记"银行存款""其他应付款"等科目;对合同取得成本进行摊销时,按照其相关性借记"销售费用"等科目,贷记本科目。涉及增值税的,还应进行相应的处理。

8. 合同取得成本减值准备的主要账务处理。与合同取得成本有关的资产发生减值的,按应减记的金额,借记"资产减值损失"科目,贷记本科目;转回已计提的资产减值准备时,做相反的会计分录。

9. 应收退货成本的主要账务处理。企业发生附有销售退回条款的销售时，应在客户取得相关商品控制权时，按照已收或应收合同价款，借记"银行存款""应收账款""应收票据""合同资产"等科目，按照因向客户转让商品而预期有权收取的对价金额（即，不包含预期因销售退还的金额），贷记"主营业务收入""其他业务收入"等科目，按照预期因销售退回将退还的金额，贷记"预计负债——应付退货款"等科目；结转相关成本时，按照预期将退回商品转让时的账面价值，扣除收回该商品预计发生的成本（包括退回商品的价值减损）后的余额，借记本科目，按照已转让商品转让时的账面价值，贷记"库存商品"等科目，按其差额，借记"主营业务成本""其他业务成本"等科目。涉及增值税的，还应进行相应处理。

10. 合同资产的主要账务处理。企业在客户实际支付合同对价或在该对价到期应付之前，已经向客户转让了商品的，应当按因已转让商品而有权收取的对价金额，借记本科目或"应收账款"科目，贷记"主营业务收入""其他业务收入"等科目；企业取得无条件收款权时，借记"应收账款"等科目，贷记本科目。涉及增值税的，还应进行相应的处理。

11. 合同资产减值准备的主要账务处理。合同资产发生减值的，按应减记的金额，借记"资产减值损失"科目，贷记本科目；转回已计提的资产减值准备时，做相反的会计分录。

12. 合同负债的主要账务处理。企业在向客户转让商品之前，客户已经支付了合同对价或企业已经取得了无条件收取合同对价权利的，企业应当在客户实际支付款项与到期应支付款项孰早时点，按照该已收或应收的金额，借记"银行存款""应收账款""应收票据"等科目，贷记本科目；企业向客户转让相关商品时，借记本科目，贷记"主营业务收入""其他业务收入"等科目。涉及增值税的，还应进行相应的处理。

【例13-3】承〖例13-2〗，根据上述经济业务，甲公司主要账务处理如下：

①客户于2×16年12月31日应向甲公司支付合同价款60万元，实际支付了40万元。

借：银行存款　　　　　　　　　　　　　　　　　　400 000
　　贷：合同负债　　　　　　　　　　　　　　　　400 000

②假设客户截至2×17年12月31日实际向甲公司支付了150万元的不含税价款（包括2×16年12月31日支付的40万元不含税价款），同时合同约定尾款需要在2×18年售后服务完成后才支付。

借：合同负债　　　　　　　　　　　　　　　　　　400 000
　　银行存款　　　　　　　　　　　　　　　　　1 100 000
　　合同资产　　　　　　　　　　　　　　　　　　474 100
　　贷：主营业务收入——销售机械设备　　　　　1 893 200
　　　　　　　　　　——安装服务　　　　　　　　 29 100
　　　　　　　　　　——售后服务　　　　　　　　 51 800

③客户于2×18年12月31日前向甲公司支付了合同尾款50万元。
借:银行存款　　　　　　　　　　　　　　500 000
　　贷:主营业务收入——售后服务　　　　　　　25 900
　　　　合同资产　　　　　　　　　　　　　474 100

## 第二节　利　润

### 一、利润的构成

利润是指企业在一定会计期间的经营成果,包括收入减去费用后的净额、直接计入当期利润的利得和损失等。其中,直接计入当期利润的利得和损失,是指应当计入当期损益、会导致所有者权益发生增减变动的、与所有者投入资本或者向所有者分配利润无关的利得或者损失。

利润是衡量企业经济效益高低的一项重要指标。借助于该项指标,可以分析利润增减变化的原因,不断改进经营管理,促进企业提高经济效益。同时,可以评价企业的盈利能力及盈利变化趋势,以便投资者作出正确的判断和决策。

在利润表中,利润的金额分为营业利润、利润总额和净利润三个层次计算确定。

#### (一)营业利润

营业利润是指企业一定期间的日常活动取得的利润。营业利润的具体构成,可用公式表示如下:

营业利润=营业收入-营业成本-税金及附加-销售费用-管理费用
　　　　-研发费用-财务费用-资产减值损失+其他收益
　　　　±投资净收益±公允价值变动净收益±资产处置收益

其中,营业收入是指企业经营业务所实现的收入总额,包括主营业务收入和其他业务收入。营业成本是指企业经营业务所发生的实际成本总额,包括主营业务成本和其他业务成本。税金及附加是指企业经营业务应负担的税金及附加费用,如消费税、城市维护建设税、资源税、土地增值税、教育费附加等。研发费用是指企业进行研究与开发过程中发生的费用化支出。资产减值损失是指企业计提各项资产减值准备所形成的损失。其他收益是指企业收到的应计入其他收益的政府补助等。投资收益(或损失)是指企业以各种方式对外投资所取得的收益(或发生的损失)。公允价值变动收益(或损失)是指企业交易性金融资产等公允价值变动形成的应计入当期损益的利得(或损失)。资产处置收益是指企业出售划分为持有待售的非流动资产(金融工具、长期股权投资和投资性房地产除外)或处置组(子公司和业务除外)时确认的处置利得或损失,以及处置未划分为持有待售的固定资产、在建工程、生产性生物资产及无形资产而产生的处置利得或损失。债务重组中因处置非流动资产产生的利得或损失和非货币性资产交换中换出非流动资产产生的利得或损失也包括在本项目内。

### (二) 利润总额

利润总额是指企业一定期间的营业利润,加上营业外收入减去营业外支出后的所得税前利润总额,即:

$$利润总额 = 营业利润 + 营业外收入 - 营业外支出$$

其中,营业外收入和营业外支出是指企业发生的与日常活动无直接关系的各项利得或损失。营业外收入是指企业发生的除营业利润以外的收益。营业外收入并不是由企业经营资金耗费所产生的,不需要企业付出代价,实际上是一种纯收入,不可能也不需要与有关费用进行配比。因此,在会计处理上,应当严格区分营业外收入与营业收入的界线。营业外收入主要包括债务重组利得、与企业日常活动无关的政府补助、盘盈利得、捐赠利得(企业接受股东或股东的子公司直接或间接的捐赠,经济实质属于股东对企业的资本性投入的除外)等。

营业外支出是指企业发生的除营业利润以外的支出,主要包括债务重组损失、公益性捐赠支出、非常损失、盘亏损失、非流动资产毁损报废损失等。

### (三) 净利润

净利润是指企业一定期间的利润总额减去所得税费用后的净额,即:

$$净利润 = 利润总额 - 所得税费用$$

其中,所得税费用是指企业确认的应从当期利润总额中扣除的当期所得税费用。

## 二、本年利润的结算

企业本年利润的结算,通过设置"本年利润"科目进行核算。企业期(月)末结转利润时,应将各损益类科目的金额转入本科目,结平各损益类科目。结转后本科目的贷方余额为当期实现的净利润;借方余额为当期发生的净亏损。

年度终了,应将本年收入利得和费用、损失相抵后结出的本年实现的净利润,转入"利润分配"科目,借记"本年利润"科目,贷记"利润分配——未分配利润"科目;如为净亏损做相反的会计分录。结转后本科目应无余额。

## 三、综合收益总额

净利润加上其他综合收益扣除所得税影响后的净额为综合收益总额。

## 第三节 所得税会计

### 一、所得税会计的核算方法

所得税会计的核算方法采用资产负债表债务法。资产负债表债务法是从资产负债表出发，通过比较资产负债表上列示的资产、负债按照会计准则规定确定的账面价值与按照税法规定确定的计税基础，对于两者之间的差异分别应纳税暂时性差异与可抵扣暂时性差异，确认相关的递延所得税负债与递延所得税资产，在综合考虑当期应交所得税的基础上，确定每一会计期间利润表中的所得税费用。

资产负债表债务法较为完全地体现了资产负债观，在所得税的会计核算方面贯彻了资产、负债的界定。从资产负债表角度考虑，资产的账面价值代表的是企业在持续持有及最终处置某项资产的一定期间内，该项资产能够为企业带来的未来经济利益的总额，而其计税基础代表的是在这一期间内，就该项资产按照税法规定可以税前扣除的总额。一项资产的账面价值小于其计税基础的，表明该项资产于未来期间产生的经济利益流入低于按照税法规定允许税前扣除的金额，产生可抵减未来期间应纳税所得额的因素，减少未来期间以应交所得税的方式流出企业的经济利益，应确认为递延所得税资产。反之，一项资产的账面价值大于其计税基础的，两者之间的差额将会于未来期间产生应税金额，增加未来期间的应纳税所得额及应交所得税，对企业形成经济利益流出的义务，应确认为递延所得税负债。

采用资产负债表债务法核算所得税的情况下，企业一般应于每一资产负债表日进行所得税的核算。发生特殊交易或事项时，如企业合并，在确认因交易或事项取得的资产、负债时即应确认相关的所得税影响。资产负债表债务法的基本核算程序为：

1. 按照相关会计准则规定确定资产负债表中除递延所得税资产和递延所得税负债以外的其他资产和负债的账面价值。资产和负债的账面价值，是指企业按照相关会计准则的规定对资产、负债进行会计处理后得出的在资产负债表中应列示的金额（即表中的期末数）。对于计提了减值准备的各项资产，是指其账面余额减去已计提减值准备后的金额。资产和负债的账面价值也可以直接根据有关会计账簿的记录确定。例如，企业在资产负债表日持有的应收账款账面余额为 2 000 万元，企业对该应收账款计提了 100 万元的坏账准备，则账面价值为 1 900 万元，即，资产负债表中应收账款所列示的期末数为 1 900 万元。

2. 确定资产和负债的计税基础。资产和负债的计税基础应按照会计准则中对于资产和负债计税基础的确定方法，以适用的税收法规为基础进行确定。

3. 确定递延所得税。比较资产和负债的账面价值与计税基础，对于两者之间存在差异的，分析其性质，除准则中规定的特殊情况外，应分别按照应纳税暂时性差异和适用的所得税税率确定递延所得税负债的期末余额，按照可抵扣暂时性差异和适用的所得税税率递延所得税资产的期末余额，并与递延所得税负债和递延所得税资产的期初余额进行比较，确定当期应予进一步确认或应予转回的递延所得税负债和递延所得税资产金额，同时，将两者的差额作为利润表中所得税费用的另一个组成部分——递延所得税。

4. 确定当期所得税。按照税法规定计算确定当期应纳税所得额，将应纳税所得额乘以适用的所得税税率计算确定当期应交所得税，同时作为利润表中所得税费用的另一个组成部分——当期所得税。

5. 确定所得税费用。利润表中的所得税费用包括当期所得税和递延所得税两个组成部分，企业在计算确定了当期所得税和递延所得税后，将两者之和（或之差）作为利润表中的所得税费用。

从上述资产负债表债务法的基本核算程序可以看出，所得税费用的确认包括当期所得税的确认和递延所得税的确认；当期所得税可以根据当期应纳税所得额和适用税率计算确定，而递延所得税则要根据当期确认（或转回）的递延所得税负债和递延所得税资产的差额予以确认；递延所得税负债和递延所得税资产，取决于当期存在的应纳税暂时性差异和可抵扣暂时性差异的金额，而应纳税暂时性差异和可抵扣暂时性差异是通过分析比较资产和负债的账面价值与计税基础确定的；资产和负债的账面价值可以通过会计核算资料直接取得，而其计税基础则需要根据会计人员的职业判断，通过合理的分析和计算予以确定。因此，所得税会计的关键问题之一是确定资产和负债的计税基础。

## 二、资产和负债的计税基础

### （一）资产的计税基础

资产的计税基础，是指企业收回资产账面价值的过程中，计算应纳税所得额时按照税法规定可以自应税经济利益中抵扣的金额。即某一项资产在未来期间计税时可予税前扣除的金额。换言之，一项资产的计税基础就是指按照税法的规定，该项资产在销售或使用时，允许作为成本或费用用于税前列支的金额。或者说，从税收的角度出发，资产的计税基础是假定企业资产负债表中资产项目的金额是按照税法规定填列的。

通常情况下，资产在取得时所确定的取得成本与计税基础是相同的，后续计量过程中因企业会计准则与税法规定不同，可能产生资产的账面价值与其计税基础的差异。

**【例13-4】** 2×15年12月31日，天诚公司购入一项环保设备，购入时所确定的取得成本为1 000万元，使用年限为10年，会计处理时采用直线法计提折旧，净残值为零。假定税法规定类似环保设备允许加速折旧，天诚公司在计税时对该项设备按双倍余额递减法计提折旧，净残值为零。2×17年12月31日，天诚公司对该项固定资产计提了80万元的固定资产减值准备。

根据上述资料，2×17年12月31日，天诚公司确定的该项环保设备的账面价值和计税基础分别为：

①按照固定资产准则的规定，固定资产在持有期间进行后续计量时，其账面价值应当等于原价（购入成本）减去累计折旧额及减值准备后的余额。所以，该项环保设备的账面价值应当为：

10 000 000 - 2 000 000 - 800 000 = 7 200 000（元）

（期末资产负债表中"固定资产"项目所列示的期末数）

②按照税法规定，会计处理与税法口径不一致的，应当按税法调整。并且，会计上计提的各项资产减值准备不得在税前扣除。该项环保设备的计税基础应当等于原价（购入成本）减去在以前期间按照税法规定已经税前扣除的折旧额（税法规定的折旧额）。所以，该项环保设备的计税基础应当为：

10 000 000 - 2 000 000 - 1 600 000 = 6 400 000（元）

（假定期末资产负债表中"固定资产"项目所列示的期末数是按照税法规定填列的）

**【例13-5】** 2×17年1月1日，天诚公司购入一项无形资产，取得时所确定的成本为1 600万元。因该项无形资产的使用寿命无法合理估计，按无形资产准则规定将其视为使用寿命不确定的无形资产，不予摊销。但按照税法规定该项无形资产应当按不短于10年的期限摊销。

根据上述资料，2×17年末，天诚公司确定的该项无形资产的账面价值和计税基础分别为：

①按照《企业会计准则第6号——无形资产准则》规定，该项无形资产的账面价值应当等于其购入成本减去减值准备后的余额。所以，该项无形资产的账面价值应当为1 600 000元。

②按照税法规定，会计上计提的各项资产减值准备不得在税前扣除。该项无形资产的计税基础应当等于购入成本减去在以前期间按照税法规定已经税前扣除的摊销额。所以，该项无形资产的计税基础应当为：

1 600 000 - 160 000 = 1 440 000（元）

### （二）负债的计税基础

负债的计税基础，是指负债的账面价值减去未来期间计算应纳税所得额时按照税法规定可予抵扣的金额。换言之，一项负债的计税基础就是其账面价值减去该负债在未来期间可税前列支的金额。

短期借款、应付票据、应付账款等负债的确认和偿还，通常不会对当期损益和应纳税所得额产生影响，其计税基础即为账面价值。但在某些情况下，负债的确认可能会影响损益，并影响不同期间的应纳税所得额，使其计税基础与账面价值之间产生差额。

**【例 13-6】** 天诚公司对外销售的商品承诺提供 3 年的保修服务。2×17 年 12 月 31 日，天诚公司资产负债表中列示的因提供产品售后服务而确认的预计负债金额为 100 万元。假定按照税法规定，与产品售后服务相关的费用在实际发生时允许扣除。

根据上述资料，2×17 年末，天诚公司确定的该项预计负债的账面价值和计税基础分别为：

①按照相关企业会计准则规定该项预计负债的账面价值为 1 000 000 元。

②按照税法规定，有关的保修费用只有在实际发生时才能够税前扣除。该项预计负债的计税基础应当等于其账面价值减去未来期间按照税法规定可予抵扣的金额。所以，该项预计负债的计税基础为：

预计负债的计税基础 = 1 000 000 - 1 000 000 = 0（元）

## 三、暂时性差异

暂时性差异，是指资产或负债的账面价值与其计税基础之间的差额。暂时性差异按照对未来期间应纳税所得额影响的不同，分为应纳税暂时性差异和可抵扣暂时性差异。

### （一）应纳税暂时性差异

应纳税暂时性差异，是指在确定未来收回资产或清偿负债期间的应纳税所得额时，将导致产生应税金额的暂时性差异。应纳税暂时性差异在未来期间转回时，会增加转回期间的应纳税所得额和相应的应交所得税，从而导致经济利益流出企业，因而在其产生当期，除会计准则明确规定可不确认递延所得税负债的特殊情况以外，均应确认相关的递延所得税负债。

应纳税暂时性差异通常产生于以下情况：

1. 资产的账面价值大于其计税基础。资产的账面价值代表的是企业在持续使用或最终出售该项资产时将取得的经济利益的总额，而计税基础代表的是资产在未来期间可予税前扣除的金额。资产的账面价值大于其计税基础，该项资产未来期间产生的经济利益不能全部税前抵扣，两者之间的差额需要交税，从而产生应纳税暂时性差异。

2. 负债的账面价值小于其计税基础。负债的账面价值为企业预计在未来期间清偿该项负债时的经济利益的流出，而其计税基础代表的是账面价值在扣除税法规定未来期间允许税前扣除的金额之后的差额。因负债的账面价值与其计税基础不同产生的暂时性差异实质上是税法规定就该项负债在未来期间可以税前扣除的金额。负债的账面价值小于计税基础，则意味着就该项负债在未来期间可以税前抵扣的金额为负数，即应在未来期间应纳税所得额的基础上调增，增加应纳税所得额和应交所得税金额，产生应纳税暂时性差异。

【例13-7】承〖例13-4〗,天诚公司在取得该项环保设备2年后,在不考虑其他因素的情况下,该项环保设备的账面价值为720万元,其计税基础为640万元,从当前时点上来看,天诚公司在未来期间自该项资产至少可以取得720万元的经济利益流入,但其中只有640万元按照税法规定可以自未来应税所得中扣除,两者之间的差额即为未来期间的应税金额80万元,为应纳税暂时性差异。

(二)可抵扣暂时性差异

可抵扣暂时性差异,是指在确定未来收回资产或清偿负债期间的应纳税所得额时,将导致产生可抵扣金额的暂时性差异。可抵扣暂时性差异在未来期间转回时会减少转回期间的应纳税所得额和相应的应交所得税,从而导致经济利益流入企业,因而在其产生当期,符合确认条件时,应确认相关的递延所得税资产。

可抵扣暂时性差异一般产生于以下情况:

1. 资产的账面价值小于其计税基础。资产的账面价值小于其计税基础,就意味着资产在未来期间产生的经济利益小于按照税法规定允许税前扣除的金额,两者之间的差额可以减少企业在未来期间的应纳税所得额,从而减少未来期间的应交所得税,产生可抵扣暂时性差异。

2. 负债的账面价值大于其计税基础。负债的账面价值大于其计税基础,就意味着该项负债在未来期间可予税前抵扣的金额为正数,即未来期间按照税法规定与该项负债相关的全部或部分支出可以自未来应税经济利益中扣除,从而减少未来期间的应纳税所得额和相应的应交所得税,产生可抵扣暂时性差异。

【例13-8】承〖例13-6〗,天诚公司按照会计准则规定预计的100万元负债,在未来期间实际发生时可税前扣除,即其账面价值100万元与计税基础0之间的差额100万元可以减少未来期间的应税金额,形成可抵扣暂时性差异。

### 四、递延所得税资产及递延所得税负债的确认和计量

(一)递延所得税资产的确认和计量

1. 确认递延所得税资产的一般原则。企业对于可抵扣暂时性差异可能产生的未来经济利益,应以很可能取得用来抵扣可抵扣暂时性差异的应纳税所得额为限,确认相应的递延所得税资产,并减少所得税费用。在估计未来期间可能取得的应纳税所得额时,除正常生产经营所得外,还应考虑将于未来期间转回的应纳税暂时差异导致的应税金额等因素。

下列交易或事项中产生的可抵扣暂时性差异,应根据交易或事项的不同情况确认相应的递延所得税资产:

(1) 企业对于能够结转以后年度的可抵扣亏损和税款抵减，应当以很可能获得用来抵扣可抵扣亏损和税款抵减的未来应纳税所得额为限，确认相应的递延所得税资产。

(2) 企业对与子公司、联营企业及合营企业投资相关的可抵扣暂时性差异，如果有关的暂时性差异在可预见的未来很可能转回并且企业未来很可能获得用来抵扣可抵扣暂时性差异的应纳税所得时，应当确认相应的递延所得税资产。

【例 13-9】承【例 13-8】，假定天诚公司预计未来期间能够取得足额的应纳税所得额用以利用该可抵扣暂时性差异，适用的所得税税率为25%，天诚公司应确认递延所得税资产250 000元，同时减少所得税费用250 000元。

2. 不确认递延所得税资产的特殊情况。除企业合并以外的交易中，如果交易发生时既不影响会计利润也不影响应纳税所得额，则交易中产生的资产、负债的入账价值与其计税基础之间的差额形成可抵扣暂时性差异的，相应的递延所得税资产不予确认。

3. 递延所得税资产的计量。

(1) 适用税率的确定。确认递延所得税资产时，应估计相关可抵扣暂时性差异的转回时间，采用转回期间适用的所得税税率为基础计算确定。无论相关的可抵扣暂时性差异转回期间如何，递延所得税资产均不予折现。

(2) 递延所得税资产账面价值的复核。资产负债表日，企业应当对递延所得税资产账面价值进行复核，如果未来期间很可能无法取得足够的应纳税所得额用以抵扣递延所得税资产的利益，应当减记递延所得税资产的账面价值。在很可能获得足够的应纳税所得额时，减记的金额应当转回。

## （二）递延所得税负债的确认和计量

1. 确认递延所得税负债的一般原则。企业应当将当期和以前期间应交未交的所得税确认为负债，存在应纳税暂时性差异的，应当确认递延所得税负债。

确认应纳税暂时性差异产生的递延所得税负债时，交易或事项发生时影响到会计利润或应纳税所得额的，相关的所得税影响应作为利润表中所得税费用的组成部分，即递延所得税负债的确认应导致利润表中所得税费用的增加；与直接计入所有者权益的交易或事项相关的，其所得税影响应增加或减少所有者权益；企业合并产生的，相关的递延所得税影响应调整购买日应确认的商誉或是计入当期损益的金额。

【例 13-10】承【例 13-9】，对于天诚公司所拥有的该项环保设备账面价值与其计税基础之间形成的80万元的应纳税暂时差异，应确认相应的递延所得税负债，假定适用的所得税税率为25%，则应增加所得税费用200万元，同时确认200万元的递延所得税负债。

2. 不确认递延所得税负债的情况。有些情况，虽然资产、负债的账面价值与其计税基础不同，产生了应纳税暂时性差异，但出于各方面考虑，所得税准则中规定不确认相应的递延所得税负债。

（1）商誉的初始确认。非同一控制下的企业合并中，因企业合并成本大于合并中取得的被购买方可辨认净资产公允价值份额的差额，确认为商誉。因会计与税收和划分标准不同，按照税法规定作为免税合并的情况下，税法不认可商誉的价值，即从税法角度，商誉的计税基础为零，两者之间的差额形成应纳税暂时性差异，但是，确认该部分暂时性差异产生的递延所得税负债进一步增加其账面价值会影响到会计信息的可靠性，而且增加了商誉的账面价值以后，可能很快就要计提减值准备，而且其账面价值的增加还会进一步产生应纳税暂时性差异，使得递延所得税负债和商誉价值量的变化不断循环。因此，对于企业合并中产生的商誉，其账面价值与计税基础不同形成的应纳税暂时性差异，所得税准则中规定不确认相关的递延所得税负债。

（2）企业对与子公司、联营企业及合营企业投资相关的应纳税暂时性差异，应当确认相应的递延所得税负债。但是，同时满足下列条件的除外：一是投资方能够控制暂时性差异转回的时间；二是该暂时性差异在可预见的未来很可能不会转回。

（3）除企业合并以外的交易中，如果交易发生时既不影响会计利润也不影响应纳税所得额，则交易中产生的资产、负债的入账价值与其计税基础之间的差额形成应纳税暂时性差异的，相应的递延所得税负债不予确认。

3. 递延所得税负债的计量。递延所得税负债应以相关应纳税暂时性差异转回期间适用的所得税税率计量。在我国，除享受优惠政策的情况以外，企业适用的所得税税率在不同年度之间一般不会发生变化，企业在确认递延所得税负债时，可以现行适用税率为基础计算确定，递延所得税负债的确认不要求折现。

## 五、所得税费用的确认和计量

所得税会计的主要目的之一是确定当期应交所得税以及利润表中的所得税费用。在资产负债表债务法下，利润表中的所得税费用由当期所得税和递延所得税两部分组成。

### （一）当期所得税

当期所得税，是指企业按照税法规定计算确定的针对当期发生的交易和事项，应交纳给税务部门的所得税金额，即当期应交所得税。

企业在确定当期所得税时，对于当期发生的交易或事项，会计处理与税收处理不同的，应在会计利润的基础上，按照适用税收法规的规定进行调整，计算出当期应纳税所得额，按照应纳税所得额与适用所得税税率计算确定当期应交所得税。一般情况下，应纳税所得额可在会计利润的基础上，考虑会计与税收之间的差异，按照以下公式计算确定：

应纳税所得额 = 会计利润 + 计入利润表但计税时不允许税前扣除的费用
　　　　　　± 计入利润表的费用与可予税前扣除的费用之间的差额
　　　　　　± 计入利润表的收入与计入应纳税所得额的收入之间的差额
　　　　　　− 税法规定的不征税收入
　　　　　　± 其他需要调整的因素
当期所得税 = 应纳税所得额 × 适用的所得税税率

### (二) 递延所得税

递延所得税，是指按照所得税准则的规定当期应予确认的递延所得税负债减去当期应予确认的递延所得税资产的差额，即为当期递延所得税资产及递延所得税负债当期发生额的综合结果。用公式表示即为：

递延所得税 =（期末递延所得税负债 − 期初递延所得税负债）
　　　　　 −（期末递延所得税资产 − 期初递延所得税资产）

值得注意的是，如果某项交易或事项按照所得税准则的规定应计入所有者权益，由该交易或事项产生的递延所得税资产或递延所得税负债及其变化亦应计入所有者权益，不构成利润表中的递延所得税费用（或收益）。

### (三) 所得税费用

企业在计算确定了当期所得税以及递延所得税的基础上，将两者之和确认为利润表中的所得税费用。即：

所得税费用 = 当期所得税 + 递延所得税

**【例13−11】** 2×17年12月31日，天诚公司按照税法规定计算的应交所得税为10 825元。期末通过比较资产、负债的账面价值与其计税基础，确定应纳税暂时性差异为320 000元，可抵扣暂时性差异为17 000元。期初递延所得税资产账面余额为1 000元，期初递延所得税负债账面余额为10 000元。适用的所得税税率为25%。本年度，天诚公司不存在可抵扣亏损和税款抵减，预计在未来期间能够产生足够的应纳税所得额用以抵扣可抵扣暂时性差异。

根据上述资料，天诚公司应编制的相应会计分录为：
当期确认的递延所得税负债 =（320 000 × 25% − 10 000）= 70 000元
当期确认的递延所得税资产 =（17 000 × 25% − 1 000）= 3 250元
当期确认的递延所得税 = 70 000 − 3 250 = 66 750元
当期确认的所得税费用 = 10 825 + 66 750 = 77 575元

借：所得税费用　　　　　　　　　　　　　　　　　　　77 575
　　递延所得税资产　　　　　　　　　　　　　　　　　 3 250
　　贷：应交税费——应交所得税　　　　　　　　　　　 10 825
　　　　递延所得税负债　　　　　　　　　　　　　　　70 000

## 第四节 利润分配

### 一、利润分配的内容

根据《公司法》等有关法规的规定，企业当期实现的净利润，加上年初未分配利润（或减去年初未弥补亏损）和其他转入后的余额，为可供分配的利润。可供分配的利润，一般按下列顺序分配：

1. 提取法定盈余公积。提取法定盈余公积是指公司制企业根据有关法律的规定，按照净利润的10%提取的盈余公积（非公司制企业也可按照超过10%的比例提取）。在计算提取法定盈余公积的基数时，不应包括企业年初未分配利润。公司法定盈余公积累计金额超过公司注册资本的50%以上时，可以不再提取。公司法定盈余公积不足以弥补以前年度亏损的，在提取法定盈余公积之前，应当先用当年利润弥补亏损。

2. 提取任意盈余公积。提取任意盈余公积是指公司从净利润中提取法定盈余公积后，按照股东大会决议提取的盈余公积。非公司制企业经类似权力机构批准，也可提取任意盈余公积。

由此可见，公司制企业的法定盈余公积与任意盈余公积两者的区别就在于其各自计提的依据不同。前者以国家的法规或行政规章为依据提取；后者则由企业自行决定提取。

企业提取盈余公积的用途有：一是用来弥补亏损。企业发生亏损时，应由企业自行弥补。其弥补的渠道分别为用以后年度税前利润弥补、用以后年度税后利润弥补和用盈余公积弥补亏损。二是用于转增资本。企业将盈余公积转增资本时，必须经股东大会决议批准。在实际将盈余公积转增资本时，要按股东原有持股比例结转。企业提取的盈余公积，无论是用于弥补亏损，还是用于转增资本，只不过是在企业所有者权益内部作结构上的调整，并不引起企业所有者权益的变动。三是用于扩大企业生产经营。

3. 应付现金股利或利润。应付现金股利或利润是指企业按照利润分配方案分配给股东的现金股利，也包括非股份有限公司分配给投资者的利润。

4. 转作股本的普通股股利。转作资本（或股本）的普通股股利是指企业按照利润分配方案以分派股票股利的形式转作股本的股利。也包括非股份有限公司以利润转增的资本。

### 二、利润分配的主要账务处理

#### （一）会计科目的设置

为核算企业利润的分配（或亏损的弥补）和历年分配（或弥补）后的余额，

应当设置"利润分配"科目。并在该科目下设置"提取法定盈余公积""提取任意盈余公积""应付现金股利或利润""转作股本的股利""盈余公积补亏"和"未分配利润"等明细科目。该科目年末余额，反映企业的未分配利润（或未弥补亏损）。为了反映盈余公积的形成和使用情况，企业应设置"盈余公积"科目。并在该科目下设置"法定盈余公积"和"任意盈余公积"明细科目。外商投资企业还应分别设置"储备基金""企业发展基金"和"职工奖励及福利基金"明细科目。

（二）主要账务处理

企业按规定提取盈余公积时，借记"利润分配——提取法定盈余公积、提取任意盈余公积"科目，贷记"盈余公积——法定盈余公积或任意盈余公积"科目。

外商投资企业按规定提取的储备基金、企业发展基金、职工奖励及福利基金，借记"利润分配——提取储备基金、提取企业发展基金、提取职工奖励及福利基金"科目，贷记"盈余公积——储备基金、企业发展基金""应付职工薪酬"科目。

企业用盈余公积弥补亏损或转增资本时，借记"盈余公积——法定盈余公积或任意盈余公积"科目，贷记"利润分配——盈余公积补亏""实收资本"或"股本"科目。

经股东大会或类似机构决议，分配给股东或投资者的现金股利或利润，借记"利润分配——应付现金股利或利润"科目，贷记"应付利润"科目。

经股东大会或类似机构决议，分配给股东的股票股利，应在办理增资手续后，借记"利润分配——转作股本的股利"科目，贷记"股本"科目。

年度终了，企业应将全年实现的净利润，自"本年利润"科目转入"利润分配——未分配利润"科目，借记"本年利润"科目，贷记"利润分配——未分配利润"科目，为净亏损的做相反的会计分录；同时，将"利润分配"科目所属其他明细科目的余额转入"利润分配——未分配利润"明细科目。结转后，"利润分配"科目除"未分配利润"明细科目外，其他明细科目应无余额。

# 练 习 题

## 一、问答题

1. 说明收入确认的方法。
2. 企业与客户之间的合同同时满足哪几项条件时，企业应当在履行了合同中的履约义务，即在客户取得相关商品控制权时确认收入？
3. 什么是履约义务？在哪些情况下，企业应当将向客户转让商品的承诺作为单项履约义务？
4. 企业满足哪些条件时，属于在某一时段内履行的履约义务，相关的收入应当在履约义务履行的期间内确认？

5. 企业应当考虑哪些迹象来判断客户是否已取得商品控制权进而确定属于在某一时点履行的履约义务确认收入？

6. 说明收入的计量方法。

7. 企业在收入的会计处理中应当设置哪些会计科目？

8. 说明营业利润的组成内容。

9. 说明营业外收入和营业外支出的组成内容。

10. 说明资产负债表债务法的核算程序。

11. 什么是暂时性差异？它有哪几种类型？

二、选择题

1. 下列各项中，属于收入确认方法的有（　　）。
   A. 识别与客户订立的合同
   B. 识别合同中的单项履约义务
   C. 企业在履行每一单项履约义务时确认收入
   D. 企业在履行单项合同时确认收入

2. 下列企业与客户之间的合同中，属于企业应当在履行了合同中的履约义务，即在客户取得相关商品控制权时确认收入的条件有（　　）。
   A. 合同各方已批准该合同并承诺将履行各自义务
   B. 该合同明确了合同各方与所转让商品相关的权利和义务
   C. 该合同有明确的与所转让商品相关的支付条款
   D. 该合同具有商业实质，即履行该合同将改变企业未来现金流量的风险、时间分布或金额

3. 下列各项中，属于在某一时段内履行的履约义务有（　　）。
   A. 客户在企业履约的同时即取得并消耗企业履约所带来的经济利益
   B. 客户能够控制企业履约过程中在建的商品
   C. 客户对企业履约过程中在建的商品拥有所有权
   D. 企业履约过程中所产出的商品具有不可替代用途，且该企业在整个合同期间内有权就累计至今已完成的履约部分收取款项

4. 下列各项中，属于其他业务收入的有（　　）。
   A. 出租固定资产　　　　　　B. 出租无形资产
   C. 出租包装物　　　　　　　D. 销售商品

5. 下列各项中，属于营业外收入的有（　　）。
   A. 债务重组利得　　　　　　B. 与企业日常活动无关的政府补助
   C. 盘盈利得　　　　　　　　D. 捐赠利得

6. 下列各项中，属于营业外支出的有（　　）。
   A. 债务重组损失　　　　　　B. 公益性捐赠支出
   C. 非常损失　　　　　　　　D. 盘亏损失

7. 下列各项中，属于营业利润构成项目的有（　　）。
   A. 营业收入　　　　　　　　B. 营业成本

C. 研究费用　　　　　　　　　　D. 资产处置收益

8. 在资产负债表债务法下，本期所得税费用所包括的内容有（　　）。

A. 本期应交所得税　　　　　　　B. 本期递延所得税负债的增加额
C. 本期递延所得税资产的减少额　D. 期末递延所得税资产的减少额

### 三、判断题

1. 企业应当在履行了合同中的履约义务，即在客户取得相关商品控制权时确认收入。（　　）

2. 合同包括书面形式、口头形式以及其他形式。（　　）

3. 履约义务，是指合同中企业向客户转让可明确区分商品的承诺。（　　）

4. 交易价格，是指企业因向客户转让商品而预期有权收取的对价金额。企业代第三方收取的款项（例如增值税）以及企业预期将退还给客户的款项也应计入交易价格。（　　）

5. 研发费用是指企业进行研究与开发过程中发生的费用化和资本化支出。（　　）

6. 其他收益是指企业收到的应计入其他收益的政府补助等。（　　）

7. 净利润加上其他综合收益扣除所得税影响后的净额为综合收益总额。（　　）

### 四、账务处理题

资料：A 公司 2×17 年度实现的净利润为 430 669 000 元，按净利润的 10% 提取法定盈余公积，按净利润的 15% 提取任意盈余公积，按提取盈余公积后净利润的 20% 向股东发派现金股利 64 600 350 元。

要求：根据资料，编制 A 公司进行利润分配的相关会计分录。

# 第十四章 财务报告

【本章关键知识点】
1. 财务报表列报的基本要求。
2. 资产负债表。
3. 利润表。
4. 现金流量表。
5. 所有者权益变动表。
6. 附注。

## 第一节 财务报表列报的基本要求

### 一、财务报表列报的定义

财务报表是对企业财务状况、经营成果和现金流量的结构性表述。一套完整的财务报表至少应当包括"四表一注",即资产负债表、利润表、现金流量表、所有者权益(或股东权益,下同)变动表和附注。财务报表上述组成部分具有同等的重要程度。

财务报表列报,是指交易和事项在报表中的列示和在附注中的披露。其中,"列示"通常反映资产负债表、利润表、现金流量表和所有者权益变动表等报表中的信息,"披露"通常反映附注中的信息。财务报表列报可解释为按照一定的规则、形式(格式)和要求将相应的会计信息进行分类、汇总、标识(要素,或者项目)和补充说明,进而在相应的载体(财务报表)中,以恰当的顺序加以罗列和展示。财务报表列报的作用一般通过财务报表列报的目的加以表述。2011年,国际会计准则理事会修订的《国际会计准则 第1号——财务报表的列报》(IASC1)在阐述"目的"里有这样的表述:"本准则的目的在于规定通用财务报表编制的基础,以确保企业自身的财务报表与其前期的财务报表以及其他企业的财务报表相互可比。"我国的《企业会计准则第30号——财务报表列报》(CAS30,2006年首次发布,2014年修订)也认可了列报的目的是保证同一企业不同期间和同一期间不同企业的财务报表相互可比。

## 二、财务报表列报的基本要求

### (一) 依据各项会计准则确认和计量的结果编制财务报表

企业应当根据实际发生的交易和事项,遵循《企业会计准则——基本准则》、各项具体会计准则及解释的规定进行确认和计量,并在此基础上编制财务报表。

企业应当在附注中对这一情况作出声明,只有遵循了企业会计准则的所有规定时,财务报表才应当被称为"遵循了企业会计准则"。同时,企业不应以在附注中披露代替对交易和事项的确认和计量,也就是说,企业采用的不恰当的会计政策,不得通过在附注中披露等其他形式予以更正,企业应当对交易和事项进行正确的确认和计量。

此外,如果按照各项会计准则规定披露的信息不足以让报表使用者了解特定交易或事项对企业财务状况、经营成果和现金流量的影响时,企业还应当披露其他的必要信息。

### (二) 列报基础

企业应当以持续经营为基础编制财务报表。持续经营是会计的基本前提,也是会计确认、计量及编制财务报表的基础。在编制财务报表的过程中,企业管理层应当全面评估企业的持续经营能力。

企业管理层在对企业持续经营能力进行评估时,应当利用其所有可获得的信息,评估涵盖的期间应包括企业自资产负债表日起至少 12 个月,评估需要考虑的因素包括宏观政策风险、市场经营风险、企业目前或长期的盈利能力、偿债能力、财务弹性以及企业管理层改变经营政策的意向等。评价结果表明对持续经营能力产生重大怀疑的,企业应当在附注中披露导致对持续经营能力产生重大怀疑的影响因素以及企业拟采取的改善措施。

企业在评估持续经营能力时应当结合考虑企业的具体情况。通常情况下,如果企业过去每年都有可观的净利润,并且易于获取所需的财务资源,则对持续经营能力的评估易于判断,这表明企业以持续经营为基础编制财务报表是合理的,而无须进行详细的分析。反之,如果企业过去多年有亏损的记录等情况,则需要通过考虑更加广泛的相关因素来作出评价,比如目前和预期未来的获利能力、债务清偿计划、替代融资的潜在来源等。

企业如果存在以下情况之一,则通常表明其处于非持续经营状态:(1) 企业已在当期进行清算或停止营业;(2) 企业已经正式决定在下一个会计期间进行清算或停止营业;(3) 企业已确定在当期或下一个会计期间没有其他可供选择的方案而将被迫进行清算或停止营业。企业处于非持续经营状态时,应当采用清算价值等其他基础编制财务报表,比如破产企业的资产采用可变现净值计量、负债按照其预计的结算金额计量等。在非持续经营情况下，企业应当在附注中声明财务报表未以持续经营为基础列报、披露未以持续经营为基础的原因以及财务报表的编制基础。

### （三）权责发生制

除现金流量表按照收付实现制原则编制外，企业应当按照权责发生制原则编制财务报表。

### （四）列报的一致性

可比性是一项重要的会计信息质量要求，目的是使同一企业不同期间和同一期间不同企业的财务报表相互可比。为此，财务报表项目的列报应当在各个会计期间保持一致，不得随意变更财务报表中的项目名称、项目分类以及项目的排列顺序。除非发生会计准则要求改变财务报表项目的列报，或企业经营业务的性质发生重大变化或对企业经营影响较大的交易或事项发生后、变更财务报表项目的列报能够提供更可靠、更相关的会计信息等情形。

### （五）依据重要性原则单独或汇总列报项目

财务报表中的项目，是对企业某一特定日期或某一时期所发生的大量的交易或事项按其性质或功能的汇总归类。财务报表中的项目列报方式应当依据重要性原则。所谓重要性，是指在合理预期下，财务报表某项目的省略或错报会影响使用者据此作出经济决策的，该项目则具有重要性。重要性应当根据企业所处的具体环境，从项目的性质和金额两方面予以判断，且对各项目重要性的判断标准一经确定，不得随意变更。判断的重要性的重要性，应当考虑该项目在性质上是否属于企业日常活动、是否显著影响企业的财务状况、经营成果和现金流量等因素；判断项目金额大小的重要性，应当考虑该项目金额占资产总额、负债总额、所有者权益总额、营业收入总额、营业成本总额、净利润、综合收益总额等直接相关项目金额的比重或所属报表单列项目金额的比重。

以重要性为原则决定报表项目的列报方式的，具体而言，应当遵循以下四点：

1. 性质或功能不同的项目，应当在财务报表中单独列报，但不具有重要性的项目除外。

2. 性质或功能类似的项目，其所属类别具有重要性的，应当按其类别在财务报表中单独列报。比如原材料、低值易耗品等项目在性质上类似，均通过生产过程形成企业的产品存货，因此可以合并列报，合并之后的类别统称为"存货"在资产负债表上单独列报。

3. 项目单独列报的原则不仅适用于报表，还适用于附注。某些项目的重要性程度不足以在资产负债表、利润表、现金流量表或所有者权益变动表中单独列示，但是可能对附注而言却具有重要性，在这种情况下应当在附注中单独披露。仍以上述存货为例，对某制造业企业而言，原材料、包装物及低值易耗品、在产品、库存商品等项目的重要性程度不足以在资产负债表上单独列示，因此在资产负债表上合并列示，但是鉴于其对该制造业企业的重要性，应当在附注中单独披露。

4. 无论是财务报表列报准则规定的单独列报项目，还是其他具体会计准则规定单独列报的项目，企业都应当予以单独列报。

### （六）财务报表项目金额间的相互抵销

财务报表中的资产项目和负债项目的金额、收入项目和费用项目的金额、直接计入当期利润的利得项目和损失项目的金额不得相互抵销，但其他会计准则另有规定的除外。

资产或负债项目按扣除备抵项目后的净额列示，不属于抵销。资产计提的减值准备，实质上意味着资产的价值确实发生了减损，资产项目应当按扣除减值准备后的净额列示，这样才反映了资产当时的真实价值，并不属于上面所述的抵销。

非日常活动产生的利得和损失，以同一交易形成的收益扣减相关费用后的净额列示更能反映交易的实质，不属于抵销。

### （七）比较信息的列报

企业在列报当期财务报表时，至少应当提供所有列报项目上一个可比会计期间的比较数据，以及与理解当期财务报表相关的说明，目的是向报表使用者提供对比数据，提高信息在会计期间的可比性，以反映企业财务状况、经营成果和现金流量的发展趋势，提高报表使用者的判断与决策能力。

在财务报表项目的列报确需发生变更的情况下，企业应当对上期比较数据按照当期的列报要求进行调整，并在附注中披露调整的原因和性质，以及调整的各项目金额。但是，在某些情况下，对上期比较数据进行调整是不切实可行的，则应当在附注中披露不能调整的原因。

### （八）财务报表表首的列报要求

财务报表一般分为表首、正表两部分，其中，在表首部分企业至少应当披露下列各项：

1. 编报企业的名称；
2. 对资产负债表而言，须披露资产负债表日；对利润表、现金流量表、所有者权益变动表而言，须披露报表涵盖的会计期间；
3. 人民币金额单位；
4. 财务报表是合并财务报表的，应当予以标明。

## （九）报告期间

企业至少应当按年编制财务报表。年度财务报表涵盖的期间短于1年的，应当披露年度财务报表的涵盖期间、短于1年的原因以及报表数据不具可比性的事实。

# 第二节 资产负债表

## 一、资产负债表的定义及作用

### （一）资产负债表的定义

资产负债表（balance sheet）是指反映企业在某一特定日期（月末、季末和年末）财务状况的报表。由于资产负债表所反映的内容，总是一种"资产"与"权益"之间平衡关系的体现，因此，该表又可称为"平衡表"。鉴于资产负债表中各项目的金额，基本上是依据有关资产类、负债类及所有者权益类账户的期末余额填列的，因而该表也可称为"余额表"。同样，由于该表所反映的内容，事实上是关于企业在某一特定时点的财务"状况"，故也被称为"财务状况表"。

### （二）资产负债表的作用

资产负债表主要提供有关企业财务状况方面的信息，即某一特定日期关于企业资产、负债、所有者权益及其相互关系。资产负债表的作用体现在以下三个方面：

1. 反映企业在某一特定日期所拥有或控制的经济资源，即某一特定日期企业所拥有或控制的各项资产的余额，包括流动资产和非流动资产。
2. 反映企业在某一特定日期所承担的债务，包括流动负债和非流动负债。
3. 反映企业在某一特定日期投资者拥有的净资产，包括投资者投入的资本、资本公积、盈余公积和未分配利润。

总之，会计信息使用者通过资产负债表所反映的内容，可以正确评价一个企业的财务状况。这是因为，从一定意义上来说，企业的财务状况反映的是企业的财务活动。企业的财务活动包括投资活动、筹资活动和利润分配。资产负债表的资产及其构成表明投入企业资源的运用，是广义企业的"投资"活动（其中包括经营活动所需要运用和投放的资金，即各项经营运用的资产）的结果；负债与所有者权益及其构成，表明企业资源来自何处，是广义的企业"筹资"活动的结果；盈余公积和未分配利润表明企业利润分配的结果。因此，可以说，通过分析资产、负债和所有者权益的构成及其相互关系的状况可以评价一个企业的财务状况。除此之外,通过资产负债表还可以用来评价一个企业的偿债能力。

### 二、资产负债表的列报

#### (一)资产负债表列报的总体要求

1. 分类别列报。资产负债表列报应当如实反映企业在资产负债表日所拥有的资源、所承担的负债以及所有者所拥有的权益。因此,资产负债表应当按照资产、负债和所有者权益三大类别分类列报。

2. 资产和负债按流动性列报。资产负债表上资产和负债应当按照流动性分别分为流动资产和非流动资产、流动负债和非流动负债列示。流动性,通常按资产的变现或耗用时间长短或者负债的偿还时间长短来确定。企业应当先列报流动性强的资产或负债,再列报流动性弱的资产或负债。

对于一般企业(比如工商企业)而言,通常在明显可识别的营业周期内销售产品或提供服务,应当将资产和负债分别分为流动资产和非流动资产、流动负债和非流动负债列示,有助于反映本营业周期内预期能实现的资产和应偿还的负债。但是,对于银行、证券、保险等金融企业而言,其销售产品或提供服务不具有明显可识别营业周期,在经营内容上也不同于一般企业,导致其资产和负债的构成项目也与一般企业有所不同,具有特殊性,金融企业的有些资产或负债无法严格区分为流动资产和非流动资产。在这种情况下,按照流动性列示往往能够提供可靠且更相关信息,因此,金融企业等特殊行业企业等可以大体按照流动性顺序列示所有的资产和负债。

3. 列报相关的合计、总计项目。资产负债表中的资产类至少应当列示流动资产和非流动资产的合计项目;负债类至少应当列示流动负债、非流动负债以及负债的合计项目;所有者权益类应当列示所有者权益的合计项目。但是,按照企业的经济性质列报"流动资产合计""非流动资产合计""流动负债合计""非流动负债合计"等项目不切实可行的,则无须列报这些项目。比如,金融企业等特殊行业企业的资产和负债按照流动性顺序列报的情况。

资产负债表遵循了"资产=负债+所有者权益"这一会计恒等式,把企业在特定时日所拥有的经济资源和与之相对应的企业所承担的债务及偿债以后属于所有者的权益充分反映出来。因此,资产负债表应当分别列示资产总计项目和负债与所有者权益之和的总计项目,并且这两者的金额应当相等。

#### (二)资产的列报

资产负债表中的资产反映由过去的交易、事项形成并由企业在某一特定日期所拥有或控制的、预期会给企业带来经济利益的资源。资产应当按照流动资产和非流动资产两大类别在资产负债表中列示,在流动资产和非流动资产类别下进一步按性质分项列示。

1. 流动资产和非流动资产的划分。资产满足下列条件之一的，应当归类为流动资产：

（1）预计在一个正常营业周期中变现、出售或耗用。主要包括存货、应收账款等资产。需要指出的是，变现一般针对应收账款等而言，指将资产变为现金；出售一般针对产品等存货而言；耗用一般指将存货（如原材料）转变成另一种形态（如产成品）。

（2）主要为交易目的而持有。主要是指交易性金融资产。但是，并非所有交易性金融资产均为流动资产，比如自资产负债表日起超过12个月到期且预期持有超过12个月的衍生工具应当划分为非流动资产或非流动负债。

（3）预计在资产负债表日起一年内（含一年，下同）变现。

（4）自资产负债表日起一年内，交换其他资产或清偿负债的能力不受限制的现金或现金等价物。

2. 正常营业周期。判断流动资产、流动负债时所指的正常营业周期，是指企业从购买用于加工的资产起至实现现金或现金等价物的期间。正常营业周期通常短于一年，在一年内有几个营业周期。但是，因生产周期较长等导致正常营业周期长于一年的，尽管相关资产往往超过一年才变现、出售或耗用，仍应当划分为流动资产。例如，房地产开发企业开发用于出售的房地产开发产品，造船企业制造的用于出售的大型船只等，从购买原材料进入生产，到制造出产品出售并收回现金或现金等价物的过程，往往超过一年，在这种情况下，与生产循环相关的产成品、应收账款、原材料尽管超过一年才变现、出售或耗用，仍应作为流动资产列示。当正常营业周期不能确定时，企业应当以一年（12个月）作为正常营业周期。

（三）负债的列报

资产负债表中的负债反映在某一特定日期企业所承担的、预期会导致经济利益流出企业的现时义务。负债应当按照流动负债和非流动负债在资产负债表中进行列示，在流动负债和非流动负债类别下再进一步按性质分项列示。

1. 流动负债与非流动负债的划分。流动负债的判断标准与流动资产的判断标准相类似。负债满足下列条件之一的，应当归类为流动负债：

（1）预计在一个正常营业周期中清偿。

（2）主要为交易目的而持有。

（3）自资产负债表日起一年内到期应予以清偿。

（4）企业无权自主地将清偿推迟至资产负债表日后一年以上。

企业在应用流动负债的判断标准时，应当注意以下两点：（1）企业对资产和负债进行流动性分类时，应当采用相同的正常营业周期。（2）企业正常营业周期中的经营性负债项目即使在资产负债表日后超过一年才予清偿的，仍应划分为流动负债。如应付账款、应付职工薪酬等。

2. 资产负债表日后事项对流动负债与非流动负债划分的影响。流动负债与非流动负债的划分是否正确，直接影响到对企业短期和长期偿债能力的判断。企业在判断流动负债与非流动负债的划分时，对于资产负债表日后事项对流动负债与非流动负债划分的影响，需要特别加以考虑。总的判断原则是，企业在资产负债表上对债务流动和非流动的划分，应当反映在资产负债表日有效的合同安排，考虑在资产负债表日起一年内企业是否必须无条件清偿，而资产负债表日之后（即使是财务报告批准报出日前）的再融资、展期或提供宽限期等行为，与资产负债表日判断负债的流动性状况无关。

（1）资产负债表日起一年内到期的负债。对于在资产负债表日起一年内到期的负债，企业有意图且有能力自主地将清偿义务展期至资产负债表日后一年以上的，应当归类为非流动负债；不能自主地将清偿义务展期的，即使在资产负债表日后、财务报告批准报出日前签订了重新安排清偿计划协议，该项负债在资产负债表日仍应当归类为流动负债。

（2）在资产负债表日或之前企业违反长期借款协议。企业在资产负债表日或之前违反了长期借款协议，导致贷款人可随时要求清偿的负债，应当归类为流动负债。这是因为，在这种情况下，债务清偿的主动权并不在企业，企业只能被动地无条件归还贷款，而且该事实在资产负债表日即已存在，所以该负债应当作为流动负债列报。但是，如果贷款人在资产负债表日或之前同意提供在资产负债表日后一年以上的宽限期，在此期限内企业能够改正违约行为，且贷款人不能要求随时清偿的，在资产负债表日的此项负债并不符合流动负债的判断标准，应当归类为非流动负债。

### （四）所有者权益的列报

资产负债表中的所有者权益是企业资产扣除负债后的剩余权益。资产负债表中的所有者权益类一般按照净资产的不同来源和特定用途进行分类，资产负债表中的所有者权益类应当按照实收资本（或股本）、资本公积、其他综合收益、盈余公积、未分配利润等项目分项列示。

## 三、一般企业资产负债表的列报格式和列报方法

### （一）一般企业资产负债表的列报格式

在我国，资产负债表采用账户式的格式，即左侧列报资产方，右侧列报负债方和所有者权益方，且资产负债表中的资产各项目的总计等于负债和所有者权益各项目的总计。

同时企业需要提供比较资产负债表，以便报表使用者通过比较不同时点资产负债表的数据，掌握企业财务状况的变动情况及发展趋势。所以，资产负债表还

就各项目再分为"年初余额"和"期末余额"两栏分别填列。一般企业资产负债表的具体格式如表 14 – 1 所示。

表 14 – 1　　　　　　　　　　　　　　资产负债表　　　　　　　　　　　　会企 01 表

编制单位：　　　　　　　　　　　　　年　月　日　　　　　　　　　　　　单位：元

| 资　　产 | 期末余额 | 年初余额 | 负债和所有者权益（或股东权益） | 期末余额 | 年初余额 |
|---|---|---|---|---|---|
| 流动资产： | | | 流动负债： | | |
| 货币资金 | | | 短期借款 | | |
| ▲交易性金融资产 | | | ▲交易性金融负债 | | |
| △以公允价值计量且其变动计入当期损益的金融资产 | | | △以公允价值计量且其变动计入当期损益的金融负债 | | |
| 衍生金融资产 | | | 衍生金融负债 | | |
| 应收票据及应收账款 | | | 应付票据及应付账款 | | |
| 预付款项 | | | 预收账款 | | |
| 其他应收款 | | | ▲合同负债 | | |
| 存货 | | | 应付职工薪酬 | | |
| ▲合同资产 | | | 应交税费 | | |
| 持有待售资产 | | | 其他应付款 | | |
| 一年内到期的非流动资产 | | | 持有待售负债 | | |
| 其他流动资产 | | | 一年内到期的非流动负债 | | |
| 流动资产合计 | | | 其他流动负债 | | |
| 非流动资产： | | | 流动负债合计 | | |
| △可供出售金融资产 | | | 非流动负债： | | |
| △持有至到期投资 | | | 长期借款 | | |
| ▲债权投资 | | | 应付债券 | | |
| ▲其他债权投资 | | | 其中：优先股 | | |
| 长期应收款 | | | 永续债 | | |
| 长期股权投资 | | | 长期应付款 | | |
| ▲其他权益工具投资 | | | 预计负债 | | |
| ▲其他非流动金融资产 | | | 递延收益 | | |
| 投资性房地产 | | | 递延所得税负债 | | |
| 固定资产 | | | 其他非流动负债 | | |
| 在建工程 | | | 非流动负债合计 | | |
| 生产性生物资产 | | | 负债合计 | | |
| 油气资产 | | | 所有者权益（或股东权益）： | | |
| 无形资产 | | | 实收资本（或股本） | | |

续表

| 资产 | 期末余额 | 年初余额 | 负债和所有者权益（或股东权益） | 期末余额 | 年初余额 |
|---|---|---|---|---|---|
| 开发支出 | | | 其他权益工具 | | |
| 商誉 | | | 其中：优先股 | | |
| 长期待摊费用 | | | 永续债 | | |
| 递延所得税资产 | | | 资本公积 | | |
| 其他非流动资产 | | | 减：库存股 | | |
| 非流动资产合计 | | | 其他综合收益 | | |
| | | | 盈余公积 | | |
| | | | 未分配利润 | | |
| | | | 所有者权益（或股东权益）合计 | | |
| 资产总计 | | | 负债和所有者权益（或股东权益）总计 | | |

注：为解决执行企业会计准则的企业在财务报告编制中的实际问题，规范企业财务报表列报，提高会计信息质量，针对2018年1月1日起分阶段实施的《企业会计准则第22号——金融工具确认和计量》《企业会计准则第23号——金融资产转移》《企业会计准则第24号——套期会计》《企业会计准则第37号——金融工具列报》（以上四项简称新金融准则）和《企业会计准则第14号——收入》（简称新收入准则），以及企业会计准则实施中的有关情况，财政部于2018年7月2日发布了《关于修订印发2018年度一般企业财务报表格式的通知》（简称15号文）。15号文中，分别列出了执行企业会计准则的非金融企业中，尚未执行新金融准则与新收入准则企业的资产负债表格式和已执行新金融准则与新收入准则企业的资产负债表格式。为了便于读者更加全面地了解我国目前一般企业资产负债表的格式，表14-1融合了这两种情况，其中以"▲"符号表示的项目为已执行新金融准则或新收入准则的企业资产负债表中应增加的项目，"△"符号则表示无须设置的项目。

### （二）一般企业资产负债表的列报方法

企业应当根据资产、负债和所有者权益类科目的期末余额填列资产负债表"期末余额"栏，具体包括如下情况：

1. 根据总账科目的余额填列。"以公允价值计量且其变动计入当期损益的金融资产""交易性金融资产""其他债权投资""其他权益工具投资""递延所得税资产""长期待摊费用""短期借款""以公允价值计量且其变动计入当期损益的金融负债""应交税费""持有待售负债""专项应付款""递延收益""递延所得税负债""实收资本（或股本）""其他权益工具""库存股""资本公积""其他综合收益""专项储备""盈余公积"等项目，应根据有关总账科目的余额填列。

有些项目则应根据几个总账科目的余额计算填列，如"货币资金"项目，需根据"库存现金""银行存款""其他货币资金"三个总账科目余额的合计数填列；"其他应付款"项目，应根据"应付利息""应付股利"和"其他应付款"科目的期末余额合计数填列。"其他流动资产""其他流动负债"项目，应根据有关科目的期末余额分析填列。其中，有其他综合收益相关业务的企业，应当设置"其他综合收益"科目进行会计处理，该科目应当按照其他综合收益项目的具体内容设置明细科目。企业在对其他综合收益进行会计处理时，应当通过"其他综合收益"科目处理，并与"资本公积"科目相区分。

2. 根据明细账科目的余额计算填列。"开发支出"项目，应根据"研发支出"科目中所属的"资本化支出"明细科目期末余额填列；"预收款项"项目，应根据"预收账款"和"应收账款"科目所属各明细科目的期末贷方余额合计数填列；"应交税费"项目，应根据"应交税费"科目的明细科目的期末贷方余额填列，其中的借方余额，应当根据其流动性在"其他流动资产"或"其他非流动资产"项目中填列。"一年内到期的非流动资产""一年内到期的非流动负债"项目，应根据有关非流动资产或负债项目的明细科目余额分析填列；"应付职工薪酬"项目，应根据"应付职工薪酬"科目的明细科目期末余额分析填列；"长期借款""应付债券"项目，应分别根据"长期借款""应付债券"科目的明细科目余额分析填列；"预计负债"项目，应根据"预计负债"科目的明细科目期末余额分析填列。"未分配利润"项目，应根据"利润分配"科目中所属的"未分配利润"明细科目期末余额填列。

3. 根据总账科目和明细账科目的余额分析计算填列。"长期借款"项目，应根据"长期借款"总账科目余额扣除"长期借款"科目所属的明细科目中将在资产负债表日起一年内到期且企业不能自主地将清偿义务展期的长期借款后的金额计算填列；"其他流动资产""其他流动负债"项目，应根据有关总账科目及有关科目的明细账科目期末余额分析计算填列；"其他非流动资产"项目，应根据有关科目的期末余额减去将于一年内（含一年）收回数后的金额填列；"其他非流动负债"项目，应根据有关科目的期末余额减去将于一年内（含一年）到期偿还数后的金额填列。

4. 根据有关科目余额减去其备抵科目余额后的净额填列。"持有待售资产""债权投资""持有至到期投资""长期股权投资""商誉"项目，应根据相关科目的期末余额填列，已计提减值准备的，还应扣减相应的减值准备；"固定资产"项目，应根据"固定资产"科目的期末余额，减去"累计折旧"和"固定资产减值准备"科目的期末余额后的金额，以及"固定资产清理"科目的期末余额填列。"在建工程"项目，应根据"在建工程"科目的期末余额，减去"在建工程减值准备"科目的期末余额后的金额，以及"工程物资"科目的期末余额，减去"工程物资减值准备"科目的期末余额后的金额填列。"无形资产""投资性房地产""生产性生物资产""油气资产"项目，应根据相关科目的期末余额扣减相关的累计摊销或累计折耗填列，已计提减值准备的，还应扣减相应的减值准备，采用公允价值计量的上述资产，应根据相关科目的期末余额填列；"长期应收款"项目，应根据"长期应收款"科目的期末余额，减去相应的"未实现融资费用"科目和"坏账准备"科目所属相关明细科目期末余额后的金额填列；"长期应付款"项目，应根据"长期应付款"科目的期末余额，减去相应的"未确认融资费用"科目期末余额后的金额填列。

5. 综合运用上述填列方法分析填列。主要包括"应收票据及应收账款"项目，应根据"应收票据"和"应收账款"科目的期末余额，减去"坏账准备"科目中相关坏账准备期末余额后的金额填列。"其他应收款"项目，应根据"应收利息""应收股利"和"其他应收款"科目的期末余额合计数，减去"坏账准备"科目中相关坏账准备期末余额后的金额填列。"预付款项"项目，应根据"预付账款"和"应付账款"科目所属各明细科目的期末借方余额合计数，减去"坏账准备"科目中有关预付账款计提的坏账准备期末余额后的金额填列。"合同资产"项目、"合同负债"项目，应分别根据"合同资产"科目、"合同负债"科目的相关明细科目期末余额分析填列，同一合同下的合同资产和合同负债应当以净额列示，其中净额为借方余额的，应当根据其流动性在"合同资产"或"其他非流动资产"项目中填列，已计提减值准备的，还应减去"合同资产减值准备"科目中相关的期末余额后的金额填列；其中净额为贷方余额的，应当根据其流动性在"合同负债"或"其他非流动负债"项目中填列。"存货"项目，应根据"材料采购""原材料""发出商品""库存商品""周转材料""委托加工物资""生产成本""受托代销商品"等科目的期末余额合计，减去"受托代销商品款""存货跌价准备"科目期末余额后的金额填列，材料采用计划成本核算，以及库存商品采用计划成本核算或售价核算的企业，还应按加或减材料成本差异、商品进销差价后的金额填列。"其他非流动资产"项目应根据有关科目的期末余额减去将于一年内（含一年）收回数后的金额，及"合同取得成本"科目和"合同履约成本"科目的明细科目中初始确认时摊销期限在一年或一个正常营业周期以上的期末余额，减去"合同取得成本减值准备"科目和"合同履约成本减值准备"科目中相应的期末余额填列等。"应付票据及应付账款"项目，应根据"应付票据"科目的期末余额，以及"应付账款"和"预付账款"科目所属的相关明细科目的期末贷方余额合计数填列。

企业应当根据上年末资产负债表"期末余额"栏有关项目填列本年度资产负债表"年初余额"栏。如果企业发生了会计政策变更、前期差错更正，应当对"年初余额"栏中的有关项目进行相应调整；如果企业上年度资产负债表规定的项目名称和内容与本年度不一致，应当对上年年末资产负债表相关项目的名称和金额按照本年度的规定进行调整，填入"年初余额"栏。

## 四、一般企业资产负债表的填列说明

### （一）资产项目的填列说明

1. "货币资金"项目，反映企业库存现金、银行结算户存款、外埠存款、银行汇票存款、银行本票存款、信用卡存款、信用证保证金存款等的合计数。本项目应根据"库存现金""银行存款""其他货币资金"科目期末余额的合计填列。

2. "交易性金融资产"项目，反映资产负债表日企业分类为以公允价值计量且其变动计入当期损益的金融资产，以及企业持有的直接指定为以公允价值计量且其变动计入当期损益的金融资产的期末账面价值。该项目应根据"交易性金融资产"科目的相关明细科目期末余额分析填列。自资产负债表日起超过一年到期且预期持有超过一年的以公允价值计量且其变动计入当期损益的非流动金融资产的期末账面价值，在"其他非流动金融资产"项目反映。

3. "应收票据及应收账款"项目，反映资产负债表日以摊余成本计量的、企业因销售商品、提供服务等经营活动应收取的款项，以及收到的商业汇票，包括银行承兑汇票和商业承兑汇票。该项目应根据"应收票据"和"应收账款"科目的期末余额，减去"坏账准备"科目中相关坏账准备期末余额后的金额填列。

4. "预付款项"项目，反映企业按照购货合同规定预付给供应单位的款项等。本项目应根据"预付账款"和"应付账款"科目所属各明细科目的期末借方余额合计数，减去"坏账准备"科目中有关预付账款计提的坏账准备期末余额后的金额填列。如"预付账款"科目所属明细科目期末有贷方余额的，应在资产负债表"应付款项"项目内填列。

5. "其他应收款"项目，应根据"应收利息""应收股利"和"其他应收款"科目的期末余额合计数，减去"坏账准备"科目中相关坏账准备期末余额后的金额填列。

6. "存货"项目，反映企业期末在库、在途和在加工中的各种存货的可变现净值。本项目应根据"材料采购""原材料""低值易耗品""库存商品""周转材料""委托加工物资""委托代销商品""生产成本"等科目的期末余额合计，减去"受托代销商品款""存货跌价准备"科目期末余额后的金额填列。材料采用计划成本核算，以及库存商品采用计划成本核算或售价核算的企业，还应按加或减材料成本差异、商品进销差价后的金额填列。

7. "合同资产"项目，反映企业已向客户转让商品而有权收取对价的权利。本项目应根据"合同资产"科目的相关明细科目期末余额分析填列。

8. "持有待售资产"项目，反映资产负债表日划分为持有待售类别的非流动资产及划分为持有待售类别的处置组中的流动资产和非流动资产的期末账面价值。该项目应根据"持有待售资产"科目的期末余额，减去"持有待售资产减值准备"科目的期末余额后的金额填列。

9. "一年内到期的非流动资产"项目，反映企业将于一年内到期的非流动资产项目金额。本项目应根据有关科目的期末余额填列。

10. "其他流动资产"项目，反映企业除货币资金、交易性金融资产、应收票据、应收账款、存货等流动资产以外的其他流动资产。本项目应根据有关科目的期末余额填列。

11. "可供出售金融资产"项目，反映企业持有的以公允价值计量的可供出售股票投资、债券投资等金融资产。本项目应根据"可供出售金融资产"科目的期末余额,减去"可供出售金融资产减值准备"科目期末余额后的金额填列。

12. "持有至到期投资"项目,反映企业持有的以摊余成本计量的持有至到期投资。本项目应根据"持有至到期投资"科目的期末余额,减去"持有至到期投资减值准备"科目期末余额后的金额填列。

13. "债权投资"项目,反映资产负债表日企业以摊余成本计量的长期债权投资的期末账面价值。该项目应根据"债权投资"科目的相关明细科目期末余额,减去"债权投资减值准备"科目中相关减值准备的期末余额后的金额分析填列。自资产负债表日起一年内到期的长期债权投资的期末账面价值,在"一年内到期的非流动资产"项目反映。企业购入的以摊余成本计量的一年内到期的债权投资的期末账面价值,在"其他流动资产"项目反映。

14. "其他债权投资"项目,反映资产负债表日企业分类为以公允价值计量且其变动计入其他综合收益的长期债权投资的期末账面价值。该项目应根据"其他债权投资"科目的相关明细科目期末余额分析填列。自资产负债表日起一年内到期的长期债权投资的期末账面价值,在"一年内到期的非流动资产"项目反映。企业购入的以公允价值计量且其变动计入其他综合收益的一年内到期的债权投资的期末账面价值,在"其他流动资产"项目反映。

15. "长期应收款"项目,反映企业融资租赁产生的应收款项、采用递延方式具有融资性质的销售商品和提供劳务等产生的长期应收款项等。本项目应根据"长期应收款"科目的期末余额,减去相应的"未实现融资收益"科目和"坏账准备"科目所属相关明细科目期末余额后的金额填列。

16. "长期股权投资"项目,反映企业持有的对子公司、联营企业和合营企业的长期股权投资。本项目应根据"长期股权投资"科目的期末余额,减去"长期股权投资减值准备"科目期末余额后的金额填列。

17. "其他权益工具投资"项目,反映资产负债表日企业指定为以公允价值计量且其变动计入其他综合收益的非交易性权益工具投资的期末账面价值。该项目应根据"其他权益工具投资"科目的期末余额填列。

18. "投资性房地产"项目,反映企业持有的投资性房地产。企业采用成本模式计量投资性房地产的,本项目应根据"投资性房地产"科目的期末余额,减去"投资性房地产累计折旧(摊销)"和"投资性房地产减值准备"科目期末余额后的金额填列;企业采用公允价值模式计量投资性房地产的,本项目应根据"投资性房地产"科目的期末余额填列。

19. "固定资产"项目,反映资产负债表日企业固定资产的期末账面价值和企业尚未清理完毕的固定资产清理净损益。该项目应根据"固定资产"科目的期末余额,减去"累计折旧"和"固定资产减值准备"科目的期末余额后的金额,以及"固定资产清理"科目的期末余额填列。

20. "在建工程"项目,反映资产负债表日企业尚未达到预定可使用状态的在建工程的期末账面价值和企业为在建工程准备的各种物资的期末账面价值。该项目应根据"在建工程"科目的期末余额,减去"在建工程减值准备"科目的期末余额后的金额,以及"工程物资"科目的期末余额,减去"工程物资减值准备"科目的期末余额后的金额填列。

21. "生产性生物资产"项目,反映企业持有的生产性生物资产。本项目应根据"生产性生物资产"科目的期末余额,减去"生产性生物资产累计折旧"和"生产性生物资产减值准备"科目期末余额后的金额填列。

22. "油气资产"项目,反映企业持有的矿区权益和油气井及相关设施的原价减去累计折耗和累计减值准备后的净额。本项目应根据"油气资产"科目的期末余额,减去"累计折耗"科目期末余额和相应减值准备后的金额填列。

23. "无形资产"项目,反映企业持有的无形资产,包括专利权、非专利技术、商标权、著作权、土地使用权等。本项目应根据"无形资产"科目的期末余额,减去"累计摊销"和"无形资产减值准备"科目期末余额后的金额填列。

24. "开发支出"项目,反映企业开发无形资产过程中能够资本化形成无形资产成本的支出部分。本项目应根据"开发支出"科目中所属的"资本化支出"明细科目期末余额填列。

25. "商誉"项目,反映企业合并中形成的商誉的价值。本项目应根据"商誉"科目的期末余额,减去相应的减值准备后的金额填列。

26. "长期待摊费用"项目,反映企业已经发生但应由本期和以后各期负担的分摊期限在一年以上的各项费用。长期待摊费用中在一年(含一年)摊销的部分,在资产负债表"一年内到期的非流动资产"项目填列。本项目应根据"长期待摊费用"科目的期末余额减去将于一年(含一年)摊销的数额后的金额填列。

27. "递延所得税资产"项目,反映企业确认的可抵扣暂时性差异产生的递延所得税资产。本项目应根据"递延所得税资产"科目的期末余额填列。

28. "其他非流动资产"项目,反映企业除长期股权投资、固定资产、在建工程、工程物资、无形资产等资产以外的其他非流动资产。本项目应根据有关科目的期末余额填列。

(二)负债项目的填列说明

1. "短期借款"项目,反映企业从银行或其他金融机构等借入的期限在一年以下(含一年)的各种借款。本项目应根据"短期借款"科目的期末余额填列。

2. "交易性金融负债"项目,反映企业持有的以公允价值计量且其变动计入当期损益的为交易目的所持有的金融负债。本项目应根据"交易性金融负债"科目的期末余额直接填列。

3. "应付票据及应付账款"项目,反映资产负债表日企业因购买材料、商品和接受服务等经营活动应支付的款项,以及开出、承兑的商业汇票,包括银行承兑汇票和商业承兑汇票。该项目应根据"应付票据"科目的期末余额,以及"应付账款"和"预付账款"科目所属的相关明细科目的期末贷方余额合计数填列。

4. "预收款项"项目，反映企业按照购货合同规定预收销货单位的款项。本项目应根据"预收账款"和"应收账款"科目所属各明细科目的期末贷方余额合计数填列。如"预收账款"科目所属明细科目期末有借方余额的，应在资产负债表"应收款项"项目内填列。

5. "合同负债"项目，反映企业已收或应收客户对价而应向客户转让商品的义务。本项目应根据"合同负债"科目的相关明细科目期末余额分析填列。

6. "应付职工薪酬"项目，反映企业根据有关规定应付给职工的工资、职工福利、社会保险费、住房公积金、工会经费、职工教育经费、非货币性福利、辞退福利等各项薪酬。外商投资企业按规定从净利润中提取的职工奖励及福利基金，也在本项目列示。本项目应根据"应付职工薪酬"科目的期末余额直接填列。

7. "应交税费"项目，反映企业按照税法规定计算应交纳的各种税费，包括增值税、所得税、资源税、土地增值税、城市维护建设税、房产税、土地使用税、车船使用税、教育费附加、矿产资源补偿费等。企业代扣代交的个人所得税，也通过本项目列示。企业所交纳的税金不需要预计应交数的，如印花税、耕地占用税等，不在本项目列示。本项目应根据"应交税费"科目的期末贷方余额填列。如"应交税费"科目的期末为借方余额，应以"－"号填列。

8. "其他应付款"项目，应根据"应付利息""应付股利"和"其他应付款"科目的期末余额合计数填列。

9. "持有待售负债"项目，反映资产负债表日处置组中与划分为持有待售类别的资产直接相关的负债的期末账面价值。该项目应根据"持有待售负债"科目的期末余额填列。

10. "一年内到期的非流动负债"项目，反映企业非流动负债中将于资产负债表日后一年内到期部分的金额，如将于一年内偿还的长期借款。本项目应根据有关科目的期末余额填列。

11. "其他流动负债"项目，反映企业除短期借款、交易性金融负债、应付票据及应付账款、预收账款、应付职工薪酬、其他应付款、应交税费等流动负债以外的其他流动负债。本项目应根据有关科目的期末余额填列。

12. "长期借款"项目，反映企业从银行或其他金融机构等借入的期限在一年以上（不含一年）的各种借款。本项目应根据"长期借款"科目的期末余额填列。

13. "应付债券"项目，反映企业为筹集长期资金而发行的债券本金和利息。本项目应根据"应付债券"科目的期末余额填列。

14. "长期应付款"项目，反映资产负债表日企业除长期借款和应付债券以外的其他各种长期应付款项的期末账面价值。该项目应根据"长期应付款"科目的期末余额，减去相关的"未确认融资费用"科目的期末余额后的金额，以及"专项应付款"科目的期末余额填列。

15. "预计负债"项目,反映企业确认的对外提供担保、未决诉讼、产品质量保证、重组义务、亏损性合同等预计负债。本项目应根据"预计负债"科目的期末余额填列。

16. "递延收益"项目,反映企业未确认的收入或者收益。本项目应根据"递延收益"科目的期末余额填列。

17. "递延所得税负债"项目,反映企业确认的应纳税暂时性差异产生的递延所得税负债。本项目应根据"递延所得税负债"科目的期末余额填列。

18. "其他非流动负债"项目,反映企业除长期借款、应付债券等负债以外的其他非流动负债。本项目应根据有关科目的期末余额减去将于一年内(含一年)到期偿还数后的余额填列。非流动负债各项目中将于一年内(含一年)到期的非流动负债,应在"一年内到期的非流动负债"项目内单独反映。

（三）所有者权益项目的填列说明

1. "实收资本（或股本）"项目,反映企业各投资者实际投入的资本（或股本）总额。本项目应根据"实收资本（或股本）"科目的期末余额填列。

2. "资本公积"项目,反映企业资本公积的期末余额。本项目应根据"资本公积"科目的期末余额填列。

3. "库存股"项目,反映企业持有尚未转让或注销的本公司股份金额。本项目应根据"库存股"科目的期末余额填列。

4. "其他综合收益"项目,反映企业根据其他会计准则规定未在当期损益中确认的各项利得和损失。本项目应根据"其他综合收益"科目的期末余额填列。

5. "盈余公积"项目,反映盈余公积的期末余额。本项目应根据"盈余公积"科目的期末余额填列。

6. "未分配利润"项目,反映企业尚未分配的利润。本项目应根据"本年利润"科目和"利润分配"科目的余额计算填列。未弥补的亏损在本项目内以"-"号填列。

# 第三节 利 润 表

## 一、利润表的定义及作用

### （一）利润表的定义

利润表（income statement）,是反映企业一定期间的生产经营成果的财务报表。

### （二）利润表的作用

利润表提供了企业一定时期内的经营成果的信息。通过利润表能够评价一个企业的盈利能力、成本费用的控制能力。具体地说，通过利润表可以提供以下两个方面的信息。

1. 企业的盈利能力及其构成的信息。利润表上反映的利润总额和净利润额越大，说明企业经营成果越好，企业的盈利能力越强。如果结合利润表的利润构成情况更加能说明这一点。通常情况下，营业利润在利润总额中所占的比重应当较大，这说明企业的发展是依靠主业，其发展能力是可靠的。而如果其他业务利润在利润总额中所占的比重较大，或者企业的利润实现是依靠营业外收入获得的，说明企业的利润是不稳定的，有一定的偶然性。

2. 企业成本、费用的控制情况。利润表提供了企业在一定期间内的营业总成本，包括营业成本、税金及附加、期间费用、资产减值损失等情况，通过营业收入与营业成本的配比，反映了企业毛利的高低。通过毛利与期间费用、资产减值损失的配比，反映了企业营业利润的高低。如果企业对于期间费用控制得好，就会实现较高的营业利润，反之，期间费用控制不当，就会影响营业利润的实现。

利润表把一定期间的收入与其同一会计期间相关的费用进行配比，以计算出企业一定时期的净利润（或净亏损）。通过该表的编制可以从总体上了解企业收入、成本和利润（亏损）的组成情况，用来分析企业盈利能力。

## 二、利润表的列报

### （一）利润表列报的总体要求

企业在利润表中应当对费用按照功能分类，分为从事经营业务发生的成本、管理费用、销售费用和财务费用等。企业的活动通常可以划分为生产、销售、管理、融资等，每一种活动上发生的费用所发挥的功能并不相同，因此，按照费用功能法将其分开列报，有助于使用者了解费用发生的活动领域。

但是，由于银行、保险、证券等金融企业的日常活动与一般企业不同，具有特殊性，因此，金融企业可以根据其特殊性列示利润表项目。例如，商业银行将利息支出作为利息收入的抵减项目、将手续费及佣金支出作为手续费及佣金收入的抵减项目列示等。与此同时，企业应当在附注中披露费用按照性质分类的利润表补充资料，可将费用分为耗用的原材料、职工薪酬费用、折旧费用、摊销费用等，以有助于报表使用者预测企业的未来现金流量。

### （二）综合收益的列报

综合收益，是指企业在某一期间除与所有者以其所有者身份进行的交易之外的其他交易或事项所引起的所有者权益变动。综合收益总额项目反映净利润和其他综合收益扣除所得税影响后的净额相加后的合计金额。其他综合收益，是指企业根据其他会计准则规定未在当期损益中确认的各项利得和损失。企业应当以扣除相关所得税影响后的净额在利润表上单独列示各项其他综合收益项目,并且其他综合收益项目应当根据其他相关会计准则的规定分为下列两类列报。

1. 以后会计期间不能重分类进损益的其他综合收益项目,主要包括:

(1) 重新计量设定受益计划净负债或净资产导致的变动。根据《企业会计准则第9号——职工薪酬》,有设定受益计划形式离职后福利的企业应当将重新计量设定受益计划净负债或净资产导致的变动计入其他综合收益,并且在后续会计期间不允许转回至损益。

(2) 按照权益法核算的在被投资单位不能重分类进损益的其他综合收益变动中所享有的份额。根据《企业会计准则第2号——长期股权投资》的规定,投资方取得长期股权投资后,应当按照应享有或应分担的被投资单位其他综合收益的份额,确认其他综合收益,同时调整长期股权投资的账面价值。投资单位在确定应享有或应分担的被投资单位其他综合收益的份额时,该份额的性质取决于被投资单位的其他综合收益的性质,即如果被投资单位的其他综合收益属于"以后会计期间不能重分类进损益"类别,则投资方确认的份额也属于"以后会计期间不能重分类进损益"类别。

2. 以后会计期间在满足规定条件时将重分类进损益的其他综合收益项目,主要包括:

(1) 按照权益法核算的在被投资单位可重分类进损益的其他综合收益变动中所享有的份额。根据《企业会计准则第2号——长期股权投资》的规定,投资方取得长期股权投资后,应当按照应享有或应分担的被投资单位其他综合收益的份额,确认其他综合收益,同时调整长期股权投资的账面价值。如果被投资单位的其他综合收益属于"以后会计期间在满足规定条件时将重分类进损益"类别,则投资方确认的份额也属于"以后会计期间在满足规定条件时将重分类进损益"类别。

(2) 可供出售金融资产公允价值变动形成的利得或损失、持有至到期投资重分类为可供出售金融资产形成的利得或损失。根据《企业会计准则第22号——金融工具确认和计量》的规定,可供出售金融资产公允价值变动形成的利得或损失,除减值损失和外币货币性金融资产形成的汇兑差额外,应当直接计入所有者权益(其他综合收益),在该金融资产终止确认时转出,计入当期损益;根据金融工具确认和计量准则规定将持有至到期投资重分类为可供出售金融资产的,在重分类日,该投资的账面价值与其公允价值之间的差额计入所有者权益(其他综合收益),在该可供出售金融资产发生减值或终止确认时转出,计入当期损益。

(3) 现金流量套期工具产生的利得或损失中属于有效套期的部分。根据《企业会计准则第24号——套期保值》的规定,现金流量套期利得或损失中属于有效套期的部分,应当直接确认为所有者权益(其他综合收益);属于无效套期的部分,应当计入当期损益。对于前者,套期保值准则规定在一定的条件下,将原直接计入所有者权益中的套期工具利得或损失转出,计入当期损益。

(4) 外币财务报表折算差额。根据《企业会计准则第 19 号——外币折算》的规定,企业对境外经营的财务报表进行折算时,应当将外币财务报表折算差额在资产负债表中所有者权益项目下单独列示(其他综合收益);企业在处置境外经营时,应当将资产负债表中所有者权益项目下列示的、与该境外经营相关的外币报表折算差额,自所有者权益项目转入处置当期损益,部分处置境外经营的,应当按处置的比例计算处置部分的外币财务报表折算差额,转入处置当期损益。

(5) 根据相关会计准则规定的其他项目。比如根据《企业会计准则第 3 号——投资性房地产》的规定,自用房地产或作为存货的房地产转换为以公允价值模式计量的投资性房地产在转换日公允价值大于账面价值部分计入其他综合收益;待该投资性房地产处置时,将该部分转入当期损益等。

### 三、一般企业利润表的列报格式和列报方法

#### (一) 一般企业利润表的列报格式

利润表采用多步式的格式,即通过对当期的收入、费用、支出项目按性质加以归类,按利润形成的主要环节列示一些中间性利润指标,便于使用者理解企业经营成果的不同来源。

企业需要提供比较利润表,以便报表使用者通过比较不同期间利润表的数据,判断企业经营成果的未来发展趋势。利润表还就各项目再分为"本期金额"和"上期金额"两栏分别填列。一般企业利润表的格式如表 14-2 所示。

表 14-2　　　　　　　　　　　利润表　　　　　　　　　　　会企 02 表

编制单位:　　　　　　　　　　　年　　月　　　　　　　　　　　单位:元

| 项　　目 | 本期金额 | 上期金额 |
| --- | --- | --- |
| 一、营业收入 | | |
| 　　减:营业成本 | | |
| 　　　　税金及附加 | | |
| 　　　　销售费用 | | |
| 　　　　管理费用 | | |
| 　　　　研发费用 | | |
| 　　　　财务费用 | | |
| 　　　　　　其中:利息费用 | | |
| 　　　　　　　　利息收入 | | |
| 　　　　资产减值损失 | | |
| 　　　　▲信用减值损失 | | |
| 　　加:其他收益 | | |
| 　　　　投资收益(损失以"-"号填列) | | |

续表

| 项　　目 | 本期金额 | 上期金额 |
|---|---|---|
| 　　其中：对联营企业和合营企业的投资收益 | | |
| 　　　　▲净敞口套期收益 | | |
| 　　　　公允价值变动收益（损失以"－"号填列） | | |
| 资产处置收益（损失以"－"号填列） | | |
| 二、营业利润（亏损以"－"号填列） | | |
| 　　加：营业外收入 | | |
| 　　减：营业外支出 | | |
| 三、利润总额（亏损总额以"－"号填列） | | |
| 　　减：所得税费用 | | |
| 四、净利润（净亏损以"－"号填列） | | |
| 　　（一）持续经营净利润（净亏损以"－"号填列） | | |
| 　　（二）终止经营净利润（净亏损以"－"号填列） | | |
| 五、其他综合收益的税后净额 | | |
| 　　（一）不能重分类进损益的其他综合收益 | | |
| 　　　　1. 重新计量设定受益计划变动额 | | |
| 　　　　2. 权益法下不能转损益的其他综合收益 | | |
| 　　　　▲3. 其他权益工具投资公允价值变动 | | |
| 　　　　▲4. 企业自身信用风险公允价值变动 | | |
| 　　　　…… | | |
| 　　（二）将重分类进损益的其他综合收益 | | |
| 　　　　1. 权益法下可转损益的其他综合收益 | | |
| 　　　　△2. 可供出售金融资产公允价值变动损益 | | |
| 　　　　△3. 持有至到期投资重分类为可供出售金融资产损益 | | |
| 　　　　△4. 现金流量套期损益的有效部分 | | |
| 　　　　5. 外币财务报表折算差额 | | |
| 　　　　▲6. 其他债权投资公允价值变动 | | |
| 　　　　▲7. 金融资产重分类计入其他综合收益的金额 | | |
| 　　　　▲8. 其他债权投资信用减值准备 | | |
| 　　　　▲9. 现金流量套期储备 | | |
| 　　　　…… | | |
| 六、综合收益总额 | | |
| 七、每股收益： | | |
| 　　（一）基本每股收益 | | |
| 　　（二）稀释每股收益 | | |

注：同表14－1、表14－2中以"▲"符号表示的项目为已执行新金融准则或新收入准则的企业利润表中应增加的项目，"△"符号则表示无须设置的项目。

## （二）一般企业利润表的列报方法

企业应当根据损益类科目和所有者权益类有关科目的发生额填列利润表"本期金额"栏，具体包括如下情况：

1. "营业收入""营业成本""税金及附加""销售费用""管理费用""财务费用""资产减值损失""公允价值变动收益""投资收益""营业外收入""营业外支出""所得税费用"等项目，应根据有关损益类科目的发生额分析填列。

2. "其中：对联营企业和合营企业的投资收益""其中：非流动资产处置利得""其中：非流动资产处置损失"等项目，应根据"投资收益""营业外收入""营业外支出"等科目所属的相关明细科目的发生额分析填列。

3. "其他综合收益的税后净额"项目及其各组成部分，应根据"其他综合收益"科目及其所属明细科目的本期发生额分析填列。

4. "营业利润""利润总额""净利润""综合收益总额"项目，应根据本表中相关项目计算填列。

5. "（一）持有经营净利润"和"（二）终止经营净利润"项目，应根据《企业会计准则第42号——持有待售的非流动资产、处置组和终止经营》的相关规定分别填列。

6. 普通股或潜在普通股已公开交易的企业，以及正处于公开发行普通股或潜在普通股过程中的企业，还应当在利润表中列示每股收益信息，并在附注中详细披露计算过程，以供投资者投资决策参考。基本每股收益和稀释每股收益项目应当按照《企业会计准则第34号——每股收益》的规定计算填列。

企业应当根据上年同期利润表"本期金额"栏内所列数字填列本年度利润表的"上期金额"栏。如果企业上年该期利润表规定的项目的名称和内容与本期不一致，应当对上年该期利润表相关项目的名称和金额按照本期的规定进行调整，填入"上期金额"栏。

## 四、一般企业利润表的填列说明

企业利润表"本期金额"栏内各项数字反映的内容及填列方法如下：

（1）"营业收入"项目，反映企业经营主要业务和其他业务所确认的收入总额。本项目应当根据"主营业务收入"和"其他业务收入"科目的本期发生额分析填列。

（2）"营业成本"项目，反映企业经营主要业务和其他业务发生的实际成本总额。本项目应当根据"主营业务成本"和"其他业务成本"科目的本期发生额分析填列。

（3）"税金及附加"项目，反映企业经营业务应负担的消费税、城市维护建设税、资源税、土地增值税和教育费附加等。本项目应当根据"税金及附加"

科目的本期发生额分析填列。

（4）"销售费用"项目，反映企业在销售商品过程中发生的包装费、广告费等费用和为销售本企业商品而专设的销售机构的职工薪酬、业务费等经营费用。本项目应当根据"销售费用"科目的本期发生额分析填列。

（5）"管理费用"项目，反映企业为组织和管理生产经营发生的管理费用。本项目应当根据"管理费用"科目的本期发生额分析填列。

（6）"研发费用"项目，反映企业进行研究与开发过程中发生的费用化支出。该项目应根据"管理费用"科目下的"研发费用"明细科目的发生额分析填列。

（7）"财务费用"项目，反映企业筹集生产经营所需资金等而发生的筹资费用。本项目应当根据"财务费用"科目的本期发生额分析填列。"其中：利息费用"项目，反映企业为筹集生产经营所需资金等而发生的应予费用化的利息支出。该项目应根据"财务费用"科目的相关明细科目的发生额分析填列。"利息收入"项目，反映企业确认的利息收入。该项目应根据"财务费用"科目的相关明细科目的发生额分析填列。

（8）"资产减值损失"项目，反映企业各项资产发生的减值损失。本项目应当根据"资产减值损失"科目的本期发生额分析填列。

（9）"信用减值损失"项目，反映企业按照《企业会计准则第22号——金融工具确认和计量》（2017年修订）的要求计提的各项金融工具减值准备所形成的预期信用损失。该项目应根据"信用减值损失"科目的发生额分析填列。

（10）"其他收益"项目，反映计入其他收益的政府补助等。该项目应根据"其他收益"科目的发生额分析填列。

（11）"投资收益"项目，反映企业以各种方式对外投资所取得的收益。本项目应当根据"投资收益"科目的本期发生额分析填列，如为投资损失，本项目以"-"号填列。

（12）"净敞口套期收益"项目，反映净敞口套期下被套期项目累计公允价值变动转入当期损益的金额或现金流量套期储备转入当期损益的金额。该项目应根据"净敞口套期损益"科目的发生额分析填列；如为套期损失，以"-"号填列。

（13）"公允价值变动收益"项目，反映企业按照相关准则规定应当计入当期损益的资产或负债公允价值变动净收益。本项目应当根据"公允价值变动收益"科目的本期发生额分析填列，如为净损失，本项目以"-"号填列。

（14）"资产处置收益"项目，反映企业出售划分为持有待售的非流动资产（金融工具、长期股权投资和投资性房地产除外）或处置组（子公司和业务除外）时确认的处置利得或损失，以及处置未划分为持有待售的固定资产、在建工程、生产性生物资产及无形资产而产生的处置利得或损失。债务重组中因处置非流动资产产生的利得或损失和非货币性资产交换中换出非流动资产产生的利得或损失也包括在本项目内。该项目应根据"资产处置损益"科目的发生额分析填列；如为处置损失，以"-"号填列。

（15）"营业外收入"项目，反映企业发生的除营业利润以外的收益，主要包括债务重组利得、与企业日常活动无关的政府补助、盘盈利得、捐赠利得（企业接受股东或股东的子公司直接或间接的捐赠，经济实质属于股东对企业的资本性投入的除外）等。该项目应根据"营业外收入"科目的发生额分析填列。

（16）"营业外支出"项目，反映企业发生的除营业利润以外的支出，主要包括债务重组损失、公益性捐赠支出、非常损失、盘亏损失、非流动资产毁损报废损失等。该项目应根据"营业外支出"科目的发生额分析填列。

（17）"所得税费用"项目，反映企业根据所得税准则确认的应从当期利润总额中扣除的所得税费用。本项目应当根据"所得税费用"科目的本期发生额分析填列。

（18）"（一）持续经营净利润"和"（二）终止经营净利润"项目，分别反映净利润中与持续经营相关的净利润和与终止经营相关的净利润；如为净亏损，以"-"号填列。该两个项目应按照《企业会计准则第42号——持有待售的非流动资产、处置组和终止经营》的相关规定分别列报。

（19）"其他权益工具投资公允价值变动"项目，反映企业指定为以公允价值计量且其变动计入其他综合收益的非交易性权益工具投资发生的公允价值变动。该项目应根据"其他综合收益"科目的相关明细科目的发生额分析填列。

（20）"企业自身信用风险公允价值变动"项目，反映企业指定为以公允价值计量且其变动计入当期损益的金融负债，由企业自身信用风险变动引起的公允价值变动而计入其他综合收益的金额。该项目应根据"其他综合收益"科目的相关明细科目的发生额分析填列。

（21）"其他债权投资公允价值变动"项目，反映企业分类为以公允价值计量且其变动计入其他综合收益的债权投资发生的公允价值变动。企业将一项以公允价值计量且其变动计入其他综合收益的金融资产重分类为以摊余成本计量的金融资产，或重分类为以公允价值计量且其变动计入当期损益的金融资产时，之前计入其他综合收益的累计利得或损失从其他综合收益中转出的金额作为该项目的减项。该项目应根据"其他综合收益"科目下的相关明细科目的发生额分析填列。

（22）"金融资产重分类计入其他综合收益的金额"项目，反映企业将一项以摊余成本计量的金融资产重分类为以公允价值计量且其变动计入其他综合收益的金融资产时，计入其他综合收益的原账面价值与公允价值之间的差额。该项目应根据"其他综合收益"科目下的相关明细科目的发生额分析填列。

（23）"其他债权投资信用减值准备"项目，反映企业按照《企业会计准则第22号——金融工具确认和计量》（2017年修订）第十八条分类为以公允价值计量且其变动计入其他综合收益的金融资产的损失准备。该项目应根据"其他综合收益"科目下的"信用减值准备"明细科目的发生额分析填列。

（24）"现金流量套期储备"项目，反映企业套期工具产生的利得或损失中属于套期有效的部分。该项目应根据"其他综合收益"科目下的"套期储备"明细科目的发生额分析填列。

（25）"综合收益总额"项目，反映企业在某一期间除与所有者以其所有者身份进行的交易之外的其他交易或事项所引起的所有者权益变动。综合收益总额项目反映净利润和其他综合收益扣除所得税影响后的净额相加后的合计金额。

（26）"基本每股收益"和"稀释每股收益"项目，应当根据每股收益准则的规定计算的金额填列。

## 第四节 现金流量表

### 一、现金流量表概述

（一）现金流量表的定义

现金流量表，是指反映企业在一定会计期间现金和现金等价物流入和流出的报表。其主要目的是为报表使用者提供企业一定会计期间内现金流入与流出的有关信息。

（二）现金流量表的编制基础

现金流量表是以现金和现金等价物为基础编制的。其中，现金，是指企业库存现金以及可以随时用于支付的存款。不能随时用于支付的存款不属于现金。现金等价物，是指企业持有的期限短、流动性强、易于转换为已知金额现金、价值变动风险很小的投资。期限短，一般是指从购买日起三个月内到期。现金等价物通常包括三个月内到期的债券投资。权益性投资变现的金额通常不确定，因而不属于现金等价物。

### 二、现金流量表的结构

（一）现金流量表的分类

现金流量表应当分别以经营活动、投资活动和筹资活动列报现金流量。

自然灾害损失、保险索赔等特殊项目，应当根据其性质，分别归并到经营活动、投资活动和筹资活动现金流量类别中单独列报。

外币现金流量以及境外子公司的现金流量，应当采用现金流量发生日的即期汇率或按照系统合理的方法确定的、与现金流量发生日即期汇率近似的汇率折算。汇率变动对现金的影响额应当作为调节项目,在现金流量表中单独列报。

现金流量表的格式如表14-3所示。

表14-3 现金流量表 会企03表

编制单位: 年 月 单位:元

| 项 目 | 本期金额 | 上期金额 |
|---|---|---|
| 一、经营活动产生的现金流量: | | |
| 　销售商品、提供劳务收到的现金 | | |
| 　收到的税费返还 | | |
| 　收到其他与经营活动有关的现金 | | |
| 　经营活动现金流入小计 | | |
| 　购买商品、接受劳务支付的现金 | | |
| 　支付给职工以及为职工支付的现金 | | |
| 　支付的各项税费 | | |
| 　支付其他与经营活动有关的现金 | | |
| 　经营活动现金流出小计 | | |
| 　　经营活动产生的现金流量净额 | | |
| 二、投资活动产生的现金流量: | | |
| 　收回投资收到的现金 | | |
| 　取得投资收益收到的现金 | | |
| 　处置固定资产、无形资产和其他长期资产收回的现金净额 | | |
| 　处置子公司及其他营业单位收到的现金净额 | | |
| 　收到其他与投资活动有关的现金 | | |
| 　投资活动现金流入小计 | | |
| 　购建固定资产、无形资产和其他长期资产支付的现金 | | |
| 　投资支付的现金 | | |
| 　取得子公司及其他营业单位支付的现金净额 | | |
| 　支付其他与投资活动有关的现金 | | |
| 　投资活动现金流出小计 | | |
| 　　投资活动产生的现金流量净额 | | |
| 三、筹资活动产生的现金流量: | | |
| 　吸收投资收到的现金 | | |
| 　取得借款收到的现金 | | |
| 　发行债券收到的现金 | | |

续表

| 项 目 | 本期金额 | 上期金额 |
|---|---|---|
| 收到其他与筹资活动有关的现金 | | |
| 　筹资活动现金流入小计 | | |
| 偿还债务支付的现金 | | |
| 分配股利、利润或偿付利息支付的现金 | | |
| 支付其他与筹资活动有关的现金 | | |
| 　筹资活动现金流出小计 | | |
| 　　筹资活动产生的现金流量净额 | | |
| 四、汇率变动对现金及现金等价物的影响 | | |
| 五、现金及现金等价物净增加额 | | |
| 　加：期初现金及现金等价物余额 | | |
| 六、期末现金及现金等价物余额 | | |

### （二）现金流量表的内容

1. 经营活动产生的现金流量。经营活动，是指企业投资活动和筹资活动以外的所有交易和事项。经营活动产生的现金流量至少应当单独列示反映下列信息的项目：

（1）销售商品、提供劳务收到的现金；

（2）收到的税费返还；

（3）收到其他与经营活动有关的现金；

（4）购买商品、接受劳务支付的现金；

（5）支付给职工以及为职工支付的现金；

（6）支付的各项税费；

（7）支付其他与经营活动有关的现金。

2. 投资活动产生的现金流量。投资活动，是指企业长期资产的购建和不包括在现金等价物范围内的投资及其处置活动。投资活动产生的现金流量至少应当单独列示反映下列信息的项目：

（1）收回投资收到的现金；

（2）取得投资收益收到的现金；

（3）处置固定资产、无形资产和其他长期资产收回的现金净额；

（4）处置子公司及其他营业单位收到的现金净额；

（5）收到其他与投资活动有关的现金；

（6）购建固定资产、无形资产和其他长期资产支付的现金；

（7）投资支付的现金；

（8）取得子公司及其他营业单位支付的现金净额；

(9) 支付其他与投资活动有关的现金。

3. 筹资活动产生的现金流量。筹资活动产生的现金流量是指导致企业资本及债务规模和构成发生变化的活动。筹资活动产生的现金流量至少应当单独列示反映下列信息的项目：

(1) 吸收投资收到的现金；
(2) 取得借款收到的现金；
(3) 收到其他与筹资活动有关的现金；
(4) 偿还债务支付的现金；
(5) 分配股利、利润或偿付利息支付的现金；
(6) 支付其他与筹资活动有关的现金。

### 三、现金流量表的列报方法

#### （一）经营活动产生的现金流量

由于现金流量表中的"经营活动产生的现金流量"要按收付实现制确认的损益来反映，而企业在日常会计核算中对于损益的确认采用的是权责发生制，因此，企业利润表的本期净利润或净亏损并不正好等于现金流量表中的"经营活动产生的现金流量"。在编制现金流量表时，若根据利润表所提供的资料计算经营活动的现金流量，就必须将按权责发生制确认的净利润（净亏损）转换为收付实现制确认的损益，由此可按直接法和间接法两种方法转换。

所谓直接法，是指通过现金收入和现金支出的主要类别列示经营活动的现金流量。即，以本期营业收入为起算点，调整与经营活动有关的流动资产与流动负债的增减变动，列示销售收入及其他收入的收现数、销售成本与其他费用的付现数，以现金收支表达各项经营活动的现金流量。具体地说，采用直接法编制现金流量表时，应以利润表中各主要收支项目为基础，并对实际的现金收入和现金支出进行调整，结出现金流入量与现金流出量及其净流量。

所谓间接法，是以本期净利润（或净亏损）为起算点，调整不涉及现金的收入与费用和营业外收支以及与经营活动有关的流动资产和流动负债的增减变动。

采用直接法和间接法编制的现金流量表其结果相同，但由于方法上的不同，导致了报表上所反映的信息内容不同。直接法最突出的优点是比较直观地反映了经营活动的现金总流入量和现金总流出量，因此，它比间接法更符合编制现金流量表的目的，提供企业一定会计期间内现金和现金等价物流入和流出的信息。直接法的另一个优点是它的调整比较简单，易于理解，因此比较受报表使用者欢迎，但直接法却无法说明企业报告期的税后净利与同期现金增减数之间差额的原因。

采用间接法，则符合企业主要是按照权责发生制来反映经营活动的现实，并能揭示企业的净收益与经营活动提供现金之间的差额，但却不利于预测企业未来的现金流量,从而降低了该报表的作用。

在我国会计实务中,企业通常采用直接法列示经营活动产生的现金流量。在附注中按照间接法披露将净利润调节为经营活动现金流量的信息。

采用直接法列示经营活动的现金流量时,企业有关现金流量的信息可从会计记录中直接获得,也可以在利润表营业收入、营业成本等数据的基础上,通过调整当期存货及经营性应收和应付项目的变动,以及固定资产折旧、无形资产摊销、计提资产减值准备等项目后获得。具体地说,经营活动产生的现金流量各项目的内容及列报方法如下:

1. "销售商品、提供劳务收到的现金"项目。本项目反映企业销售商品、提供劳务实际收到的现金（包括应向购买者收取的增值税额）,包括本期销售商品、提供劳务收到的现金,以及前期销售和前期提供劳务本期收到的现金以及本期预收的账款,减去本期销售本期退回的商品和前期销售本期退回的商品支付的现金。企业销售材料收到的现金,也在本项目反映。

企业因对外销售商品或提供劳务而取得的收入,即营业收入,在日常的会计核算中是按权责发生制原则进行处理的,而在编制现金流量表时,为了确定营业收入的收现数,就需要对按权责发生制原则确认的营业收入进行调整,将其调整为按收付实现制原则确认的现金收入。其中有两个方面的因素需要调整,即赊销和预销。

在企业销售产品或提供劳务采用赊销方式的情况下,对于发生的应收账款或应收票据,在营业收入不变的情况下,应收账款或应收票据增加,则使现金收入减少;反之,应收账款或应收票据减少,则使现金收入增加。由此可见,对于销售收入的收现数,可根据应收账款或应收票据的增减变化来确定,即一定时期内的营业收入收现数应该等于营业收入净额加上应收账款的收现数或应收票据的到期价值减去应收账款或应收票据的发生数。即:

销售商品、提供劳务收到的现金 = 营业收入净额 + 应收账款(票据)减少数
− 应收账款(票据)增加数

在企业销售产品或提供劳务采用预销方式的情况下,对于发生的预收账款,在发生时,尽管企业的营业收入并没有增加,但是企业的现金增加了,所以应在销售收入净额的基础上加回来;企业按合同规定交货时,冲减预收账款,同时确认营业收入,但现金并没有增加,所以应在营业收入净额基础上减回去。这样,上述公式可写成:

销售商品、提供劳务收到的现金 = 营业收入净额 + 应收账款(票据)减少数
+ 预收账款增加数 − 应收账款(票据)增加数
− 预收账款减少数

由于销售商品、提供劳务收现数包括增值税销项税额收现,因此,该项目在填列时,还应将"应交税费——应交增值税(销项税额)"加回销售收入。这样,上式最终可写成:

销售商品、提供劳务收到的现金 = 营业收入净额 + 应交税费(销项税额)
　　　　　　　　　　　　　　 + 应收账款(票据)减少数 + 预收账款增加数
　　　　　　　　　　　　　　 - 应收账款(票据)增加数 - 预收账款减少数

上式中，"营业收入净额"项目的金额可从利润表中查得；有关项目的增减数额可从比较资产负债表中查得。该项目也可根据"库存现金""银行存款""应收账款""应收票据""预收账款""主营业务收入""其他业务收入"等科目的记录分析填列。

2. "收到的税费返还"项目。本项目反映企业收到返还的各种税费，包括收到的增值税、消费税、关税、所得税、教育费附加等。本项目可以根据有关科目的记录分析填列。

3. "收到的其他与经营活动有关的现金"项目。本项目反映企业除了上述各项目外，收到的其他与经营活动有关的现金流入，如罚款收入、经营租赁固定资产收到的现金、投资性房地产收到的租金收入、流动资产损失中由个人赔偿的现金收入、除税费返还外的其他政府补助收入等。其他现金流入如价值较大的，应单列项目反映。该项目可以根据"库存现金""银行存款""管理费用""营业费用"等科目的记录分析填列。

4. "购买商品、接受劳务支付的现金"项目。本项目反映企业购买材料和商品、接受劳务实际支付的现金（包括增值税进项税额），包括本期购入材料和商品、接受劳务支付的现金，以及本期支付前期购入商品、接受劳务的未付款项和本期预付款项。本期发生的购货退回收到的现金应从本项目内减去。为购置存货而发生的借款利息资本化部分，应在"分配股利、利润或偿付利息支付的现金"项目中反映。

企业在日常生产经营活动中为购买原材料、低值易耗品、包装物、商品等货物而支付的现金，是企业经营活动现金流出量的主要组成部分。企业购入货物时，在会计核算上，一方面增加存货，另一方面减少现金或者增加应付账款等。为了确定企业购买货物所支付的现金，应当首先确定企业本期购买货物的金额。对于大多数企业来说，当期购入存货的金额可根据销货成本和存货余额进行推算，即：

存货期初余额 + 当期购入存货金额 - 销货成本 = 存货期末余额

当期购入存货金额 = 销货成本 + 存货期末余额 - 存货期初余额

或　　　当期购入存货金额 = 销货成本 + 存货增加数 - 存货减少数

其次，在企业当期购入存货金额的基础上，通过调整，确定当期购买货物所支付的现金。应当指出的是，企业当期购入货物的金额并不等于企业本期内为购买货物而支付的现金。这是因为，企业当期内为购买货物而支付的现金，既包括当期购买货物当期支付的现金，也包括前期购买货物于当期支付的现金，还包括当期为购买货物而预付的现金等。反过来说，企业当期购买货物当期支付的现金也不等于企业当期购买货物的金额。因为企业当期购买的货物，并不一定全部在本期内付款，有的要在下期付款，有的在前期已经预付。这样，在会计核算时，就产生了应付账款、应付票据和预付账款的核算。在这种情况下，企业当期购买货物所支付的现金可按下列公式计算：

购买货物所支付的现金
　　＝销货成本＋存货增加数＋应付账款(票据)减少数＋预付账款增加数
　　　－存货减少数－应付账款(票据)增加数－预付账款减少数

由于企业购买商品、接受劳务的付现数还包括在支付购货款的同时支付的增值税进项税额，因此，企业在填列该项目时，还应将"应交税费——应交增值税(进项税额)"加回销货成本中，这样，上述公式最终可写成：

购买货物所支付的现金
　　＝销货成本＋应交税金(进项税额)＋存货增加数＋应付账款(票据)减少数
　　　＋预付账款增加数－存货减少数－应付账款(票据)增加数
　　　－预付账款减少数

上式中，"销货成本"项目的金额可从利润表中查得；有关项目的增减数额可从比较资产负债表中查得。该项目也可以根据"库存现金""银行存款""应付账款""应付票据""主营业务成本"等科目的记录分析填列。

5. "支付给职工以及为职工支付的现金"项目。本项目反映企业实际支付给职工的现金以及为职工支付的现金，包括企业为获得职工提供的服务，本期实际给予各种形式的报酬以及其他相关支出，如支付给职工的工资、奖金、各种津贴和补贴等，以及为职工支付的其他费用，不包括支付给在建工程人员的工资。支付的在建工程人员的工资，在"购建固定资产、无形资产和其他长期资产所支付的现金"项目中反映。

企业为职工支付的医疗、养老、失业、工伤、生育等社会保险基金、补充养老保险、住房公积金，企业为职工交纳的商业保险金，因解除与职工劳动关系给予的补偿，现金结算的股份支付，以及企业支付给职工或为职工支付的其他福利费用等，应根据职工的工作性质和服务对象，分别在"购建固定资产、无形资产和其他长期资产所支付的现金"和"支付给职工以及为职工支付的现金"项目中反映。

该项目可以根据"库存现金""银行存款""应付职工薪酬"等科目的记录分析填列。

6. "支付的各项税费"项目。本项目反映企业按规定支付的各项税费，包括本期发生并支付的税费，以及本期支付以前各期发生的税费和预交的税金，如支付的增值税、消费税、所得税、教育费附加、印花税、房产税、土地增值税、车船使用税等。不包括本期退回的增值税、所得税。本期退回的增值税、所得税等，在"收到的税费返还"项目中反映。该项目可以根据"应交税费""库存现金""银行存款"等科目分析填列。

7. "支付的其他与经营活动有关的现金"项目。本项目反映企业除上述各项目外，支付的其他与经营活动有关的现金流出，如罚款支出、支付的差旅费、业务招待费、支付的保险费等，其他现金流出如价值较大的，应单列项目反映。该项目可以根据有关科目的记录分析填列。

### （二）投资活动产生的现金流量

1. "收回投资所收到的现金"项目。本项目反映企业出售、转让或到期收回除现金等价物以外的权益工具、债务工具和合营中的权益等投资收到的现金。收回债务工具实现的投资收益、处置子公司及其他营业单位收到的现金净额不包括在本项目内。该项目可以根据"可供出售金融资产""持有至到期投资""长期股权投资""库存现金""银行存款"等科目的记录分析填列。

2. "取得投资收益所收到的现金"项目。本项目反映企业除现金等价物以外的对其他企业的权益工具、债务工具和合营中的权益投资分回的现金股利和利息等，不包括股票股利。该项目可以根据"库存现金""银行存款""投资收益"等科目的记录分析填列。

3. "处置固定资产、无形资产和其他长期资产所收回的现金净额"项目。本项目反映企业出售、报废固定资产、无形资产和其他长期资产所取得的现金（包括因资产毁损而收到的保险赔偿收入），减去为处置这些资产而支付的有关费用后的净额，但现金净额为负数的除外。该项目可以根据"固定资产清理""库存现金""银行存款"等科目的记录分析填列。

4. "处置子公司及其他营业单位收到的现金净额"项目。本项目反映企业处置子公司及其他营业单位所取得的现金减去子公司或其他营业单位持有的现金和现金等价物以及相关处置费用后的净额。本项目可以根据有关科目的记录分析填列。

5. "收到的其他与投资活动有关的现金"项目。本项目反映企业除了上述各项以外，收到的其他与投资活动有关的现金流入。其他现金流入如价值较大的，应单列项目反映。该项目可以根据"应收股利""应收利息""银行存款""库存现金"等科目的记录分析填列。

6. "购建固定资产、无形资产和其他长期资产所支付的现金"项目。本项目反映企业本期购买、建造固定资产、取得无形资产和其他长期资产所支付的现金，以及用现金支付的应由在建工程和无形资产负担的职工薪酬，不包括为购建固定资产而发生的借款利息资本化部分，以及融资租入固定资产所支付的租赁费。企业支付的借款利息和融资租入固定资产所支付的租赁费，在筹资活动产生的现金流量中反映。该项目可以根据"固定资产""在建工程""无形资产""库存现金""银行存款"等科目的记录分析填列。

7. "投资所支付的现金"项目。本项目反映企业取得的除现金等价物以外的权益工具、债务工具和合营中的权益投资所支付的现金，以及支付的佣金、手续费等交易费用，但取得子公司及其他营业单位支付的现金净额除外。该项目可以根据"可供出售金融资产""持有至到期的投资""长期股权投资""库存现金""银行存款"等科目的记录分析填列。

8. "取得子公司及其他营业单位支付的现金净额"项目。本项目反映企业取得子公司及其他营业单位购买出价中以现金支付的部分,减去子公司或其他营业单位持有的现金和现金等价物后的净额。本项目可以根据有关科目的记录分析填列。

9. "支付的其他与投资活动有关的现金"项目。本项目反映企业除了上述各项以外,支付的其他与投资活动有关的现金流出。其他现金流出如价值较大的,应单列项目反映。该项目可以根据有关科目的记录分析填列。

### (三)筹资活动产生的现金流量

1. "吸收投资所收到的现金"项目。本项目反映企业以发行股票、债券等方式筹集资金实际收到的款项,减去直接支付的佣金、手续费、宣传费、咨询费、印刷费等发行费用后的净额。该项目可以根据"实收资本(或股本)""库存现金""银行存款"等科目的记录分析填列。

2. "取得借款收到的现金"项目,反映企业举借各种短期、长期借款而收到的现金。本项目可以根据"短期借款""长期借款""库存现金""银行存款"等科目的记录分析填列。

3. "收到的其他与筹资活动有关的现金"项目。本项目反映企业除上述各项目外所收到的其他与筹资活动有关的现金流入,如接受现金捐赠等。其他现金流入如金额较大的,应单列项目反映。本项目可以根据"库存现金""银行存款""营业外收入"等科目的记录分析填列。

4. "偿还债务所支付的现金"项目。本项目反映企业偿还债务本金所支付的现金,包括偿还金融企业的借款本金、偿还债券本金等。企业支付的借款利息和债券利息,在"分配股利、利润或偿付利息所支付的现金"项目中反映,不包括在本项目内。本项目可以根据"短期借款""长期借款""应付债券""库存现金""银行存款"等科目的记录分析填列。

5. "分配股利、利润或偿付利息所支付的现金"项目。本项目反映企业实际支付的现金股利,支付给其他投资单位的利润或作现金支付的借款利息、债券利息等。本项目可以根据"应付股利""应付利息""财务费用""库存现金""银行存款"等科目的记录分析填列。

6. "支付的其他与筹资活动有关的现金"项目。本项目反映企业除了上述各项外,支付的其他与筹资活动有关的现金流出,如捐赠现金支出、融资租入固定资产支付的租赁费等。其他现金流出如金额较大的,应单列项目反映。本项目可以根据"营业外支出""长期应付款""库存现金""银行存款"等科目的记录分析填列。

### (四)汇率变动对现金及现金等价物的影响

本项目反映企业外币现金流量及境外子公司的现金流量折算为人民币时,所采用的现金流量发生日的即期汇率或按照系统合理的方法确定的、与现金流量发生日即期汇率近似的汇率折算的人民币金额与"现金及现金等价物净增加额"中外币现金净增加额按期末汇率折算的人民币金额之间的差额。

### 四、现金流量表附注

企业应当采用间接法在现金流量表附注中披露将净利润调节为经营活动现金流量的信息。现金流量表附注也是现金流量表补充资料,包括将净利润调节为经营活动现金流量、不涉及现金收支的重大投资和筹资活动、现金及现金等价物净变动情况三部分内容。

#### （一）将净利润调节为经营活动现金流量

"将净利润调节为经营活动现金流量"是采用间接法将按权责发生制确认的净利润（净亏损）转换为收付实现制确认的损益,其转换结果应当与按直接法确认的经营活动现金流量是一致的。不同的是,"将净利润调节为经营活动现金流量"是以本期净利润（或净亏损）为起算点,调整不涉及现金的收入与费用和营业外收支以及与经营活动有关的流动资产和流动负债的增减变动。可用计算公式表示如下：

将净利润调节为经营活动现金流量
= 净利润 + 资产减值准备 + 固定资产折旧、油气资产折耗、生产性生物资产折旧
  + 无形资产摊销 + 长期待摊费用摊销
  ± 处置固定资产、无形资产和其他长期资产的损益
  ± 固定资产报废损益 ± 公允价值变动损益 ± 财务费用（收益）
  ± 投资损益 ± 递延所得税资产减少（增加）± 递延所得税负债增加（减少）
  ± 存货的减少（增加）± 经营性应收项目的减少（增加）
  ± 经营性应付项目的增加（减少）+ 其他
= 经营活动产生的现金流量净额

上列公式中各项目的内容及填列方法是：

1. 资产减值准备。资产减值准备包括坏账准备、存货跌价准备、投资性房地产减值准备、长期股权投资减值准备、持有至到期投资减值准备、固定资产减值准备、在建工程减值准备、工程物资减值准备、生物性资产减值准备、无形资产减值准备、商誉减值准备等。企业计提的各项资产减值准备,包括在利润表中,属于利润的减除项目,但没有发生现金流出。所以,在将净利润调节为经营活动现金流量时,需要加回。本项目可根据"资产减值损失"科目的记录分析填列。

2. 固定资产折旧、油气资产折耗、生产性生物资产折旧。企业计提的固定资产折旧,有的包括在管理费用中,有的包括在制造费用中。计入管理费用中的

部分，作为期间费用在计算净利润时从中扣除，但没有发生现金流出，在将净利润调节为经营活动现金流量时，需要予以加回。计入制造费用中的已经变现的部分，在计算净利润时通过销售成本予以扣除，但没有发生现金流出；计入制造费用中的没有变现的部分，既不涉及现金收支，也不影响企业当期净利润。由于在调节存货时，已经从中扣除，在此处将净利润调节为经营活动现金流量时，需要予以加回。同理，企业计提的油气资产折耗、生产性生物资产折旧，也需要予以加回。本项目可根据"累计折旧""累计折耗""生产性生物资产折旧"科目的贷方发生额分析填列。

3. 无形资产摊销和长期待摊费用摊销。企业对使用寿命有限的无形资产计提摊销时，计入管理费用或制造费用。长期待摊费摊销时，有的计入管理费用，有的计入销售费用，有的计入制造费用。计入管理费用等期间费用和计入制造费用中的已变现的部分，在计算净利润时已从中扣除，但没有发生现金流出；计入制造费用中的没有变现的部分，在调节存货时已经从中扣除，但不涉及现金收支，所以，在此处将净利润调节为经营活动现金流量时，需要予以加回。本项目可根据"累计摊销""长期待摊费用"科目的贷方发生额分析填列。

4. 处置固定资产、无形资产和其他长期资产的损失（减：收益）。企业处置固定资产、无形资产和其他长期资产发生的损益，属于投资活动产生的损益，不属于经营活动产生的损益，所以，在将净利润调节为经营活动现金流量时，需要予以剔除。如为损失，在将净利润调节为经营活动现金流量时，应当加回；如为收益，在将净利润调节为经营活动现金流量时，应当扣除。本项目可根据"营业外收入""营业外支出"等科目所属有关明细科目的记录分析填列，净收益以"-"号填列。

5. 固定资产报废损失（减：收益）。企业发生的固定资产报废损益，属于投资活动产生的损益，不属于经营活动产生的损益，所以，在将净利润调节为经营活动现金流量时，需要予以剔除。如为净损失，在将净利润调节为经营活动现金流量时，应当加回；如为净收益，在将净利润调节为经营活动现金流量时，应当扣除。本项目可根据"营业外支出""营业外收入"等科目所属有关明细科目的记录分析填列。

6. 公允价值变动损失（减：收益）。公允价值变动损失反映企业交易性金融资产、投资性房地产等公允价值变动形成的应计入当期损益的利得或损失。企业发生的公允价值变动损益，通常与企业的投资活动或筹资活动有关，而且并不影响企业当期的现金流量。为此，应当将其从净利润中剔除。本项目可以根据"公允价值变动损益"科目的发生额分析填列。如为持有损失，在将净利润调节为经营活动现金流量时，应当加回；如为持有利得，在将净利润调节为经营活动现金流量时，应当扣除。

7. 财务费用（减：收益）。企业发生的财务费用中不属于经营活动的部分，应当在将净利润调节为经营活动现金流量时将其加回。如为收益，在将净利润调节为经营活动现金流量时，应当扣除本项目可根据"财务费用"科目的本期借方发生额分析填列；如为收益，以"-"号填列。

8. 投资损失（减：收益）。企业发生的投资损益，属于投资活动产生的损益，不属于经营活动产生的损益，所以，在将净利润调节为经营活动现金流量时，需要予以剔除。如为净损失，在将净利润调节为经营活动现金流量时，应当加回；如为净收益，在将净利润调节为经营活动现金流量时，应当扣除。本项目可根据利润表中"投资收益"项目的数字填列；如为投资收益，以"-"号填列。

9. 递延所得税资产减少（减：增加）。递延所得税资产减少使计入所得税费用的金额大于当期应交的所得税金额，其差额没有发生现金流出，但在计算净利润时已经扣除，在将净利润调节为经营活动现金流量时，应当加回。递延所得税资产增加使计入所得税费用的金额小于当期应交的所得税金额，两者之间的差额并没有发生现金流入，但在计算净利润时已经包括在内，在将净利润调节为经营活动现金流量时，应当扣除。本项目可以根据资产负债表"递延所得税资产"项目期初、期末余额分析填列。

10. 递延所得税负债增加（减：减少）。递延所得税负债增加使计入所得税费用的金额大于当期应交的所得税金额，其差额没有发生现金流出，但在计算净利润时已经扣除，在将净利润调节为经营活动现金流量时，应当加回。如果递延所得税负债减少使计入当期所得税费用的金额小于当期应交的所得税金额，其差额并没有发生现金流入，但在计算净利润时已经包括在内，在将净利润调节为经营活动现金流量时，应当扣除。本项目可以根据资产负债表"递延所得税负债"项目期初、期末余额分析填列。

11. 存货的减少（减：增加）。期末存货比期初存货减少，说明本期生产经营过程耗用的存货有一部分是期初的存货，耗用这部分存货并没有发生现金流出，但在计算净利润时已经扣除，所以，在将净利润调节为经营活动现金流量时，应当加回。期末存货比期初存货增加，说明当期购入的存货除耗用外，还剩余了一部分，这部分存货也发生了现金流出，但在计算净利润时没有包括在内，所以，在将净利润调节为经营活动现金流量时，需要扣除。当然，存货的增减变化过程还涉及应付项目，这一因素在"经营性应付项目的增加（减：减少）"中考虑。本项目可根据资产负债表中"存货"项目的期初数、期末数之间的差额填列；期末数大于期初数的差额，以"-"号填列。如果存货的增减变化过程属于投资活动，如在建工程领用存货，应当将这一因素剔除。

12. 经营性应收项目的减少（减：增加）。经营性应收项目包括应收票据、应收账款、预付账款、长期应收款和其他应收款中，与经营活动有关的部分，以及应收的增值税销项税额等。经营性应收项目期末余额小于经营性应收项目期初余额，说明本期收回的现金大于利润表中所确认的销售收入，所以，在将净利润调节为经营活动现金流量时，需要加回。经营性应收项目期末余额大于经营性应收项目期初余额，说明本期销售收入中有一部分没有收回现金，但是，在计算净利润时这部分销售收入已包括在内，所以，在将净利润调节为经营活动现金流量时，需要扣除。本项目应当根据有关科目的期初、期末余额分析填列；如为增加，以"-"号填列。

13. 经营性应付项目的增加（减：减少）。经营性应付项目包括应付票据、应付账款、预收账款、应付职工薪酬、应交税费、应付利息、长期应付款、其他应付款中与经营活动有关的部分，以及应付的增值税进项税额等。经营性应付项目期末余额大于经营性应付项目期初余额，说明本期购入的存货中有一部分没有支付现金，但是，在计算净利润时却通过销售成本包括在内，在将净利润调节为经营活动现金流量时，需要加回；经营性应付项目期末余额小于经营性应付项目期初余额，说明本期支付的现金大于利润表中所确认的销售成本，在将净利润调节为经营活动产生的现金流量时，需要扣除。本项目应当根据有关科目的期初、期末余额分析填列；如为减少，以"-"号填列。

## （二）不涉及现金收支的重大投资和筹资活动的披露

不涉及现金收支的重大投资和筹资活动，反映企业一定期间内影响资产或负债但不形成该期现金收支的所有投资和筹资活动的信息。这些投资和筹资活动虽然不涉及当期现金收支，但对以后各期的现金流量有重大影响。例如，企业融资租入设备，将形成的负债计入"长期应付款"账户，当期并不支付设备款及租金，但以后各期必须为此支付现金，从而在一定期间内形成了一项固定的现金支出。

现金流量表准则规定，企业应当在附注中披露不涉及当期现金收支，但影响企业财务状况或在未来可能影响企业现金流量的重大投资和筹资活动，主要包括：（1）债务转为资本，反映企业本期转为资本的债务金额；（2）一年内到期的可转换公司债券，反映企业一年内到期的可转换公司债券的本息；（3）融资租入固定资产，反映企业本期融资租入的固定资产。

## （三）现金及现金等价物净变动情况

现金及现金等价物变动情况，通过现金的期末、期初差额进行反映即可，用以检验以直接法编制的现金流量表是否准确。

## 五、现金流量表与资产负债表和利润表的勾稽关系

现金流量表与资产负债表和利润表构成了完整的财务报表体系，它是沟通资产负债表和利润表的桥梁。现金流量表虽与资产负债表、利润表同样具有对财务决策提供有用资料的作用，但因现金流量表中的某些财务资料在其他报表中并不具备，因此，它补充了资产负债表和利润表中的某些不足之处，将净利润、其他收益或损失，同资产与权益的变化结合了起来。

## （一）现金流量表与资产负债表的勾稽关系

资产负债表是反映企业在某一特定时点财务状况的报表，是一张静态报表。现金流量表则是反映企业在某一期间现金流量的报表，是动态报表。任何事物都存在着绝对运动和相对静止状态，作为会计反映对象的企业资金运动，也必然存在着绝对运动和相对静止状态。为全面反映企业资金运动的状况，需要对这两种状态同时进行反映。企业的资金运动是沿着"期初相对静止—期中绝对运动—期末新的相对静止……"这一运动形式循环往复进行的。期末的相对静止同期初的相对静止不同，期末的相对静止是期中绝对运动基础上的新的相对静止。因此，动态报表和静态报表必然存在一定的勾稽关系。正因为如此，资产负债表资产方"货币资金"项目的期末数与年初数的差额必然等于现金流量表的最终结果，即"现金及现金等价物净增加额"。这一勾稽关系也充分说明了现金流量表在一定程度上弥补了资产负债表中的某些不足之处，即，资产负债表仅说明某一特定日期企业财务状况的结果，而并不明确表达这一变动是怎样引起的；即使在比较资产负债表中，也只能反映出各类资产和负债的净变化，并不深入个别账项增减的原因。在现金流量表中，则反映了个别资产、权益项目的增减，并说明了增减的原因。

## （二）现金流量表与利润表的勾稽关系

现金流量表与利润表相比，尽管两者都属动态报表，但利润表是依据传统会计的收入与费用相配比的原则，即按照权责发生制原则，为了确定一定时期的企业收益而编制的；而现金流量表则是根据收付实现制原则，为了反映一定时期现金流量状况而编制的。按照我国《企业会计准则——基本准则》的规定，我国现行企业会计核算的基础是权责发生制。权责发生制是按照权利和义务的发生与否来确认收入和费用，进而确认利润的。权责发生制的优点是，在确认利润时关注权利与义务的发生与否，充分考虑收入与费用的配比。从理论上讲，收入意味着企业现在现金流量的增加或未来现金流量的可能增加，费用意味着企业现在现金流量的减少或未来现金流量的可能减少，因此，按照权责发生制编制的利润表对未来现金流量的预测应该比较完善，或者说至少比只考虑现在现金流量情况的现金流量表完善。但权责发生制有着重大缺陷，由于经济环境和未来的不确定性，权责发生制在对权利和义务发生与否的认定上，在对收入和费用的金额计量中，充斥着主观判断和估计，这就使利润表确认的利润数值的可信度存在疑问，这不但影响到对未来现金流量的预测，而且也可能出现利润表上的数字是正数而实际上却无现金流的情况。从这点上来说，按收付实现制编制的现金流量表则可以弥补利润表在这方面的不足，因为收付实现制只关注当前的现金流量情况，所确认的现金流量是实实在在的，不受估计和判断的干扰。但收付实现制的缺陷是不考虑收入和费用的恰当配比。不论怎样，按权责发生制反映的利润一旦同按收付实现制反映的利润结合起来，对财务报表使用者来说，益处是非常大的。正是出于这种考虑，现金流量表除了正表反映收付实现制下的净利润外，在附注中还要披露"将净利润调节为经营活动产生的现金流量"的信息。而作为这一部分调节过程的起算点"净利润"数额来自利润表。

## 第五节 所有者权益变动表

### 一、所有者权益变动表的概念及作用

所有者权益变动表是反映构成所有者权益的各组成部分当期的增减变动情况的报表。所有者权益变动表应当全面反映一定时期所有者权益变动的情况，不仅包括所有者权益总量的增减变动，还包括所有者权益增减变动的重要结构性信息，特别是要反映综合收益和与所有者（股东）的资本交易导致的所有者权益的变动，让报表使用者准确理解所有者权益增减变动的根源。与所有者的资本交易，是指企业与所有者以其所有者身份进行的导致企业所有者权益变动的交易。

### 二、所有者权益变动表列报的总体要求

所有者权益是指企业资产扣除负债后由所有者享有的剩余权益。所有者权益的来源包括所有者投入的资本（包括实收资本和资本溢价等资本公积）、其他综合收益、留存收益（包括盈余公积和未分配利润）等。所有者权益变动表应当反映构成所有者权益的各组成部分当期的增减变动情况。综合收益和与所有者（或股东）的资本交易导致的所有者权益的变动，应当分别列示。与所有者的资本交易，是指与所有者以其所有者身份进行的导致企业所有者权益变动的交易。

### 三、一般企业所有者权益变动表的列报格式和列报方法

#### （一）一般企业所有者权益变动表的列报格式

企业应当反映所有者权益各组成部分的期初和期末余额及其调节情况。因此，企业应当以矩阵的形式列示所有者权益变动表：一方面，列示导致所有者权益变动的交易或事项，按所有者权益变动的来源对一定时期所有者权益变动情况进行全面反映；另一方面，按照所有者权益各组成部分（包括实收资本、资本公积、其他综合收益、盈余公积、未分配利润、库存股等）及其总额列示相关交易或事项对所有者权益的影响。企业需要提供比较所有者权益变动表，所有者权益变动表还就各项目再分为"本年金额"和"上年金额"两栏分别填列。一般企业所有者权益变动表的格式如表14-4所示。

表 14-4

## 所有者权益变动表

编制单位：　　　　　　　　　　　　年度　　　　　　　　　　　　会企04表　单位：元

| 项目 | 本年金额 | | | | | | | 上年金额 | | | | | | |
|---|---|---|---|---|---|---|---|---|---|---|---|---|---|---|
| | 股本 | 资本公积 | 减：库存股 | 其他综合收益 | 盈余公积 | 未分配利润 | 所有者权益合计 | 股本 | 资本公积 | 减：库存股 | 其他综合收益 | 盈余公积 | 未分配利润 | 所有者权益合计 |
| 一、上年年末余额 | | | | | | | | | | | | | | |
| 加：会计政策变更 | | | | | | | | | | | | | | |
| 　　前期差错更正 | | | | | | | | | | | | | | |
| 　　其他 | | | | | | | | | | | | | | |
| 二、本年年初余额 | | | | | | | | | | | | | | |
| 三、本年增减变动金额（减少以"-"号填列） | | | | | | | | | | | | | | |
| （一）综合收益总额 | | | | | | | | | | | | | | |
| （二）所有者投入和减少资本 | | | | | | | | | | | | | | |
| 　1. 所有者投入的普通股 | | | | | | | | | | | | | | |
| 　2. 其他权益工具持有者投入资本 | | | | | | | | | | | | | | |
| 　3. 股份支付计入所有者权益的金额 | | | | | | | | | | | | | | |
| 　4. 其他 | | | | | | | | | | | | | | |
| （三）利润分配 | | | | | | | | | | | | | | |
| 　1. 提取盈余公积 | | | | | | | | | | | | | | |
| 　2. 对所有者（或股东）的分配 | | | | | | | | | | | | | | |
| 　3. 其他 | | | | | | | | | | | | | | |

续表

| 项目 | 本年金额 | | | | | | | 上年金额 | | | | | | |
|---|---|---|---|---|---|---|---|---|---|---|---|---|---|---|
| | 股本 | 资本公积 | 减：库存股 | 其他综合收益 | 盈余公积 | 未分配利润 | 所有者权益合计 | 股本 | 资本公积 | 减：库存股 | 其他综合收益 | 盈余公积 | 未分配利润 | 所有者权益合计 |
| （四）所有者权益内部结转 | | | | | | | | | | | | | | |
| 1. 资本公积转增资本（或股本） | | | | | | | | | | | | | | |
| 2. 盈余公积转增资本（或股本） | | | | | | | | | | | | | | |
| 3. 盈余公积弥补亏损 | | | | | | | | | | | | | | |
| 4. 设定受益计划变动额结转留存收益 | | | | | | | | | | | | | | |
| 5. 其他 | | | | | | | | | | | | | | |
| 四、本年末余额 | | | | | | | | | | | | | | |

## (二) 一般企业所有者权益变动表的列报方法

企业应当根据所有者权益类科目和损益类有关科目的发生额分析填列所有者权益变动表"本年金额"栏，具体包括如下情况：

1. "上年年末余额"项目，反映企业上年资产负债表中实收资本（或股本）、资本公积、库存股、其他综合收益、盈余公积、未分配利润的上年年末余额。本项目应根据上年资产负债表中"实收资本（或股本）""资本公积""其他综合收益""盈余公积""未分配利润"等项目的年末余额填列。

2. "会计政策变更"和"前期差错更正"项目，分别反映企业采用追溯调整法处理的会计政策变更的累积影响金额和采用追溯调整法处理的会计差错更正的累积影响金额。为了体现会计政策变更和会计差错更正的影响，企业应当在上期期末所有者权益余额的基础上进行调整，得出本期期初所有者权益，根据"盈余公积""利润分配""以前年度损益调整"等科目的发生额分析填列。

3. "本年增减变动额"项目分别反映如下内容：

（1）"综合收益总额"项目，反映企业当年的综合收益总额，应根据当年利润表中"其他综合收益的税后净额"和"净利润"项目填列，并对应列在"其他综合收益"和"未分配利润"栏。

（2）"所有者投入和减少资本"项目，反映企业当年所有者投入的资本和减少的资本，其中，"所有者投入资本"项目，反映企业接受投资者投入形成的实收资本（或股本）和资本公积，应根据"实收资本""资本公积"等科目的发生额分析填列，并对应列在"实收资本"和"资本公积"栏；"股份支付计入所有者权益的金额"项目，反映企业处于等待期中的权益结算的股份支付当年计入资本公积的金额，应根据"资本公积"科目所属的"其他资本公积"二级科目的发生额分析填列，并对应列在"资本公积"栏。

（3）"利润分配"下各项目，反映当年对所有者（或股东）分配的利润（或股利）金额和按照规定提取的盈余公积金额，并对应列在"未分配利润"和"盈余公积"栏。其中，"提取盈余公积"项目，反映企业按照规定提取的盈余公积，应根据"盈余公积""利润分配"科目的发生额分析填列；"对所有者（或股东）的分配"项目，反映对所有者（或股东）分配的利润（或股利）金额，应根据"利润分配"科目的发生额分析填列。

（4）"所有者权益内部结转"下各项目，反映不影响当年所有者权益总额的所有者权益各组成部分之间当年的增减变动，包括资本公积转增资本（或股本）、盈余公积转增资本（或股本）、盈余公积弥补亏损等。其中，"资本公积转增资本（或股本）"项目，反映企业以资本公积转增资本或股本的金额，应根据"实收资本""资本公积"等科目的发生额分析填列；"盈余公积转增资本（或股本）"项目，反映企业以盈余公积转增资本或股本的金额，应根据"实收资本""盈余公积"等科目的发生额分析填列；"盈余公积弥补亏损"项目，反映企业以盈余公积弥补亏损的金额，应根据"盈余公积""利润分配"等科目的发生额分析填列。

企业应当根据上年度所有者权益变动表"本年金额"栏内所列数字填列本年度"上年金额"栏内各项数字。如果上年度所有者权益变动表规定的项目的名称和内容同本年度不一致，应对上年度所有者权益变动表相关项目的名称和金额按本年度的规定进行调整，填入所有者权益变动表"上年金额"栏内。

## 第六节 附 注

### 一、附注概述

（一）附注的概念

附注是财务报表不可或缺的组成部分，是对在资产负债表、利润表、现金流量表和所有者权益变动表等报表中列示项目的文字描述或明细资料，以及对未能在这些报表中列示项目的说明等。

财务报表中的数字是经过分类与汇总后的结果，是对企业发生的经济业务的高度简化和浓缩的数字，如果没有形成这些数字所使用的会计政策、理解这些数字所必需的披露，财务报表就不可能充分发挥效用。因此，附注与资产负债表、利润表、现金流量表、所有者权益变动表等报表具有同等的重要性，是财务报表的重要组成部分。报表使用者了解企业的财务状况、经营成果和现金流量，应当全面阅读附注。

（二）附注披露的基本要求

1. 附注披露的信息应是定量、定性信息的结合，从而能从量和质两个角度对企业经济事项进行完整的反映，也才能满足信息使用者的决策需求。

2. 附注应当按照一定的结构进行系统合理的排列和分类，有顺序地披露信息。由于附注的内容繁多，因此更应按逻辑顺序排列，分类披露，条理清晰，具有一定的组织结构，以便于使用者理解和掌握，也更好地实现财务报表的可比性。

3. 附注应当披露财务报表的编制基础，相关信息应当与资产负债表、利润表、现金流量表和所有者权益变动表等报表中列示的项目相互参照，以有助于使用者联系相关联的信息，并由此从整体上更好地理解财务报表。

### 二、附注披露的内容

企业应当按照规定披露附注信息，主要包括下列内容：
1. 企业的基本情况。
（1）企业注册地、组织形式和总部地址。

（2）企业的业务性质和主要经营活动。

（3）母公司以及集团最终母公司的名称。

（4）财务报告的批准报出者和财务报告批准报出日。

2. 财务报表的编制基础。企业应当根据《企业会计准则第30号——财务报表列报》的规定判断企业是否持续经营，并披露财务报表是否以持续经营为基础编制。

3. 遵循企业会计准则的声明。企业应当声明编制的财务报表符合企业会计准则的要求，真实、完整地反映了企业的财务状况、经营成果和现金流量等有关信息，以此明确企业编制财务报表所依据的制度基础。如果企业编制的财务报表只是部分地遵循了企业会计准则，附注中不得做出这种表述。

4. 重要会计政策和会计估计。

（1）重要会计政策的说明。企业应当披露采用的重要会计政策，并结合企业的具体实际披露其重要会计政策的确定依据和财务报表项目的计量基础。其中，会计政策的确定依据主要是指企业在运用会计政策过程中所做的重要判断，这些判断对在报表中确认的项目金额具有重要影响。比如，企业如何判断持有的金融资产是持有至到期的投资而不是交易性投资，企业如何判断与租赁资产相关的所有风险和报酬已转移给企业从而符合融资租赁的标准，投资性房地产的判断标准是什么等。财务报表项目的计量基础包括历史成本、重置成本、可变现净值、现值和公允价值等会计计量属性，比如存货是按成本计量还是按可变现净值计量的等。

（2）重要会计估计的说明。企业应当披露重要会计估计，并结合企业的具体实际披露其会计估计所采用的关键假设和不确定因素。重要会计估计的说明，包括可能导致下一个会计期间内资产、负债账面价值重大调整的会计估计的确定依据等。例如，固定资产可收回金额的计算需要根据其公允价值减去处置费用后的净额与预计未来现金流量的现值两者之间的较高者确定，在计算资产预计未来现金流量的现值时需要对未来现金流量进行预测，并选择适当的折现率，企业应当在附注中披露未来现金流量预测所采用的假设及其依据、所选择的折现率为什么是合理的等。又如，对于正在进行中的诉讼提取准备，企业应当披露最佳估计数的确定依据等。

5. 会计政策和会计估计变更以及差错更正的说明。

（1）会计政策变更。会计政策变更，是指企业对相同的交易或者事项由原来采用的会计政策改用另一会计政策的行为。为保证会计信息的可比性，使财务报表使用者在比较企业一个以上期间的财务报表时，能够正确判断企业的财务状况、经营成果和现金流量的趋势，一般情况下，企业采用的会计政策，在每一会计期间和前后各期应当保持一致，不得随意变更。否则，势必削弱会计信息的可比性。但是，满足下列两个条件之一的，可以变更会计政策：

①法律、行政法规或者国家统一的会计制度等要求变更。这种情况是指，按照法律、行政法规以及国家统一的会计制度的规定，要求企业采用新的会计政

策，则企业应当按照法律、行政法规以及国家统一的会计制度的规定改变原会计政策，按照新的会计政策执行。例如，财政部于2006年初颁布的《企业会计准则第1号——存货》规定，不允许企业采用后进先出法核算发出存货成本，这就要求执行企业会计准则体系的企业按照新规定，将原来以后进先出法核算发出存货成本改为准则规定可以采用的会计政策。再如，《企业会计准则第8号——资产减值》规定，已计提固定资产减值准备不允许转回，这就要求执行企业会计准则体系的企业按照新规定改变原允许固定资产减值准备转回的做法，变更原有会计政策。

②会计政策变更能够提供更可靠、更相关的会计信息。由于经济环境、客观情况的改变，使企业原采用的会计政策所提供的会计信息，已不能恰当地反映企业的财务状况、经营成果和现金流量等情况。在这种情况下，应改变原有会计政策，按变更后新的会计政策进行会计处理，以便对外提供更可靠、更相关的会计信息。例如，某企业一直采用成本模式对投资性房地产进行后续计量，如果该企业能够从房地产交易市场上持续地取得同类或类似房地产的市场价格及其他相关信息，从而能够对投资性房地产的公允价值做出合理的估计，此时采用公允价值模式对投资性房地产进行后续计量可以更好地反映其价值。这种情况下，该企业可以将投资性房地产的后续计量方法由成本模式变更为公允价值模式。

需要注意的是，除法律、行政法规以及国家统一的会计制度要求变更会计政策的，应当按照国家的相关规定执行外，企业因满足上述第2个条件变更会计政策时，必须有充分、合理的证据表明其变更的合理性，并说明变更会计政策后，能够提供关于企业财务状况、经营成果和现金流量等更可靠、更相关的会计信息的理由。对会计政策的变更，企业仍应经股东大会或董事会、经理（厂长）会议或类似机构批准，并按照法律、行政法规等的规定报送有关各方备案。如无充分、合理的证据表明会计政策变更的合理性，或者未重新经股东大会或董事会、经理（厂长）会议或类似机构批准擅自变更会计政策的，或者连续、反复地自行变更会计政策的，视为滥用会计政策，按照前期差错更正的方法进行处理。

上市公司的会计政策目录及变更会计政策后重新制定的会计政策目录，除应当按照信息披露的要求对外公布外，还应当报公司上市地交易所备案。未报公司上市地交易所备案的，视为滥用会计政策，按照前期差错更正的方法进行处理。

以下两种情况的发生不属于会计政策变更：

①本期发生的交易或者事项与以前相比具有本质差别而采用新的会计政策。例如，某企业以往租入的设备均为临时需要而租入的，因此按经营租赁会计处理方法核算，但自本年度起租入的设备均采用融资租赁方式，则该企业自本年度起对新租赁的设备采用融资租赁会计处理方法核算。由于该企业原租入的设备均为经营性租赁，本年度起租赁的设备均改为融资租赁，经营租赁和融资租赁有着本质差别，因而改变会计政策不属于会计政策变更。

②对初次发生的或不重要的交易或者事项采用新的会计政策。例如，某企业初次签订一项建造合同，为另一企业建造三栋厂房，该企业对该项建造合同采用

完工百分比法确认收入。由于该企业初次发生该项交易,采用完工百分比法确认该项交易的收入,不属于会计政策变更。

企业应当在附注中披露与会计政策变更有关的下列信息:

①会计政策变更的性质、内容和原因。包括:对会计政策变更的简要阐述、变更的日期、变更前采用的会计政策和变更后所采用的新会计政策及会计政策变更的原因。例如,依据法律或会计准则等行政法规、规章的要求变更会计政策时,在财务报表附注中应当披露所依据的文件,如对于由于执行企业会计准则而发生的变更,应在财务报表附注中说明:依据《企业会计准则第×号——××》的要求变更会计政策……

②当期和各个列报前期财务报表中受影响的项目名称和调整金额。包括:采用追溯调整法时,计算出的会计政策变更的累积影响数;当期和各个列报前期财务报表中需要调整的净损益及其影响金额,以及其他需要调整的项目名称和调整金额。

③无法进行追溯调整的,说明该事实和原因以及开始应用变更后的会计政策的时点、具体应用情况。包括:无法进行追溯调整的事实;确定会计政策变更对列报前期影响数不切实可行的原因;在当期期初确定会计政策变更对以前各期累积影响数不切实可行的原因;开始应用新会计政策的时点和具体应用情况。

(2) 会计估计变更。会计估计变更,是指由于资产和负债的当前状况及预期经济利益和义务发生了变化,从而对资产或负债的账面价值或者资产的定期消耗金额进行调整。

由于企业经营活动中内在的不确定因素,许多财务报表项目不能准确地计量,只能加以估计,估计过程涉及以最近可以得到的信息为基础所作的判断。但是,估计毕竟是就现有资料对未来所作的判断,随着时间的推移,如果赖以进行估计的基础发生变化,或者由于取得了新的信息、积累了更多的经验或后来的发展可能不得不对估计进行修订,但会计估计变更的依据应当真实、可靠。会计估计变更的情形包括:

①赖以进行估计的基础发生了变化。企业进行会计估计,总是依赖于一定的基础。如果其所依赖的基础发生了变化,则会计估计也应相应发生变化。例如,某企业的一项无形资产摊销年限原定为10年,以后发生的情况表明,该资产的受益年限已不足10年,相应调减摊销年限。

②取得了新的信息、积累了更多的经验。企业进行会计估计是就现有资料对未来所做的判断,随着时间的推移,企业有可能取得新的信息、积累更多的经验,在这种情况下,企业可能不得不对会计估计进行修订,即发生会计估计变更。例如,某企业原根据当时能够得到的信息,对应收账款每年按其余额的5%计提坏账准备。现在掌握了新的信息,判定不能收回的应收账款比例已达15%,企业改按15%的比例计提坏账准备。

会计估计变更,并不意味着以前期间会计估计是错误的,只是由于情况发生变化，或者掌握了新的信息，积累了更多的经验，使得变更会计估计更好地反映企业的财务状况和经营成果。如果以前期间的会计估计是错误的，则属于会计差错，按会计差错更正的会计处理办法进行处理。

企业对会计估计变更应当采用未来适用法处理。

企业应当在附注中披露与会计估计变更有关的下列信息：

①会计估计变更的内容和原因。包括变更的内容、变更日期以及会计估计变更的原因。

②会计估计变更对当期和未来期间的影响数。包括会计估计变更对当期和未来期间损益的影响金额，以及对其他各项目的影响金额。

③会计估计变更的影响数不能确定的，披露这一事实和原因。

（3）前期差错更正。会计差错产生于财务报表项目的确认、计量、列报或披露的会计处理过程中，如果财务报表中包含重要差错，或者差错不重要但是故意造成的（以便形成对企业财务状况、经营成果和现金流量等会计信息某种特定形式的列报），即应认为该财务报表未遵循企业会计准则的规定进行编报。在当期发现的当期差错应当在财务报表发布之前予以更正。当重要差错直到下一期间才被发现，就形成了前期差错。

前期差错分为重要的差期差错和不重要的前期差错两种情况。

重要的前期差错，是指足以影响财务报表使用者对企业财务状况、经营成果和现金流量做出正确判断的前期差错。不重要的前期差错，是指不足以影响财务报表使用者对企业财务状况、经营成果和现金流量做出正确判断的前期差错。

前期差错的重要性取决于在相关环境下对遗漏或错误表述的规模和性质的判断。前期差错所影响的财务报表项目的金额或性质，是判断该前期差错是否具有重要性的决定性因素。一般来说，前期差错所影响的财务报表项目的金额越大、性质越严重，其重要性水平越高。

企业应当采用追溯重述法更正重要的前期差错，但确定前期差错累积影响数不切实可行的除外。追溯重述法，是指在发现前期差错时，视同该项前期差错从未发生过，从而对财务报表相关项目进行更正的方法。

企业应当严格区分会计估计变更和前期差错更正，对于前期根据当时的信息、假设等作了合理估计，在当期按照新的信息、假设等需要对前期估计金额作出变更的，应当作为会计估计变更处理，不应作为前期差错更正处理。

企业应当在附注中披露与前期差错更正有关的下列信息：①前期差错的性质；②各个列报前期财务报表中受影响的项目名称和更正金额；③无法进行追溯重述的，说明该事实和原因以及对前期差错开始进行更正的时点、具体更正情况。

在以后期间的财务报表中，不需要重复披露在以前期间的附注中已披露的前期差错更正的信息。

6. 报表重要项目的说明。企业对报表重要项目的说明，应当按照资产负债表、利润表、现金流量表、所有者权益变动表及其项目列示的顺序，采用文字和数字描述相结合的方式进行披露。报表重要项目的明细金额合计，应当与报表项目金额相衔接。

企业应当在附注中披露费用按照性质分类的利润表补充资料，可将费用分为耗用的原材料、职工薪酬费用、折旧费用、摊销费用等。

7. 其他需要说明的重要事项。

（1）或有事项和承诺事项。或有事项是指过去的交易或者事项形成的，其结果须由某些未来事项的发生或不发生才能决定的不确定事项。常见的或有事项主要包括未决诉讼或未决仲裁、债务担保、产品质量保证（含产品安全保证）、亏损合同、重组义务、环境污染整治、承诺等。

（2）资产负债表日后事项。资产负债表日后事项是指资产负债表日至财务报告批准报出日之间发生的有利或不利事项。其中，资产负债表日是指会计年度末和会计中期期末；财务报告批准报出日是指董事会或类似机构批准财务报告报出的日期。有利或不利事项是指资产负债表日后事项肯定对企业财务状况和经营成果具有一定影响（既包括有利影响也包括不利影响）。

资产负债表日后事项包括资产负债表日后调整事项（以下简称调整事项）和资产负债表日后非调整事项（以下简称非调整事项）两类。

资产负债表日后调整事项，是指对资产负债表日已经存在的情况提供了新的或进一步证据的事项。

资产负债表日后非调整事项，是指表明资产负债表日后发生的情况的事项。非调整项的发生不影响资产负债表日企业的财务报表数字，只说明资产负债表日后发生了某些情况。对于财务报告使用者来说，非调整事项说明的情况有的重要，有的不重要；其中重要的非调整事项虽然与资产负债表日的财务报表数字无关，但可能影响资产负债表日以后的财务状况和经营成果。

资产负债表日后发生的非调整事项，应当在报表附注中披露每项重要的资产负债表日后非调整事项的性质、内容，及其对财务状况和经营成果的影响。无法做出估计的，应当说明原因。

资产负债表日后非调整事项的主要例子有：

①资产负债表日后发生重大诉讼、仲裁、承诺。资产负债表日后发生的重大诉讼等事项，对企业影响较大，为防止误导投资者及其他财务报告使用者，应当在报表附注中进行相关披露。

②资产负债表日后资产价格、税收政策、外汇汇率发生重大变化。

③资产负债表日后因自然灾害导致资产发生重大损失。

④资产负债表日后发行股票和债券以及其他巨额举债。企业发行股票、债券以及向银行或非银行金融机构举借巨额债务都是比较重大的事项，虽然这一事项与企业资产负债表日的存在状况无关，但这一事项的披露能使财务报告使用者了解与此有关的情况及可能带来的影响，故应披露。

⑤资产负债表日后资本公积转增资本。企业以资本公积转增资本将会改变企业的资本（或股本）结构，影响较大，需要在报表附注中进行披露。

⑥资产负债表日后发生巨额亏损。企业资产负债表日后发生巨额亏损将会对企业报告期以后的财务状况和经营成果产生重大影响，应当在报表附注中及时披露该事项，以便为投资者或其他财务报告使用者做出正确决策提供信息。

⑦资产负债表日后发生企业合并或处置子公司。企业合并或者处置子公司的行为可以影响股权结构、经营范围等方面，对企业未来生产经营活动能产生重大影响。因此企业应在附注中披露处置子公司的信息。

⑧资产负债表日后，企业利润分配方案中拟分配的以及经审议批准宣告发放的股利或利润。资产负债表日后，企业制订利润分配方案，拟分配或经审议批准宣告发放股利或利润的行为，并不会致使企业在资产负债表日形成现时义务，因此虽然发生该事项可导致企业负有支付股利或利润的义务，但支付义务在资产负债表日尚不存在，不应该调整资产负债表日的财务报告，因此，该事项为非调整事项。但由于该事项对企业资产负债表日后的财务状况有较大影响，可能导致现金较大规模流出、企业股权结构变动等，为便于财务报告使用者更充分了解相关信息，企业需要在财务报告中适当披露该信息。

(3) 关联方关系及其交易。关联方一般是指有关联的各方，关联方关系是指有关联的各方之间存在的内在联系。关联方披露准则规定：一方控制、共同控制另一方或对另一方施加重大影响，以及两方或两方以上同受一方控制、共同控制或重大影响的，构成关联方。因此，关联方关系往往存在于控制或被控制、共同控制或被共同控制、施加重大影响或被施加重大影响的各方之间。关联方具有以下特征：

一是关联方涉及两方或多方。关联方关系是有关联的双方或多方之间的相互关系。关联方关系必须存在于两方或多方之间，任何单独的个体都不能构成关联方关系。例如，一个企业不能构成关联方关系。

二是关联方以各方之间的影响为前提。这种影响包括控制或被控制、共同控制或被共同控制、施加重大影响或被施加重大影响的各方之间。即建立控制、共同控制和施加重大影响是关联方存在的主要特征。

关联方交易，是指关联方之间转移资源、劳务或义务的行为，而不论是否收取价款。这一定义的要点如下所述。

企业财务报表中应披露所有关联方关系及其交易的相关信息，具体内容包括：

①企业无论是否发生关联方交易，均应当在附注中披露与该企业之间存在控制关系的母公司和子公司有关的信息。关联方关系存在于母公司和子公司之间的，应当披露母公司和所有子公司的名称，母公司和子公司的业务性质、注册地、注册资本（或实收资本、股本）及其变化，以及母公司对于该企业对子公司的持股比例和表决权比例。在披露母公司名称时，母公司不是该企业最终控制方的，还应当披露企业集团内对该企业享有最终控制权的企业（或主体）的名称。母公司和最终控制方均不对外提供财务报表的，还应当披露母公司之上与其最相近的对外提供财务报表的母公司名称。

②企业与关联方发生关联方交易的,应当在附注中披露该关联方关系的性质、交易类型及交易要素。关联方关系的性质,是指关联方与该企业的关系,即关联方是该企业的子公司、合营企业、联营企业等。交易类型通常包括购买或销售商品、购买或销售商品以外的其他资产、提供或接受劳务、担保、提供资金(贷款或股权投资)、租赁、代理、研究与开发项目的转移、许可协议、代表企业或由企业代表另一方进行债务结算等。交易要素至少应当包括交易的金额;未结算项目的金额、条款和条件,以及有关提供或取得担保的信息;未结算应收项目坏账准备金额;定价政策。关联方交易的金额应当披露两年期的比较数据。

关联方交易的披露应遵循重要性原则。对企业财务状况和经营成果有影响的关联方交易,应当分别关联方以及交易类型披露;不具有重要性的,类型相似的非重大交易可合并披露,但以不影响财务报表阅读者正确理解企业财务状况、经营成果为前提。判断关联方交易是否重要,不应以交易金额的大小作为判断标准,而应当以交易对企业财务状况和经营成果的影响程度来确定。

③对外提供合并财务报表的,对于已经包括在合并范围内各企业之间的交易不予披露。合并财务报表是将集团作为一个整体来反映与其有关的财务信息,在合并财务报表中,企业集团作为一个整体看待,企业集团内的交易已不属于交易,并且已经在编制合并财务报表时予以抵销。因此,关联方披露准则规定对外提供合并财务报表的,对于已经包括在合并范围内并已抵销的各企业之间的交易不予披露。

除上述内容外,企业应当在附注中披露下列关于其他综合收益各项目的信息:第一,其他综合收益各项目及其所得税影响;第二,其他综合收益各项目原计入其他综合收益、当期转出计入当期损益的金额;第三,其他综合收益各项目的期初和期末余额及其调节情况。

## 练 习 题

### 一、问答题

1. 什么是财务报表?说明财务报表的组成内容。
2. 说明财务报表列报的基本要求。
3. 什么是资产负债表?说明资产负债表的作用。
4. 说明资产负债表列报的总体要求。
5. 说明资产负债表的列报方法。
6. 说明下列资产负债表项目的填列方法:(1)"应收票据及应收账款"项目;(2)"其他应收款"项目;(3)"合同资产"项目;(4)"持有待售资产"项目;(5)"债权投资"项目;(6)"其他债权投资"项目;(7)"其他权益工具投资"项目;(8)"固定资产"项目;(9)"在建工程"项目;(10)"应付票据及应付账款"项目;(11)"合同负债"项目;(12)"其他应付款"项目;(13)"持有待售负债"项目。

7. 什么是利润表？说明利润表的作用。

8. 说明下列利润表项目的填列方法：(1)"研发费用"项目；(2)"信用减值损失"项目；(3)"其他收益"项目；(4)"资产处置收益"项目；(5)"营业外收入"项目；(6)"营业外支出"项目。

9. 什么是其他综合收益？它包括哪些内容？

10. 什么是现金流量表？现金流量表与资产负债表和利润表之间存在哪些勾稽关系？这些勾稽关系说明了什么？

11. 为什么说财务报表附注是财务报表不可或缺的组成部分？附注向希望全面理解财务报表的使用者提供了哪些详细的信息披露？

## 二、选择题

1. 下列各项中，属于在财务报表表首部分应当披露的有（　　）。
   A. 编报企业的名称
   B. 对资产负债表而言，须披露资产负债表日
   C. 相对利润表而言，须披露报表涵盖的会计期间
   D. 人民币金额单位

2. 下列资产负债表项目中，属于根据资产类若干总账科目期末余额的合计填列的有（　　）。
   A. 货币资金　　　　　　　　B. 其他应付款
   C. 应收账款　　　　　　　　D. 应付职工薪酬

3. 下列资产负债表项目中，属于根据资产类、负债类和所有者权益类总账科目期末余额直接填列的有（　　）。
   A. 交易性金融资产　　　　　B. 递延收益
   C. 递延所得税资产　　　　　D. 其他资本公积

4. 下列资产负债表项目中，属于根据资产类总账科目的期末余额减去与其相关的备抵科目的期末余额的差额填列的有（　　）。
   A. 其他应收款　　　　　　　B. 应收票据及应收账款
   C. 生产性生物资产　　　　　D. 油气资产

5. 预付账款若有贷方余额，应将其计入资产负债表中的项目是（　　）。
   A. 应收账款　　B. 预收账款　　C. 应付账款　　D. 其他应收款

6. 预收账款若有借方余额，应将其计入资产负债表中的项目是（　　）。
   A. 应收账款　　B. 预付账款　　C. 应付账款　　D. 其他应收款

7. 下列项目构成营业利润的有（　　）。
   A. 营业收入　　　　　　　　B. 营业成本
   C. 资产减值损失　　　　　　D. 公允价值变动损益

8. 下列现金流量表中的各项目，属于用直接法计算填列的有（　　）。
   A. 销售商品、提供劳务收到的现金
   B. 购买商品、接受劳务支付的现金
   C. 收回投资收到的现金

D. 购建固定资产、无形资产和其他长期资产支付的现金

9. 下列各项中，属于附注披露的内容有（　　）。

A. 财务报表的编制基础　　　　　　B. 遵循企业会计准则的声明

C. 重要会计政策的说明　　　　　　D. 重要会计估计的说明

### 三、判断题

1. 除现金流量表按照收付实现制原则编制外，企业应当按照权责发生制原则编制财务报表。（　　）

2. 企业处于非持续经营状态时，应当采用其他基础编制财务报表。（　　）

3. 资产计提的减值准备属于财务报表项目金额间的相互抵销。（　　）

4. 性质或功能类似的项目，其所属类别具有重要性的，应当按其类别在财务报表中单独列报。（　　）

5. 房地产开发企业开发用于出售的房地产开发产品，因往往超过一年才变现、出售或耗用，所以应划分为非流动资产。（　　）

6. 企业在资产负债表日或之前违反了长期借款协议，导致贷款人可随时要求清偿的负债，应当归类为流动负债。（　　）

7. 由于资产负债表是反映企业某一时点的资产、负债和所有者权益情况的报表，是一张静态的报表，因此，资产负债表各项目金额来源于资产类、负债类和所有者权益类会计科目的本期发生额。（　　）

### 四、账务处理题

资料：A公司采用计划成本进行材料的日常核算。2×18年12月，月初结存材料计划成本为300万元，本月收入材料计划成本为700万元；月初结存材料成本差异为超支2万元，本月收入材料成本差异为节约10万元；本月发出材料计划成本为800万元。

要求：计算A企业2×18年12月资产负债表"存货"项目中原材料金额。

# 第十五章 财务报表分析

【本章关键知识点】
1. 财务报表分析概述。
2. 资产负债表分析。
3. 利润表分析。
4. 现金流量表分析。
5. 偿债能力分析。
6. 营运能力分析。
7. 盈利能力分析。

## 第一节 财务报表分析概述

### 一、财务报表分析的作用

财务报表分析是指运用一定的方法和手段,对财务报表及其相关资料提供的数据进行系统和深入的分析研究,揭示有关指标之间的关系及变化趋势,以便对公司的财务活动及有关经营活动作出评价和预测,从而为报表使用者进行相关决策提供更加直接、相关的信息和更具体、更有效的帮助。财务报表分析的作用主要表现在以下三个方面。

(一) 有助于弥补财务报表所披露的会计信息的缺陷

财务报表所披露的会计信息,由于要符合明晰性的要求,其结果导致了信息披露的不充分。而且由于报表上的数据专业程度较高,不易于为一般使用者特别是资本市场上社会公众投资者所了解。通过财务报表分析,将那些高度专业化的信息转化为一个个具体的指标,可以帮助广大投资者充分了解企业的财务状况、经营成果以及现金流量。另外,财务报表列示的各类金额,如果一个个孤立地看,经济意义不大,它不能向使用者传输有价值的信息。只有借助于分析才能将这些貌似"孤立"的信息联系起来,产生若干新的、对决策更为相关的信息。

### (二) 能够更好地满足特定的决策需要

作为信息使用者,财务报表使用者对于财务报表揭示的信息,既有共同的需要,又有不同的要求。现行财务报表提供的信息是不同使用者需要的共同信息,财务报表通用性越强,则对具体使用者的有用性可能越低。而财务报表分析则可针对具体使用者的具体需要,分析和提供多样性的分析报告,针对性较强,揭示的信息更多属于预测性质,所以,同决策者的决策模型更为相关。例如,作为会计信息主要使用者的投资者和债权人,投资者注重的是企业的获利能力,特别是未来获利能力和预期现金净流入的大小,因为它们与投资者的投资收益密切相关。通过对企业过去、现在财务报表,特别是经营业绩的分析,可预测企业未来经营业绩、未来净现金流量及其投资收益,以更好地作出投资决策。对于那些较为稳定、拥有股份较多的股东,还可运用股东表决权决定是否购买、持有或抛售某一公司的股票,进而据以评估、监督企业管理当局利用企业资源的绩效。债权人注重的则是企业长期和短期偿债能力,通过财务报表分析,测算收益对利息的保障倍数等指标,分析和评价收回本金的风险,更好地制定有关信贷决策,如决定对该企业借款额度、付款条件、利率水平进而考虑到企业拖欠或破产的不良后果,制定保障条款、追诉或破产清算决策等。

### (三) 可用于评价企业管理层的经营业绩

公司经营业绩的好坏只有通过比较分析才能判定。例如,通过某公司某一年度的财务报表,使用者可获取该公司某一年度净利润的信息,但它无法告诉使用者这一业绩的好坏。如果把它与历史(以考察企业经营业绩的变化情况)、与计划(考核计划完成情况)、与同行业(可找出差距和薄弱环节)等水平进行比较分析,即可合理评价管理当局的业绩。同时,管理当局也可据此全面了解企业的经营状况、企业的潜力和发展方向,不断提高管理水平,尽可能取得更好的效益。

## 二、财务报表分析的基本方法

进行财务报表分析,通常所采取的方法如下。

### (一) 全面通读企业年度财务报告

全面通读企业年度财务报告是进行财务报表分析的前提条件,因为在这一过程中,财务报表分析者通过阅读与年度财务报告相关的资料不仅能够对财务报表分析的对象有一个全面、整体的了解,而且能够从年度财务报告中捕捉到对决策有用的信息。这些相关的资料包括公司简介、会计数据和财务指标摘要、董事会报告、重要事项、股份变动及股东情况、董事、监事、高级管理人员和员工情况、公司治理、内部控制和财务报告等内容。

## (二) 关注注册会计师审计意见与结论

上市公司审计报告是注册会计师依据《中国注册会计师独立审计准则》，对上市公司财务报表进行审计后表示意见的书面文件。它构成了上市公司年度财务报告的重要组成部分。在分析上市公司财务报表时，首先应特别关注注册会计师的审计意见与结论。这是因为，注册会计师的审计报告向财务报告使用者提供了有关财务报告是否是公正表达的、独立的、权威性的意见，而且，注册会计师的审计报告向人们告示了所有经注册会计师深入细致鉴证的审计结果。

根据不同的审计结果，注册会计师在审计报告中发表的审计意见有无保留意见、有保留意见、否定意见和拒绝表示意见四种。

1. 无保留意见。无保留意见是注册会计师对上市公司的财务报表进行全面审计以后，发表肯定性意见的一种审计报告。无保留意见意味着注册会计师认为上市公司的财务报表和有关会计记录在所有重大方面符合我国《企业会计准则》的规定，合法、公允和一致性地反映了上市公司在某一时点上的财务状况和某一期间内的经营成果及现金流量。

2. 有保留意见。有保留意见是注册会计师对上市公司的财务报表进行全面审计以后，发表的在整体上对公司的财务报表予以肯定，但在个别方面提出了与上市公司董事会和经营者不一致的意见，认为公司可能存在某些不符合我国《企业会计准则》规定的做法。

3. 否定意见。否定意见是注册会计师对上市公司的财务报表进行全面审计以后，发表的全盘否定公司财务报表的审计报告。否定意见意味着注册会计师认为公司的财务报表和有关会计记录不符合我国《企业会计准则》的规定，没有合法、公允和一致性地反映公司在某一时点上的财务状况和某一期间内的经营成果及现金流量情况，这是对上市公司财务报表的全面否定。

4. 拒绝表示意见。拒绝表示意见是注册会计师对上市公司的财务报表进行全面审计以后，不能发表肯定意见和保留意见，又不能发表否定意见的一种审计报告。拒绝表示意见也是一种审计意见，意味着注册会计师的审计范围受到了重大限制，在审计中无法取得充分而有效的审计证据，因而就无法对被审计公司的财务报表发表意见，也就不知道被审计公司的财务报表是否符合我国《企业会计准则》的规定。

## (三) 采用一定的评价标准

通过分析财务报表实现对企业财务状况、盈利能力和现金流量做出恰当评价的目的，往往要借助于一定的基本手段来完成。因此，为了使财务报表分析更加有意义，首要条件之一是选择适当的评价标准。通常来讲，财务报表分析的评价标准主要有经验标准、历史标准、行业标准及预算标准等。

1. 经验标准。所谓经验标准，是指依据大量且长期的实践总结而成的标准的财务比率标准值。比如，在财务比率分析中所使用的流动比率，西方国家根据长期的实践总结,认为该比率的经验标准为2:1。

经验标准主要适用于偿债能力等方面的分析与评价,且所有评价标准通常是指制造业的平均状况。经验标准的主要优点是客观和相对稳定。不足之处是适用范围受到一定的限制。

2. 历史标准。所谓历史标准,是指企业某一财务指标在过去某一时期(如上年、上月或上年同期等)或该期期末的实际值。

历史标准特别适用于分析评价企业财务状况和盈利水平是否得到有效改善方面。其主要优点是比较可靠和具有较强的可比性。不足之处是比较保守,不能很好地反映现实中经济社会环境的快速变化。此外,该标准适用范围较窄,只能说明企业自身的发展变化,不能反映企业相对于竞争者的财务能力。同时,当企业主体发生重大变化(如发生企业合并)时,历史标准就会失去意义或至少不便直接使用。

3. 行业标准。所谓行业标准,是指行业财务状况或盈利能力的平均水平,也可以是同行业中某一比较先进企业的财务状况或盈利能力。

行业标准适用于分析与评价企业目前的财务状况或盈利能力在行业中所处的相对地位和水平,也可以判断企业的发展趋势。其主要优点是:(1)企业竞争首先发生在行业内部,因此,进行同行业企业之间的分析与比较是十分必要的;(2)同行业企业由于从事相同或类似的业务活动,因而也具有比较强的可比性。但是,在运用行业标准时也需要注意以下三个方面的限制条件:(1)同行业内的两个企业并不一定是十分可比的,因为它们提供的具体产品和服务可能是面向不尽相同的细分市场的;(2)许多大企业的生产经营业务往往是多元化的,因而所谓同行业企业之间往往却有着不尽相同的业务结构;(3)同一行业内的不同企业采用的会计方法也可能存在差异,从而降低了它们相互之间财务会计信息的可比性。

4. 预算标准。所谓预算标准,是指企业所制定的财务预算指标。新建企业由于缺乏历史标准,可能就更为依赖于预算标准。类似地,垄断性企业由于缺乏可以比较的同行业企业,也会较多地采用预算标准。即使在一般企业的财务报表分析与评价中,预算标准也经常被采用,其主要原因是,以财务预算指标作为财务报表分析的评价标准,有助于推动财务预算管理的有效实施。当然,由于财务预算的编制建立在业务和财务预测的基础之上,存在不确定性,甚至还可能存在一定的主观随意性,从而使财务预算指标未必可靠。因此,以财务预算指标作为评价标准,也就存在一定的局限性。此外,由于企业财务预算不是企业所需公开的信息,因此,预算标准通常适用于企业内部的财务分析与评价,而不适用于企业外部的财务报表分析与评价。

(四)比较财务报表

比较的方法主要采用水平比较法、垂直分析法和趋势分析法等。

1. 水平比较法。水平比较法是指将反映企业报告期财务状况的信息与反映企业前期或历史某一时期财务状况的信息进行对比,研究企业各项经营业绩或财务状况的发展变动情况的一种财务报表分析方法。这种方法的操作要点是，将企业报告期的分析数据直接与基期的进行对比计算出绝对值变动数量、增减变动率以及变动比率值等项指标。

2. 垂直分析法。垂直分析法的操作要点是，通过计算报表中各项目占总体的比重或结构，反映报表中的项目与总体关系的情况及其变动情况。

3. 趋势分析法。趋势分析法是根据企业连续几年或几个时期的分析资料，通过指数或完成率的计算，确定分析期各有关项目的变动情况和趋势的一种财务报表分析方法。

## 第二节　资产负债表分析

### 一、资产负债表分析的意义

资产负债表是反映企业在某一特定日期全部资产、负债和所有者权益情况的报表。它是依据会计等式"资产＝负债＋所有者权益"编制的。资产负债表分析对了解企业投资活动和筹资活动具有十分重要的意义。具体地说，通过对企业投资活动的分析，不仅可以分析企业资产规模和结构变动趋势是否合理，而且可以正确评价企业的财务状况。通过对企业筹资活动的分析，可以解释资金变动情况及其原因，有利于保证企业生产经营的顺利进行。此外，筹资活动分析还有利于降低企业筹资成本，有利于权衡收益与风险，提高企业的盈利能力。

### 二、资产负债表水平分析

资产负债表水平分析，就是要通过对企业各项资产、负债和所有者权益实际规模与目标或标准的对比分析，揭示企业在筹资与投资过程中的差异，从而分析和揭示企业会计政策、会计估计及经营管理水平等对筹资与投资的影响。首先，从投资或资产角度进行评价。从投资或资产角度进行评价主要是观察企业资产总规模变动状况及各类、各项资产对资产规模的影响程度，发现变动幅度较大的重点类别和重点项目；在此基础上分析各类或各项资产规模变动的原因，特别是注意分析会计政策变更对资产规模的影响。其次，从筹资或权益角度进行评价。从筹资或权益角度进行评价主要是观察企业权益总额变动状况及各类、各项筹资对权益总额的影响程度，发现变动幅度较大的重点类别和重点项目，在此基础上分析各类或各项筹资变动的原因。

【例15－1】下面以长春高新技术产业（集团）股份有限公司（股票简称：长春高新。股票代码：000661）2017年度财务报告中的合并资产负债表主要项目（简化的合并资产负债表）为例，说明水平分析法在资产负债表分析中的运用，如表15－1所示。

表 15-1　　　　　　　　　合并资产负债表水平分析表

编制单位：长春高新技术产业（集团）股份有限公司　　　　　　　　　　　　　单位：元

| 项　目 | 2017 年 12 月 31 日 | 2016 年 12 月 31 日 | 变动情况 | |
|---|---|---|---|---|
| | | | 变动额 | 变动百分比（%） |
| 货币资金 | 1 390 292 603.27 | 1 117 092 300.09 | 273 200 303.18 | 24.45 |
| 应收账款 | 537 502 354.00 | 446 345 116.26 | 91 157 237.74 | 20.42 |
| 存货 | 1 840 099 183.15 | 676 356 415.14 | 1 163 742 768.01 | 172.06 |
| **流动资产合计** | **5 257 266 632.74** | **4 415 049 334.11** | **842 217 298.63** | **19.08** |
| 投资性房地产 | 85 767 689.30 | 87 898 603.76 | -2 130 914.46 | -2.42 |
| 长期股权投资 | 74 360 682.78 | 15 392 776.85 | 58 967 905.93 | 383.09 |
| 固定资产 | 1 115 945 289.06 | 735 501 336.22 | 380 443 952.84 | 51.73 |
| 在建工程 | 165 017 489.15 | 469 136 916.39 | -304 119 427.24 | -64.83 |
| 无形资产 | 168 571 343.85 | 198 270 422.42 | -29 699 078.57 | -14.98 |
| **资产总计** | **7 351 435 296.77** | **6 203 521 430.43** | **1 147 913 866.34** | **18.50** |
| 短期借款 | 60 000 000.00 | 77 000 000.00 | -17 000 000.00 | -22.08 |
| 应付账款 | 231 593 384.40 | 113 854 373.13 | 117 739 011.27 | 103.41 |
| 其他应付款 | 619 343 055.23 | 315 181 541.14 | 304 161 514.09 | 96.50 |
| **流动负债合计** | **1 973 682 797.30** | **1 586 157 756.18** | **387 525 041.12** | **24.43** |
| 长期借款 | 12 490 000.00 | 7 670 000.00 | 4 820 000 | 62.84 |
| **负债合计** | **2 151 099 827.31** | **1 753 071 672.88** | **398 082 154.43** | **22.70** |
| 股本 | 170 112 265.00 | 170 112 265.00 | 0.00 | 0.00 |
| 资本公积 | 1 967 100 034.40 | 1 966 958 998.29 | 141 036.11 | 0.00 |
| 盈余公积 | 343 447 672.64 | 340 661 027.82 | 2 786 644.82 | 0.81 |
| 未分配利润 | 1 945 183 600.55 | 1 422 111 288.05 | 523 072 312.50 | 36.78 |
| 归属于母公司所有者权益合计 | 4 425 843 572.59 | 3 899 843 579.16 | 525 999 993.43 | 13.49 |
| 少数股东权益 | 774 491 896.87 | 550 606 178.39 | 223 885 718.48 | 40.66 |
| 所有者权益合计 | 5 200 335 469.46 | 4 450 449 757.55 | 749 885 711.91 | 16.85 |
| **负债和所有者权益总计** | **7 351 435 296.77** | **6 203 521 430.43** | **1 147 913 866.34** | **18.50** |

从表 15-1 中可以看出，长春高新 2017 年资产总额为 7 351 435 296.77 元，比 2016 年增加了 1 147 913 866.34 元，增加幅度为 18.50%。说明长春高新 2017 年资产规模较 2016 年有所扩大。进一步分析发现，长春高新资产规模的扩大主要是由于存货和固定资产两个项目的增加引起的。其中，2017 年存货较上年度增加了 1 163 742 768.01 元，增长 172.06%；固定资产较上年度增加了 380 443 952.84 元，增长 51.73%。据 2017 年年报显示，存货增加的主要原因是下属房地产公司本报告期与长春深华房地产开发有限公司合作，对方向合作项目投入土地等资产；另外，下属房地产公司本报告期开发成本增加。固定资产增加的主要原因系本报告期下属制药企业将满足固定资产确认条件的在建工程转入固定资产所致。

## 三、资产负债表垂直分析

资产负债表垂直分析，是通过计算资产负债表中各项目在总资产或总权益中所占的比重，分析说明企业资产结构和权益结构及其增减变动的合理程度。通过资产负债表垂直分析，可以评价企业资产结构及变动、资本结构及变动的合理性，以及评价企业资产结构与资本结构的适应程度。

【例15-2】下面仍以长春高新2017年度财务报告中的合并资产负债表主要项目（简化的合并资产负债表）为例，说明垂直分析法在资产负债表分析中的运用，如表15-2所示。

表15-2　　　　　　　　　合并资产负债表垂直分析表

编制单位：长春高新技术产业（集团）股份有限公司

| 项目 | 2017年末 | | 2016年末 | | 比重增减（%） |
|---|---|---|---|---|---|
| | 金额（元） | 占总资产比例（%） | 金额（元） | 占总资产比例（%） | |
| 货币资金 | 1 390 292 603.27 | 18.91 | 1 117 092 300.09 | 18.01 | 0.90 |
| 应收账款 | 537 502 354.00 | 7.31 | 446 345 116.26 | 7.20 | 0.11 |
| 存货 | 1 840 099 183.15 | 25.03 | 676 356 415.14 | 10.90 | 14.13 |
| 流动资产合计 | 5 257 266 632.74 | 71.51 | 4 415 049 334.11 | 71.17 | |
| 投资性房地产 | 85 767 689.30 | 1.17 | 87 898 603.76 | 1.42 | -0.0025 |
| 长期股权投资 | 74 360 682.78 | 1.01 | 15 392 776.85 | 0.25 | 0.0076 |
| 固定资产 | 1 115 945 289.06 | 15.18 | 735 501 336.22 | 11.86 | 3.32 |
| 在建工程 | 165 017 489.15 | 2.24 | 469 136 916.39 | 7.56 | -5.32 |
| 无形资产 | 168 571 343.85 | 2.29 | 198 270 422.42 | 3.20 | -0.91 |
| 资产总计 | 7 351 435 296.77 | 100.00 | 6 203 521 430.43 | 100.00 | |
| 短期借款 | 60 000 000.00 | 0.82 | 77 000 000.00 | 1.24 | -0.42 |
| 应付账款 | 231 593 384.40 | 3.15 | 113 854 373.13 | 1.84 | 1.31 |
| 其他应付款 | 619 343 055.23 | 8.42 | 315 181 541.14 | 5.08 | 3.34 |
| 流动负债合计 | 1 973 682 797.30 | 26.85 | 1 586 157 756.18 | 25.57 | 1.28 |
| 长期借款 | 12 490 000.00 | 0.17 | 7 670 000.00 | 0.12 | 0.05 |
| 负债合计 | 2 151 099 827.31 | 29.26 | 1 753 071 672.88 | 28.26 | |
| 股本 | 170 112 265.00 | 2.31 | 170 112 265.00 | 2.74 | -0.43 |
| 资本公积 | 1 967 100 034.40 | 26.76 | 1 966 958 998.29 | 31.71 | -4.95 |
| 盈余公积 | 343 447 672.64 | 4.67 | 340 661 027.82 | 5.49 | -0.82 |
| 未分配利润 | 1 945 183 600.55 | 26.46 | 1 422 111 288.05 | 22.92 | 3.54 |
| 所有者权益合计 | 5 200 335 469.46 | 70.74 | 4 450 449 757.55 | 71.74 | |
| 负债和所有者权益总计 | 7 351 435 296.77 | 100.00 | 6 203 521 430.43 | 100.00 | |

从表15-2中可以看出，长春高新2017年流动资产占资产总额的71.51%，这反映出该公司的资产流动性水平还是很高的。一般说来，流动资产比率高，说明企业具有较强的抗风险能力和应变能力。但从获利角度看，这种高比率往往由于缺乏雄厚的固定资产作后盾，其经营的稳定性又会受到影响。而且，流动资产拥有量过高，往往是因为企业资金周转不畅，这时，企业的日常生产经营管理就显得越加重要。表15-2中显示，造成该公司流动资产比率较大的原因主要是货币资金和存货两个项目的比率较大。其中，货币资金比率为18.91%，存货比率为25.03%。货币资金比率反映企业资金的储备情况。通常情况下，该比例越高，说明企业资金储备率越高，资产质量越好，相应地，经营风险越小，偿债能力也越强。反之，则说明企业的资金链有一定风险，发生潜在损失的风险越高，且偿债能力也越弱。但货币资金也有其两重性。如货币资金过多也说明企业资金利用率不高，势必影响其盈利能力。而存货比率用来反映企业资产的现金含量。通常情况下，该比例越低，说明企业资产的现金含量越高，资产质量越好，相应地，企业的经营风险越低，偿债能力越强；反之，比例越高，说明企业资产的现金含量越低，资产质量较差，经营风险越高，偿债能力越弱。

从表15-2中还可以看出，长春高新2017年的固定资产比率为15.18%，流动资产比率为71.51%，两者之间的比例大致为1：4.71。一般来说，企业固定资产存量与流动资产存量之间应该保持合理的比例结构。对一个企业而言，主要有以下三种固定资产与流动资产结构策略可供选择：一是适中的固定资产与流动资产结构策略。采取这种策略，通常使固定资产存量与流动资产存量的比例保持平均水平。在该种情况下，企业的盈利水平一般，风险程度一般。二是保守的固定资产与流动资产结构策略。采取这种策略，流动资产比例较高，由于流动资产增加，提高了企业资产的流动性，因此降低了企业的风险，但同时也会降低企业的盈利水平。三是冒险的固定资产与流动资产结构策略。采取这种结构策略，流动资产比例较低，资产的流动性较低。虽然固定资产占用量增加相应地提高了企业的盈利水平，但同时也给企业带来较大的风险。

## 第三节 利润表分析

### 一、利润表分析的意义

利润表是反映企业在某一时期经营成果的报表。它是依据会计等式"收入-费用=利润"编制的。利润表分析对评价企业经营活动具备的盈利能力具有十分重要的意义。具体地说，通过对利润表中的营业利润项目的分析，可以发现企业经营过程中的获利能力，进而正确评价企业的经营业绩；通过对利润表中的营业成本、税金及附加、期间费用、资产减值损失等项目的分析，可以发现企业在各环节存在的问题或不足，明确改进企业经营管理工作的目标；通过对企业利润的分析，可以揭示出企业的经营潜力及发展前景，从而为投资者、债权人的投资与信贷决策提供正确的信息。

## 二、利润表水平分析

利润表水平分析，就是将利润表的实际数与对比标准或基数进行比较，以揭示利润变动差异。

【例 15-3】下面以长春高新 2017 年度财务报告中的合并利润表主要项目（简化的合并利润表）为例，说明水平分析法在利润表分析中的运用。如表 15-3 所示。

表 15-3　　　　　　　　　　合并利润表水平分析表

编制单位：长春高新技术产业（集团）股份有限公司

| 项　目 | 本期发生额（元） | 上期发生额（元） | 增减额（元） | 增减（%） |
|---|---|---|---|---|
| 一、营业总收入 | 4 102 261 578.10 | 2 897 439 803.34 | 1 204 821 774.76 | 41.58 |
| 　其中：营业收入 | 4 102 261 578.10 | 2 897 439 803.34 | 1 204 821 774.76 | 41.58 |
| 二、营业总成本 | 3 025 759 813.90 | 2 101 779 506.69 | 923 980 307.21 | 43.96 |
| 　其中：营业成本 | 740 710 339.88 | 596 264 868.29 | 144 445 471.59 | 24.23 |
| 　　　税金及附加 | 102 624 814.69 | 101 664 989.86 | 959 824.83 | 0.94 |
| 　　　销售费用 | 1 565 495 268.17 | 947 868 326.92 | 617 626 941.25 | 65.16 |
| 　　　管理费用 | 580 519 234.16 | 453 780 778.52 | 126 738 455.64 | 27.93 |
| 　　　财务费用 | -9 306 667.27 | -18 691 346.17 | 9 384 678.90 | -50.21 |
| 　　　资产减值损失 | 45 716 824.27 | 20 891 889.27 | 24 824 935.00 | 118.83 |
| 加：投资收益（损失以"-"号填列） | 51 997 735.02 | 14 247 571.60 | 37 750 163.42 | 264.96 |
| 资产处置收益（损失以"-"号填列） | -8 408 723.07 | 769 446.21 | -9 178 169.28 | -1 192.82 |
| 其他收益 | 18 298 933.61 | — | 18 298 933.61 | — |
| 三、营业利润 | 1 138 389 709.76 | 810 677 314.46 | 327 712 395.30 | 40.42 |
| 加：营业外收入 | 5 441 348.60 | 30 783 744.38 | -25 342 395.78 | -82.32 |
| 减：营业外支出 | 25 158 024.51 | 24 366 580.20 | 791 444.31 | 3.25 |
| 四、利润总额（亏损总额以"-"号填列） | 1 118 673 033.85 | 817 094 478.64 | 301 578 555.21 | 36.91 |
| 减：所得税费用 | 191 061 200.77 | 140 174 931.15 | 50 886 269.62 | 36.30 |
| 五、净利润（净亏损以"-"号填列） | 927 661 833.08 | 676 919 547.49 | 250 742 285.59 | 37.04 |

从表15-3中可以看出，长春高新2017年度实现净利润为927 661 833.08元，比2016年增加了250 742 285.59元，增长率为37.04%，增长幅度较大。主要是该公司2017年度营业利润比上年增长327 712 395.30元，增长率为40.42%。进一步分析，影响该公司2017年度利润总额增长的关键因素是营业收入比上年增加了1 204 821 774.76元，增长率为41.58%。

### 三、利润表垂直分析

利润表垂直分析，是通过计算利润表中各项目或各因素在营业收入中所占的比重，分析说明财务成果及成本费用的结构及其增减变动的合理程度。

利润表垂直分析，既可从静态角度分析评价实际（报告期）利润构成情况，也可从动态角度，将实际利润构成与标准或基期利润构成进行对比分析评价；对于标准与基础利润构成，既可用预算数，也可用上期数，还可用同行业可比企业数。不同的比较标准将实现不同的分析评价目的。通过编制利润表垂直分析表可以从以下三个方面对企业进行评价。

1. 通过计算营业利润、利润总额、净利润各占营业收入的比重，分析评价百元收入对各项利润的贡献或影响程度。
2. 通过计算营业成本占营业收入的比重，评价企业成本管理水平。
3. 通过计算期间费用占营业收入的比重，评价企业期间费用管理水平。

【例15-4】下面仍以长春高新2017年度财务报告中的合并利润表主要项目（简化的合并利润表）为例，说明垂直分析法在利润表分析中的运用。如表15-4所示。

表15-4　　　　　　　　　合并利润表垂直分析表

编制单位：长春高新技术产业（集团）股份有限公司

| 项　目 | 2017年度 | | 2016年度 | | 比重增减（%） |
|---|---|---|---|---|---|
| | 金额（元） | 占营业收入比例（%） | 金额（元） | 占营业收入比例（%） | |
| 一、营业总收入 | 4 102 261 578.10 | 100 | 2 897 439 803.34 | 100 | |
| 其中：营业收入 | 4 102 261 578.10 | 100 | 2 897 439 803.34 | 100 | |
| 二、营业总成本 | 3 025 759 813.90 | 73.76 | 2 101 779 506.69 | 72.54 | 1.22 |
| 其中：营业成本 | 740 710 339.88 | 18.06 | 596 264 868.29 | 20.58 | -2.52 |
| 税金及附加 | 102 624 814.69 | 2.49 | 101 664 989.86 | 3.50 | -1.01 |
| 销售费用 | 1 565 495 268.17 | 38.16 | 947 868 326.92 | 32.71 | 5.45 |
| 管理费用 | 580 519 234.16 | 14.15 | 453 780 778.52 | 1 566 | -1.51 |
| 财务费用 | -9 306 667.27 | -0.23 | -18 691 346.17 | -0.65 | 0.42 |
| 资产减值损失 | 45 716 824.27 | 1.11 | 20 891 889.27 | 0.72 | 0.39 |

续表

| 项 目 | 2017 年度 | | 2016 年度 | | 比重增减（%） |
|---|---|---|---|---|---|
| | 金额（元） | 占营业收入比例（%） | 金额（元） | 占营业收入比例（%） | |
| 加：投资收益（损失以"-"号填列） | 51 997 735.02 | 1.27 | 14 247 571.60 | 0.49 | 0.78 |
| 资产处置收益（损失以"-"号填列） | -8 408 723.07 | -0.20 | 769 446.21 | 0.03 | -0.23 |
| 其他收益 | 18 298 933.61 | 0.45 | — | — | — |
| 三、营业利润（亏损以"-"号填列） | 1 138 389 709.76 | 27.75 | 810 677 314.46 | 27.97 | -0.22 |
| 加：营业外收入 | 5 441 348.60 | 0.13 | 30 783 744.38 | 1.06 | -.93 |
| 减：营业外支出 | 25 158 024.51 | 0.61 | 24 366 580.20 | 0.84 | -0.23 |
| 四、利润总额（亏损总额以"-"号填列） | 1 118 673 033.85 | 27.27 | 817 094 478.64 | 28.20 | -0.93 |
| 减：所得税费用 | 191 061 200.77 | 4.66 | 140 174 931.15 | 4.84 | -0.18 |
| 五、净利润（净亏损以"-"号填列） | 927 661 833.08 | 22.61 | 676 919 547.49 | 23.36 | -0.75 |

从表 15-4 中可以看出，长春高新 2017 年度各项利润的构成及其变动情况，营业利润占营业收入的比重为 27.75%，比上年度的 27.97% 下降了 0.22%；利润总额占营业收入的比重为 27.27%，比上年度的 28.20% 下降了 0.93%；净利润占营业收入的比重为 22.61%，比上年度的 23.36% 下降了 0.75%。

进一步分析，长春高新 2017 年度营业成本占营业收入的比重为 18.06%，比上年度的 20.58% 下降了 2.52%；销售费用占营业收入的比重为 38.16%，比上年度的 32.71% 上升了 5.45%；管理费用占营业收入的比重为 14.15%，比上年度的 15.66% 下降了 1.51%。

## 第四节　现金流量表分析

### 一、现金流量表分析的意义

现金流量表是反映企业会计期间内的经营活动、投资活动和筹资活动等对现金及现金等价物产生影响的财务报表。现金流量表分析的意义主要表现在以下四个方面。

1. 可以解释比较资产负债表中"货币资金"项目的变动原因。年初和年末的资产负债表（即比较资产负债表）中都报告了某一时点现金（即货币资金）

的余额,但并未解释现金在一个期间内是如何变动的。现金流量表解释了企业是如何使用现金的。

2. 可以解释企业如何获得利润表中的利润。由于利润表的基本构件即收入、费用和利润是以权责发生制原则确认和计量的,因此,企业某一期间利润表中报告的利润并不一定就等于经营活动产生的现金流量净额。现金流量表解释了企业是如何获得现金的。

3. 可以正确评价企业的经营活动对现金流量的影响。资产负债表和利润表中都未报告企业的经营活动如何影响现金流量。利润增加并不总是意味着现金的增加。当利润的增加是由于企业经营扩张引起时(与仅仅是由于销售价格上涨或销售成本降低形成对照),它们通常导致经营活动产生的现金流量减少。相反,经营活动产生的现金流量增加却有可能伴随着利润的减少。通过对现金流量表的分析,我们可以清晰地了解到企业的经营活动对现金流量的影响情况。

4. 有助于理解企业的经营活动、投资活动和筹资活动产生的现金流量之间的关系。企业的三项基本活动产生的现金流量之间的关系有可能各不相同,它们受到企业的产品特征及其所在的行业成熟状况的影响。但是,通过分析企业的经营活动、投资活动和筹资活动产生的现金流量之间的关系,我们可以判断企业目前是否正处于健康发展阶段。

## 二、现金流量表水平分析

现金流量表水平分析,就是将现金流量表的实际数与对比标准或基数进行比较,以揭示企业经营活动现金流量、投资活动现金流量和筹资活动现金流量变动差异的分析方法。

【例15-5】下面以长春高新2017年度财务报告中的合并现金流量表主要项目(简化的合并现金流量表)为例,说明水平分析法在现金流量表分析中的运用,如表15-5所示。

表15-5　　　　　　　　　　合并现金流量表水平分析表

2017年1~12月

编制单位:长春高新技术产业(集团)股份有限公司　　　　　　　　　　金额单位:元

| 项　目 | 2017年度 | 2016年度 | 同比增减 |
| --- | --- | --- | --- |
| 经营活动现金流入小计 | 4 420 037 536.06 | 3 060 690 570.56 | 44.41% |
| 经营活动现金流出小计 | 4 038 650 207.96 | 2 752 617 048.11 | 46.72% |
| 经营活动产生的现金流量净额 | 381 387 328.10 | 308 073 522.45 | 23.80% |
| 投资活动现金流入小计 | 3 988 793 298.85 | 2 229 960 668.26 | 78.87% |
| 投资活动现金流出小计 | 3 764 975 637.20 | 3 880 572 946.82 | -2.98% |
| 投资活动产生的现金流量净额 | 223 817 661.65 | -1 650 612 278.56 | 113.56% |

续表

| 项 目 | 2017年度 | 2016年度 | 同比增减 |
|---|---|---|---|
| 筹资活动现金流入小计 | 87 000 000.00 | 1 825 868 793.70 | -95.24% |
| 筹资活动现金流出小计 | 417 814 613.98 | 364 944 515.09 | 14.49% |
| 筹资活动产生的现金流量净额 | -330 814 613.98 | 1 460 924 278.61 | -122.64% |
| 现金及现金等价物净增加额 | 273 200 303.18 | 119 209 411.44 | 129.18% |

长春高新2017年年报附注显示：2017年度经营活动产生的现金流量净额较上年同期增加23.80%，主要系本报告期下属子公司药品销售商品、提供劳务收到的现金所致；投资活动产生的现金流量净额较上年同期增加113.56%，主要系本报告期理财产品到期金额大于本期实际购买金额所致；筹资活动产生的现金流量净额较上年同期减少122.64%，主要原因是上期公司配股发行成功，收到配股资金所致。

### 三、现金流量表垂直分析

现金流量表垂直分析，目的在于揭示现金流入量和现金流出量的结构情况，从而掌握企业现金管理的重点。

现金流量表垂直分析表的编制与利润表和资产负债表垂直分析表的编制不同，它是分别计算现金流入量各项目占现金总流入量的结构和现金流出量各项目占现金总流出量的结构。

【例15-6】下面仍以长春高新2017年度财务报告中的合并现金流量表主要项目（简化的合并现金流量表）为例，说明垂直分析法在现金流量表分析中的运用，如表15-6所示。

表15-6　　　　　　　合并现金流量表垂直分析表

2017年1~12月

编制单位：长春高新技术产业（集团）股份有限公司

| 项 目 | 现金流入量（元） | 现金流出量（元） | 流入结构（%） | 流出结构（%） |
|---|---|---|---|---|
| 一、经营活动产生的现金流量： | | | | |
| 销售商品、提供劳务收到的现金 | 4 035 760 795.11 | | 47.50 | |
| 经营活动现金流入小计 | **4 420 037 536.06** | | **52.03** | |
| 购买商品、接受劳务支付的现金 | | 1 439 879 382.55 | | 17.51 |
| 经营活动现金流出小计 | | **4 038 650 207.96** | | **49.12** |
| 二、投资活动产生的现金流量： | | | | |
| 取得投资收益收到的现金 | 71 295 932.98 | | 0.84 | |
| 投资活动现金流入小计 | **3 988 793 298.85** | | **46.95** | |

续表

| 项　目 | 现金流入量（元） | 现金流出量（元） | 流入结构（%） | 流出结构（%） |
|---|---|---|---|---|
| 购建固定资产、无形资产和其他长期资产支付的现金 | | 231 456 600.86 | | 2.82 |
| 投资活动现金流出小计 | | **3 764 975 637.20** | | **45.79** |
| 三、筹资活动产生的现金流量： | | | | |
| 取得借款收到的现金 | 87 000 000.00 | | 1.02 | |
| 筹资活动现金流入小计 | **87 000 000.00** | | **1.02** | |
| 偿还债务支付的现金 | | 82 180 000.00 | | 1.00 |
| 分配股利、利润或偿付利息支付的现金 | | 335 634 613.98 | | 4.08 |
| 筹资活动现金流出小计 | | **417 814 613.98** | | **5.09** |
| 现金流量总额 | 8 495 830 834.91 | 8 221 440 459.14 | 100 | 100 |

从表15-6中可以看出，长春高新2017年度现金流入总量为8 495 830 834.91元，现金流出总量为8 221 440 459.14元，现金净流量为274 390 375.77元。

在现金流入总量中，经营现金流入量为4 420 037 536.06元，占总量的52.03%，其中销售商品、提供劳务所收到的现金为4 035 760 795.11元，占总量的47.50%，这是一种比较正常的现象；投资现金流入量为3 988 793 298.85元，占总量的46.95%；筹资现金流入量为87 000 000.00元，占总量的1.02%。

在现金流出总量中，经营活动现金流出量为4 038 650 207.96元，占总量的49.12%，其中，购买商品、接受劳务所支付的现金为1 439 879 382.55元，占总量的17.51%；投资活动现金流出量为3 764 975 637.20元，占总量的45.79%；筹资活动现金流出量为417 814 613.98元，占总量的5.09%。

从上述现金流量构成看，该公司2017年度的现金流量主要受经营活动现金流量影响，投资活动对现金流量也有一定的影响，而筹资活动的影响则很小。

## 第五节　偿债能力分析

偿债能力是企业偿还各种到期债务的能力。当一个企业没有能力偿还其所欠债务时，通常被称为无偿债能力。这将导致企业陷入财务困境，甚至破产。因此，企业的债权人和投资者往往利用一些比率来测试企业的偿债能力。通过对企业偿债能力的分析，可以为企业的经营者、投资者以及债权人进行正确的决策提供依据。

根据债务到期日远近的不同，偿债能力分析可分为短期偿债能力分析和长期偿债能力分析。

## 一、短期偿债能力分析

企业的短期偿债能力对于会计信息使用者来说是非常重要的。如果企业不能保持一定的短期偿债能力,也就不可能保持一定的长期偿债能力,甚至损害股东的利益。短期偿债能力是指企业偿还流动负债的能力,它主要是通过企业资产的流动性及其金额大小来表现的。一般而言,偿还流动负债的现金是从流动资产中产生的,企业的盈利大小并不能决定它的短期偿债能力。在权责发生制下,企业可能有很多的利润,但却没有能力偿还流动负债,因为它缺乏足够的流动资产。

短期偿债能力分析主要通过计算流动比率和速动比率两项财务分析指标来进行评价。

1. 流动比率。流动比率(current ratio)是流动资产除以流动负债的比值。其计算公式为:

$$流动比率 = \frac{流动资产}{流动负债} \times 100\%$$

流动比率主要用于衡量流动资产在短期债务到期前可以变为现金用于偿还流动负债的能力,即每元的流动负债有多少流动资产作为支付的保障。一般来说,流动比率越高,说明企业资产的流动性越大,短期偿债能力越强。

从理财的角度看,过高的流动比率可能意味着企业资金运用的效率不高。因为造成流动比率过高的原因在于:流动资产过多或流动负债过少。如果流动资产过多说明企业可能持太多的现金,或存在大量的应收账款,或存货积压等。如果流动负债过少,则可能意味着企业不善于充分利用各种短期资金来源。

一般认为,由于流动资产除了用于偿付流动负债外,还必须满足企业日常经营中的其他资金支出。对于生产性企业而言,流动比率维持在200%左右较为合理,但并不是绝对的。通常情况下,合理的流动比率应视企业的经营性质而定。一个正常经营的企业所需维持的流动比率高低取决于其现金流动情况。如果一个企业不断有现金或其他流动资产的流入,即使它的流动比率很低,也可以很容易地偿还到期债务。但对于产品开发期或生产周期很长的企业,则需要保持较高的流动比率。

对流动比率的分析,也可以从静态和动态两个方面进行。从静态上分析,就是计算并分析某一时点的流动比率,同时可将其与同行业的平均流动比率进行比较;从动态上分析,就是将不同时点的流动比率进行对比,研究变动的特点及合理性。

一般情况下,应收账款数额和存货周转速度是影响流动比率的主要因素。

【例15-7】根据表15-1合并资产负债表中的资料,可计算长春高新2017年末和年初的流动比率如下:

$$年末流动比率 = \frac{5\ 257\ 266\ 632.74}{1\ 973\ 682\ 797.30} = 2.66$$

$$年初流动比率 = \frac{4\ 415\ 049\ 334.11}{1\ 586\ 157\ 756.18} = 2.78$$

从计算结果可以看出,长春高新 2017 年末流动比率比年初略有降低,说明该公司当年的偿债能力稍弱于上年同期。

2. 速动比率。由于流动资产中包含的存货无法在很短时间内变现的资产,为了衡量流动资产中可以立即用于偿还流动负债的能力,通常对流动比率作一些改进,计算速动比率。

速动比率(quick ratio)是速动资产与流动负债之间的比值。速动资产是流动资产扣减存货后的余额。速动比率又称酸性测试比率(acid test ratio,计量公司使用"近现金"迅速清偿流动负债的能力)。其计算公式为:

$$速动比率 = \frac{速动资产}{流动负债} \times 100\%$$

在计算速动比率时,把存货从流动资产中剔除的主要原因在于:(1)在流动资产中存货的变现速度通常最慢,其变现过程一般要经过销售和收款两个环节,如果发生滞销,存货的变现就难以实现;(2)存货计价可能存在着成本与市价差距较大的问题;(3)部分存货可能已损失报废,但还未做账务处理。因此,速动比率比流动比率更能客观地反映企业的短期偿债能力。

一般认为,速动比率应保持在 1 以上,以保证能如期偿还流动负债。通常影响速动比率可信度的重要因素是应收账款的变现能力。

【例 15-8】根据表 15-1 合并资产负债表中的资料,可计算长春高新 2017 年年末和年初的速动比率如下:

$$年末速动比率 = \frac{3\ 417\ 167\ 449.59}{1\ 973\ 682\ 797.30} = 1.73$$

$$年初速动比率 = \frac{3\ 738\ 692\ 918.97}{1\ 586\ 157\ 756.18} = 2.36$$

从计算结果可以看出,长春高新 2017 年年末速动比率比年初略有降低,说明该公司当年的偿债能力稍弱于上年同期。

## 二、长期偿债能力分析

长期偿债能力是指企业偿还长期负债本金和支付利息的能力。在分析长期偿债能力时,需要同时考虑短期偿债能力。因为当一个企业不能如期偿还短期债务时,其长期债务的清偿也必然受到影响。一般而言,在计算长期偿债能力比率时,也把短期负债包括在内。因此,长期偿债能力比率可用于评价企业整体偿债能力。

但需要指出,与分析短期偿债能力的比率不同,在分析长期偿债能力比率时,通常还必须考虑企业的盈利能力。因为长期债权人关心的是企业的生产经营持续性和未来发展前景。如果企业具有很好的未来盈利能力,即使当前的支付能力不足，企业也能从今后的盈利中获取足够的现金，从而保障对长期债务的偿付能力。

长期偿债能力分析，主要通过计算资产负债比率和负债权益比率两项财务分析指标来进行评价。

1. 负债比率。资产负债率（debt asset ratio）是指负债总额与资产总额的比率，表示公司总资产中有多少是通过负债筹集的。该指标是评价公司负债水平的综合指标。同时也是一项衡量公司利用债权人资金进行经营活动能力的指标，也反映债权人发放贷款的安全程度。其计算公式为：

$$资产负债率 = \frac{负债总额}{资产总额} \times 100\%$$

从债权人的立场看，资产负债率越低越好。因为资产负债率越低，他们的资金就越安全。对投资人或股东来说，资产负债率较高可能带来一定的好处。这是因为，企业通过举债筹措的资金与股东提供的资金在经营中发挥同样的作用，所以，股东所关心的是全部资本利润率是否超过借入款项的利率，即借入资本的代价。在企业所得的全部资本利润率超过因借款而支付的利息率时，股东所得到的利润就会加大。如果相反，运用全部资本所得的利润率低于借款利息率，则对股东不利，因为借入资本的多余的利息要用股东所得的利润份额来弥补。因此，从股东的立场看，在全部资本利润率高于借款利息率时，负债比例越大越好，否则反之。但从经营者的角度看，他们最关心的是在充分利用借入资金给企业带来好处的同时，尽可能降低财务风险。因此，对于大多数财务结构合理的公司来说，一般将资产负债率保持在50%以下。

【例15-9】根据表15-1合并资产负债表中的资料，可计算长春高新2017年年末和年初的资产负债率如下：

$$年末资产负债率 = \frac{2\ 151\ 099\ 827.31}{7\ 351\ 435\ 296.77} \times 100\% = 29.26\%$$

$$年初资产负债率 = \frac{1\ 753\ 071\ 672.88}{6\ 203\ 521\ 430.43} \times 100\% = 28.26\%$$

从计算结果可以看出，长春高新2017年年末的资产负债率比年初略有所上升，说明该公司当年的长期偿债能力稍弱于上年同期。

2. 负债权益比率。负债权益比率是将企业的负债总额与股东权益总额相比而得，又称产权比率、净资产负债率。其计算公式为：

$$负债权益比率 = \frac{总债总额}{股东权益总额} \times 100\%$$

负债权益比率反映了债权人权益与股东权益之间的比例关系，可用于衡量企业破产清算时对债权人利益的保障程度。通过债权人权益与股东权益之间的比例关系，可以反映企业基本的财务结构是否稳定。负债权益比率高，属于高风险高报酬的财务结构，但对债权人利益的保障程度较低；负债权益比率低，属于低风险低报酬的财务结构，但对债权人利益的保障程度较高。

对于公司而言，借贷资本比所有者权益资本的风险大。在某些具体的日期，需要支付借贷资本产生的固定利息支出，并且最后要求偿还本金。如果公司延期支付贷款，贷款者可以采取有可能导致公司宣告破产的法律行动。所有者权益资本的风险较小。公司对股利支付具有控制权，而且并不需要向股东偿还本金。通常认为，相对于借贷资本而言，公司资本结构中所有者权益资本越高，公司越有可能渡过业务量下滑这种难关，然而这种下滑可能会迫使财务杠杆系数高的其他一些公司破产。但是，与借贷资本相比，所有者权益资本高并不一定说明管理有方。相对于借贷资本而言，所有者权益资本的成本较高。而且公司正在丧失充分利用权益资本的机会。也就是说，以相对较低的利息率借入一定量的资本，然后赚取较高的回报率。两项比率之间的差额可以提高每股收益，而且不必增加流通在外的普通股数目。

## 第六节　营运能力分析

营运能力主要指企业营运资产的效率与效益。企业营运资产的效率主要指资产的周转率或周转速度。企业营运资产的效益通常指企业的产出额与资产占用额之间的比率。企业营运能力分析就是要通过对反映企业资产营运效率与效益的指标进行计算与分析，评价企业资产的营运能力以及企业在资产营运中存在的问题。

营运能力分析视分析资产的范围不同，分为全部资产营运能力分析、流动资产营运能力分析和固定资产营运能力分析。在这里，本节主要对流动资产营运能力分析作一介绍。

流动资产营运能力的分析可以运用一系列周转率来评价，主要有应收账款周转率和存货周转率。

1. 应收账款周转率。应收账款周转率（accounts receivable turnover ratio）是销售收入与应收账款平均余额的比率。它反映了年度内应收账款转换为现金的平均次数，可用于衡量应收账款的变现速度和管理效率。一般认为，应收账款周转率愈高愈好，应收账款周转率高，说明企业应收账款变现速度快，现金流较为顺畅。应收账款周转率的计算公式为：

$$应收账款周转率 = \frac{销售收入}{应收账款平均余额} \times 100\%$$

$$应收账款平均余额 = (期初应收账款余额 + 期末应收账款余额) \div 2$$

在理论上，公式中的分子应当只包括赊销的销售收入，而不包括现销的部分。这是因为，如果将以现金形式实现的销售收入包括在内，将会使分子的数值增大，进而高估周转率。

2. 存货周转率。存货周转率（inventory turnover ratio）是企业的销售成本与存货的平均余额的比率。存货周转率的计算公式为：

$$存货周转率 = \frac{销售成本}{平均存货} \times 100\%$$

$$平均存货 = (期初存货 + 期末存货) \div 2$$

存货周转率表示公司存货项目的流动速度，反映的是投资在存货中的资金管理好坏的程度。值得一提的是，企业在对存货周转进行管理时，要注意解决好两方面的问题：一方面，企业总是希望使存货上占用的资金越少越好，并在此基础上销售出尽可能多的商品。会计期间内的存货周转率增高，意味着企业在存货投资方面的融资成本下降。另一方面，企业又不希望因持有的存货太少而发生存货短缺，从而发生销售损失。存货周转率虽然因存货短缺有可能增高，但这却意味着企业会失去一定的产品销售份额。因此，企业在设定最优存货水平时必须处理好这两者之间的关系。

## 第七节 盈利能力分析

盈利能力是指企业赚取利润的能力。它是评价企业经营业绩和反映企业偿债能力的主要指标。

盈利能力分析主要通过计算资产报酬率、普通股股东权益收益率、普通股每股收益和收入利润率等指标进行评价。

1. 资产报酬率。资产报酬率（rate of return on asset，ROA）是指企业的净利润与平均总资产之间的比率，其计算公式为：

$$资产报酬率 = \frac{净利润 + 税后利息}{平均总资产} \times 100\%$$

$$平均总资产 = (期初资产总额 + 期末资产总额) \div 2$$

资产报酬率可用来衡量企业运用全部资产获利的综合能力。该比率越高，说明在企业生产经营过程中资产的利用效率越高，在增收节支和节约资金使用等方面的效果越好。

2. 普通股股东权益收益率。普通股股东权益收益率（rate of return on common shareholder equity，ROCE）是指企业的净利润与平均普通股股东权益之间的比率，其计算公式为：

$$普通股股东权益收益率 = \frac{净利润}{平均普通股股东权益} \times 100\%$$

$$平均普通股股东权益 = (期初普通股股东权益 + 期末普通股股东权益) \div 2$$

普通股股东权益收益率可用于反映企业运用投资者投入资本获取收益的能

力。该比率与企业在证券市场上筹集资金能力的关系极大。普通股股东权益收益率越高,说明投资者的收益越大,企业越容易在证券市场上筹集到资金。

3. 普通股每股收益。普通股每股收益（earnings per share）是指一定时期的净利润减去公司应付的优先股股利后的余额与发行在外的普通股加权平均股数的比值,其计算公式为：

$$普通股每股收益 = \frac{净利润 - 优先股股利}{发行在外普通股加权平均股数} \times 100\%$$

普通股加权平均股数 = 年初股数 + 新增股数 × 新增股数的流通月数 ÷ 12

每股收益是最受投资者关注的指标,是上市公司获利能力的主要表现,也是上市公司经营业绩的集中表现。每股收益指标反映每一股份的获利水平,公司业绩越好,股票的质量也就越高,它反映了股票的投资价值。

## 思 考 题

1. 通过资产负债表的水平分析、垂直分析和趋势分析,如何评价企业的财务状况?

2. 通过利润表的水平分析、垂直分析和趋势分析,如何评价企业的经营成果?

3. 通过现金流量表的水平分析、垂直分析和趋势分析,如何评价企业的现金流量?

4. 如何评价企业的偿债能力、营运能力和盈利能力?

# 参考文献

1. 《企业会计准则 2018 年版》,经济科学出版社 2017 年版。
2. 《企业会计准则应用指南 2018 年版》,立信会计出版社 2018 年版。
3. 陈信元主编:《会计学》(第五版),上海财经大学 2018 年版。
4. 陈信元主编:《会计学——教学指导用书》(第五版),上海财经大学 2018 年版。

# 敬 告 读 者

　　为了帮助广大师生和其他学习者更好地使用、理解、巩固教材的内容，本教材提供课件和习题答案，读者可关注微信公众号"会计与财税"浏览课件和习题答案。

　　如有任何疑问，请与我们联系。

QQ：16678722

邮箱：esp_bj@163.com

教师交流 QQ 群：606331294

教材服务 QQ 群：391238470

经济科学出版社

2019 年 2 月

会计与财税

教师交流 QQ 群

教材服务 QQ 群